古代文明

联合国教科文组织世界遗产

[意]马可·卡特尼奥　贾斯米娜·特里福尼　著

曹莉　译

中国科学技术出版社
·北京·

作者
马可·卡特尼奥（Marco Cattaneo）
贾斯米娜·特里福尼（Jasmina Trifoni）

设计
帕特里奇亚·巴洛科·洛维塞蒂（Patrizia Balocco Lovisetti）

第2页 浮雕上的朝贡大队簇拥在阿帕达纳[Apadana，波斯语，常用来指宫殿，此处指万王之王大流士（Darius）会见使节的殿堂，建造于公元前6世纪]东阶梯上的登记处前。我们在雕刻中看到了巴克特里亚（Bactria）的使节队伍，这一中亚国家带来了朝贡的骆驼。

百处古代文明

欧洲

瑞典 – 塔努姆的岩刻画
爱尔兰 – 博因河谷的巨型石墓
英国 – 哈德良长城
英国 – 巨石阵和埃夫伯里
德国 – 特里尔的古罗马遗迹
法国 – 韦泽尔峡谷的壁画岩洞
法国 – 奥朗日古罗马剧场和凯旋门
法国 – 加尔桥
法国 – 阿尔勒城的古罗马建筑
西班牙 – 阿尔塔米拉洞
西班牙 – 塞哥维亚输水道
西班牙 – 梅里达古罗马遗址
意大利 – 阿德利阿纳村庄
意大利 – 古罗马
意大利 – 庞贝、赫库兰尼姆古城和奥普隆蒂斯
意大利 – 奇伦托和迪亚诺河谷国家公园，帕埃斯图姆和韦利亚考古遗址
意大利 – 卡萨尔的古罗马别墅
意大利 – 阿格里真托神殿之谷
克罗地亚 – 斯普利特古建筑群及戴克里先宫殿
保加利亚 – 卡赞勒克的色雷斯人墓
希腊 – 韦尔吉纳考古遗址
希腊 – 德尔斐考古遗址
希腊 – 雅典卫城
希腊 – 奥林匹亚考古遗址
希腊 – 迈锡尼考古遗址
希腊 – 埃皮达鲁斯
希腊 – 提洛岛
希腊 – 萨莫斯岛的毕达哥利翁及赫拉神殿
马耳他 – 马耳他的巨石庙宇
塞浦路斯 – 帕福斯考古遗址

非洲

摩洛哥 – 瓦卢比利斯考古遗址
阿尔及利亚 – 提姆加德古城遗址
突尼斯 – 迦太基遗址
突尼斯 – 沙格镇
突尼斯 – 杰姆的圆形竞技场
利比亚 – 塞卜拉泰考古遗址
利比亚 – 大莱普提斯考古遗址
利比亚 – 塔德拉尔特·阿卡库斯石窟
利比亚 – 昔兰尼考古遗址
埃及 – 孟菲斯及其墓地金字塔：从吉萨到代赫舒尔的金字塔场地群
埃及 – 底比斯古城及其墓地
埃及 – 阿布·辛拜勒至菲莱的努比亚遗址
埃塞俄比亚 – 阿克苏姆考古遗址
津巴布韦 – 大津巴布韦遗址

亚洲

土耳其 – 内姆鲁特达格
土耳其 – 赫拉波利斯和帕穆克卡莱
叙利亚 – 阿勒颇
叙利亚 – 巴尔米拉
叙利亚 – 布斯拉
黎巴嫩 – 巴勒贝克
黎巴嫩 – 提尔
以色列 – 马萨达
约旦 – 库塞尔阿姆拉
约旦 – 佩特拉
伊拉克 – 哈特拉
伊朗 – 波斯波利斯
阿富汗 – 贾姆宣礼塔
中国 – 莫高窟
中国 – 秦始皇陵
中国 – 峨眉山与乐山大佛
中国 – 龙门石窟
中国 – 云冈石窟
韩国 – 石窟庵和佛国寺
日本 – 古奈良历史遗迹
日本 – 法隆寺地区的佛教古迹
巴基斯坦 – 塔克特依巴依佛教遗址和萨尔依巴赫洛古遗址
尼泊尔 – 佛祖诞生地兰毗尼
印度 – 卡杰拉霍
印度 – 桑吉佛教古迹
印度 – 阿旃陀石窟群
印度 – 埃洛拉石窟群
印度 – 汉皮古迹群
印度 – 默哈伯利布勒姆古迹群
斯里兰卡 – 阿努拉德普勒圣城
斯里兰卡 – 锡吉里亚
斯里兰卡 – 波隆纳鲁沃
泰国 – 大城（阿育他亚）
柬埔寨 – 吴哥
越南 – 圣子修道院
印度尼西亚 – 普兰巴南寺庙群
印度尼西亚 – 婆罗浮屠寺庙群

美洲

美国 – 梅萨维德印第安遗址
墨西哥 – 圣城特奥蒂瓦坎
墨西哥 – 阿尔班山考古遗址
墨西哥 – 帕伦古城和国家公园
墨西哥 – 乌斯马尔古镇
墨西哥 – 奇琴伊察古城
危地马拉共和国 – 蒂卡尔国家公园
危地马拉共和国 – 基里瓜考古公园
洪都拉斯 – 科潘玛雅遗址
秘鲁 – 查文·德万塔尔考古遗址
秘鲁 – 昌昌城考古地区
秘鲁 – 马丘比丘古神庙
秘鲁 – 库斯科古城
秘鲁 – 纳斯卡的线条图和地理符号，朱马纳草原的潘帕斯
玻利维亚 – 蒂亚瓦纳科文化的精神和政治中心
巴西 – 卡皮瓦拉山国家公园
智利 – 拉帕努伊（复活节岛）国家公园
阿根廷 – 平图拉斯河谷的洛斯马诺斯岩画

大洋洲

澳大利亚 – 卡卡杜国家公园

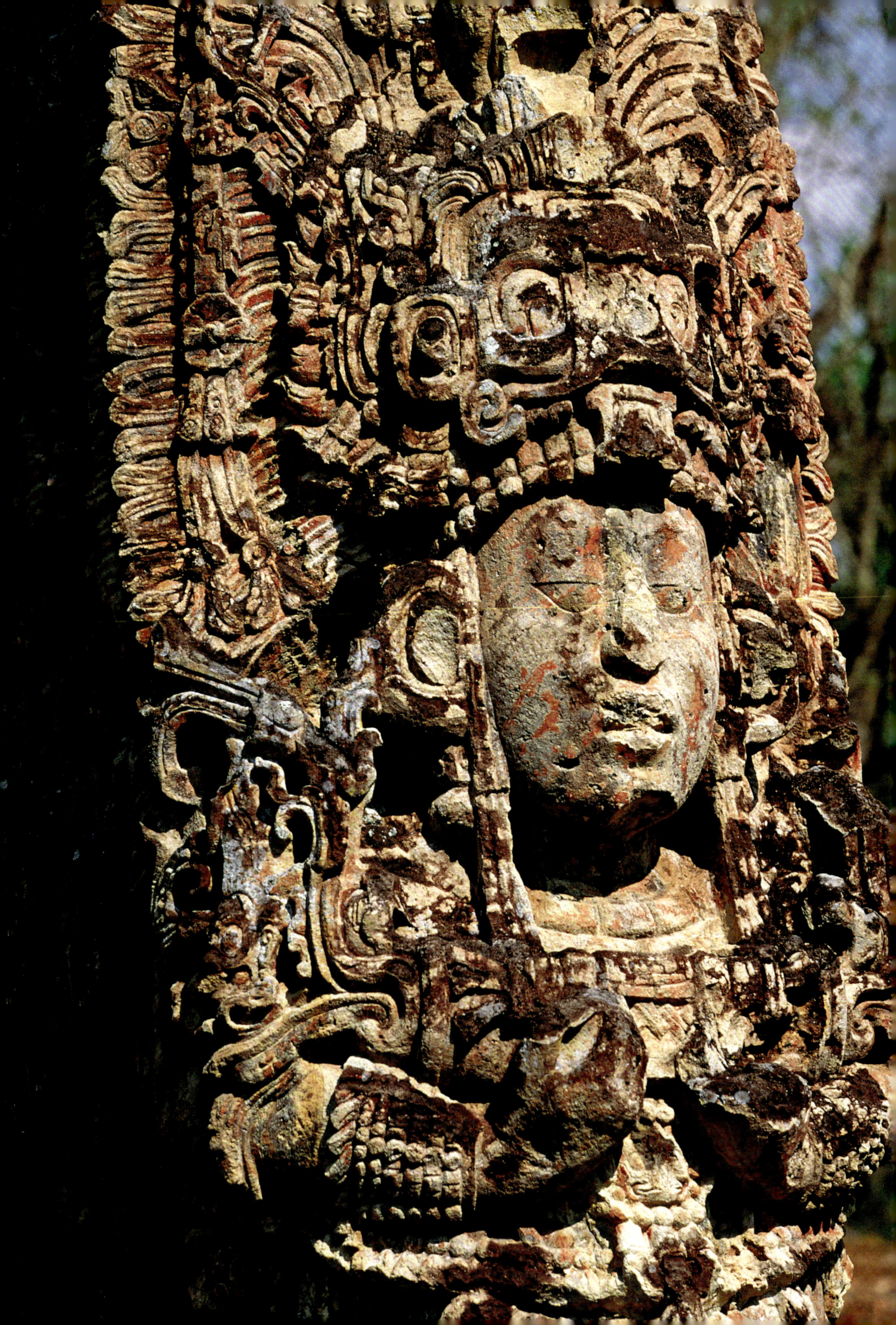

序言

UNESCO 意大利国家委员会

《古代文明：联合国教科文组织世界遗产》所展示的联合国教科文组织（UNESCO）遗产地具有重要的历史意义和考古价值，书中讲述了人类历史和文化史，范围涵盖了从人类起源到最新的文明展示，这些历史造就了杰出的艺术与文化遗产。

本书呈现给读者一段迷人的旅程，探寻对现代人类进化做出贡献的古代遗址。开始我们看到人类进化之初曾居住过的奇境之地，例如著名的拉斯科洞穴和阿尔塔米拉洞穴，它们与无数其他遗址一同构成了早期欧洲文明发展的核心，之后是佛教和前哥伦布时期的雕塑、吴哥寺庙群、婆罗浮屠寺庙群，以及文化孕育与交融的辉煌典范——伊拉克的要塞哈特拉。

1972年在巴黎通过的《保护世界文化和自然遗产公约》（*Paris Convention Concerning the Protection of the World Cultural and Natural Heritage*）（以下简称《世界遗产公约》）现已有194个缔约国，至今仍为该领域最重要的国际协议。该公约保护前人留给我们人类的伟大文明和文化遗产，未来我们可将其移交给后代。该公约所列名录现已成为我们的"物质记忆"，所列遗产地已成为各国政府、协会和个人的责任所在。

当今世界全球化日益深入，引发了关于文化标准化的问题，联合国教科文组织对此实施干预，以保护各文化间享有平等的尊严，保护各文化相互促进丰富彼此的使命。

此外，除1972年的《世界遗产公约》外，联合国教科文组织2003年还通过了《保护非物质文化遗产公约》（*Convention for the Safeguarding of the Intangible Cultural Heritage*），并正在研究制定文化多样性的保护方案。

本书是意大利白星出版社出版的最新也是最后一册针对文化争论问题的书籍，旨在鼓励人们了解、尊重不同的文明，因而极具时代意义。它将激发更多读者的兴趣。我们必须谨记，这些读者不仅仅是该书的主要受众，还将是世界文化、自然、物质和非物质遗产的重要保护者。

联合国教科文组织意大利常驻代表
弗朗西斯科·卡鲁索大使
（Francesco Caruso）

■ 第4页 公元8世纪的H碑是矗立在科潘大广场上的两座石碑中的一座。当时的玛雅诸王国兴旺繁荣，却四分五裂。然而，在两百年的时间里，玛雅诸王国却全部消失，到底是因为毁灭性的反抗行动、流行病，还是因为土地过度开发、饥荒……此中原因不为人知。

本书地图图例： ⊛ **柏林**　首都　首府
　　　　　　　● 塔努姆　联合国教科文组织
　　　　　　　　　　　世界文化遗产所在地

目录

序言
第 5 页

导言
第 8 页

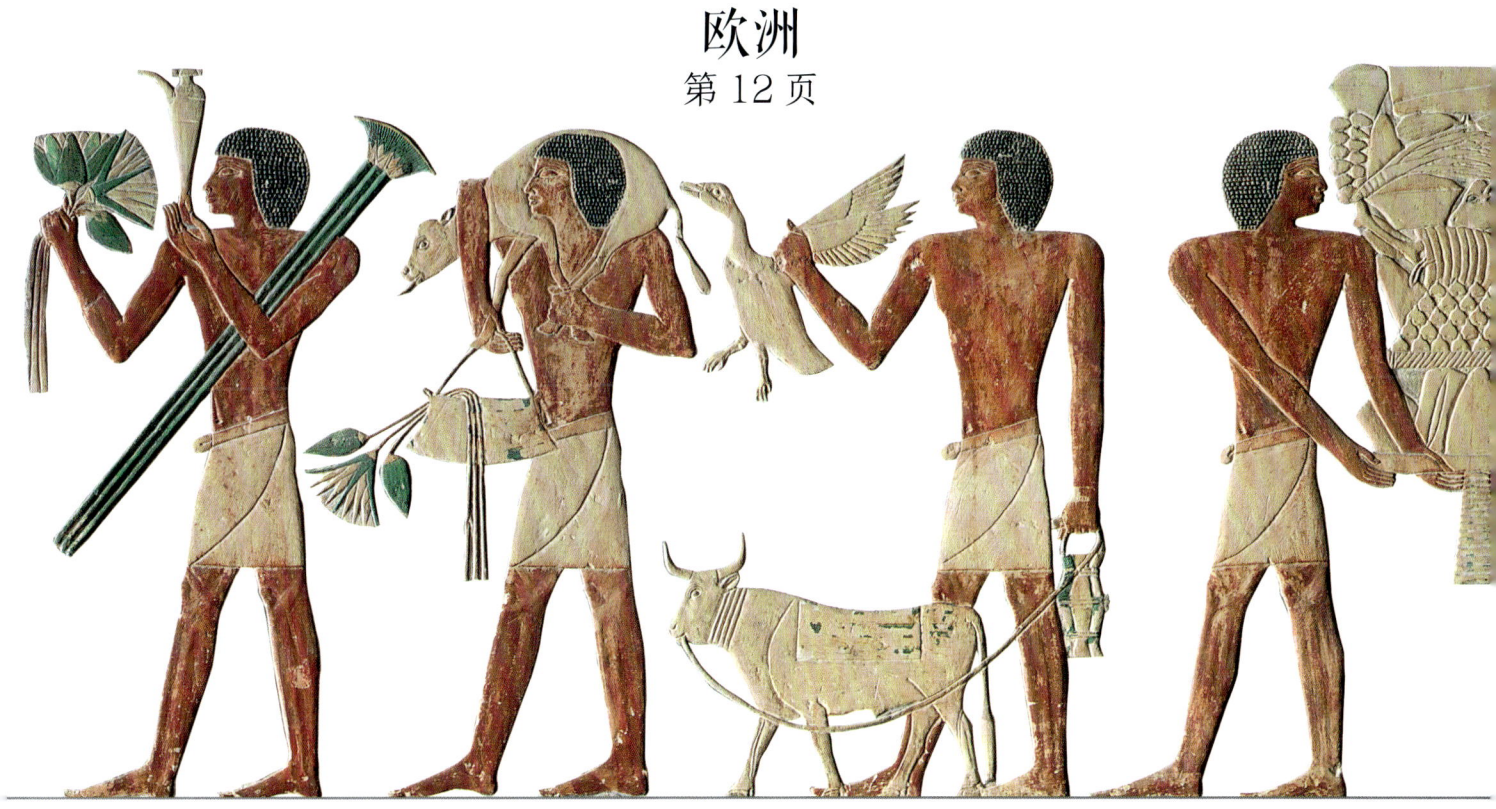

欧洲
第 12 页

非洲
第 120 页

亚洲
第 190 页

美洲
第 328 页

大洋洲
第 386 页

《世界遗产名录》
第 390 页

第 7 页 普塔霍特普（Ptahhotep）的陵墓建筑马斯塔巴（mastaba）位于萨卡拉（Saqqarah），其主走廊上的彩绘浮雕是自古王国时期以来保存最完好的。普塔霍特普是真理女神玛亚特（Ma'at）的祭司，是第五王朝最后一位法老尤纳斯（Unas，公元前2375—前2345年）的高级官员［古埃及名为"维齐尔（vizier）"］。普塔霍特普所在的时代位于埃及第一个繁荣期结束的两世纪前。

导言

> **第9页** 阿帕莎拉女神的脸庞浮现于柬埔寨吴哥窟（Angkor Wat）精美的装饰中（阿帕莎拉是高棉统治者神殿中的歌舞女神）。在12世纪和13世纪，印度教和佛教曾在此共存了很长一段时间。
>
> **第9-10页** 该壁画发现于庞贝（Pompeii）黄金手镯之屋（House of the Gold Bracelet）的三棱柱中。壁画体现了浓郁的自然主义风格，画中是一座花园，有鸟儿嬉戏于池塘，还有几幅油画和面具错落其中，再现了当时的室内装饰。

1972年11月16日，联合国教科文组织大会在巴黎通过了对《世界遗产名录》有指导作用的《世界遗产公约》，并于1975年12月17日正式生效。联合国教科文组织的宏伟目标是鉴别、研究和保护从历史、艺术、科学、自然、考古或人类学角度看具有"突出的普遍价值"的自然形成或人工打造的文物古迹、建筑群和遗址。

《世界遗产名录》非同寻常，其中涵盖了众多承载人类历史和地球发展史的名胜古迹与杰出作品，是地球历史发展的缩影，为人们了解自然和文化提供了素材，最重要的是它可以作为连接人类和地球的纽带。名录的目的是展示受到联合国教科文组织保护的典型宝贵遗产。

鉴于遗产地数量庞大，我们依照主题将它们分为三册，为《艺术珍宝》《自然圣殿》《古代文明》。文化遗产和自然遗产的区别已在《世界遗产公约》中明确列出，但是建筑古迹和考古遗址之间的分界线比较难以界定。仅仅以时间为标准可能会歪曲其历史内涵。因此，本书认为合理的措施应是在书中收录进所有见证重要文化发展的遗产地（即使由于建造这些遗产地的文明衰落了，或被遗弃了，这里不能满足持续居住的要求），以及为认识人类物种进化提供证据的处所。

列入《世界遗产名录》中文化遗产目录的文物古迹、建筑群和遗址必须至少满足以下六条标准之一：

1. 能够代表人类创造力的经典之作。

2. 能够展示在一定时期内或世界某一文化区域内，对建筑或技术、纪念性艺术、城镇规划或景观设计方面的发展产生过巨大影响，展现了重要的人类价值观的交流。

3. 能够为现存或已经消逝的文化传统或文明提供独一无二或至少与众不同的见证。

4. 可作为一种建筑类型、建筑群、技术集群或景观的杰出范例，展示出人类历史上的一个（或几个）重要阶段。

5. 可作为传统的人类居住地或使用地的杰出范例，代表一种（或几种）文化，特别是其已经变得易于损坏或正在受到不可逆转变化的影响。

6. 与具有突出普遍意义的事件或现行传统或思想或信仰或文学艺术作品有着直接和实质的联系。

基于以上标准，联合国教科文组织将世界上60多个国家的逾150处具有考古价值的遗址列为世界遗产地。本书择其中100项世界遗产地展开描述，试图提供一幅尽可能完整的古代人类文明图景。同时，本书亦关注对人类进化具有重要意义的遗产地及产生人类最早具象艺术范例的遗产地。

尽管如此，部分遗产地来自某些极具影响力的文化，这些地方传承数个世纪，对其进行客观评价不可避免地导致人们将重点放在古埃及文明、古罗马帝国和希腊，以及大西洋彼岸（伟大的前哥伦布文化世界）。

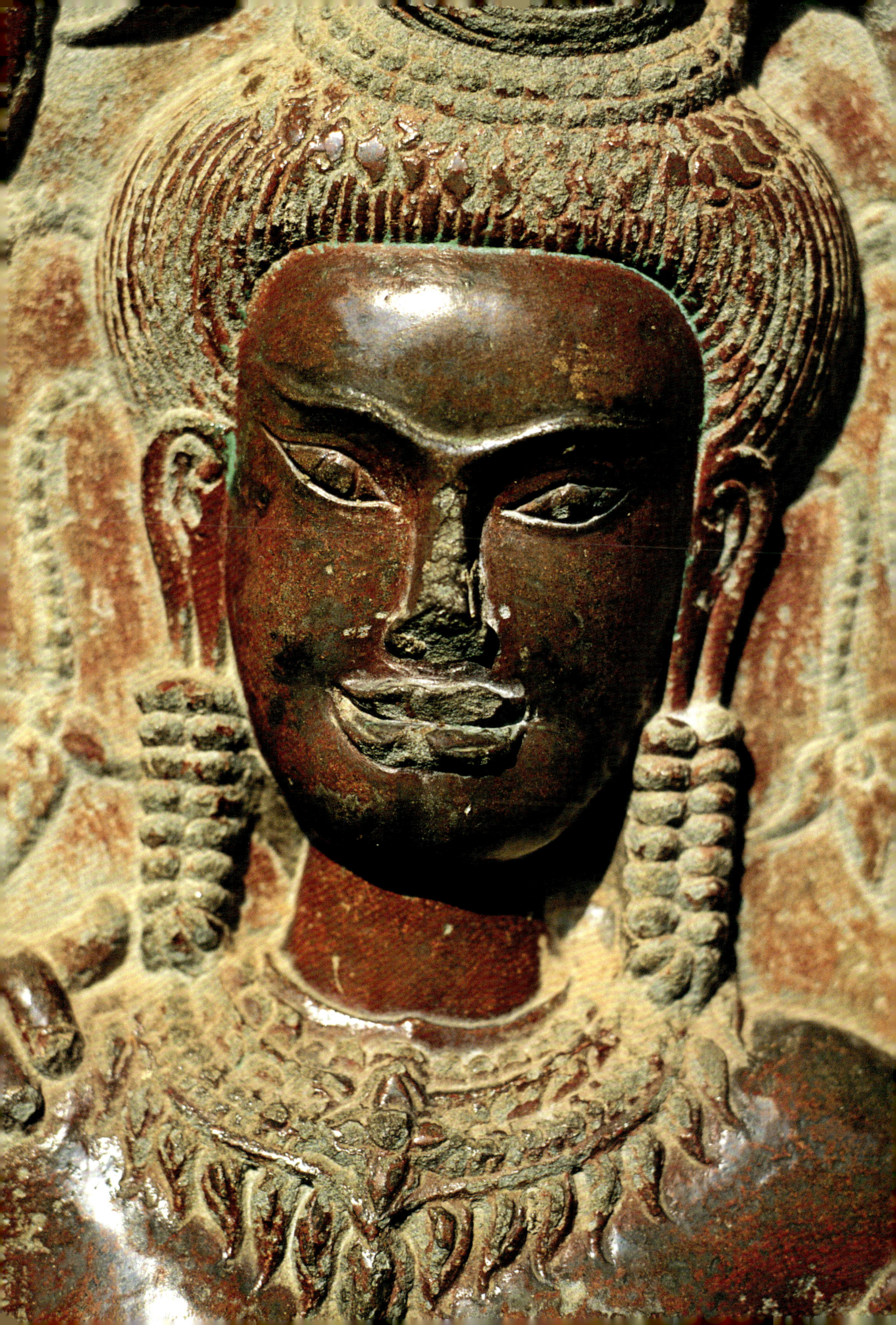

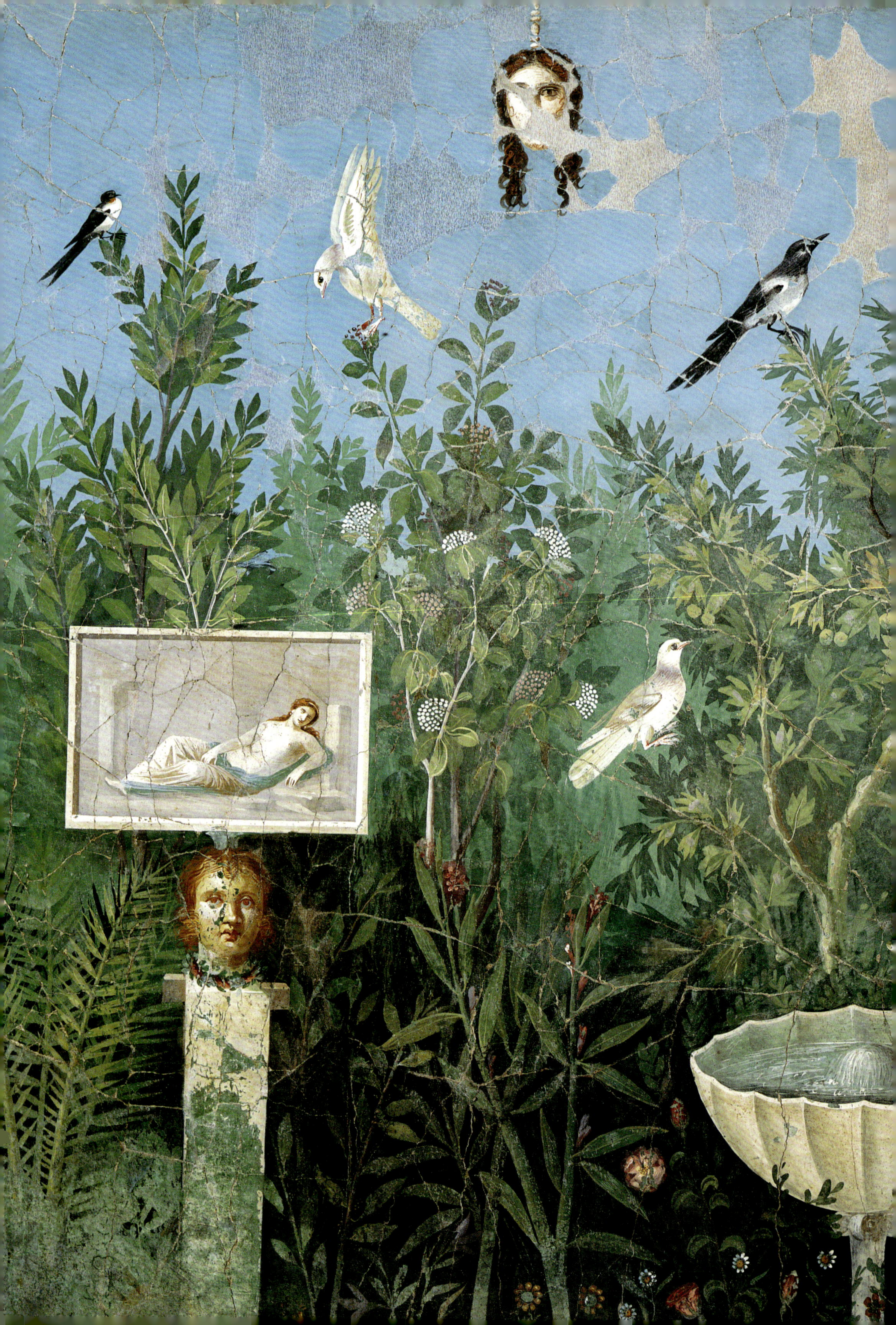

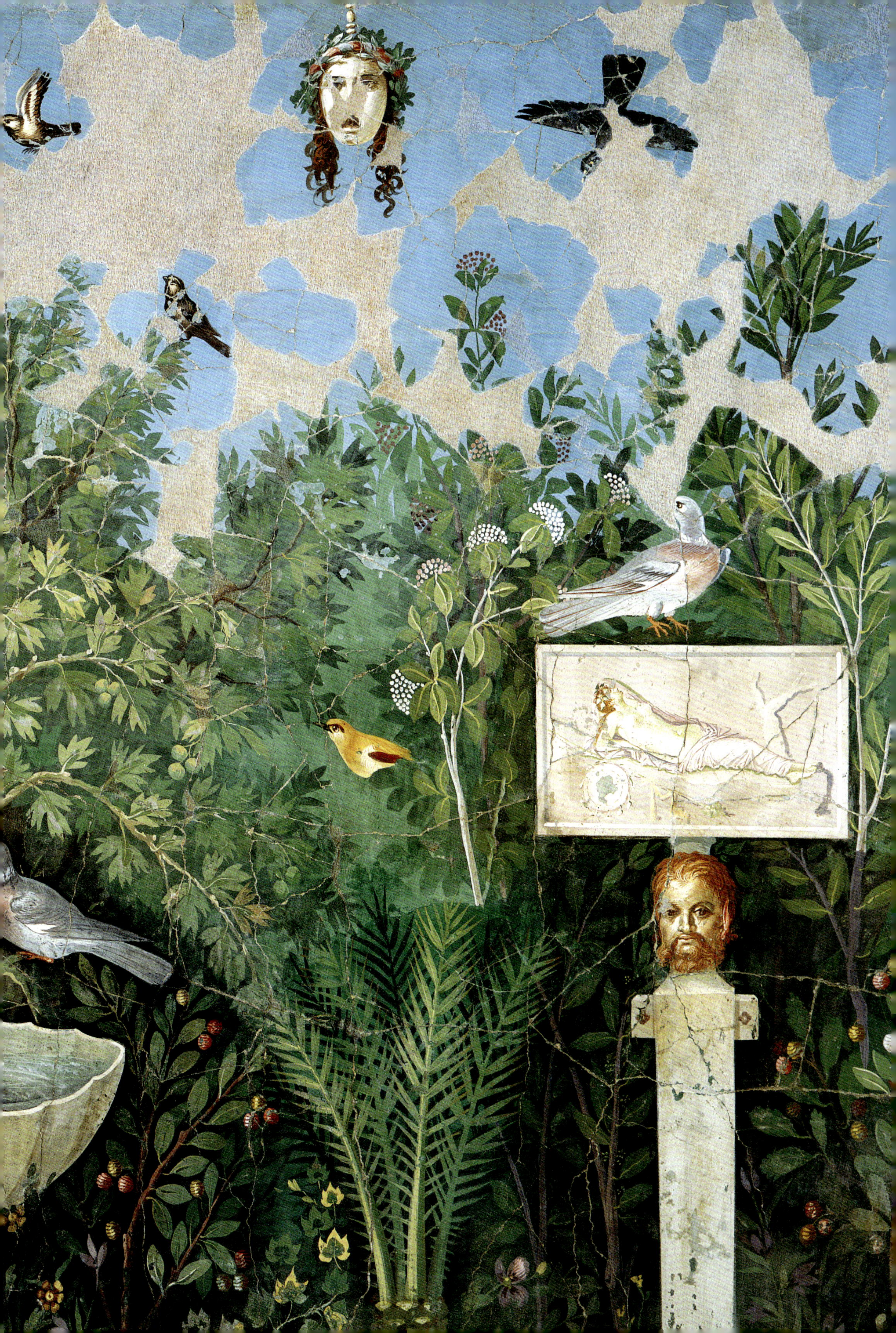

欧洲遗产地列表

瑞典 – 塔努姆的岩刻画 –14 页

爱尔兰 – 博因河谷的巨型石墓 –16 页

英国 – 哈德良长城 –18 页

英国 – 巨石阵和埃夫伯里 –20 页

德国 – 特里尔的古罗马遗迹 –24 页

法国 – 韦泽尔峡谷的壁画岩洞 –26 页

法国 – 奥朗日古罗马剧场和凯旋门 –28 页

法国 – 加尔桥 –30 页

法国 – 阿尔勒城的古罗马建筑 –32 页

西班牙 – 阿尔塔米拉洞 –34 页

西班牙 – 塞哥维亚输水道 –36 页

西班牙 – 梅里达古罗马遗址 –38 页

意大利 – 阿德利阿纳村庄 –42 页

意大利 – 古罗马 –46 页

意大利 – 庞贝、赫库兰尼姆古城和奥普隆蒂斯 –54 页

意大利 – 奇伦托和迪亚诺河谷国家公园，帕埃斯图姆和韦利亚考古遗址 –64 页

意大利 – 卡萨尔的古罗马别墅 –68 页

意大利 – 阿格里真托神殿之谷 –72 页

克罗地亚 – 斯普利特古建筑群及戴克里先宫殿 –74 页

保加利亚 – 卡赞勒克的色雷斯人墓 –76 页

希腊 – 韦尔吉纳考古遗址 –78 页

希腊 – 德尔斐考古遗址 –80 页

希腊 – 雅典卫城 –86 页

希腊 – 奥林匹亚考古遗址 –92 页

希腊 – 迈锡尼考古遗址 –96 页

希腊 – 埃皮达鲁斯 –102 页

希腊 – 提洛岛 –104 页

希腊 – 萨莫斯岛的毕达哥利翁及赫拉神殿 –110 页

马耳他 – 马耳他的巨石庙宇 –112 页

塞浦路斯 – 帕福斯考古遗址 –116 页

欧洲

由于欧洲大陆的地理边界有严格的限制，《世界遗产名录》上几乎三分之一的考古遗址都位于欧洲。出于历史一致性的原因，地中海地区的许多中心（从摩洛哥到突尼斯，从中东到土耳其）都应该包括在内，这在很大程度上是罗马帝国向南部和东部扩张的结果。

古希腊和罗马的艺术在整个欧洲占主导地位，拥有许多宏伟不朽的遗址，如雅典卫城（Acropolis in Athens）和罗马历史中心区；其他例子包括德尔斐（Delphi）、奥林匹亚（Olympia）和提洛岛（Delos）、阿格里真托（Agrigento）和庞贝（Pompeii）、塞哥维亚（Segovia）、梅里达（Merida）、阿尔勒（Arles）和奥朗日（Orange），以及斯普利特（Split），在斯普利特戴克里先（Diocletian）建造了他的皇宫，哈德良（Hadrian）建造了英格兰宏伟的长城，以将罗马人与野蛮人隔开。古希腊和罗马的艺术装饰丰富，有大量的柱子、雕塑和浮雕，以及众多的寺庙、豪华的别墅和精美的马赛克镶嵌画，该艺术对旧大陆的影响超过任何其他文明，在历史上占据主导地位至少一千年之久，在基督教时期和之前一直具有影响力。

但快速浏览一下受联合国教科文组织保护的遗产地清单，我们很快就会发现有一群人，他们敢于挑战雅典、罗马垄断地位，并且建造了一些列入这份保护清单的场所，如卡赞勒克和斯韦什塔里的色雷斯古墓（Thracian necropolises at Kazanlak and Sveshtari）、罗马尼亚的达契亚要塞群（Dacian forts in Romania）、马耳他和塞浦路斯两座地中海岛屿上几乎完全与世隔绝地发展起来的古代文明，以及撒丁岛人早在青铜时代就建造的独特的防御性建筑——努拉吉（Nuraghi）。

时光回退些许，欧洲考古遗产的情况就变得比人们预想的更为多种多样。瑞典的塔努姆（Tanum）岩刻画和挪威的阿尔塔（Alta）壁画让我们了解到了青铜时代的斯堪的纳维亚人，而丹麦耶灵（Jelling）刻字的岩石展现了北欧异教文化的习俗。比利时斯皮耶纳（Spiennes）的燧石矿是新石器时代已知的第一次矿物开采，博因河谷（Boyne Valley）和巨石阵（Stonehenge）标志着巨石建筑时代的胜利。

追溯到人类的原始起源，欧洲仍然不乏奇观。人们曾于阿塔普埃尔卡山（Atapuerca）化石湖床发现了一百万年前原始人遗骸，虽然这里最近失去了大陆最早人类居住地的称号，但其仍是《世界遗产名录》中重建人类迁徙史的基石之一。此外，欧洲的岩石画作上描述了第一批现代智人生活，这一艺术财富在地球上是无与伦比的。其中包括意大利瓦尔卡莫尼卡（Valcamonica）和葡萄牙科阿山谷（Côa Valley）的石刻，但更为出众的是西班牙阿尔塔米拉（Altamira）和法国拉斯科（Lascaux）洞穴中的古代彩绘壁画，它们都想自诩为"史前西斯廷教堂"。

塔努姆的岩刻画

瑞典 | 布胡斯省
入选年份：1994
遴选标准：C（Ⅰ）（Ⅲ）（Ⅳ）

塔努姆是瑞典南部布胡斯省（Bohuslän）最大的自治市，居住人口为1.2万，多生活在北海沿岸的小渔村。该市地处未受破坏的自然环境中，海洋环境资源尤为富饶，可为居民提供绝大部分食物。海岸线旁满是光滑的岩石和一直延伸到大海的开阔草地。内陆地区则是一个僻静的农业区，有许多狭窄的山谷。4000多年前，在这些山谷的交汇处，形成了首次有人类居住的草甸。

在这片草甸上发现了350多幅岩刻画，包含了1500多个主体。这些岩刻画可以追溯到公元前1800年至公元前500年，其分布面积约为49.21平方千米。尤其是在塔努姆，考古学家发现了大量的史前刻画，可以分为13种主题，包括动物、人物、树木、手印和脚印、古代船只，还有类似雪橇的图形。它们均使用相同的技术绘制而成：先用锋利的工具切割出轮廓，然后用红色颜料进行填充。

塔努姆的岩刻画包含很多重要的信息，如一个人用两头牛拉的犁犁地、一个人正在与蛇对峙、两个拿着武器的人在战斗，以及在一艘小船上，九个抽象的人物形象似乎在比画着什么。一整块岩石上布满了不同的图案：在手印和人物旁边展示了海上生活和耕作的场景。另一块岩石上有两艘载有抽象人物的船只的特写图画，但其背景都是农业场景。这些都表明了当时那个社会的复杂性，该社会已经达到了一个具有象征意义的代表性水平。总体而言，这些画面就是北欧青铜时代生活的典型代表。

由于塔努姆的岩刻画在靠近海岸的地方，且如今仅高于海平面24.38~30.48米，几千年来一直是当地经济中心的大海成了青铜时代艺术面临的最大威胁之一。微咸的海水、恶劣的天气，特别是再加上后来汽车尾气的排放，都导致这些刻画正在极快地损坏着，甚至有可能在短时间内完全消失。瑞典和挪威的专家一直在测试各种技术，试图保护岩刻画，防止其进一步被破坏，特别是要防止硫和酸雨沉积物的形成，因为它们会溶解较脆的矿物，还要防止藻类、苔藓和地衣附着在岩石上。

与此同时，对该地区的研究仍在继续。最近，斯堪的纳维亚的多个考古学家团队在布胡斯省发现了数个完整的村庄，不仅有壁炉和铺砌区，还有房屋和陶器碎片的遗迹。为了让大家更了解该遗址的历史，1998年在联合国教科文组织世界遗产地的中心——维特里克（Vitlycke）开办了一座最先进的博物馆，极大助力了该遗址的研究，博物馆内还重建了一处青铜时代的村庄，重现了我们祖先的日常生活。

■ 第14页 从图中可以看到，福苏姆（Fossum）岩壁有着各种各样的主题：人物、动物、树木，甚至还有载着一群人的船只。

■ 第14-15页 在维特里克岩石宽阔平坦的表面上，一个高约2.18米的战士形象格外引人注目。其四周还围绕着120幅不同的岩刻画，其中一些看起来像是雪橇。

■ 第15页（上）该图形是太阳的象征，是塔努姆地区350组岩刻画中的一组。大多数岩刻画位于维特里克（该地建有一座岩雕博物馆）、福苏姆、利兹尔比（Litsleby）和阿斯佩贝格（Aspeberget）。

■ 第15页（右）一名战士正准备在福苏姆的岩壁上射箭。塔纳姆的岩刻画刻绘于公元前1800年至公元前500年之间，映射了北欧青铜时代的生活。

■ 第15页（下）"日历人"（在本图左侧），这个抽象人物是塔努姆最迷人、最神秘的人物形象之一。

斯德哥尔摩

塔努姆

博因河谷的巨型石墓

爱尔兰

米斯郡
入选年份：1993
遴选标准：C（Ⅰ）（Ⅲ）（Ⅳ）

纽格莱奇墓（Newgrange）看起来是一个遍覆青草的圆形大土墩，位于都柏林（Dublin）以北约48.28千米处，Newgrange在爱尔兰语中的意思是"新农庄"，其名字来源是因为，1142年它成为梅利丰特修道院（Abbey Of Mellifont）农业地产的一部分。然而，人们认为纽格莱奇墓是传说中塔拉国王的埋葬地，甚至更早以前，该地被认为是热门神话故事主题女神达努领导的超自然生物达努神族——图哈德达南（Tuatha De Danann）的居住地。

1699年，人们在修路的过程中，发现了一个神秘的地下洞穴。或许当时的人们担心打扰到古代可怕的神，因此他们并没有深入探究洞穴的由来。并且因为迷信，很少有人进入洞穴之中，直到1962年考古学家决定对其进行科学考察，他们发现这是一座可以追溯到公元前3200年前后的通道式墓穴。

如今，纽格莱奇墓是博因宫最重要、保存最完好的遗址。博因宫面积仅有约13平方千米，位于博因河畔，在那里有30座新石器时代重要的巨石建筑。博因宫是欧洲史前建筑最集中的地方。纽格莱奇墓在大小和外观上与巨型石墓诺斯墓（Knowth）和道斯墓（Dowth）（该地另外两个受联合国教科文组织保护的考古建筑群）相似，它是一个直径约78米的土墩，其内部是一个十字架形状的墓室。通往墓室的长廊约20米，长廊西壁有22根柱子，东壁有21根。这条长廊的大小、形状和坡度让其恰好可以充分利用一种奇特的天文现象——每年12月19日至23日（冬至前后），太阳初升的第一缕阳光会迅速穿过狭窄的通道，瞬间照亮墓室，这一现象会持续17分钟。

纽格莱奇墓外，由泥土、石头和片岩建造并覆盖着青草的土墩的周围一圈有97块形状非常规则的石头，考古学家称之为"路缘石"。其中一些上面还刻有神秘的螺旋形、菱形、之字形、正方形和同心圆形状的花纹，入口处的那块石头就是

▎第16页（上）图为纽格莱奇墓墓室中央的一块石祭盘。人们认为它是该建筑群的圣所，用于在冬至举行萨满仪式。

▎第16页（下）通往纽格莱奇墓墓室的长廊长约20米，其两旁排列着2.4米高的石头，一侧有22块，另一侧21块，它们共同支撑着一层石板。

如此。由于就地取材对其进行修复，土墩的西南壁上是白色的石英岩石板，在阳光下闪闪发光。

虽然在纽格莱奇墓墓室内已经挖掘到了两座墓，这两座墓中至少有三具尸骸、七块大理石碑、四个吊坠、一些骨珠和一块打火石，但考古学家们一致认为，纽格莱奇墓

头。出于这个原因，自2000年以来，遗址管理人员组织了一种选举活动，从2万多名想要成为"太阳祭司"的人中选出50人，这50人会被分为5组，每组10人，每天1组。他们每个人都会祈祷当天破晓之时天空一片晴朗。

和博因宫其他巨型石墓不仅在性质上是丧葬性质的，而且也是仪式和社交性质的。诺斯墓和道斯墓的通道式墓穴，也清楚地看到和太阳运动有关的痕迹，诺斯墓遗址有一块石碑，它被认为是世界上最早的日晷。这两处遗址还有一些带神秘切口的石头，这些切口很可能与古代萨满仪式有关。

博因河谷的神秘遗址每年吸引20万人前来参观，冬至前后的五天里，人们会排起长达1.6千米的长队，等待进入纽格莱奇墓室内，亲眼见证阳光照亮墓室里的每一块石

▌**第16-17页** 图为米斯郡绿色乡村的纽格莱奇墓冢。该遗址的历史可以追溯到公元前3200年前后，人们认为它是300人耗时20年才将其建成的。

▌**第17页（上）** 图为诺斯墓冢上一块刻有螺旋图案的石头。博因河谷所有的巨石遗址中都发现了刻有圆形、三角形和之字形花纹的巨石。人们认为这些图案是太阳、月亮和人的象征。

哈德良长城

英国 | 坎布里亚郡、诺森伯兰郡、泰恩－威尔郡
入选年份：1987
遴选标准：C（Ⅱ）（Ⅲ）（Ⅳ）

一部文学巨著能够成为畅销书的情况并不常见，但玛格丽特·尤瑟纳尔（Marguerite Yourcenar）的《哈德良回忆录》（Memoirs of Hadrian）做到了。这位法国作家是热衷于古希腊和古罗马文化研究的专家，她这本书的形式是罗马皇帝哈德良临终前写给他的皇位继承人马可·奥勒留的一封长信。在这封信中，他讲述了自己的一生，强调了至死也要为国家服务的重要性，并且将他所意识到的帝国必然会衰落的事实讲述给了马克作为警示。和哈德良的其他当代传记相比这本书成功地传达了这位皇帝复杂的心理状态，并揭示了他的"和平主义"人生信条。哈德良在公元117年从上一任罗马皇帝图拉真那里继承了一片巨大的领土，罗马人自豪地称之为"已知世界"。哈德良与前几任罗马皇帝不同，他对征服并不感兴趣。即使是他最重要的军事杰作——他在帝国北端修建的长城——也只是一座没有任何好战意义的纪念碑。

哈德良计划在公元122年去英国旅行期间修建它。他是想通过修建长城，将罗马人与野蛮人隔开，并将长城作为一个观察点，用来控制双方之间发生的任何贸易。从东海岸到西海岸修建这座巨大的防御要塞花费了六年时间。它高约6米，宽约3米，从现在爱尔兰海（Irish Sea）的鲍内斯（Bowness）延伸到北海沃尔森德（Wallsend）附近的泰恩（Tyne）河河口，全长约116千米。长城每隔一英里就有一个入口，上面有一些小堡垒，每个堡垒可以容纳32名士兵驻守其中。在每个大门之间约500米的距离处，有两座瞭望塔，由四名哨兵轮班值守。其主要作用是创建一个通讯链，方便人们从一个海岸到另一个海岸快速交换信息。后来，为了给长城提供更好的保护，挖了一条深约3米、宽约10米的V形堤坝，并建造了16座城堡，最多可容纳1万人。

在这些城堡中，城墙保存的最完好部分是在切斯特（Chester），其上还留有大量平民聚落的痕迹，展现出了长城两侧频繁的商业活动。近期，考古学家挖掘出土了许多不同来源的手工艺品和大约400块木制书板，上面详细地刻着士兵的日常生活。这些木制书板是在英国发现的最古老的书面文件。

哈德良长城是一场事先准备好的多元文化实验。为了建造它，哈德良派出了三个军团的士兵，他们来自帝国各地，哈德良这么做是为了让他的士兵即使在和平时期也保持忙碌和积极性。哈德良鼓励宗教自由，尽管有国家（根据现代标准）分歧存在，他还是成功增强了士兵们作为罗马人的自豪感。但讽刺的是，一旦罗马帝国开始解体，哈德良长城就具有了完全不同的意义，即使在今天，一些英国人仍认为这座古老的建筑标志着两个历史对手——英格兰和苏格兰之间的边界。

▍第18页（左上）
图为切斯特堡浴场的废墟。要塞周围广泛的平民聚落的痕迹是长城两侧频繁商业活动的见证。

▍第18页（左下）
图为诺森伯兰郡的特威德河畔贝里克区（Berwick-on-Tweed）附近的城墙。该城墙长约116千米，在部分地区城墙是英格兰和苏格兰现今分界线的标志。

▍第18页（右上）
图为卡洛堡（Carrawburgh Fort）的一个粮仓，在这里曾经驻扎着500名士兵。沿着长城共修建有16个城堡，为总共1万名士兵提供了营房。

第 19 页 图为豪斯戴德堡（Housestead Fort）的鸟瞰图，豪斯戴德堡是哈德良长城沿线保存最完好的城堡之一。其城墙内还发现了一家医院以及指挥官的住所。

纽卡斯尔

伦敦

巨石阵和埃夫伯里

英国 | 英格兰威塞克斯王国威尔特郡
入选年份：1986
遴选标准：C（I）（II）（III）

第20页　图为巨石阵的鸟瞰图。巨石阵是世界上最著名、最神秘的巨石遗址，建于公元前3100年至公元前1600年间。撇开神话和民间传说不谈，今天即使是科学界也无法对其目的和用途提供明确的解释。

谁建造了巨石阵？几个世纪以来，对此已有数十个传说在人们口中流传，还提出了有些合理但也有些非常不靠谱的假设。是凯尔特人、撒克逊人、古埃及人、罗马人还是亚特兰蒂斯人？或者，有没有可能是来自外太空的人？又或者，像一些人提出的假设那样，这些巨石是1968年披头士狂热高峰期时一群狂热的英国人为了寻找新的精神寄托而"战略性"放置的？

显然都不是，至少最后一个想法肯定是错误的。关于巨石阵的首个书面文献可以追溯到1135年。蒙茅斯的杰弗里（Geoffrey of Monmouth）在他的《不列颠诸王史》一书中称，这些巨石是由一个巨人部落从非洲带到爱尔兰的，然后由魔法师梅林让它们飞越海洋，到达索尔兹伯里平原（Salisbury Plain）向亚瑟王（King Arthur）致敬。然而，凯尔特人的祭司德鲁伊一直称巨石阵是由他们的祖先建造的。直至1985年，古代德鲁伊教团都还一直在夏至时身着白色外衣，手持竖琴和小号参观巨石阵，举行入教庆典。

即使是科学界也无法就这个世界上最著名的巨石遗址给出明确的答案。2003年，妇科医生安东尼·珀克斯（Anthony Perks）在英国《皇家医学会志》（Journal of The Royal Society of Medicine）上发表的最新研究中提出，由石块形成的环代表着女性的性器官，地母神（Earth Mother）——新石器时代的主要崇拜的女神——通过这个器官"生"下了动植物。然而，很多人对此有异议，一直担任该遗址负责人的考古学家大卫·迈尔斯（David Miles）还书面驳斥了她的研究。

不管是谁建造了巨石阵（这个名字来源于一个意思是"悬着的石头"的古老盎格鲁-撒克逊词汇），这座遗址是在公元前3100年到公元前1600年间分三个阶段建造而成的。在第一阶段，修建了一个直径约91.44米的圆形土垒；它的边界是一条沟渠，不远处有56个坑，它们组成了一个圆圈，这些坑曾经应该是填满了相等数量的木杆。这些坑被称为奥布里洞（Aubrey Holes），是以1666年首次描述它们的人的名字命名的。在第二阶段，大约公元前2550年，第一批石头出现了。它们被称为"蓝砂岩"，虽然它们每个重约5吨，但他们是遗址中最小的石头。他们从威尔士西南部彭布罗克（Pembroke）的采石场被运送到380千米外的索尔兹伯里平原，可能是先通过海路，然后顺着埃文河（River Avon）漂流，最后通过陆路运输到索尔兹伯里平原。在第三阶段，大约公元前2100年，巨石阵被建成了现如今看到的结构，其由每块重约30吨的巨石组成，它们是从大约30千米外的莫尔伯勒（Marlborough）丘陵运来的。这些始新世时期（地质时代中古近纪的第二个主要分期）的石块被称为萨尔森石，在威塞克斯的古语中意思是"外来者"。

巨石阵遗址的最外层是一条长约594米的大道，两边都是平行的沟渠，沟渠间相距约23米。这条大道通向一块"脚跟石"（Heel Stone），这是另一种萨尔森石，在夏至时，它的影子会投射到遗址的正中心。再往前走，这条大道通向圆形土垒。在它的入口处是"屠宰石"（Slaughter Stone），它的名字是由数千年来雨水"熔化"的铁在岩石上留下的红色痕迹而得名的。从这里可以看到遗址的中心部分是由同心圆的巨石结构。外圈由30个萨尔森石组成，其中有17个仍保留在原位，它们高达4米，并通过一系列由榫卯连接固定的框相互连接在一起。在离这个圈3米远的地方，还有另一个圈，这一圈有60块高约2.13米的蓝砂石（其中许多已经倒下或破碎）。在两个圆圈的中心矗立着一个巨大的马蹄形结构（如今已不完整），由五个三巨石结构组成，其中最高的一个高达7米，每个三巨石结构都是一块水平巨石搭在两块直立的巨石上。最后，一块不太大的蓝砂石马蹄铁形石环绕着中心所谓的祭坛石，尽管它没有同期其他地方建造的祭坛的典型排水系统。

巨石阵的名气和壮观掩盖了威

■ 第21页（上）图为萨尔森石围成的石圈，这些巨大的石块是约公元前2100年从30千米外的莫尔伯勒丘陵运到巨石阵的。

■ 第21页（下）图为巨石阵石圈内以马蹄形矗立的五个巨大的三巨石结构（两个直立巨石上搭着一个水平巨石）的细节。最高的一个高达7米以上。

■ 第 22 页 威尔特郡有许多石圈、巨石，最重要的是，还有坟冢。图中的坟冢位于埃夫伯里附近的麦田里。

■ 第 22-23 页 埃夫伯里的石圈占地约 12 公顷，是世界上最大的石圈。其土垒从沟渠底部到墙的最高点有 17 米高。

尔特郡拥有许多新石器时代遗址的事实，如欧洲最大的史前墓丘——锡尔伯里丘（Silbury Hill）、英格兰最大的墓室——西肯尼特长冢（West Kennet Long Barrow）和埃夫伯里（Avebury）。埃夫伯里是世界上最大的石圈，占地约 12 公顷。它是由一个直径正好一英里（约 1.6 千米）的土垒形成的，它围绕着一个由 98 块石头组成的圆圈（其中 27 块石头至今仍在原地）。与巨石阵的巨石一样，埃夫伯里的石头也来自莫尔伯勒丘陵。埃夫伯里有几块极大的巨石，比如重达 66 吨的斯温顿石（Swindon Stone）和魔鬼椅（Devil's Chair），魔鬼椅是根据一个传说命名的，即如果你逆时针绕着石头跑 100 圈，就有可能召唤出魔鬼。

虽然学者们一致认为巨石阵和埃夫伯里是礼拜场所，但对其布局的惊人天文巧合仍存在着无数猜测。目前还不清楚该遗址是否像许多人所说的那样，是一个用于研究天空的古代天文台，也不清楚它是否只是一个用来标记四季事件的日历，比如播种和收获谷物。有些人进一步猜测，它是用来预测日食的，尽管古代巨石阵中的人肯定不会拥有如此先进的知识。

这里就出现了另一种理论——巨石阵是由一个来自更先进文化的人设计的，他来到索尔兹伯里平原，向当地人传授竖立巨石所需的知识。此外，这个人还必须在巨石阵建造的 1500 年间定期返回。然而，这只是那些相信外星人和飞碟的人的说法。

■ 第 23 页（左下）图为埃夫伯里的一些石头。其中最有趣的是斯温顿石（最大的那块石头，重达 66 吨）和魔鬼椅。

■ 第 23 页（右下）原来的 98 块石头中只有 27 块留了下来。几个世纪以来，先民们在石头周围生火加热，再把冷水泼在上面破坏了大部分巨石。破碎的石块随后被用来建造埃夫伯里村。

23

特里尔的古罗马遗迹

德国 | 莱茵兰－普法尔茨州
入选年份：1986
遴选标准：C（Ⅰ）（Ⅲ）（Ⅳ）（Ⅵ）

■ 第24页（上）图为特来佛里的皇家浴场（罗马浴场以外最大的浴场建筑群）保存最完好的部分。图中包括一个带有三个以塔为边界的后殿的大厅。

■ 第24页（下）图为现在被乡村包围的圆形剧场椭圆形竞技场的废墟。圆形剧场建于公元1世纪末，在中世纪被用来提供建筑材料。

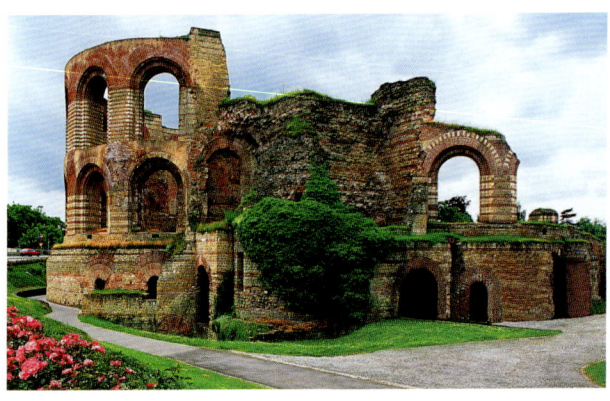

■ 第24-25页 尼格拉城门是特里尔最重要的罗马遗迹。它的立面有35.66米长，144扇拱形窗户使它变得更加引人入胜。

■ 第25页（左下）君士坦丁巴西利卡朴实无华但又非常宏伟，是利用君士坦丁于312年建造的皇宫王座室的空间和部分墙壁建造的。

■ 第25页（右下）图为特里尔和摩泽尔河的鸟瞰图。许多城市遗址都是中世纪或17世纪的，并且都以圣母教堂（Liebfrauenkirche）的哥特式钟楼为主。

在特里尔市场广场的17世纪红房子正面写着，特里尔在罗马诞生的1300年前便已存在——愿它永存并享受永恒的和平，阿门（Ante Romam Treveris stetit annis mille trecentis-Perstet, et aeterna pace fruatur, amen）。虽然有点夸张，但它确实也是事实，因为专家已经发现了该地区在公元前3000年前后便有人居住的证据。因此特里尔是德国最古老的城市。

公元前50年，尤利乌斯·恺撒的军团来到这里征服了凯尔特人，并在公元前16年，于屋大维·奥古斯都统治期间，建立了罗马殖民地特里尔（拉丁语：Augusta Treverorum）。这个地方直到3世纪末才变得重要，当时马克西米安（Maximian，他统治西方帝国，而戴克里安统治东方帝国）以及他的继任者君士坦提乌斯·克洛鲁斯和君士坦丁都把它作为宫廷所在地。大约在同一时间，特来佛里（Treveris，特里尔当时的称呼）成为基督教的中心，基督教是在公元1世纪末由叙利亚商人引入后出现在这里的。公元314年，这座城市成为阿尔卑斯山以北的第一个主教辖区。

特里尔仍有许多罗马时代的重要遗迹（部分并入后来的建筑中），这些遗迹与特里尔圣母教堂（Church of Our Lady）和圣彼得大教堂（St. Peter's Cathedral）一起被联合国教科文组织提名为世界遗产。罗马时代最雄伟的遗产是尼格拉城门（Nigra Gate），其历史可以追溯到公元2世纪末。它是在特来佛里还是一座开放的城市时修建的一座7米高的防御城墙，不过如今它已经不复存在了。尽管这座城门是用苍白的砂岩建造的，但尼格拉城门（罗马帝国最大的七座门之一）的得名于其黑色薄层，因为几个世纪以来，黑色薄层覆盖了用铁粘在一起的粗糙石块。尼格拉城门高约30米，深约22米，立面宽约36米，两个入口高约7米。144扇拱形窗户从大门的两层向外打开，减轻了结构的沉重感。叙利亚僧侣西蒙（Simeon）曾经住在城门顶上，1041年为纪念他而建造了一座教堂，但这座教堂几乎完全被拿破仑的军队摧毁了。

在城市东部，一座罗马桥横跨摩泽尔河（Moselle River）。它建于公元45年克劳狄一世统治时期，用来支撑马车的木制结构，但只有很少的原始花岗岩块保留了下来。在桥后不远处建有一个圆形剧场，但如今几乎看不到它的原始结构了，因为其材料在中世纪已被用于其他建筑了。但是我们仍然可以看到尺寸约为75米×50米的椭圆形遗址，观众席可以坐2.2万名观众。圆形剧场的两个巨大入口上方是装饰精美的拱顶。特里尔的其他罗马时代遗迹是圣芭芭拉浴场和皇家浴场的基础。它们只比罗马的浴场小一点，始建于公元3世纪，并于君士坦丁统治期间完工。

曾经巨大的君士坦丁巴西利卡（Aula Palatina）是在312年为君士坦丁所建造的皇宫王座室，被用作巴西利卡（Basilika）的"容器"，现如今的巴西利卡是一座新教教堂，原始建筑中只有一面墙幸存。大教堂的建造始于11世纪，是在一座基督教大教堂的地基上建造的，最近在这座教堂挖掘出了更多遗迹。特里尔的所有历史中心都是从古代开始的几代建筑风格的结果，从哥特式一直延续到巴洛克风格，每一种新的风格都吸纳了以前的风格。此外，这些新增的风格是这座城市不断发展的有趣证明，该城市也以马克思主义创始人之一的卡尔·马克思（Karl Marx）的出生地而闻名。

韦泽尔峡谷的壁画岩洞

法国 | 多尔多涅省，阿基坦大区
入选年份：1979
遴选标准：C(I)(III)

登山俯瞰法国多尔多涅省韦泽尔河（Vézère River）左岸的蒙蒂尼亚克（Montignac）村，对马塞尔·拉维达、雅克·马尔萨、乔治·阿涅尔和西蒙·科恩卡斯来说，本该只是一次有趣的郊游，然而，它却成了20世纪最著名的考古发现之一。

那是1940年9月12日，这四个男孩莽莽撞撞，只带着一支昏暗的手电筒，就决定爬进树林中央一棵倒下的树留下的坑里。他们随着填住洞穴入口的一堆石头一起滑下来，突然发现自己进入了一个很大的洞口，这个洞口如今被称为"公牛大厅"（Great Hall of the Bulls）。公牛大厅的壁画可能是世界上旧石器时代艺术最杰出的例子。这些壁画两边墙壁上的面积约18.6平方米，两边墙壁在几乎圆形的峡谷中弯曲形成一个拱顶，壁画由三组动物组成：马、公牛和鹿。

男孩们很惊讶他们发现了如此绝妙的艺术品，于是立刻报告了老师，最终这一发现登上了校报。此后，考古学家开始陆续抵达法国拉斯科（Lascaux）。为首的是修道院院长安德烈·格洛里，他用25年多的时间精心复制了所有的壁画。之所以花了这么长时间，是因为拉斯科洞穴一直延伸到山的深处超过100米，而且其中至少有七个重要壁画区域。在左侧，公牛大厅的后面就是彩绘画廊，其特色是动物，这些动物覆盖了与洞穴拱顶一样大的墙壁，因此被称为法国的"史前西斯廷教堂"（Prehistoric Sistine Chapel）。右侧是横向通道，其次是主画廊，然后是猫像室，它处在有壁画的区域的最里面。穿过一条侧道通向版画室，然后是死尸坑。除了壁画，里面还发现有各种各样的手工制品，其中包括21盏由粗糙石头制成的精致灯具，14个骨矛头，一个画家的"调色板"，多亏了它，人们才有机会研究旧石器时代艺术家使用的颜料，以及从颜料中提取的8个矿物团块。

总体而言，石窟的墙壁和拱顶上总共有近1500处壁画，一些人认为这些壁画是在1.7万年前绘制的，另一些人则认为是1.5万年前绘制的。无论是哪一种，它们都代表了旧石器时代石窟壁画的顶点，在1.8至1.7万年前的马格德林文化（Magdalenian）时期，壁画广泛分布在多尔多涅地区。仅在韦泽尔峡谷就发现了147处史前遗址和25个彩绘洞穴，这让重建人类在引入农业之前阶段的生活方式成为可能。

然而，公众无法接触到拉斯科洞穴已有大约60年的时间。早在1955年，由于空气中二氧化碳含量过高，壁画上出现了菌斑，几年后，还出现了由藻类和苔藓产生的绿色污迹。这让专家们十分担忧，因此，法国文化部长安德烈·马尔罗决定于1963年4月20日起关闭该石窟。

消除了环境污染的原因后，拉斯科的壁画恢复了原始状态，但它们依旧对公众关闭。1980年，当局决定制作一个完整的石窟复制品，他们以极高的准确性完成了这项工作，并使用了能够完美复制原始岩石的颜色、切口甚至颗粒质量的材料。拉斯科复制洞窟2号（Lascaux II）于1983年向公众开放。

2001年，又有一些对原始石窟壁画的新威胁出现了：在一些岩石和洞穴地面上发现了细菌和真菌的菌落，不得不用杀菌剂和抗生素进行处理这些细菌和真菌。虽然问题已经解决，但人们仍然很担心这一文明诞生留下的非同遗产的生物环境的脆弱性。

■ 第26页（右上）图为拉斯科洞窟墙壁上画着的一头长着巨大角的公牛。

■ 第26页（左下）公牛大厅后殿的壁画被认为是世界上旧石器时代艺术的最佳典范。

■ 第26-27页 奔腾的牛和马使公牛大厅的内部充满活力。

■ 第27页（上和下）旧石器时代的人们为了绘制拉斯科洞窟中近1500处壁画（第29页下图是所谓的"中国马"），使用了12种颜料，从淡黄色到黑色。

奥朗日古罗马剧场和凯旋门

法国 | 普罗旺斯，沃克吕兹省
入选年份：1981
遴选标准：C（Ⅲ）（Ⅵ）

如今的奥朗日（Orange）是由凯尔特人建立的，位于艾格河（Aigues River）附近的圣厄特罗普山（Hill of Saint-Eutrope）上，占据着延伸至罗讷河（Rhone River）的广阔平原。奥朗日位于繁华的纳博讷高卢罗马行省的中心，以当地一位水神的名字命名为阿劳西奥（Arausio）。它的受保护地位使它成为一个战略要地，其地位在公元前36年进一步扩大，当时屋大维领导的第二高卢军团的退伍军人从高卢野蛮人手中夺取了它，并建立了第二"忠实"尤利乌斯军团阿劳西奥殖民地。

屋大维在成为皇帝并改名为奥古斯都后，多次回到奥朗日，并积极发展那里的建设。公元10年，他下令在阿劳西奥建造凯旋门，以庆祝新罗马城市的建立和罗马治世（Pax Romana）的建立。凯旋门于公元27年完工，坐落在城市的北部边缘。它的平面为矩形，长约19.51米，宽约8.53米，中间有一个大拱门，两边各有一个小拱门。两个立面装饰着刻有科林斯式廊柱的凹槽半柱、雕像和刻有陆战和海战场景的镶板，后来添加了歌颂提贝里乌斯皇帝的碑文。

在同一时期，为了满足该省居民（主要是士兵及其家人）娱乐的需要，皇帝下令在昂蒂波利、阿普特、阿伟诺、弗吕姆瑞利建造几个剧场，最雄伟的是在阿劳西奥。阿劳西奥的这座建筑不仅是为观赏和表演而建造的，同时也是出于政治目的而设计的，其规模之大足以举行选举和行政大会以及全员参与的审判。这个装饰有雕像的剧场有三层座位，可容纳9000名观众。它有一个舞台，其后面抵着一堵38.10米高、约103.33米长的大墙，这堵墙也构成了外墙。由于该省民众的知识水平与教育水平较高的罗马不同，多年来，在当地很受欢迎的表演包括滑稽剧、杂技和哑剧，以及普劳图斯（Plautus）的喜剧。

在公元4世纪，随着罗马帝国的衰落和基督教的传播，居民对这些剧的兴趣减弱了。391年，阿劳西奥的主教谴责该剧场是异教徒的不敬，并下令关闭它。随着野蛮人的到来，剧场变成了武器库。几个世纪以来，在巨大外墙的周围，一排排木制房屋拔地而起。这个破旧的剧场在路易十四和拿骚（Nassau）的威廉三世（奥治兰）的军队之间的战争中幸存了下来，"太阳王"路易十四下令将威廉三世的堡垒夷为平地，拯救这座他认为是"王国最美丽的墙"。

1860年，在时任法国古迹历史馆馆长、作家普罗斯佩·梅里美（Prosper Mérimée）的推动下，剧场开始修复。今天，奥朗日古罗马剧场是夏日节的举办地，届时，舞台上挤满了国际知名的演员，就像古罗马的黄金时代一样。在那段长达一千多年的被废弃的时期，只有一位伟大的"演员"出现在那里。一天晚上，拿破仑在结束厄尔巴岛的流亡生活前往巴黎时，他让他的司机在奥朗日停下，他独自一人走进剧场，在那个宏伟壮观的舞台上，品尝了他最后的、短暂的、胜利的滋味。

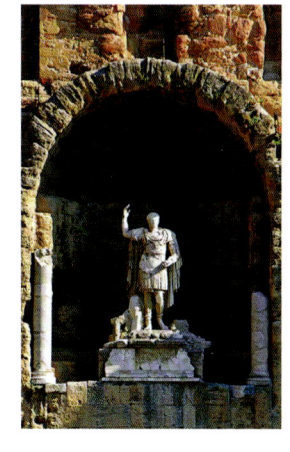

▎第28-29页 剧场保状完好，可容纳9000名观众。其舞台后面有一堵约102.41米长、38.10米高的墙，它也是剧场的外墙。

▎第28页（下） 图为凯旋门上层阁楼上的浮雕细节。它展示了罗马人和高卢人之间的马背之战，代表了文明战胜野蛮的胜利。

▎第29页（上） 奥朗日剧场是罗马时期唯一一个完整地保存了皇帝雕像的剧场。屋大维·奥古斯都的雕像（高3.53米）立于舞台中央的一个壁龛里。

▎第29页（下） 凯旋门建于公元10年至27年间，是为奥古斯都皇帝建造的，凯旋门的正面装饰有科林斯式廊柱和带凹槽的半柱。

加尔桥

法国

普罗旺斯
入选年份：1985
遴选标准：C（Ⅰ）（Ⅲ）（Ⅳ）

1958年，加尔东河（Gardon River）的严重洪灾给普罗旺斯的尼姆地区造成了巨大的破坏。勒穆兰附近横跨河流的现代铁路桥被冲走了，但位于其上游的、已经屹立了2000年的加尔桥（Pont Du Gard）却依旧冷静地矗立在汹涌的河水中。洪灾紧急状态过去后，每个人都为古罗马人建造的这座桥所带来的福祉而欢欣雀跃。这座不朽的建筑每年接待超过200万名游客，是法国仅次于圣米歇尔山（Mont-Saint-Miche）的第二大省级旅游景点，就连当今的工程师们都不得不感叹自己被古代的工程师们"打败"了。

根据历史文献记载，加尔桥以及从Ucetia镇的水源输送到尼姆的整个渡槽设计都归功于奥古斯都的女婿马库斯·阿格里帕。阿格里帕以其工程技能而闻名，他于公元前19年拜访了高卢人，并很快开始了这项巨大的水利工程。

这条渡槽大约是在图拉真统治时期（公元98—117年）建成，呈U形，长约48千米，其中约35千米在地下，总高度差仅约17米。最让人惊叹的不是渡槽的长度，而是它超高的精确度：从水源到位于当时尼姆郊区的巨大蓄水池（罗马人称为分水站），水沿着恒定的坡度流下，坡度约每千米34厘米，即坡度极小，约0.00034°。十条运河从分水站出发，为大约5万名居民的浴室、房屋和公共建筑供水。因此，他们每人每天大约分配了106加仑（约401.25升）的用水，即使按照现代标准，这个数量也是足够的。这条渡槽的建造大约耗资3000万塞斯太尔斯（古罗马货币），相当于支付500名罗马军团军官50年工资所需的钱。

整个建筑最宏伟的象征是加尔桥。它雄伟、高雅，且精致，桥长约300米，高约48米，为三层拱门结构。最低的第一层有6个拱门，宽度从约16米到约21米不等，支撑着一条在18世纪中叶为马车加宽的道路。第二层有11个拱门。最上面一层，也就是第三层，有35个小拱门，水渠由此层经过。这座桥是用当地开采的化石石块密密麻麻堆积建成的。它淡黄色的色调与周围的青山和葡萄园景观完美融合。每块石头重6.6吨，并且在没有砂浆的情况下以惊人的精度组装起来。

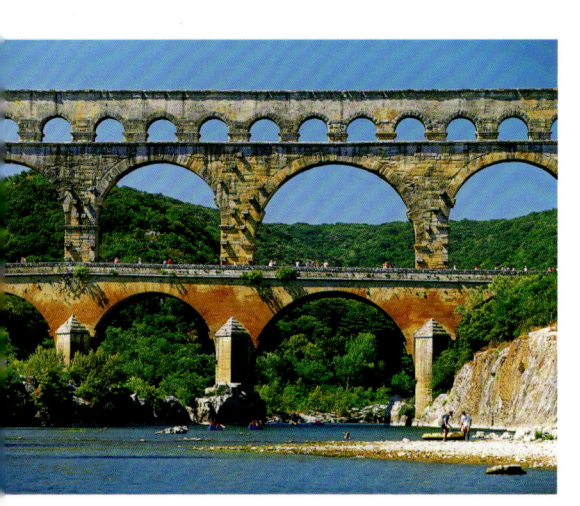

普罗旺斯人民的长期居住和不断发展为桥梁的保护提供了保障。第一次修复工程是在拿破仑三世统治期间进行的，最近一次修复工程才刚刚结束，耗资3000万欧元，其中大部分资金用于建造游客中心。对这个罗马遗址的加固需要更换约298立方米的石头，大约占整个结构的5%。

■ 第30页 图为加尔桥的正面视图,展示了其和谐的三层拱门结构。该桥是法国省内仅次于圣米歇尔山的第二大省级旅游景点。

■ 第30-31页 加尔桥雄伟、高雅,且精致,长约300米,高出水面约48米,其淡黄色的石头可以与周边风景完美地协调在一起。

■ 第31页(下) 图为加尔桥的鸟瞰图,该桥是作为渡槽的一部分建造的,该渡槽将水输送到约48千米外的尼姆。它由奥古斯都的女婿马库斯·阿格里帕于公元前19年前后设计,并在图拉真统治期间完工。

阿尔勒城的古罗马建筑

法国 | 普罗旺斯，罗讷河口省
入选年份：1981
遴选标准：C（Ⅱ）（Ⅳ）

文森特·梵高（Vincent Van Gogh）的《阿尔勒竞技场上的观众》是一幅非常精彩的画作，目前收藏于俄罗斯圣彼得堡艾尔米塔什博物馆（Hermitage Museum in St. Petersburg）。其画中温暖的色彩和浮躁的笔触给人一种焦虑的期待和压倒性的激情，这正是观看斗牛的观众所感受到的情绪。1888年，当这幅画完成时，阿尔勒的圆形剧场仅仅修复完成大约50年。经过几个世纪的掠夺，它被变成了一座堡垒，然后变成了穷人的住宅区，然后又干回了原来的老本行，成了残酷的竞技场。它建于公元90年至公元100年间，呈椭圆形，最长轴约136米，最短轴约107米，由两个部分组成，每个部分有60个拱门，可容纳2.4万人。竞技场本身与观众席之间有一堵高墙隔开，这堵墙是为了保护观众免受比赛中野兽的伤害。这座宏伟的建筑并不是这座城市罗马时期唯一幸存的建筑。公元前49年，阿尔勒是罗讷河左岸的一个小镇，由恺撒第六军团的退伍军人殖民，因此也可以将其叫作恺撒第六军团阿尔勒居住地，那里居住着凯尔特-利古里亚（Celtic-Ligurian）和希腊血统的人。这座城市当时比现在更靠近大海，很快就建立了蓬勃发展的经济，并启用了宏伟的城市发展规划。

阿尔勒占地约40公顷，由一道防御墙围住。通往马赛的那段路被用作东西轴线，而卡杜斯和其他街道则被描绘成一个网格。为1万名观众建造的剧场（现今已修复并重新投入使用）和公共集会场所的历史可以追溯到公元前40年至公元前14年，屋大维统治期间。公共集会场所位于奥古斯都监护神（Genius Augusti）的圣殿周围，周围环绕着竖立在密室外的门廊。

在公元2世纪至3世纪中叶的一段经济停滞期后，阿尔勒经历了一场复兴，这要归功于其纺织业的扩张和以生产石棺而闻名全帝国的凿工技能。公元4世纪，当君士坦丁被选为皇帝时，他决定在阿尔勒定居，因此授予这座城市名字为加卢拉罗马（Gallula Roma）。为了使阿尔勒成为名副其实的皇家住所，人们进行了一项宏大的建设和扩建计划。如今，在皇帝宫殿的遗迹中，人们可以看到奥古斯都圣所下方的浴室和加密门廊。由君士坦丁修复的加密门廊由两个约91.5米长的拱廊组成。在其中一处，发现了两根花岗岩柱子的底座，上面刻有铭文，记录了皇帝为美化城市而建造的这些纪念碑，以及监督工程的人的名字。

▎第32页（上） 阿尔勒圆形剧场厚厚的圆形墙壁的特点是圆形拱门与矩形飞檐和塔楼交替出现。它们包围了恺撒大帝在巩固征服高卢期间为驻扎他的军团而修建的兵营。

▎第32页（下） 与罗马竞技场不同的是，圆形剧场的地下室几乎完好无损地保留了原有的材料。房间结构类似，用来存放舞台机器。

▎第32-33页 阿尔勒壮观的圆形剧场是普罗旺斯最重要的罗马遗址，建于公元90年至公元100年，几个世纪以来，它已被洗劫一空，变成了一座堡垒，甚至变成了住宅区。

■ 第33页（下）这座优雅的剧场建于屋大维时期。阿尔勒由凯尔特人建立，后被罗马人殖民，罗马人建造了这座城市，并将其命名为恺撒第六军团阿尔勒居住地。

阿尔塔米拉洞

西班牙 | 坎塔布里亚自治区，桑坦德市
入选年份：1985
遴选标准：C(I)(III)

旧石器时代的人类有能力创作艺术吗？19世纪末的古人类学家的回答是，当然没有。当时，那些拥护进化论的人采取的立场甚至比达尔文本人还要极端，他们无法想象那个被他们认为不过是猴子的史前人类有审美，更别说技术能力了。

因此，当业余古人类学家马塞利诺·桑斯·德·桑图奥拉（Marcelino Sanza De Sautuola）在1880年出版《关于桑坦德省史前物体的简要注释》（Breves apuntes sobre algunos objetos prehistóricos de la provincia de Santander）一书时，科学界认为这本书是一个拙劣的笑话。桑图奥拉在阿尔塔米拉洞里待了五年，对他在洞中发现的石器和壁画进行编目和描述。这些画尤其引发了人们的愤慨和讥笑，因为它们太美了，就像假的一样。

事实上，在桑图奥拉研究之初，他就曾多次参观洞穴，但都没有注意到洞穴顶上的画，因为他根本没有抬起眼睛，是他12岁的女儿玛丽亚注意到了这些画。尽管桑图奥拉坚信，在洞穴中留下骨头和打火石工具的史前人类与在洞穴顶上绘画的人是同一批人，但在他生前人们一直没有认可他的直觉。

直到20世纪初，在西班牙和法国发现了其他以壁画为特色的洞穴之后，科学界才意识到阿尔塔米拉洞的壁画可以追溯到旧石器时代晚期。最近，对这些颜料的碳-14测年显示，这些画作有18500到10000年的历史，其中一些简单的图形可以追溯到奥瑞纳文化（Aurignacian）和梭鲁特文化（Solutrean）时期，还有一些（其中大部分）可以追溯到马格德林文化（Magdalenian）时期。绘画创作的非凡技巧（或者我们应该称之为"艺术"）让这个洞穴被誉为西班牙的"史前西斯廷教堂"。

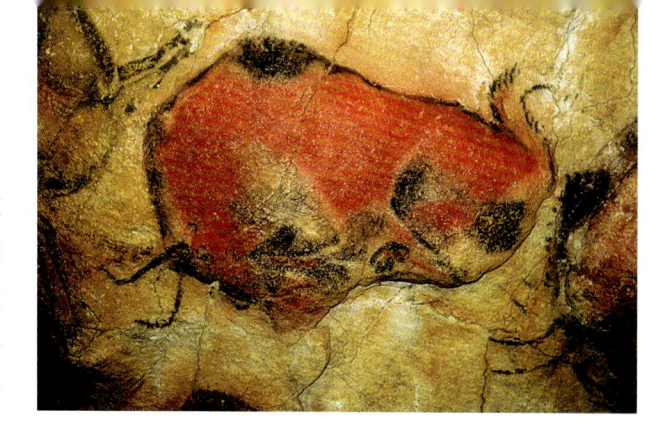

阿尔塔米拉洞位于海拔约156米的维斯皮瑞斯山（Mount Vispieres）脚下，由一系列洞穴和画廊组成，呈S形，绵延约270米。在最大的（9米×18米）的洞穴的顶上和壁上，有一组非常逼真的动物形象：一匹马，一头野猪，几只鹿和15头大野牛。马格德林文化的人使用黄色、棕色和淡红色的赭石、氧化锌和沥青，在野牛的皮毛上涂上了层次分明的颜色。此外，一些野牛的身体被绘制成与岩石的投影相匹配，从而创造出惊人的三维效果。同样令人感兴趣的是"彩画走廊"中的绘画，其中有野牛和其他动物，也有能清晰辨认的人物形象和手印。

虽然它们在黑暗中存在了数千年，但这些壁画其实十分脆弱。甚至自20世纪下半叶以来到阿尔塔米拉洞的游客的呼吸也对颜料造成了损害，所以现在只有学者才能进入洞穴，即使是这样，每周最多也只能有150人进入。2001年7月17日，一个新的洞穴和附属的古人类学博物馆在附近开放，供公众参观。这其中的画作是由原始壁画在人造洞穴中用"史前"颜料和技术复制出来的，它重现了原始壁画的形状，误差小于1毫米！这个伟大的项目耗资2550万欧元。有人可能会说，它们缺乏真实原始壁画的吸引力，但事实是，这个洞穴和博物馆每年接待游客数都超过100多万。

▍第34-35页 对这些颜料的碳-14测年表明，阿尔塔米拉洞的壁画出现在18500到10000年前。比较简单的图形来自奥瑞纳文化和梭鲁特文化时期，而其他的则更具"艺术性"，来自马格德林文化时期。

▍第34页（左下）一头用黄色、红色和棕色赭石和氧化锌作画的鹿。原始人对动物身体比例的精确描绘让人叹为观止。

▍第34页（右下）"彩画走廊"的顶上画着15头野牛和包括马在内的许多其他动物。该系列作品为阿尔塔米拉洞赢得了"史前西斯廷教堂"的称号。

▍第35页（上）图中的野牛是最需要技巧的画。牛的皮毛上涂了不同的颜色，再与阴影混合，使其具有三维外观。

塞哥维亚

马德里

塞哥维亚输水道

西班牙 | 卡斯蒂利亚 - 莱昂
入选年份：1987
遴选标准：C（Ⅰ）（Ⅲ）（Ⅳ）

■ 第36页（下） 大约1500年，天主教君主用圣母子像取代了建筑物中心的异教神像。

■ 第36-37页 "桥"是渡槽中最宏伟的一段，长约278米，由128根柱子支撑的两级拱门组成。它可能建于公元38年至50年之间，是罗马世界保存最完好的渡槽。

■ 第37页 图为塞哥维亚古城的景色。除了罗马渡槽，塞哥维亚还有两处被联合国教科文组织列入《世界遗产名录》的遗址：塞维利亚王宫（11世纪）和哥特式大教堂（16世纪）。

塞哥维亚古城坐落在一个形状类似于船头的岩石支线上，周围环绕着埃雷斯马河和克拉莫雷斯河，可以说其地处西班牙所有城市中最壮观的位置。这条渡槽是罗马重要的塞哥维亚军事基地的唯一遗迹，看起来像这艘天然船只的舵。公元前1世纪下半叶，这些军团在以前的凯尔特人定居点上建立的古代总部，其任何痕迹都消失在了卡斯蒂利亚王国动荡的历史中。在罗马人之后，这个地区被西哥特人（Visigoths）征服，然后被摩尔人（Moors）征服，后来成为费尔南多二世和伊莎贝尔一世之间政治和爱情比赛的地点。不管经历几次战争、统治者如何更迭，"桥"（El Puente）是当地居民对渡槽的尊称，渡槽一直占据着塞哥维亚的主导地位，直到19世纪末，它一直发挥着重要功能，当然，它也成了这座城市的象征。

这座罗马世界保存最完好的水利工程杰作，是用来自附近瓜达拉马山脉（Sierra de Guadarrama）的20400块花岗岩砌成的。它有约17千米长，可以将弗里奥河水从一个叫拉阿塞韦达的地方输送到市中心，沿途会经过一系列盆地。凸起的部分长约728米，其中约278米地势极高，俯瞰着阿索格霍广场（Plaza do Azoguejo）。"桥"有两个约28.50米高的圆形拱门，由128根柱子支撑，每个上面都有一个阁楼，水管会穿过这些阁楼。目前还没有关于它建造的书面文件，但专家们注意到它在风格和技术上与古罗马供水的渡槽之一——克劳迪娅水渠有相似之处，因此可以锁定它的年代在公元38年至50年之间，也就是图拉真统治期间的1世纪。考虑到建筑的规模和承载的水量，据估计，罗马古城塞戈布里加（Segobriga）的人口约为5万，与现代城市相同。

在9世纪，一些拱门被摩尔人破坏了，但由于其实用性，天主教君主们在16世纪对其进行了修复，包括用圣塞瓦斯蒂安圣母的雕像取代了位于遗址中心的罗马异教神像。从那时起，这座巨大的建筑奇迹般地经受住了人和自然的双重考验。1992年至1996年，一项研究发现水渗入威胁到柱子的稳定性后，对渡槽进行了加固。为了避免完全更换石块——这样渡槽将失去它的大部分魅力，人们决定使用取芯方法只更换内部石块。

除了渡槽，联合国教科文组织还将塞哥维亚的另外两座遗址列入《世界遗产名录》：由摩尔人建造的塞维利亚王宫和宏伟的16世纪哥特式大教堂。这组看似无关的建筑却代表了这座城市历史上最重要的篇章。每一个篇章都通过细小但可见的线索连接在一起：例如，梵蒂冈宗座图书馆的古代文件表明，建造塞维利亚王宫的罗马地基与"桥"使用的花岗岩相同。

梅里达古罗马遗址

西班牙　埃斯特雷马杜拉自治区，巴达霍斯省
入选年份：1993
遴选标准：C（Ⅲ）（Ⅳ）

■ 第38页　梅里达最大的宝藏之一是横跨瓜地亚纳河的朴实无华的桥梁，它是现存最长的罗马桥梁。建于公元1世纪末，有81个拱门，全长约792米。

■ 第38-39页　梅里达的圆形剧场于公元前8年在竞技期间落成。观众席有三层，可容纳1.4万名观众。

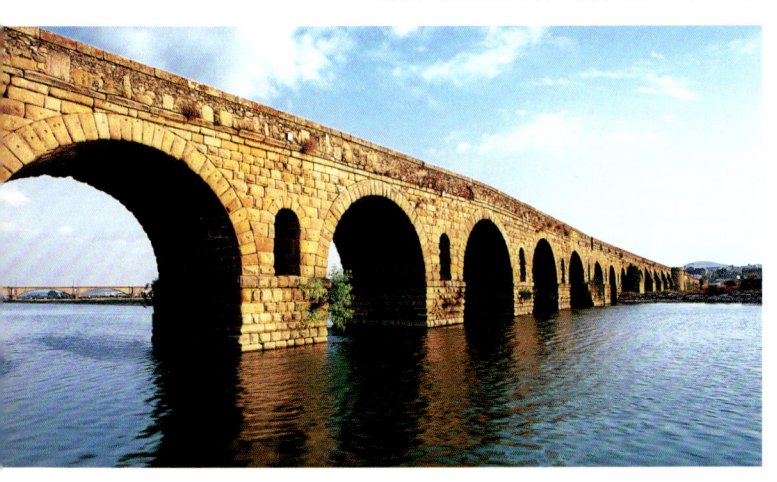

■ 第39页（左下）圣拉萨罗（或称"牛尾"）渡槽长1600米，横跨阿尔巴雷加斯河，将地下泉水输送到城市中。

■ 第39页（右下）洛斯米拉格罗斯渡槽（Los Milagros Aqueduct）长约830米，高约25米。它建于公元前1世纪末和公元3世纪之间的两个阶段。它从普洛塞庇娜泉向城市输送水。

卢西塔尼亚大桥（Puente Lusitania）于1991年在梅里达落成。这座横跨瓜地亚纳河（Guadiana River）的细长建筑是当地居民的骄傲，不仅仅因为它是由当代最著名的建筑师之一圣地亚哥·卡拉特拉瓦（Santiago Calatrava）设计的。而且最近的研究发现梅里达与该桥有一种特殊的联系，这种联系从桥梁第一块石头的铺设就开始了，它也标志着这座城市的奠基。

公元前25年，奥古斯都皇帝的使节普布利乌斯·卡里修斯到达瓜地亚纳河岸边。周围土地肥沃，附近的山上流淌着无数的淡水，还有丰富的花岗岩。这些资源足以让他们决定在梅里达建立奥古斯都·劳里克殖民地。它是由第五云雀军团和第十盖米纳军团的退伍军人组成，他们战胜了代表对罗马帝国扩张至已知世界西部边缘的最后抵抗力量——坎塔布里亚人（Cantabrian）和阿斯图里亚斯人（Asturian）。

在新殖民地修建了一条渡槽，从城市北部的普洛塞庇娜泉（Proserpina Spring）引水。它长约830米，高达25米，横跨阿尔巴雷加斯河（Albarregas River）。虽然时至今日超过一半的拱门已被毁坏，但它的结构依旧宏伟，建造它的花岗岩块和砖的颜色也一样鲜艳。瓜地亚纳河上的桥是与渡槽同时修建的。它的跨度约792米，由81个拱门支撑，平均高度高于河流水位约12米。这座桥除了是到达罗马梅里达的主要途径外，从16世纪开始，它就成了普拉塔之路（Via De La Plata）的枢纽，西班牙人就是沿着这条路将他们从美洲殖民地运来的白银运往马德里的国库。

很快这座城市繁荣起来，公元前15年，马库斯·阿格里帕来到这里主持庆祝罗马卢西塔尼亚省建立的庆祝活动，梅里达是卢西塔尼亚省的首府。借此机会，阿格里帕主持了剧场的落成仪式，剧场可容纳6000名观众，观众席为不同社会阶层划分为三个等级的座位。这个圆形剧场可容纳1.4万名观众，几年前就已经完工，曾用于举办角斗士比赛，这些建筑共同标志着一系列重要建筑的开始，这些建筑将使梅里达成为"帝国罗马尼的望远镜和堡垒"。

由于儒略-克劳狄王朝皇帝的兴趣，在公元1世纪，这座城市驻扎了9万名士兵，见证了整个古罗马西班牙的经济快速增长。用大理石铺设公共集会场所，建造阿耳忒弥斯神庙（Temple of Diana）和一个可以容纳3万人的巨大椭圆形露天圆形竞技场。这座神庙是这座城市的主要宗教建

★马德里

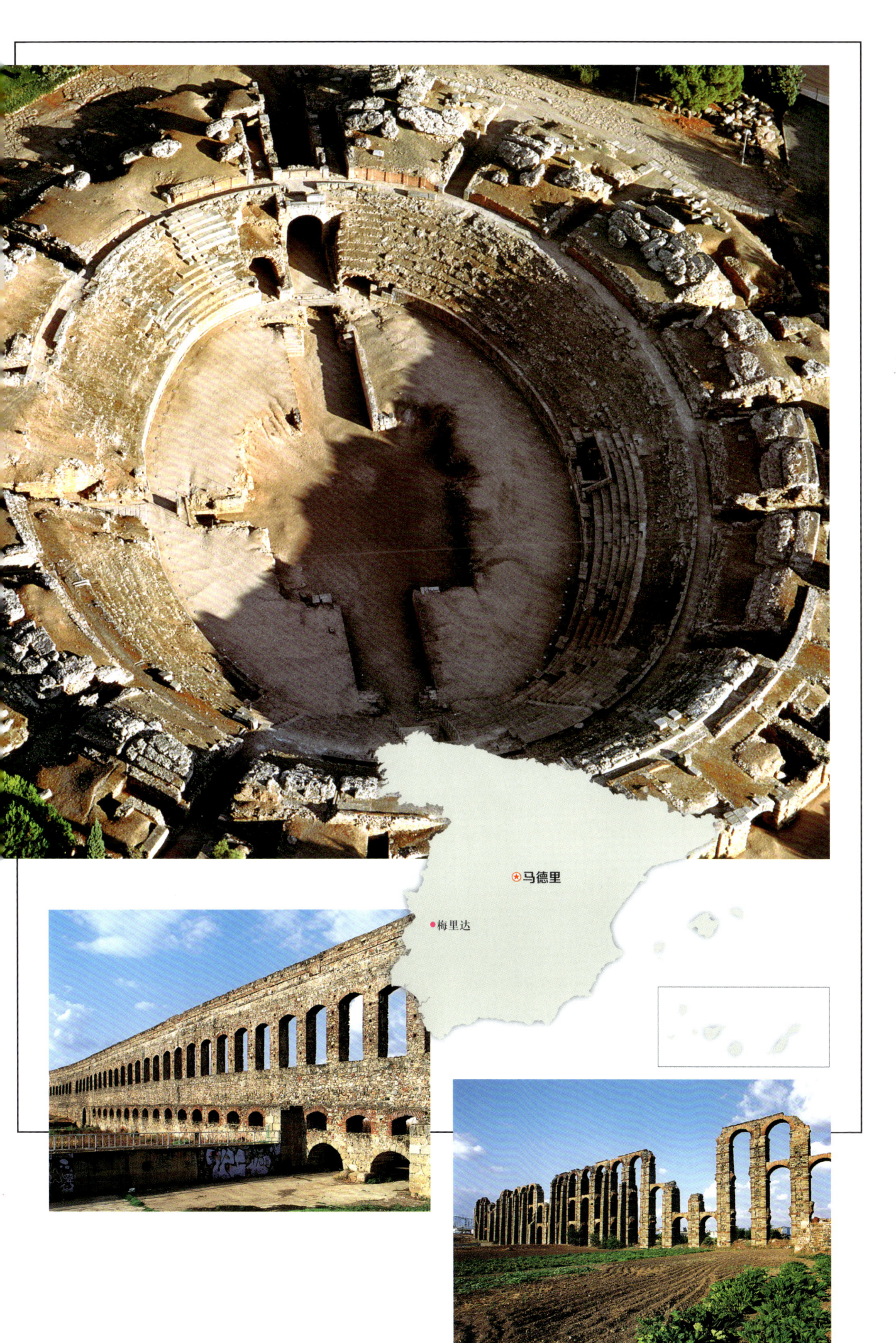

●梅里达

筑，坐落于卡杜斯和德库马努斯的交界处。尽管它叫这个名字，但它是献给君主崇拜信仰的，这是由于发现了奥古斯特二世的雕像和埃涅阿斯、安喀塞斯和阿斯卡尼俄斯组成的雕塑群而确定的。

梅里达的发展在公元2世纪西班牙本土人图拉真和哈德良统治下达到了巅峰。在此期间，建造了许多贵族别墅并用镶嵌画进行装饰——现今在考古博物馆保存了许多马赛克镶嵌画——或扩建了现有的建筑。由于来自北非各省的军队的到来，这座城市的人口也有所增加。这些士兵带来了一种与火星崇拜有关的新宗教。因此，从公元155年开始，梅里达成为密特拉教的中心之一，正如在城市中发现的许多描绘与公牛搏斗的神的浅浮雕所证明的那样。事实上，西班牙人对斗牛的热情起源于梅里达。

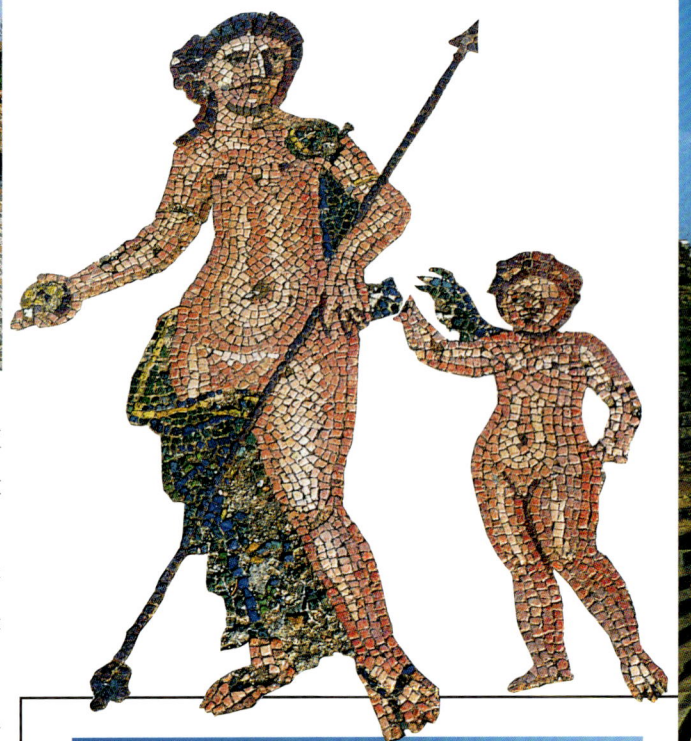

▌第40页（左上和右上）丰收场景的镶嵌画地板（右，细节图）是圆形剧场多姆斯（Roman House）最有趣的特色。这是帝国时代晚期贵族住宅的一个著名例子，将镶嵌画围绕着一个装饰有柱廊的中央庭院布置。

▌第40页（下）阿耳忒弥斯神庙（建于公元1世纪末和公元2世纪初）位于现代梅里达的中心，是一座宏伟的六边形花岗岩建筑，基座长约41米，宽约22米。

■ 第 40-41 页 梅里达的罗马剧场由马库斯·阿格里帕于公元前 15 年建造,以向这座被指定为卢西塔尼亚首府的城市致敬。梅里达的罗马剧场可容纳约 6000 名观众。

■ 第 41 页（下） 图为收藏在国家罗马艺术博物馆（National Museum of Roman Art）一个公元 4 世纪的马赛克镶嵌画上的猎豹画面。博物馆收藏了来自梅里达罗马别墅的镶嵌画、雕塑和壁画,在博物馆建造过程中还发现了许多墓地物品。

阿德利阿纳村庄

意大利 | 拉齐奥地区，罗马省，蒂沃利
入选年份：1999
遴选标准：(Ⅰ)(Ⅱ)(Ⅲ)

哈德良和上一任皇帝图拉真一样出生在西班牙，公元117年登基后，花了一年时间才到达罗马。罗马贵族以不信任的眼光看待哈德良，并不欣赏他。就哈德良而言，他从不喜欢罗马这个"世界之都"，当他从前往巨大帝国各个角落的旅程中返回罗马时，他更愿意隐居到蒂沃利（Tivoli），回到他自己设计的一座宏伟村庄中。

村庄的选址是经过精心挑选的。自公元前1世纪以来，那片以松树林为主的乡村地带原来有一片村庄。它的土地由两条河流划定，河水流入阿涅内河（Aniene），在那个时代，可以顺着阿涅内河航行到台伯河（Tiber），然后从那里通往罗马。不过，沿着提布提纳道（Via Tiburtina）走下去，也可以轻松抵达蒂沃利。阿德利阿纳村庄（Villa Adriana）在公元118年至134年分两个阶段建成，占地近122公顷。由于哈德良皇帝对希腊和埃及文明的热爱，以及他对艺术、历史和哲学的热情，阿德利阿纳村庄成为建筑、雕塑和镶嵌画艺术集于一身的杰作。在这些兴趣的鼓舞下，他将帝国的主要建筑进行了微型复制，创造了一个属于他自己的"理想城市"。

事实上，它们并不是简单的复制品，因为哈德良想要以一种"概念性"的方式重建它们。例如，"Canopus"类似于埃及人修建的运河，将尼罗河三角洲上的克诺珀斯市连接到亚历山大港。哈德良的版本有约120米长，旁边是一条柱廊，尽头是赛拉比尤姆（Serapeum），这座建筑的灵感来自他用来举办夏季宴会的塞拉比斯神庙（Temple Of Serapis）。另外，斯托阿·波伊克勒（Stoa Poikile）画廊是雅典原作的直接复制品，虽然他在中心增加了一个供自己散步的花园和游泳池。住宅的主要前厅被命名为坦佩露台（Terrace of Tempe），以纪念色萨利大区著名的山谷。虽然还没有进行系统的挖掘，但似乎在地下隧道里建造了一个微型哈得斯（Hades）版本。别墅中保存最完好的建筑是海上剧场。它是一个圆形建筑，有一个爱奥尼式的门廊，内部是一条环绕人工岛的运河。在这里，哈德良建造了一座小山庄，以供它回去到那里读书和学习。

黄金广场代表着建筑群的中心，两旁排列着一系列接待建筑和一流的浴场。总体而言，阿德利阿纳村庄的

▌第42-43页 从空中可以看到阿德利阿纳村庄。建筑与景观的完美结合，以及花园区域各部分明显随意的放置，让这座山庄成为古代建筑的杰出典范。

▌第42页（左下）该建筑有三个用大理石装饰得很华丽的半圆形凹处。它可能在夏天被用作官方宴会的用餐区。

▌第42页（右下）山庄最重要的浴场建筑是太阳神浴场（Baths with Heliocaminus）。这个名字来自一个被格子圆顶覆盖的圆形房间，南侧有一个圆形水池和大窗户，说明水是被太阳加热的。

▌第43页（上）图为包括远处替布汀山脉（Tiburtine Mountains）的山庄景色。这座宏伟的庄园位于共和党时代山庄的中心，它可能属于哈德良皇帝的妻子维比亚·萨比娜。

▌第43页（下）海上剧场保留的爱奥尼式的门廊部分。这座优雅的圆形建筑位于一圈水中，中间有一座小岛。岛上有一座小山庄的遗迹，有一张桌子，附属的房间，一个柱廊和一些小浴场。

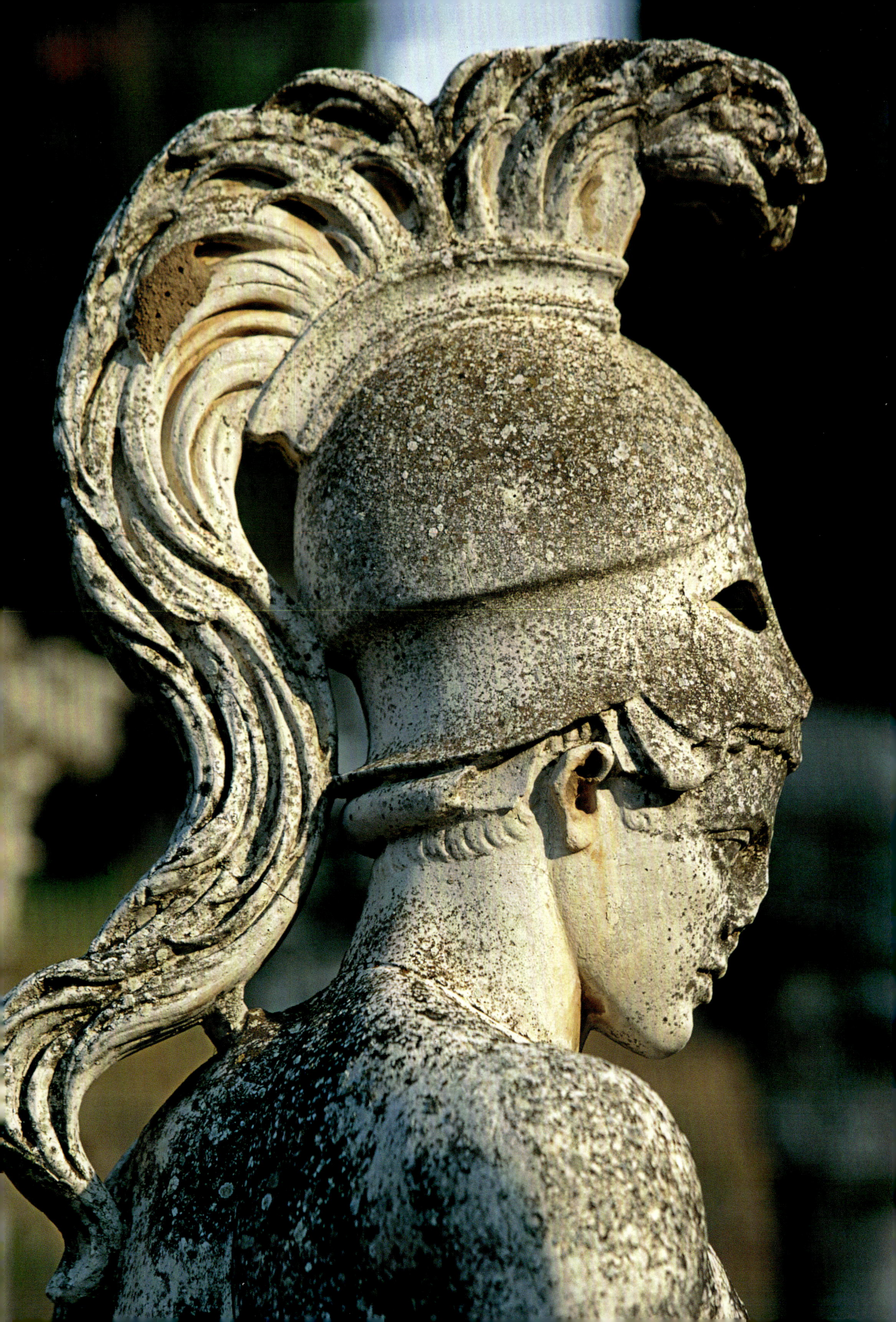

▌第44页 来自卡诺波（Canopo）的赫尔墨斯雕像。这项由皇帝亲自监督的装饰计划，旨在让别墅看起来像是一座拥有希腊艺术品复制品的古色古香的"博物馆"。

▌第45页（左上）卡诺波是一组建筑，灵感来自埃及运河，这条运河连接了亚历山大港和著名的塞拉比斯神庙所在的克诺珀斯市。这是运河的北端，由一条柱廊的曲线和一条混合的线性架构桥构成。

不同寻常之处在于其大胆的建筑创新，以及巴洛克建筑所采用的无穷无尽的直线和凹凸曲线序列。同样令人惊讶的是地板（尽管很多都没有幸存下来），它是用碎块形工艺（opus sectile）铺设的，用优质大理石、彩色玻璃和象牙制成的三角形、正方形和钻石形成几何图案。也有用蠕虫状工艺（opus vermiculatum）创作的镶嵌画，如奇妙的"和平鸽镶嵌画"（Dove Mosaic），现在收藏于罗马的卡皮托里尼综合博物馆（Capitoline Museums in Rome）内。

哈德良去世后，他的继任者安敦宁·毕尤和其他皇帝都居住在这个山庄里，直到戴克里先皇帝。然而，君士坦丁拿走了许多雕像，把它们带到他的新首都君士坦丁堡，君士坦丁由此成为第一个掠夺山庄珍宝的人，之后这一行动持续到了19世纪。据估计，现在世界各地的博物馆里至少有500尊山庄的雕像，山庄的柱子也被用来装饰教皇宫殿。阿德利阿纳村庄一直被显赫人物视为"理想之物"，他们中的许多人都想从这里分得一杯羹，而其他人则局限于在它的废墟上留下自己的印记。一个细心的观察者不会错过每一位既热爱又描绘它的名人留下的签名：伟大的雕刻家乔凡尼·巴提斯塔·皮拉奈奇（Giovanni Battista Piranesi）。

▌第45页（右上）在卡诺波的西侧，柱子被六根女像柱取代，其中四根是厄瑞克忒翁神庙的复制品。外面的人物是希腊神话中的思兰尼。

▌第45页（下）这幅由两个剧场面具组成的镶嵌画采用精制的蠕虫状工艺制成，取自18世纪阿德利阿纳村庄，现在陈列在罗马的卡托里尼综合博物馆。

古罗马

意大利 | 拉齐奥大区
入选年份：1980、1990
遴选标准：（Ⅰ）（Ⅱ）（Ⅲ）（Ⅳ）（Ⅵ）

"面包和马戏"（拉丁语：Panem et circenses）来自尤维纳利斯（Juvenal）在公元81年的讽刺作品，它指的是罗马统治者能够保持控制民众的基本公式。一方面分发食物和公共浴场，另一方面是角斗士、奇珍异兽、体育比赛和戏剧表演，二者都是皇帝用来转移人民不满的工具。

罗马是世界上第一个真正的大都市。这座城市有100万居民，甚至可能达到了150万人。其城市布局复杂，自然环境严重限制了合理的规划，像现代大都市一样，这座城市已经存在交通和过度拥挤问题。此外，卫生条件差，随时存在火灾危险，以及缺乏公共秩序等问题也随之而来。

因此，皇帝们试图转移民众对日常工作的注意力也就不足为奇了。当尤维纳利斯写下尖刻的句子时，罗马最著名的用于娱乐的建筑才刚刚落成。罗马斗兽场（Colosseum），或称弗莱文圆形剧场（Flavian Amphitheater）由韦帕芗（Vespasian）下令修建，于公元80年提图斯（Titus）在位期间建成，高约48米，宽约188米，内有四层，可容纳5万名观众。建造它需要约10万立方米的洞石（石灰华）和330吨的铁。第一层高约10.5米，装饰有多立克（Doric）半柱；第二层高约12米，为爱奥尼柱；第三层高约12米，为科林斯式廊柱。顶层是砖砌的，由杆子支撑着天幕，这是露天剧场为观众遮阳的帐篷。

罗马于公元前753年在帕拉蒂尼山（Palatine Hill）地区建立，周围有许多村庄，到公元前8世纪末，罗马已成为地中海最重要的定居点之一。在塔奎尼乌斯·布里斯库斯（Tarquinius Priscus）和塞尔维乌斯·图利乌斯（Servius Tullius）的领导下，进行了第一批公共工程建设，修建了道路、广场、排水和供水系统，甚至还铺设了第一条街道（公元前625年），该街道至今仍可在帝国广场（Imperial Forums）地区看到。从公元前509年开始，这座城市由共和制政府管理，在几个世纪的时间里，它成为帝国的首都。罗

47

■ 第46页（上）穆内拉角斗游戏（munera gladiatoria），最初是一种仪式，在公元前105年发展成为残酷的公共游戏。这幅公元4世纪的镶嵌画展示了不同类型的战斗人员的真实或"专业"姓名。

■ 第46页（左下和右下）罗马斗兽场，更确切地说，是弗莱文圆形剧场，建于公元75年至80年的五年间，但直到几年后图密善统治期间才开始建造第四个建筑。皇帝和祭司的讲台位于建筑较短轴线的两侧。本鸟瞰图从水平角度展示了地下动物围栏和储藏室的复杂性。

■ 第47页 向罗马斗兽场延伸的罗马广场：最明显的特征是保存完好的安托尼努斯和法乌斯提那神庙（Temple of Antoninus and Faustina）和马克森提乌斯大教堂（Basilica of Maxentius），以及卡斯托耳和波鲁克斯神庙（Temple of Castor and Pollux）中幸存的三根柱子。

⊙罗马

马在公元前3世纪和2世纪的布匿战争中取得了胜利，成为地中海无可争议的统治者。

然而，罗马保留至今的遗迹都是为了在帝国时代点缀城市而建造的。广场是罗马帝国的心脏。它们是为了庆祝这座城市的伟大而建造的，用于行政职能，它们建在一个曾用于角斗的地区。总共有五个广场：恺撒广场（Caesar's Forum）、奥古斯都广场（Augustus's Forum）、和平广场（Forum of Peace）、涅尔瓦广场（Nerva's Forum）和图拉真广场（Trajan's Forum）。它们的建成标志着罗马从共和制向帝国过渡。所有重要的皇帝都走上了与尤利乌斯·恺撒相同的道路，都希望为自己的逝世留下印记，因此就形成了这个集体遗址，成为世界上最丰富、最迷人的考古区之一。

恺撒广场占地约160米×78米，是一个矩形广场，内有双柱柱廊。在广场的尽头处矗立着维纳斯神庙，恺撒建造这座神庙是为了纪念其在法萨卢斯战役（Battle of Pharsalus）中的胜利。这座寺庙的建造使广场变得更加重要，并且是政治自我赞扬的最引人注目的例子之一。

奥古斯都为了给自己的广场再往北一点腾出空间，不得不在附近的苏布拉（Suburra）买下大量私人住宅。新广场于公元前2年落成，其内有巨大的雕像，其中包括一尊约17米高的皇帝雕像，它靠着一堵墙矗立着，这堵墙是为了保护广场免受火灾建造的。在广场的后面有

■ 第48页（左上）君士坦丁凯旋门（Constantine's Arch）部分是通过回收其他遗迹的浅浮雕建造的，君士坦丁凯旋门用来庆祝米尔维安大桥战役胜利，随后君士坦丁将信奉基督教合法化。

■ 第48-49页 圣道（Sacred Way）是罗马广场的轴线，它上面被马克森提乌斯大教堂的圆顶房间占据。对面是玛格利塔里安楹廊（Porticus Margaritaria）的遗迹，里面可能有珠宝店。

■ 第49页（上）受图拉真专栏的启发，马可·奥勒留柱展示了对萨尔马提亚人（Sarmatians）和德国人的军事行动。这些浮雕是关于帝国军团的着装、生活和演习的宝贵信息来源。

■ 第49页（中）图拉真广场的布局由大马士革的阿波罗多洛斯（Apollodorus of Damascus）设计，其部分仍然清晰可见。半圆形区域的白色柱子矗立在市场的前面，那里六层楼高的建筑物中都是商店。

■ 第49页（下）马可·奥勒留柱由28块石块组成，上面雕刻着20个浮雕。1588年在教皇西斯笃五世的推动下进行了修复，导致顶部的皇帝雕像被圣保罗的雕像取代。

一座巨大的神庙，供奉着战神玛尔斯（或称复仇者玛尔斯），也是模仿恺撒广场的形式。巨大的凹槽柱子支撑着一个三角形龛楣，两边有战神玛尔斯、爱与美的女神维纳斯、维纳斯之子埃涅阿斯和玛尔斯之子罗慕路斯的形象。

韦帕芗广场（Vespasian's Forum，也叫和平广场），和涅尔瓦广场都没有那么壮观。韦帕芗广场是一个巨大的广场，两侧有建于公元71年至75年之间的和平神庙（Templum Pacis/Temple of Peace），为了庆祝内战后的和平而建造。涅尔瓦广场位于奥古斯都广场、恺撒广场、韦帕芗广场和共和广场之间的一块较小的区域内，所以也被称为过渡广场（Transitorium），它是由图密善皇帝下令修建的，但直到公元98年才建成，那时的皇帝已由涅尔瓦继任，涅尔瓦便以自己的名字命名了这个广场。

最雄伟的广场是图拉真为纪念公元105年罗马成功征服达契亚（Dacia）而建造的。为了建造这座广场，他毫不犹豫地拆除了奎里纳莱宫（Quirinale）的一部分，图拉真市场（Trajan Markets）就是在奎里纳莱山沿着陡峭山坡建造的。图拉真柱（Trajan's Column）放置于在广场内，并于113年5月18日落成。它是由大块的大理石制成的，其底部被挖空以为皇帝建造了一座陵墓，其内还有一段通往顶部的螺旋楼梯。它的外部

■ 第48页（右上）乌尔比亚大教堂（Basilica Ulpia）的灰色柱子部分与砖块结合在一起，构成了图拉真柱。以图拉真皇帝的名字命名的广场是罗马最宏伟的广场。

有一块长长的螺旋楣板，上面雕刻着2500个人物，描绘了两场达契亚战役。

古罗马各地都竖起了柱子来庆祝战争的胜利。176年，马可·奥勒留开始建造一座纪念碑，以纪念自己赢得了战胜德国人的胜利。它于192年完工，高100罗马英尺（相当于现代的96英尺，约29.26米），如果考虑到教皇西斯笃五世在1589年放置在顶部的圣保罗雕像，那么它高约42米。马可·奥勒留的柱子由28个大理石柱组成，一个一个堆叠而成，上面装饰有一个螺旋形的浅浮雕，共计绕了21圈。里面有一个有203级台阶的螺旋楼梯，可以攀爬到雕像上。

在联合国教科文组织保护下的其他遗迹中，最雄伟、保存最完好的是万神庙（Pantheon）。它由马库斯·阿格里帕于公元前27年建造，由哈德良于公元118年至125年重建。它是一个圆形建筑，有一个半球圆顶和一个带柱廊的矩形门廊。超过30米高呈圆形的墙支撑着鼓形墙壁，在圆顶的中心有一个约9米宽的眼孔，为内部提供光线。609年，教皇波尼法爵四世将这座建筑改造成一座教堂，如今它是拉斐尔、维托里奥·埃马努埃莱二世、翁贝托一世和萨伏依·玛格丽塔的墓葬所在地。

这些墓地遗址也不应该被遗忘。奥古斯都的陵墓确实令人印象深刻，它始建于公元前28年，那时他击败了马克·安东尼和克娄巴特拉七世。其墓直径约87米，高约44米，墓呈圆柱形，由石灰华石块制成，其中心是入口，前面有一小段台阶。在入口的两侧，两根柱子上都刻着皇帝生平的铭文——奥古斯都神的功业（Res Gestae）——的青铜碑。从陵墓地道可以进入两条环绕着墓室的圆形走廊。在墓室的中心有一个圆柱形的核，里面排列着石灰华石块，整个建筑都以它为中心。

同样令人印象深刻的是哈德良陵墓，它始建于公元121年。如今它已成为位于梵蒂冈附近的圣天使城堡（Castel Sant'Angelo）。最初，它是由一个正方形的底座组成的，我们今天看到的建筑物的圆柱形主体就位于该方形底座上。这个圆柱体高约21米，直径约64米。第二个较小的圆柱体在安放哈德良骨灰的中心上方。再往上，现在站着一位手持宝剑天使的地方，曾经有一辆由四匹青铜马拉着的战车，将皇帝的雕像运往天上。

以上是联合国教科文组织将罗马古城列入《世界遗产名录》理由的一个简短总结。

▌第50页（上）和第51页（右下）奥古斯都陵墓建于公元前28年，埋葬着罗马第一位皇帝及其亲属和后代的骨灰。尽管该建筑在帝国时代被用于各种用途（堡垒、采石场、剧场，直到1936年），但它仍然部分保留了三层结构中的两层。

▌第50页（下）早在帝国时代，哈德良陵墓（现在的圣天使城堡）已经具备了决定其未来的防御功能。它甚至在动荡时期为教皇们提供了避难所。

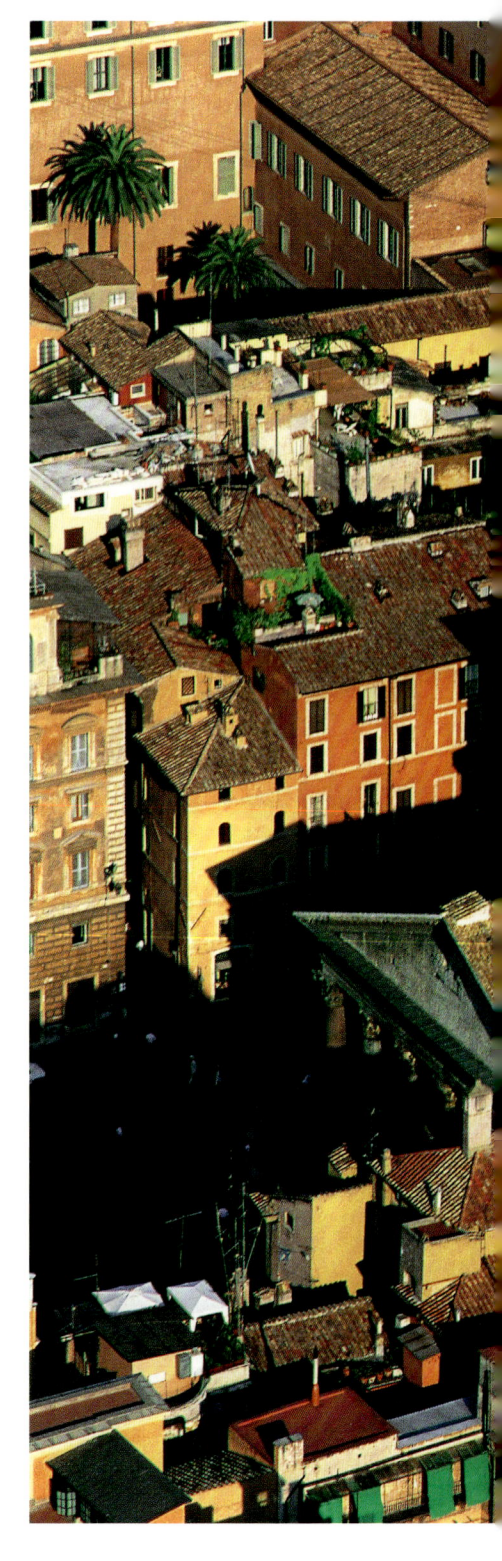

▌第50-51页 万神庙是世界上最大胆、最匀称的建筑之一。尽管人类和自然灾难一直侵袭着罗马，它还是幸存了下来。建造圆顶的混凝土在朝眼孔位置建造时混合了越来越轻的材料。

▌第51页（左下）金库照亮了万神庙圆顶的完美半球。这座建筑通过象征太阳的约9米宽的眼孔自然照明。

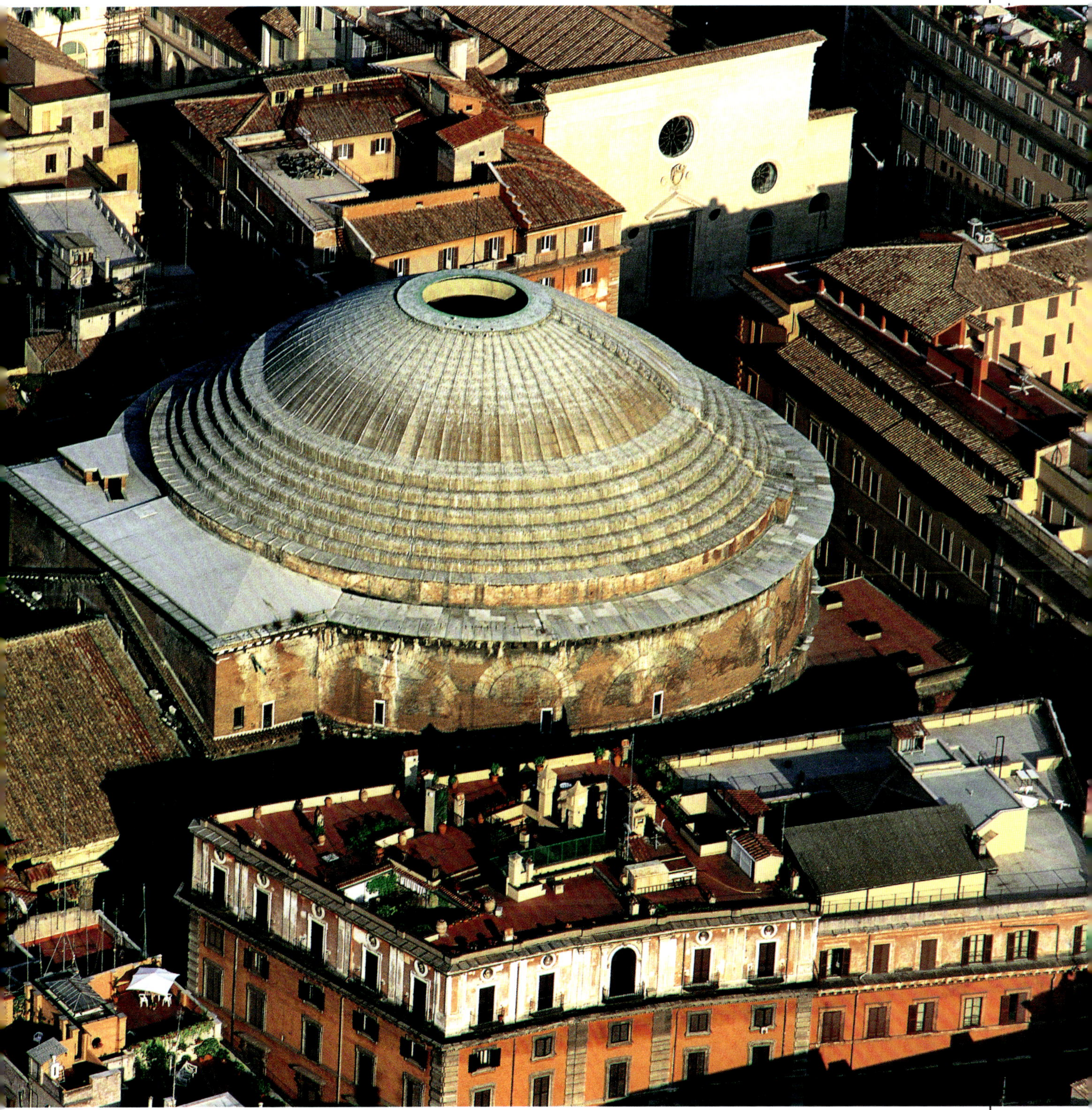
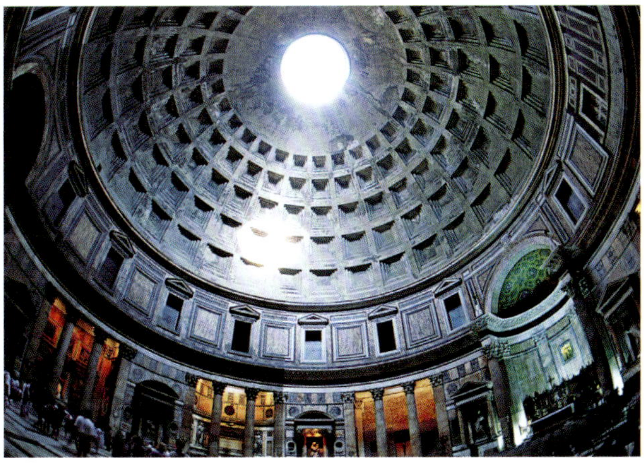
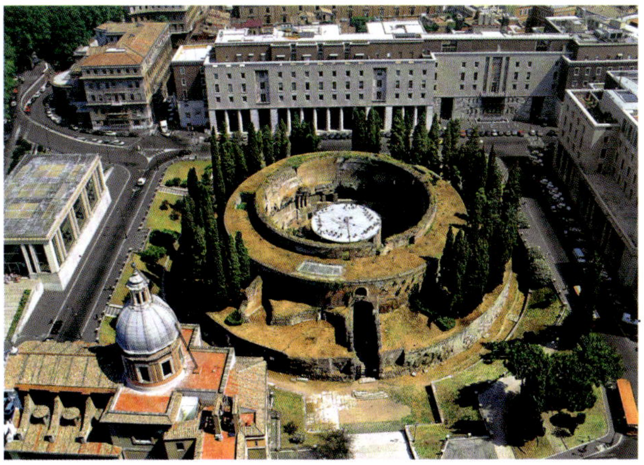

■ 第 52 页（左上）作为双色调镶嵌画的一部分，这个爱神骑着海豚的形象装饰了卡拉卡拉浴场的一个房间的地板，那里曾经是罗马最壮观的浴场。

■ 第 52 页（右上）图为尼禄金宫尚存房间里保留着的不同的壁画。金宫的建造始于公元 64 年，但皇帝并没有享受多久的欢乐，因为他在公元 68 年就自杀了。

■ 第 52 页（中）马克西穆斯竞技场留下的遗迹让人回想起罗马早期几个世纪，伊特鲁里亚（Etruscan）国王塔尔坎的王国。从公元前 4 世纪到公元 6 世纪，这里都是赛马场，可以容纳 35 万名观众。

■ 第 52 页（下）金宫的八角形房间是尼禄巨大住宅的焦点（目前只能通过预订才能参观）。尼禄皇帝死后，人们千方百计地将其拆解，并在其他建筑中重复使用这些材料，金宫最原始的样子已不复存在了。

帝国时代留给永恒之城罗马的不可思议的遗产，还需要更多的篇幅来介绍。值得一提的建筑有：卡拉卡拉浴场（Caracalla's Baths）和巨大的马克西穆斯竞技场（Circus Maximus），马克西穆斯竞技场在公元 2 世纪重建后可容纳 35 万名观众，还有最近发现的一些古代遗址，如金宫（Domus Aurea，尼禄的宏伟住所）和沿亚壁古道（Appian Way）的墓葬。发掘工作仍在继续，罗马一定会继续发掘出更多古代伟大的奇迹。

■ 第52-53页 图为空无一人的帝国最华丽壮观的浴室。该建筑群由卡拉卡拉下令建造，包括热水池和冷水池、商店、图书馆、按摩室、美容室和花园。

■ 第53页（下） 在金宫的约3万平方米的壁画中，有1200幅已经修复。在某种程度上，这些壁画之所以幸存下来，是因为其所在的房间早在罗马时代就被掩埋在其他巨大的建筑之下，也因此到处都是瓦砾。

庞贝、赫库兰尼姆古城和奥普隆蒂斯

意大利 | 坎帕尼亚大区,那不勒斯省
入选年份:1997
遴选标准:C(Ⅲ)(Ⅳ)(Ⅴ)

"一团黑色的、可怕的云中不时地冒出一阵阵火成岩的蛇形蒸汽,它一次又一次地张开大嘴,吐出长长的奇异火焰,类似于闪电,但要大得多……不久之后,云层……开始降落到地球上,并覆盖了海洋……",这是小普林尼(Pliny the Younger)写给塔西陀(Tacitus)的一封信中描述了维苏威火山灾难性喷发的一段文字。此时是公元79年8月24日(尽管2018年发现的铭文证实了日期应推迟到同年10月17日),小普林尼还是个男孩,他和他的叔叔老普林尼(Pliny the Elder)住在坎帕尼亚(Campania)海岸米塞诺角(Cape Misenum)的别墅里。从清晨开始,小规模地震的隆隆声和硫黄的恶臭让这位著名的老年博物学家选择出海,前往庞贝(Pompeii)和赫库兰尼姆古城(Herculanum),在那里他可以从更近的角度观察和诠释这位"可怕的神童"。

老普林尼和其他成千上万的人一起死于火山喷发,他的侄子抄写了他的笔记。这些笔记现在是对坎帕尼亚海岸宏伟城市的墓葬最生动的描述。几天前,维苏威火山开始发出声音,庞贝的居民匆忙庆祝了伏尔卡纳利亚(Vulcanalia),这是一种用来讨好生活在地球深处的火神的祭祀仪式。一些人决定离开这座城市,但大多数人对从山上倾泻而下的震耳欲聋的浮石雨感到惊讶又好奇。8月25日早上,当火山以约97千米/小时的速度向空中抛出燃烧的火山灰和小石头时,就再也没有任何可以逃生的途径了。这两座城市曾经是古罗马人的骄傲,是贵族家庭放松和娱乐的地方,现在却被埋在约6米深的火山灰下。

公元前6世纪,萨莫奈人(Samnites)在早期的希腊、伊特鲁里亚和原住民的"混居"定居点上建立了庞贝城。公元前80年,当卢基乌斯·科尔内利乌斯·苏拉将军在那里建立了庞贝殖民地时,庞贝落入罗马人手中。这座城市坐落在沙诺河(Sarnus River)河口俯瞰大海的平原上,周围是肥沃的田野,公共建筑和私人建筑很快在这片土地上建成,其中最重要的是献给维纳斯的神庙。在皇帝奥古斯都(公元前27年—公元14年)和提贝里乌斯(公元14—37年)统治期间,它经历了一场"建设

▎第54页(下)一个悲剧面具悬挂在维纳斯码头之家(House of Venus Marina)的自然画上。讽刺的是,在公元79年,这座美丽的宅院在火山喷发时正在修复,它是庞贝最不为人所知的宅院之一。

▎第54-55页 在这张鸟瞰图中,大剧场保存完好的洞穴略微朝西北方向,与大卡杜斯和维苏威火山完全一致。

▎第55页(左上)这幅画是在尼禄统治时期(庞贝城的最后几年)的面包师特伦斯·诺伊斯和他妻子的肖像,现藏于那不勒斯考古博物馆中,挂在以这位男士命名的房子的桌子上。

■ 第55页（右上）
"萨福"（Sappho）是这幅画的传统名称，尽管它可能是一个虚构的人物。在罗马妇女中，写作并不是一种常见的消遣方式。

■ 第55页（中）弓箭手阿波罗，在供奉着神的寺庙黑色废墟的东南角。可能有人试图拯救这尊在建筑外发现的雕像的原作[现在收藏在那不勒斯国家博物馆（National Museum in Naples）]。

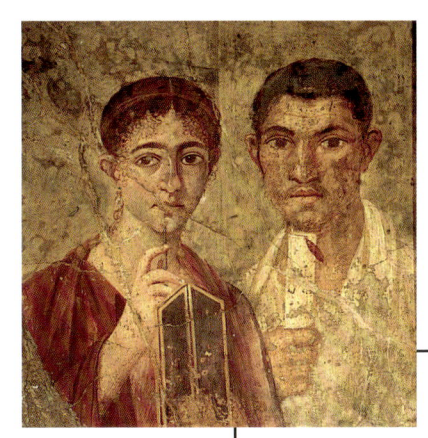

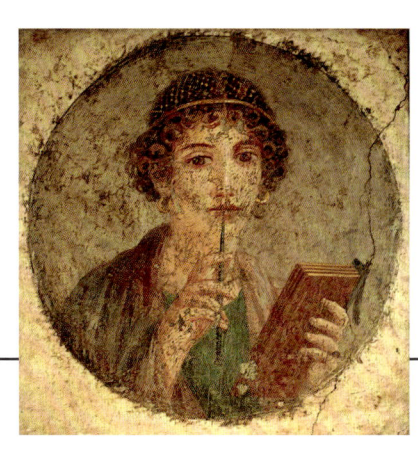

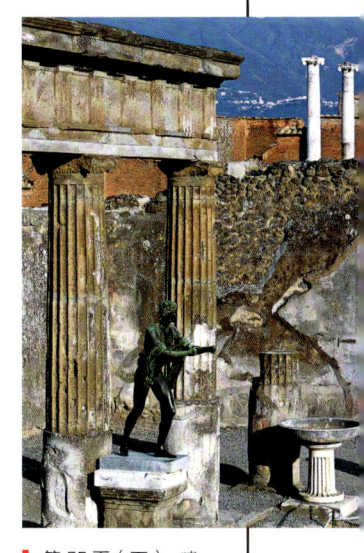

■ 第55页（下）喷泉通常装饰有半身像，从半身像中喷出水柱。其中一个雕像上是一位手持聚宝盆的女子的脸，她的名字就是该市的一条主要街道（见图）——阿邦丹扎大道的名字。

⊛罗马

● 庞贝、赫库兰尼姆古城和奥普隆蒂斯

第 56 页（上）维提之家（House Of The Vettii）的大理石水池和中庭中的丘比特雕像，几乎仍然保留着所有的原始状态。

第 56 页（下）维提之家中的招待所（普林尼和维特鲁威引用的"房间"）装饰有戏剧性的景观和神话插图，所有这些都是以非凡的体量和透视感创作的。

第 56-57 页 亚历山大大帝（左边的光头）准备投出他的长矛，而旁边的大流士（Darius）正不安地注视着。这幅著名的镶嵌画就在农牧神之家。

狂潮"。然后，在公元 62 年，一场猛烈的地震袭击了维苏威火山周围的整个地区，其威力之大，以至于 17 年后火山喷发时，庞贝、赫库兰尼姆和沿海所有的别墅仍处于重建阶段。

在波旁（Bourbon）王朝统治期间，开始清除厚厚的火山灰，从而重现了这些城市在公元 79 年的样子，并为现代世界提供了罗马时代生活的迷人快照。寺庙、浴场、房屋、城乡别墅、剧场、街道、渡槽、各种商店，甚至妓院，现在都可以看到它们原来的辉煌。在离火山最近的小镇赫库兰尼姆，甚至木制家具和食物都保存得很完好。

对庞贝古城约 63 公顷土地的挖掘已经延伸了约 44 公顷，并发现了一系列具有重要历史和艺术价值的建筑。有寺庙［最重要的是伊西斯神庙（Temple of Isis），由获得自由的奴隶波皮迪乌斯·阿姆皮亚图斯（Popidius Ampiatus）建造，他后来成为该市最富有的人］、广场、浴场和大量的豪华私人住宅。农牧神之家（House of the Faun），以在蓄水池（主院收集雨水的池子）中央发现的

第57页（下）维提家族是一个富裕的自由人家庭，他们在公元1世纪初搬到了庞贝。以他们的名字命名的房子是在公元62年大地震后修复的，这是对即将到来的灾难的第一次严重警告。新的壁画是以第四种风格完成的，其特点奇妙，几乎是空灵的图案。这就是这些丘比特生产香水的情况，在画的中心处，有两个人物在研磨配料。

■ 第 58 页（上）马库斯·卢克莱修斯·弗朗托（Marcus Lucretus Fronto）家中工作室的壁画由玛尔斯和维纳斯的神话相关的传统主题（插图左侧）构成。马库斯的名字多次出现在墙上，他是当时的建筑治安法官。

■ 第 58-59 页　神秘别墅的名字来自描绘酒神"神秘"入会仪式的各个阶段的图像序列。因为同公共宗教偏好不同，该仪式的发起者注定要隐姓埋名。酒神的伴侣和导师、职司森林的神祇之一——西勒努斯、酒神的随从——羊男萨提尔、酒神的狂女——迈那得斯和手持鞭子的恶魔构成了一个在古代就已经很有名的怪圈。

青铜雕像命名，占地约3010平方米。它是在公元62年地震后在之前的建筑物上建造的，是庞贝最令人印象深刻的房子。其有饰有各种壁画的房间布置在两个中庭和两个带柱廊的花园周围。精美的雕塑和雕刻画装饰，比如描绘波斯国王大流士一世和亚历山大大帝之间战斗的杰出地板镶嵌画，现在可以在那不勒斯的考古博物馆看到。贵族住宅的典型代表是"魔幻现实主义"风格的壁画，这些壁画有时画建筑物，有时画神话人物，使人感觉房间更加宽敞。

第59页（上） 如今，一张简单的大理石桌子装饰着弗朗托家族的中庭，前景可以看到蓄水池，背景是办公区。这座房子于1900年清除了灰烬，并立即安装了屋顶，以保护它们重见光明。

■第60页（左上）图中在海神尼普顿和海后安菲特里忒之家（House of Neptune and Amphitrite）的卧躺餐厅可以看到，宁芙神庙（nymphaeum），还有一幅美丽的多彩镶嵌画（右），这座房子的名字就是从这幅镶嵌画来的。

■第60页（右上）奥古斯塔利学院（Colcio Degli Augustali）装饰着第三种风格的绘画。它展现的是对皇帝的崇拜，有六名任命的管理人，任期一年。提贝里乌斯在火山爆发前几年正式宣布奥古斯都的神化。

第 60-61 页 这张鸟瞰图覆盖了赫库兰尼姆的整个挖掘区。右上角是郊区浴场，对面角落是奥古斯塔利学院，中央前景是城市浴场。与庞贝不同的是，赫库兰尼姆被淹没在泥浆和火山碎屑之下。

第 61 页（上） 在郊区浴场的昏暗光线下，可以看到一个半身像和一个大理石游泳池。前厅被拱廊上方的一盏灯照亮。

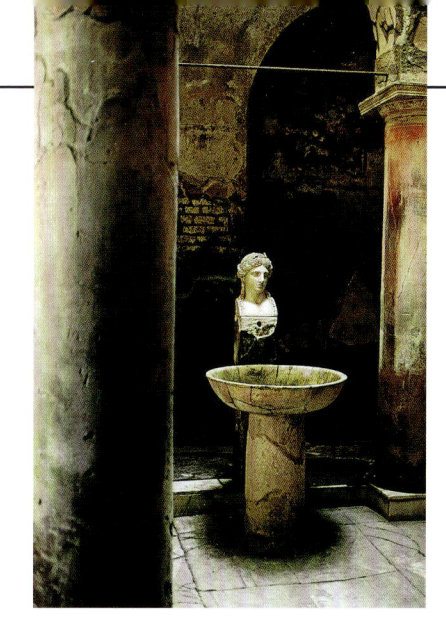

第 61 页（下） 鹿之家（House of the Deer）建于公元 55 年至公元 70 年之间，是赫库兰尼姆最大的建筑之一。这些城市建筑保存完好，尤其是在地上建筑更加完整。它们一起组成了一个大约三分之一庞贝大小的小镇，大约有 5000 名居民。

私人花园里设置了大量宏伟的喷泉，通常装饰有雕塑。它们是考古学家在 2018 年取得的一系列非凡发现的一部分，其中包括位于被称为五号区域挖掘地的魔法花园之家（House of the Enchand Garden）和宙斯之家（House of the Zeus）。

这些特点在别墅中也有体现。在庞贝，最令人印象深刻的是神秘别墅（Villa of the Mysteries），这是一座奢华的住宅，也是一座从事农业生产的乡村别墅。

另一方面，在赫库兰尼姆古城可以看到非常精美的莎草纸别墅（Villa of the Papyruses），那里还有一座大教堂、带有附属宫殿的浴场和一个可容纳 3000 名观众的剧场。莎草纸别墅建在向大海倾斜的平台上，拥有一个约 66 米长的游泳池，一个约 91.5 米长、36.5 米宽的镶嵌画柱廊，50 座青铜雕像和 20 座大理石雕像。这座别墅是以其图书馆内 1758 份莎草纸的重要发现而命名的，这些莎草纸上有伊壁鸠鲁学派加达拉的哲学家菲洛德摩斯（Philodemus）的文本。

另有两座非凡的住宅位于奥普隆蒂斯（Oplontis），距离现代城镇托雷安农齐亚塔（Torre Annunziata）所在的庞贝有大约 5 千米。第一座是一个完美的"欧蒂姆别墅"（休闲），归属于尼禄皇帝的第二任妻子波培娅·萨宾娜。它建于公元 1 世纪，在克劳迪斯统治期间扩建，规模宏大，有一个非常壮观的浴场。第二栋别墅被称为"卢修斯·克拉苏别墅"（Villa of Lucius Crassius），是一个住宅综合体，附带一个生产农产品和销售葡萄酒的农场。在火山喷发的那一刻，有 54 名男子躲进了农场的储藏室，他们的遗骸和庞贝、赫库兰尼姆的许多其他死者一样，考古学家已经能够通过将液体石膏倒入他们分解的尸体留下的石化灰烬的空洞和空腔中来进行铸模。如今他们算是"起死回生"了，他们脸上的表情，可能是那个"世界末日"最恐怖、最迷人的遗物。

■ 第62页（上）尼禄的妻子波培娅的别墅花园有着玫瑰花丛、梧桐树、栗树、桃金娘树和月桂花丛点缀其中。当这座巨大的建筑群被埋在火山灰下并遭受与庞贝同样的命运时，其主人波培娅已经去世多年。

■ 第62页（左中）装饰别墅内部的华丽画作经常使用视觉陷阱技术来模仿门、柱子、窗帘和建筑景观，这些都可能是受到舞台背景的启发。

■ 第62页（右中）一项中断了2000年的修复工程：这就是波培娅别墅，在翻修过程中被掩埋，并被挖掘机发现为火山灰下的一种"开放建筑遗址"。现代修复非常小心：除了用原来的植物重建花园外，第二种（或称"建筑"）风格的画作在新的灰泥上画出了白色的轮廓，就像躺卧餐厅可以看到的那样。

■ 第62页（下）三层楼对面墙壁上的镜面景观创造了一种仿真画的效果（一种非常逼真的绘画，几乎使人们误以为画中表现的物体是真实的），描绘了一座豪华别墅的入口大门。专家画家们用罗马风格诠释了希腊化的装饰，反映了在共和时代的简朴和帝国时代的奢华之间发生的品味的转变和精致。

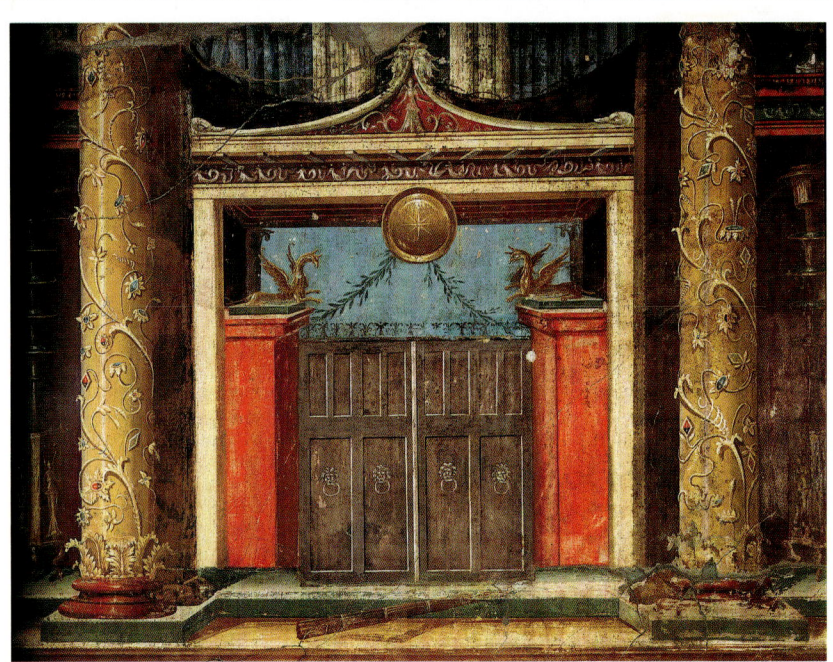

■ 第63页 也许是受到别墅花园陈设的启发，三棱柱中丰富的构图就像整体装饰中的油画，类似于窗户投射到一个一成不变、永远梦幻般的世界中。

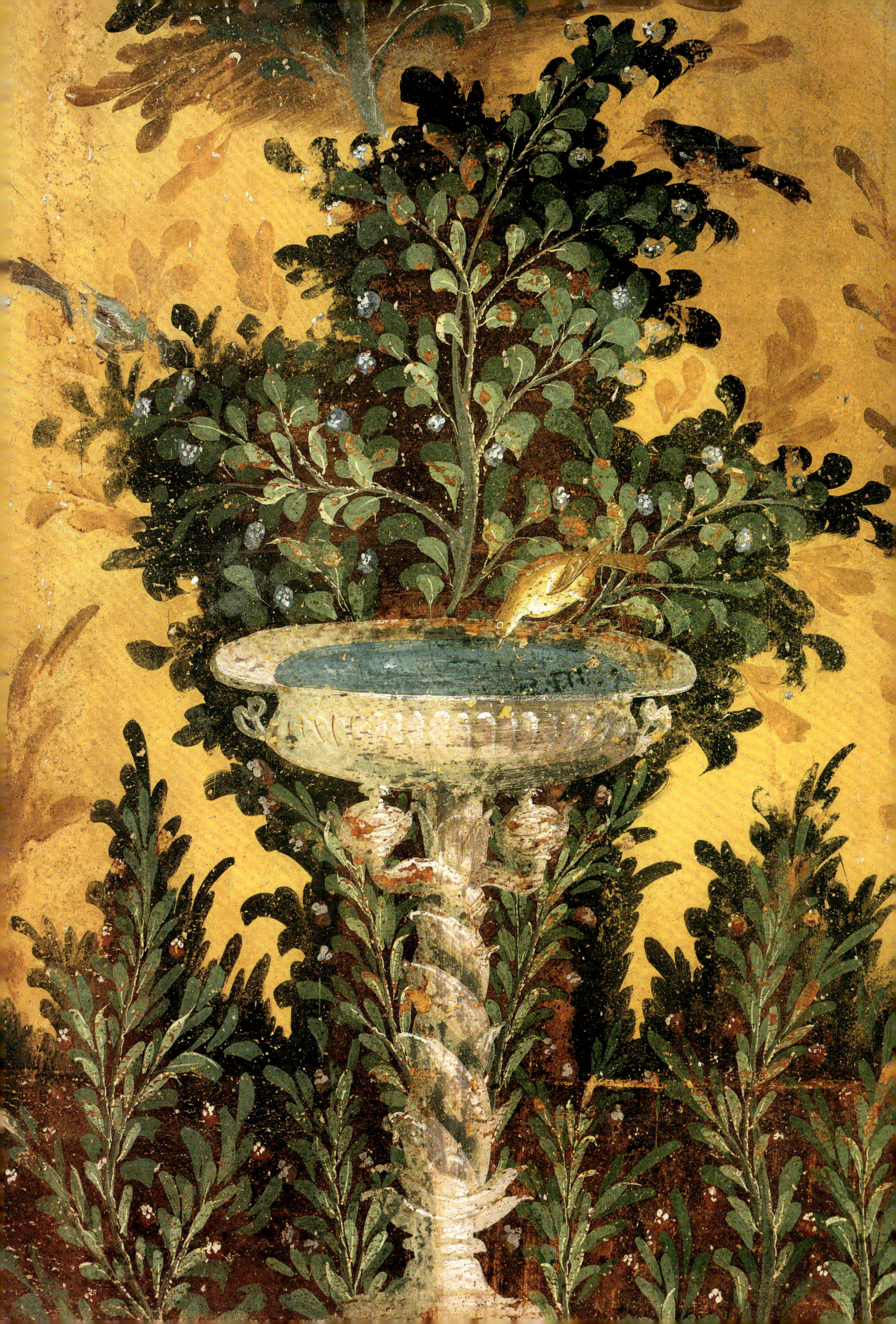

奇伦托和迪亚诺河谷国家公园，帕埃斯图姆和韦利亚考古遗址

意大利 | 坎帕尼亚大区，萨莱诺省
入选年份：1998
遴选标准：C（Ⅲ）（Ⅳ）

帕埃斯图姆（Paestum）的玫瑰，一直受到维吉尔（Virgil）和其他罗马诗人的称赞，在很长一段时间内甚至比它的神庙更出名。在皮拉奈奇（Piranesi）的画作中，可以看到这些玫瑰繁花似锦、竞相开放，与背景的废墟形成鲜明对比，在歌德的《意大利游记》（Journey in Italy）中也可以看到对这些玫瑰的描述。1802年，旅行家约翰·戈特弗里德·索伊默（Johann Gottfried Seume）甚至不惜从遥远的德国莱比锡徒步出发，只为闻到他梦寐以求的那些玫瑰令人陶醉的香味。

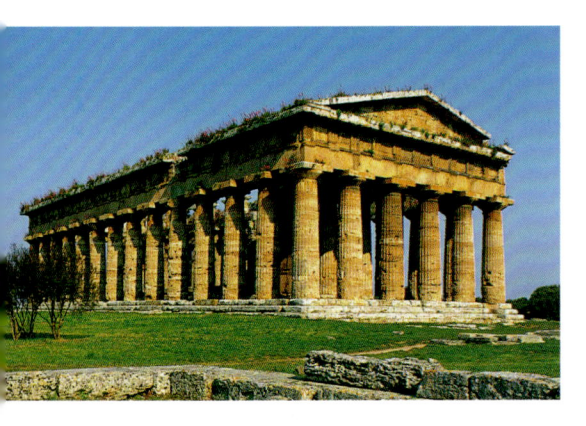

帕埃斯图姆所在的肥沃平原一侧是温暖的第勒尼安海（Tyrrhenian Sea），另一侧是拥有绝佳气候和植物群的奇伦托（Cilento）的绿色山丘。

正是因为那里的风景、丰富的水资源和靠近海洋的地理位置，自远古以来，便让奇伦托地区和迪亚诺河谷（Vallo Di Diano）的平坦土地在地中海文明的发展中发挥了根本性作用。该地区自新石器时代就有人居住，在公元前7世纪，希腊色萨利大区（Thessaly）的人们建立波塞冬尼亚（Poseidonia）之前，该地区曾被安纳托利亚－爱琴海人殖民。公元前237年，罗马人到来后，该城市由波塞冬尼亚更名为帕埃斯图姆。

将波塞多尼亚与奥德修斯和塞壬、伊阿宋和阿尔戈英雄的神话以及赫拉克勒斯和半人马的战斗联系在一起，波塞多尼亚的故事愈发丰满且令人印象深刻，玫瑰色的石灰岩神庙在特殊的条件下幸存至今就是最好的证明。那里最早的建筑是巴西利卡（Basilica），这个名字是由

在 18 世纪为波旁王朝工作的考古学家在第一次挖掘时命名的,尽管它实际上是一座献给赫拉的神庙。它建于公元前 6 世纪中叶,采用多立克风格（Doric style），其锥形柱子的中轴很正，柱顶装饰着绿叶编成的皇冠，而这些皇冠完好无损，实在神奇。与巴西利卡并列的海王星神庙（Temple of Neptune），或称波塞冬神庙（Poseidonion），是帕埃斯图姆最大、保存最完好的建筑。它建于公元前 460 年至公元前 450 年之间，采用多立克风格，其壮观和风格让人想起奥林匹亚的宙斯神庙。在圆形剧场（Amphitheater）和民用建筑遗迹的另一边坐落着雅典娜神庙，后更名为谷神庙（Temple of Ceres），其历史可以追溯到公元前 510 年，由于它融合了多立克和爱奥

■ 第64页（左）海王星神庙（公元前460年）是帕埃斯图姆最大、保存最好的建筑，最初是献给赫拉的。它的正面有六根柱子，较长的侧边有十四根柱子。它的建设体现了很强的专业性，整体非常和谐。

■ 第64-65页 图片右侧的巴西利卡（海王星神庙在左侧）是帕埃斯图姆最古老的遗迹（约公元前550年）。它的名字起源于18世纪，当时考古学家错误地将这座实际上是献给赫拉的神庙解释为罗马时代的市政建筑。

■ 第65页（上）谷神庙，或称雅典娜神庙，建在这座城市的最高点上。它建于公元前500年前后，由于它将古老的多立克风格和爱奥尼风格相融合，因此具有极大的建筑意义。

■ 第65页（下）罗马人于公元前273年到帕埃斯图姆，仅对城市布局进行了部分修改。航拍图是罗马人建造的圆形剧场以及献给朱庇特、朱诺和弥涅耳瓦的神庙。

■ 第66页（上）画有《潜水人之墓》的石板现在陈列在帕埃斯图姆国家考古博物馆。考古学家一致认为，这幅画着正在潜水的裸体年轻人的精美画作应该被解读为生与死之间突然转换的象征性表现。

■ 第66-67页和第67页（下）《潜水人之墓》的侧板描绘了一场宴会。将这一欢乐的场景与阁楼陶器上发现的高度相似的场景进行比较，可以确定该墓的年代为公元前475—前470年。

尼风格（Ionic style），它的比例相较于其他两座神庙会更轻、更优雅。

公元前4世纪，波塞多尼亚的希腊人开始与卢卡尼亚人和伊特鲁里亚人共同居住，不同的文化开始慢慢融合。卢卡尼亚人负责建造角落平滑的巨大的四边形防御墙。伊特鲁里亚人负责修建位于城市边界外的巨大墓地中的坟冢，这些坟冢于1968年被发现。其中最有趣的是潜水人之墓（Tomb of the Diver），它的名字来自一幅著名的壁画，壁画中一个年轻人从跳板上跳下。

公元前273年，波塞多尼亚与罗马的联系促成了意大利神庙（Italic Temple）的建造，这座神庙是专门献给罗马神话中的朱庇特、朱诺和弥涅耳瓦三联神的。

尽管该城市后来更名了，但它在很长一段时间内基本上保持自治，附近的城市埃利亚，或称韦利亚（Velia）也是如此。韦利亚的挖掘工作仍在进行中，但在中世纪时，诺曼人用其神庙的石头建造城堡后，这座城市的大部分地区都已经消失了。尽管如此，韦利亚仍然保留着那些辉煌时代的记忆，当时它是哲学家巴门尼德（Parmenides）和芝诺（Zeno）的出生地，在那个古老的时期，大希腊文化是地中海所有地区的文化。

卡萨尔的古罗马别墅

意大利 | 西西里岛恩纳省皮亚扎阿尔梅里纳
入选年份：1997
遴选标准：C（Ⅰ）（Ⅱ）（Ⅲ）

史上最著名的比基尼是由十个女孩穿着的比基尼，她们对自己几乎完全裸体并不在意，甚至还在跑步、打球和扔铁饼。事实上，它们并不是真正意义上的比基尼，而只是年轻的罗马女孩在体育运动时的轻便运动装。尽管如此，卡萨尔别墅（Villa At Casale）其中一个房间里的马赛克镶嵌画让这些女孩被人们认定有某种色情含义，因为在那个保守的时代，只有神才可以在绘画中裸体。这种不寻常的场景却是使这座豪华别墅成为罗马帝国鼎盛时期和衰落初期典型生活方式和文化交流杰出典范的要素之一。

卡萨尔别墅建于公元3世纪或4世纪（一个以权力斗争为标志的时代），位于罗马的西西里岛。查士丁尼一世曾将西西里岛归为帝国行省，这意味着该岛直接归属于罗马帝国，这就导致大量的土地——该岛的经济在未来许多世纪都依赖的土地——被过度分发出去。这座别墅就建在皮亚扎阿尔梅里纳（Piazza Armerina）附近，它位于其中一个宽阔地带的中心。它能如此完好地保存至1881年第一次挖掘前，多亏了在诺曼人统治时期被泥石流覆盖，使其免受各种因素带来的破坏。

目前尚不清楚这栋别墅的主人是谁。别墅的面积很大，有4200平方米，内部装饰丰富华丽，说明他/她可能是参议员级别的显要人物，甚至可能是皇室成员。最被大家认可的假设是，别墅的所有者为马克西米安，也就是众所周知的罗马帝国西部皇帝赫库里乌斯，他是公元286年至305年间统治者之一。

不管主人是谁，这座建筑都是一个宏伟的建筑群，拥有近50个房间，建在不同层上。进入正门后，你会穿过一个多边形的庭院，来到列柱中庭，周围是主卧、客房和举行正式招待会的会客厅。入口左侧是宴会区，右侧是豪华浴池。

■ 第 68 页（左上）别墅（图为别墅列柱中庭）占地约 3493 平方米。大量华丽的装饰表明，它的主人大概率是一位参议员或皇室显要人物。

■ 第 68 页（右上）这个八角形的冷水浴池周围有六个半圆壁龛和两个游泳池，通往用于按摩的推油室。

■ 第 68—69 页和第 69 页（上）一些动物将被送往罗马进行残酷的马戏团表演。这是大狩猎长廊的镶嵌画地板上描绘的《大狩猎》（The Great Hunt）的"最后"部分。

■ 第 69 页（左下）在这幅《大狩猎》镶嵌画中央部分的细节中，骑马的士兵用巨大的盾牌保护自己。他们是马克西米安的守卫，马克西米安是公元 286 年至 305 年罗马帝国统治者之一。他很可能是别墅的主人，并且他出现在了这部分后面的镶嵌画中。

■ 第 69 页（右下）《大狩猎》镶嵌画的另一个细节，描绘了一个带领着犀牛的猎人。画中描绘了数百种外来动物，包括黑豹、狮子、老虎、河马、大象、鸵鸟、羚羊和单峰驼。

罗马

皮亚扎阿尔梅里纳

除了建筑本身令人印象深刻之外，马赛克镶嵌画地板让这座别墅变得真正的独一无二。它们由技艺精湛的非洲艺术家铺设，其现实主义风格和构图中的细节非常引人注目。除了对女体操运动员的描绘外，最杰出的一幅作品在活动室（浴场中的体育场所），描绘的是罗马马克西穆斯竞技场（Circus Maximus）的一场战车比赛，另一幅画着大力神赫拉克勒斯的功绩，以及中庭（Ambulacrum，指被拱廊、柱廊或树木环绕的庭院）的大狩猎长廊。这条约 61 米长的走廊地板展示了一场大型狩猎远征的惊人场景：黑豹、狮子、羚羊、鸵鸟、犀牛和河马被捕获并装上船，把它们送到罗马马戏团的竞技场。今天，正是这些注定要被屠杀的动物让别墅的参观者着迷，也让他们感到沮丧。在现代人看来，穿比基尼的女孩令人印象深刻的"只"有她们的优雅和美丽。

▎第 70-71 页《大狩猎》镶嵌画的构图之所以如此不同寻常是因为其场景非常丰富，对野兽之间、人与动物之间打斗场面刻画得十分逼真，有强烈的动作感和运动感，对细节也有很好的把控。

▎第 70 页（下）在"十个穿比基尼的女孩"的著名镶嵌画下方，戴着斗篷的年轻女孩即将为运动员加冕，为胜利击掌。这位年轻女子已经完成了用杆子转动带辐条轮子的练习。站在这两人旁边的另一名女孩因其运动能力而获奖。

▎第 71 页（左上）前厅因令人惊叹的尤利西斯（Ulysses）和波吕斐摩斯（Polyphemus）的镶嵌画而得名。其描绘场景是来自伊萨卡的英雄成功欺骗三只眼怪物尤利西斯——给了怪物一杯酒，让其睡着了。

▎第 71 页（右上）图为冷水浴池地板上装饰的镶嵌画所描绘的海洋场景的一个细节：在一个被五颜六色的建筑包围的大水池（也可能是湖泊）中的是丘比特、渔民、人鱼、海仙女和海豚。

阿格里真托神殿之谷

意大利

西西里岛，阿格里真托市
入选年份：1997
遴选标准：C（Ⅰ）（Ⅱ）（Ⅲ）（Ⅳ）

品达（Pindar）将阿格里真托市（Agrigento）描述为"人世间最美的城市"，那里的居民"生活得好像他们第二天就要死去，建造房子就好像能够使他们永生不灭"。看到宏伟的废墟，居伊·德·莫泊桑（Guy de Maupassant）写道："给人一种置身于整个奥林匹斯之前的感觉……像我们一样迷人、肉欲和热情的神，化身我们内心的情感、我们思想的梦想、我们感官的本能……"

历史记载，阿格里真托市是公元前581年由罗得岛（Rhodians）和克里特岛（Cretans）的殖民地建立的，当时是阿克拉加斯（Akragas）市。然而，希腊人建造了这座城市的说法可能并不完全正确。西西里岛色彩斑斓、鸟语花香，沐浴着阳光，吹着微风，那感觉一定像是置身于伊甸园中，而他们就像亚当和夏娃，以美为诱，兴建庙宇，其气势似挑战神明，傲慢之至，鄙视人世。

这座献给宙斯的神庙是为了庆祝在公元前480—前479年的希梅拉之战（Battle of Himera）中战胜了迦太基人（Carthaginians）而建造的，尽管它已沦为一堆壮丽的废墟，但它依旧是阿格里真托人的骄傲。它有巨大的半柱，中间穿插着约4米高的雕像，名为亚特兰蒂斯，它看起来像是支撑着这座建筑的全部重量，就像大力神阿特拉斯因帮助泰坦而被宙斯罚去支撑世界一样。寺庙平台长约113米，宽约56米，基本上呈一个双正方形，可容纳42000人。事实上，在公元前406年迦太基围攻期间，这座城市的所有居民都将自己封锁在寺庙内。

七座多立克神庙矗立在圣所周围，都是用金色的凝灰石建造的，最初是用色彩鲜艳的灰泥砌成的。他们朝东，这样入口处和站在他们面前的神像就会被朝阳照亮，这是生命的象征。其他寺庙中保存最完好的是孔科尔迪亚神庙。它建于公元前5世纪，避免了该遗址其他宗教建筑所遭受的命运——这些建筑在公元4世纪被基督徒执行罗马皇帝狄奥多西一世颁布的法令所推倒，并被改造成一座供奉圣彼得和保罗的大教堂。很久以后，在18世纪中叶，它被恢复为古典形式。它的槽柱有约6.7米高，略微向内倾斜，所以从远处看，建筑不会因为透视而扭曲。

同样壮观的还有赫拉·拉希尼

▌第72页（左）供奉宙斯的双胞胎儿子卡斯托耳和波鲁克斯的狄俄斯库里神庙的所有遗迹都在西北角。它似乎违反了平衡法则，但因它被选为城市的象征而变得流行起来。

▌第72-73页 康科德神庙（Temple of Concord）建于公元前425年前后，是希腊世界保存最完好的古迹之一。与阿格里真托的其他建筑不同，它幸免于难，因为它被改造成了一座供奉圣彼得和保罗的教堂。

雅神庙（Temple of Hera Lacinia），年轻的新娘和背叛的妻子们在那里祈祷女神的雕像。这座寺庙矗立在俯瞰阿克拉加斯的山顶上，它的6根短边倒塌的柱子和13根长边的柱子是在20世纪初拔地而起的。其他纪念碑甚至更雄伟，如这座城市最古老的优雅的赫拉克勒斯神庙（Temple of Heracles），狄俄斯库里神庙（Temple of the Dioscuri，供奉宙斯的双胞胎儿子卡斯托耳和波鲁克斯），其中只有四根柱子和部分雕像，以及供奉火神伏尔甘和药神阿斯克勒皮乌斯的神庙。

在直到18世纪的基督教时代，神殿之谷（Valley of the Temples）被称为巨人的采石场。它的石头不断被运走，甚至波旁王朝也用它们在恩佩多克莱港建造了码头，具有讽刺意味的是，这个码头是献给阿克拉加斯最著名的公民之一，哲学家和奇术师恩培多克勒的。尽管如此，寺庙缺失的部分并没有削弱该遗址的魅力，因此似乎证实了古代阿格里真托不朽的说法。

▌第73页（左下）
人们认为公元前480年为庆祝战胜迦太基而建造的宙斯奥林匹斯神庙的特拉蒙描绘了被征服的敌人。这里展示的是一份复制品；原件保存在阿格里真托国家考古博物馆中。

▌第73页（右下）
追溯到公元前5世纪末，赫拉克勒斯神庙或称伊拉克利翁神庙，是该遗址最古老的神庙。然而，这种归属是武断的，仅源于西塞罗的一段话。更有可能的是，它在希腊时代是献给阿波罗的，在罗马时代是献给药神阿斯克勒皮乌斯的。

▌第73页（右上）
赫拉·拉希尼雅神庙或朱诺神庙（公元前460—前440年）俯瞰着南部神庙的整个山谷。它的34根柱子中有25根保存了下来。其余9个可能是在中世纪该地区的地震中被毁了。

斯普利特古建筑群及戴克里先宫殿

克罗地亚　达尔马提亚中部
入选年份：1979
遴选标准：C(Ⅱ)(Ⅲ)(Ⅳ)

正是一系列偶然的情况导致了284年11月20日一位出身非常卑微的普通士兵被提名为罗马皇帝。他叫狄奥克勒斯（Diokles），41年前出生在罗马达尔马提亚省首府萨罗纳。在罗马，没有人会赌他的统治会长久，也不会把赌注押在他的生命上，因为在狄奥克勒斯现身之前的半个世纪里，元老院选出了至少20位皇帝，但他们都被更多的篡位者推翻了。然而，这位后来改名为戴克里先（拉丁文名：Gaius Aurelius Valerius Diocletianus）的皇帝，证明了所有的预测都是错误的。他精明地任命他的朋友马克西米安为共同摄政王，并让他管理帝国的西半部。他自己统治了东半部，搬到尼科米底亚（Nicomedia），并在波斯模式上建立了绝对的君主制。

他的统治以各种成功以及行政和税收改革为标志，并于305年5月1日结束。当时这位老人退位，退休到他建在靠近萨罗纳的古希腊定居点阿斯帕拉托斯（Aspalatos）遗址的华丽新宫殿中。

戴克里先的宫殿建在附近布拉奇岛（island of Brazza）上采石场的优质石灰岩上，装饰有从埃及运来的花岗岩柱和狮身人面像，是帝国晚期最重要的遗迹之一。它的布局是矩形的，占地近3公顷，在南北面、东面和西面都有16座塔楼。南侧俯瞰大海，没有设防，但有一系列相当优雅的拱廊。

在最初的形式下，建筑布局反映了这座建筑的双重性质：一部分是别墅，另一部分是兵营。东西主街向西延伸，将宫殿分成士兵和仆人居住的住宅区和皇帝的豪华住宅区，在那里有一条巨大的柱廊通向戴克里先的公寓、陵墓、三座寺庙和两个浴场。

戴克里先于316年去世后，这座宫殿在至少480年之前一直是帝国的财产。在那个时代写的《百官志》（Notitia Dignitery）提到，那里有一家纺织厂很活跃。在同一时期，一个十字架被雕刻在胜利的浅浮雕上，这是建筑群中基督教的第一个证据。

这座宫殿在7世纪经历了一次改造，因为萨罗纳的居民在那里避难，以躲避斯拉夫人和阿瓦尔人的入侵。在这座巨大建筑中的定居者逐渐将该遗址发展成一座城市，并命名为斯普利特（Split）。

新居民在城市宫殿成立了一个教会组织，正是这座城市的主教乔瓦尼·达·拉文纳把戴克里先的坟墓改造成了基督教教堂（现今是城市大教堂），把朱庇特神庙变成了洗礼堂。在中世纪，哥特式建筑建在罗马遗迹之上，甚至还会建在罗马遗迹下面，后来又增加了文艺复兴和巴洛克宫殿（Baroque palaces）。此时，斯普利特已经扩展到宫殿原址的围墙之外。

柱廊和前面有埃及狮身人面像的大教堂的景色是如今历史中心最美丽的景色。它的"建筑诗"，吸引了意大利建筑师安德烈亚·帕拉弟奥（Andrea Palladio）和后来他的英国同事罗伯特·亚当（Robert Adam），后者于1764年在伦敦出版了一本关于戴克里先宫殿的专著。

古代斯普利特的美丽也让加纳莱托（Canaletto）为其画了一幅柱廊和大教堂的图景，但他没有画狮身人面像。这没什么好惊讶的，因为他实际上没有参观过这座城市。

▌**第74页（左上）**这个巨大的筒形拱顶空间是皇帝宫殿的一楼，很可能被用作储藏区。

▌**第74页（左下）**图为场地北侧的一段围墙。东面和西面也修建了城墙，但由于宫殿俯瞰大海，南面没有必要修建城墙。

▌**第74-75页**斯普利特的核心仍然是柱廊（我们在柱廊上看到拱门和科林斯式廊柱）。当这座城市被威尼斯人统治时，宫殿中新增了朱拉伊·达尔马蒂纳克（Juraj Dalmatinac）设计的精致房屋。

▌**第75页（上）**后面有前廊的列柱中庭。注意不同的建筑风格：在额枋下面，分别于16世纪和17世纪修建了两座教堂。

▌**第75页（下）**黑色花岗岩狮身人面像矗立在大教堂前。皇帝让人从埃及运来它，上面有一些大理石和花岗岩柱子，还有用来装饰宫殿的雪花石膏板。

卡赞勒克的色雷斯人墓

保加利亚 | 卡赞勒克地区
入选年份：1979
遴选标准：C（Ⅰ）（Ⅲ）（Ⅳ）

■ 第76页 作为希腊化时代最不同寻常的绘画作品之一，墓室拱顶上的圆形浮雕以鲜艳的色彩和精美的细节展现了王子（可能是据信葬在这里的色雷斯统治者修瑟斯三世）与他的妻子的最后一次会面。游行队伍从中间的任一方向出发。

■ 第77页（上） 地道（放置来世所需物品的走廊）的墙壁和天花板装饰着三幅优雅的壁画。

■ 第77页（下） 图为地道壁画的细节：最下面涂成黑色，纯粹是装饰性的，而上面展示了戏剧性的骑马战斗场面。

这位政要坐在一张木桌前，上面放着两块面包、水果和盘子，他坐在低矮金属椅子上。椅子可能是银制的，椅子上有一块红白相间的条纹坐垫。他的妻子坐在他左边一张银饰的高高的木椅上，悲伤地看着他。当游行队伍从相反的方向接近时，两人手牵手。从左边开始，一位身穿深色长裙的妇女将一盘水果放在她的主人面前。在另一边，两位留着黑色卷发、戴着珠宝的侍女给这位女士带来了礼物，两人身后，还有其他的仆人和骑士。

这是卡赞勒克（Kazanlak）的色雷斯人墓（Thracian tomb）墓室拱顶上的圆形大浮雕描绘的场景，是希腊化时期最非凡的绘画杰作之一。卡赞勒克位于保加利亚中部，在巴尔干山脉（Stara Planina）和斯雷那山脉（Sredna Gora）之间，几个世纪以来一直被称为"玫瑰谷"（Valley of the Roses）。1944年，在距离色雷斯国王修瑟斯三世建立的奥德里西亚（Odrisi）王国首都修瑟波利斯（Seutopolis）不远的地方，人们发现了一座小坟墓，其壁画生动地描绘了公元前5世纪至3世纪间达到顶峰的文明。

在卡赞勒克地区的500多个墓穴中，这座坟墓（可能是修瑟斯三世本人的坟墓，也可能是他的宫廷中一位高官的坟墓）的不同之处在于它是为数不多的蜂窝式墓穴之一。它用砖块建造——与色雷斯的其他几座坟墓一样——由三个部分组成：前厅，用于存放战车、马匹和奴隶，这些车辆、马和奴隶是为了陪伴上帝来到坟墓之外的世界；地道，或走廊，用于存放来世所需的物品；以及安放死者尸体的墓室。墓室是三个部分中最大的，圆形平面图直径约2.62米，高约3.20米。复杂的蜂窝结构是用每排不同的特殊曲线砖建造的。走廊也是砖砌的，墙壁逐渐向内弯曲，直到到达天花板的中心形成一个拱顶。

除了有趣和不同寻常的建筑，壁画才是卡赞勒克墓真正的杰作，部分原因是它们是唯一保存完好的希腊化时期的壁画。在上述位于墓室圆顶中间的浮雕上，显示了三辆战车，中间穿插着爱奥尼亚柱。它们很可能代表葬礼结束时举行的战车比赛。

走廊里还有其他壁画。墙壁被分成三块高度几乎相同的水平嵌板。下面的两个纯粹是装饰性的，但第三个从墙壁倾斜度最大的地方开始，被分成两个楣板，一个在另一个之上。第一个展现的是被优雅的棕榈树枝包围的非写实的老鼠簕叶。第二个是战斗场面，走廊两端各有两支军队，而在走廊中央的东墙上，两名战士手持匕首和盾牌相互打斗。对面的西墙上，两名战士中的一人跪地保护自己免受对方的打击。尽管战斗的元素无疑与希腊古典艺术有关，但场景是自然的，没有希腊浮雕中的刻板印象。

后来在该地区又发现了两座坟墓，分别位于默格利日（Muglizh）和克伦（Krun）。然而，无论是在这些地方，还是在修瑟波利斯（今天位于一个水库的水下），壁画艺术都没有达到卡赞勒克墓穴那般完美。

韦尔吉纳考古遗址

希腊 | 中马其顿大区,伊马夏州
入选年份:1996
遴选标准:C(I)(III)

■ 第78页(上)和(左中) 存放亚历山大大帝之父腓力二世骨灰的令人眼花缭乱的石棺,以及他的铁和金胸甲,都是在韦尔吉纳发现的最有价值的发现之一。

■ 第78-79页 腓力二世的宫殿建于公元前4世纪中叶,围绕着一个大的柱廊,包括一个圆形的圣殿、宴会厅和一个剧场。

"这是一个奇妙的地方，恰好位于皮埃里亚州山脉最远的山坡与伊马夏州平原的交汇处，巨大的榆树树林与玉米地和芝麻田相交……"。法国人莱昂·厄泽对他发现背景的描述中，可以明显感受到他的热情。1861年，在距离韦尔吉纳村不远的地方，考古学家发现了建造于公元前5世纪和前2世纪之间的马其顿王国的第一个首都艾加伊城（Aigai）的遗迹。

带有附属剧场的宫殿一定属于腓力二世（公元前382—前336年）。它围绕着一个包含圆形寺庙（圆形建筑物）、豪华宴会厅和其他各种房间的大型柱廊布置，其中一个房间有镶嵌画地板。在欧克勒亚神庙（Temple of Eukleia）也有许多与皇室家族有关的物品，该神庙仍然保留着为亚历山大大帝的祖母欧律狄刻建造的奉献雕像的底座。此外，艾加伊城的遗迹还包括防御墙的碎片、卫城，以及在城墙之外的一座约有300个墓葬的墓地。

挖掘工作已经持续了一个多世纪，发现了自青铜时代早期（公元前3000年）以来不断有人定居的证据。事实证明，在铁器时代早期（公元前13—前18世纪），艾加伊城已经成为一个具有一定规模的社区，并在古风（公元前7—前6世纪）和古典（公元前5—前4世纪）时代经历了两个显著的发展阶段。然而，由于希腊考古学家马诺利斯·安德罗尼科斯（Manolis Andronikos）的工作，马其顿皇家陵墓的轰动性发现发生在1977年11月。在一个约13米高、约110米宽的土堆下，可能是由安提柯二世（Antigonus Gonates）保护公元前274年皮洛士（Pyrrhus）掠夺后留下的坟墓而建造的，安德罗尼科斯发现了一个装有亚历山大四世遗骸的瓮，亚历山大四世是亚历山大大帝和罗克珊娜的儿子。更值得关注的是，腓力二世在他的女儿克娄巴特拉七世和伊庇鲁斯国王的婚宴上遇刺，他的第六任，或者可能是第七任妻子，也叫作克娄巴特拉，投身于国王的葬礼火堆上。

安德罗尼科斯对此毫不怀疑。坟墓陈设的丰富性只能表明，部分碳化的骨骸遗骸属于这些人。腓力二世的坟墓有彩绘的墙壁和一扇大理石门，门两侧有两根多立克柱，里面有两张装饰着象牙、玻璃和金色浮雕装饰的狄俄倪索斯和缪斯的殡仪床，还描绘了一个战斗场景。旁边是一个重约9千克的金箱子，里面装有用金色刺绣布包裹的国王的遗体，还有一个由313片叶子和68粒橡子组成的金冠，重约0.68千克。金箱子（棺椁）上浮雕有16颗星星，中间有两个玫瑰花环；最里面的玫瑰花环上仍然留有蓝色珐琅的痕迹。然而2000年发表在权威杂志《科学》（Science）上的一项研究驳斥了这些遗骸属于腓力二世的理论，认为它们是亚历山大大帝同父异母的兄弟腓力三世的遗骸。腓力三世是被自己的母亲毒死的，因为他有智力和身体上的残疾。其所提供的证据是基于对骨头和墓葬陈设品的分析，很有说服力。然而，之后又爆发了另一个关于棺椁上的马其顿之星的争论。1992年，新独立的马其顿将其作为国旗的标志，引起了希腊政府的抗议，希腊政府认为这颗星以及"马其顿"的名字都是马其顿不可剥夺的文化遗产的一部分。1995年，马其顿成功地保留了名字的权利，但代价是国旗上的星星。现在，国旗上只有8个星星，而不是16个了，图形像一颗辐射状的太阳。

▎第78页（右下）A 墓类似于一座爱奥尼亚神庙，是贝拉骚乱中马其顿人埋葬的三个坟墓之一。韦尔吉纳墓地中的坟墓既表达了面对死亡的敬畏之情，也表达了帝王荣耀的壮丽。

▎第79页 普路托对珀耳塞福涅的绑架被描绘在壁画中，壁画装饰着韦尔吉纳大骚乱中唯一的西斯特坟墓。1993年，为了保护墓穴中珍贵的绘画作品不受光照和潮湿的影响，在古墓上建造了一座钢筋混凝土建筑。

■ 第 80-81 页 早在迈锡尼时代，德尔斐就有一个礼拜场所，在这里几乎可以看到它的全部内容。然而，第一个女祭司的圣所建于公元前 8 世纪初。

■ 第 80 页（下）翁法洛斯或称"肚脐"，标志着世界中心的石头，是德尔斐的圣心。当地博物馆的石头虽然很古老，但并不是原石，原石早在几个世纪前便已丢失。

■ 第 81 页（左）这座古色古香的多利克风格的库罗斯，超过 2 米高，是阿尔戈斯的波里米德斯在公元前 610—前 580 年之间雕刻的，是描绘赫拉一位女祭司的两个虔诚的儿子克里奥比和比顿的雕像之一。然而，根据另一种解释，他们代表狄俄斯库里。1893 年在阿波罗圣殿发现的青年雕像，现保存在德尔斐博物馆（Museum Of Delphi）。

德尔斐考古遗址

希腊

中希腊大区，福基斯州
入选年份：1987
遴选标准：C（Ⅰ）（Ⅱ）（Ⅲ）（Ⅳ）（Ⅵ）

■ 第81页（右上）
用于仅次于奥运会的皮媞亚运动会的德尔斐运动场建于公元前5世纪，并于公元2世纪以牺牲了希律德·阿提库斯为代价进行了重建，石阶看台和巨大入口就是在这个时候增加的。

■ 第81页（右下）
观众可以在德尔斐剧场有35排座位的观众席上观看赞歌、阿波罗大战皮同以及以上帝的名义进行的仪式舞蹈。

关于古希腊最重要的宗教场所起源的传说始于宙斯在世界的两极放出了两只鹰，他们相遇的地方，后来被称为德尔斐（Delphi），是众神之王宙斯放置标志着世界中心的宗教性圆形石器翁法洛斯（omphalos）的地方。大地女神盖亚和她的儿子巨蟒皮同一直住在这里，直到阿波罗占领了该地，因为他被这个地方的美深深迷住，所以他离开奥林匹斯山并击败了皮同占领了德尔斐。从那时起，阿波罗一年十二个月中有九个月都住在德尔斐，将另外三个月作为杀害对手的流亡期。在德尔斐逗留期间，他通过他的女祭司皮媞亚与人类交谈。

从传说到历史，这里有礼拜场所的最早证据可以追溯到迈锡尼时代，尽管为容纳神谕而建造的圣殿直到公元前8世纪才建成。来自希腊和罗马文学的作家，如普林尼（Pliny）、柏拉图（Plato）、埃斯库罗斯（Aeschylus）、西塞罗（Cicero）和斯特拉波（Strabo），都留下了对该遗址的丰富描述和在那里宣布的预言。将军、殖民者，甚至是受健康和金钱问题困扰的普通市民，都咨询皮媞亚。神谕的反应也被记录在神话故事中，最著名的是俄狄浦斯的故事，他被预言会杀了自己的父亲并娶自己的母亲，他试图以各种可能的方式逃避他的命运，但都徒劳无功。

现在看到的阿波罗神庙遗迹是公元前4世纪的多利克建筑，它建在另一座更古老的建筑之上。在这两个建筑的中心是圣殿（禁区），皮媞亚手持橄榄枝坐在那里。根据传统，这位女祭司——一个可以是年轻或年长、贵族或普通的女人，唯一的要求是她必须是德尔斐人——陷入某种恍惚状态，并从地缝中冒出的甜蜜气味中获得灵感。经过几个世纪的争论，最近发现的使人迷醉气体的痕迹来自考古遗址下面的地质层，这让明了占希腊和罗马来源的真实性。

虽然这个地方仍然非常美丽，但德尔斐只是它最辉煌时期的影子，直到公元191年被罗马人征服。在

那之前，地中海盆地各地的人们都会来这里参观，他们带来了礼物来感谢阿波罗和他的女祭司。在挖掘过程中发现的高质量物品可以在遗址旁边的博物馆中看到，但本应在通往阿波罗神庙的神圣道路上排列着的许多建筑、供奉的寺庙和3000尊雕像却没剩几个了。考古学家唯一能够重建的建筑是雅典人的宝库，它可以追溯到公元前5世纪末，是在公元前490年马拉松战役战胜波斯人后建造的。公元前5世纪黑白大理石希俄斯祭坛（Altar of Chios）的废墟在雅典人在公元前478年修建的爱奥尼亚柱廊（Ionic Stoa）以及装饰在缪斯女神的圣泉卡斯塔利亚旁的两个大喷泉中清晰可见，圣泉卡斯塔利亚是朝圣者在进入神示所之前净化自己的地方。同样令人感兴趣的，以及比宗教建筑保存得更好的还有剧场（公元前4世纪，但在帝国时代由罗马人重建）和建于

■ 第82-83页 图中是名为玛玛雅（Marmaria）的"大理石采石场"，这里实际是一座圆庙，雅典娜的圣殿（公元前4世纪），以及之前雅典娜神庙的遗迹，据推测是在公元前6世纪末建造的。

■ 第83页（左上）圆庙大约建于公元前380年，1938年部分重建。它的功能不得而知，但考虑到它精致的整体造型，它无疑是一座重要的建筑，可能是一个献给盖亚的圣所。

■ 第83页（右上）雅典柱廊建于公元前479年，用来存放萨拉米斯海战（Naval Battle of Salamis）的战利品，这标志着波斯人的惨败。

■ 第82页（左）在德尔斐博物馆的纳克索斯狮身人面像是向女祭司致敬的，是公元前6世纪中叶由岛民捐赠的。它有一张女人的脸和一副长着翅膀的狗的身体。

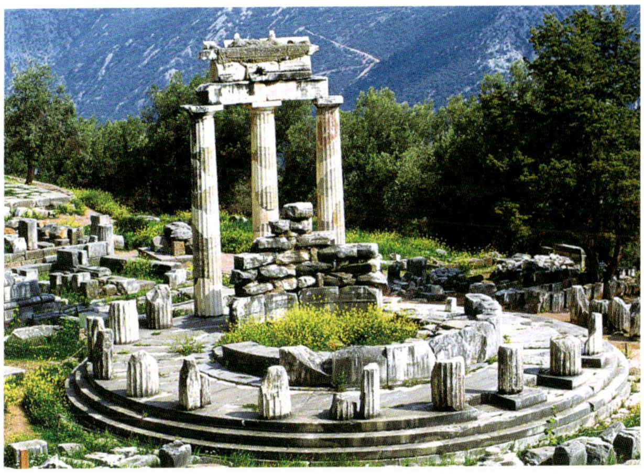
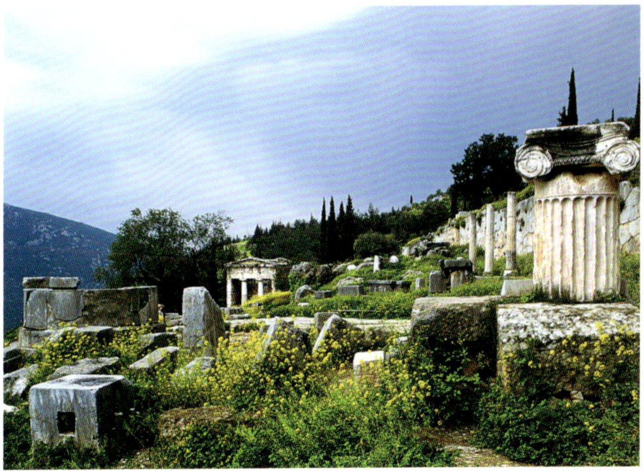
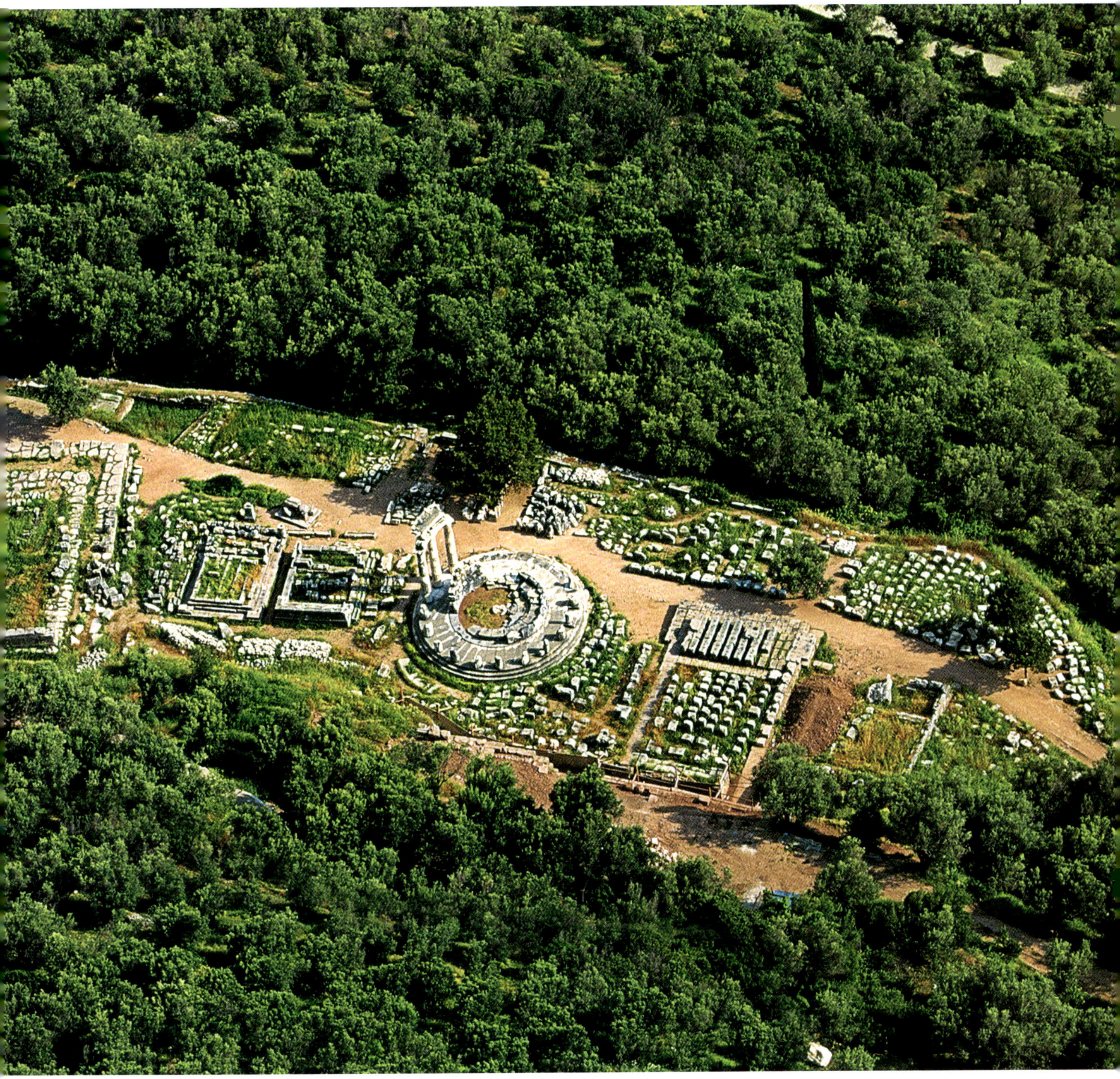

公元前5世纪的运动场，它是用来举办皮媞亚运动会（重要性仅次于奥运会）的，并在公元2世纪由希律德·阿提库斯（Herod Atticus）重建。罗马人征服了德尔斐后，虽然还是允许了祭司在接下来的两个世纪里继续在那里传播预言，但他们对德尔斐的财富和体育名声比其宗教价值更感兴趣。然而，在公元393年，罗马皇帝狄奥多西一世废除了"邪恶的仪式和异教游戏"，这标志着该遗址的永远消亡。

84

▎第84页 德尔斐考古博物馆收藏了大量该遗址的雕像，以及来自宝库和圣所的珍贵作品，以及来自礼服的金纽扣等"从属"物品。

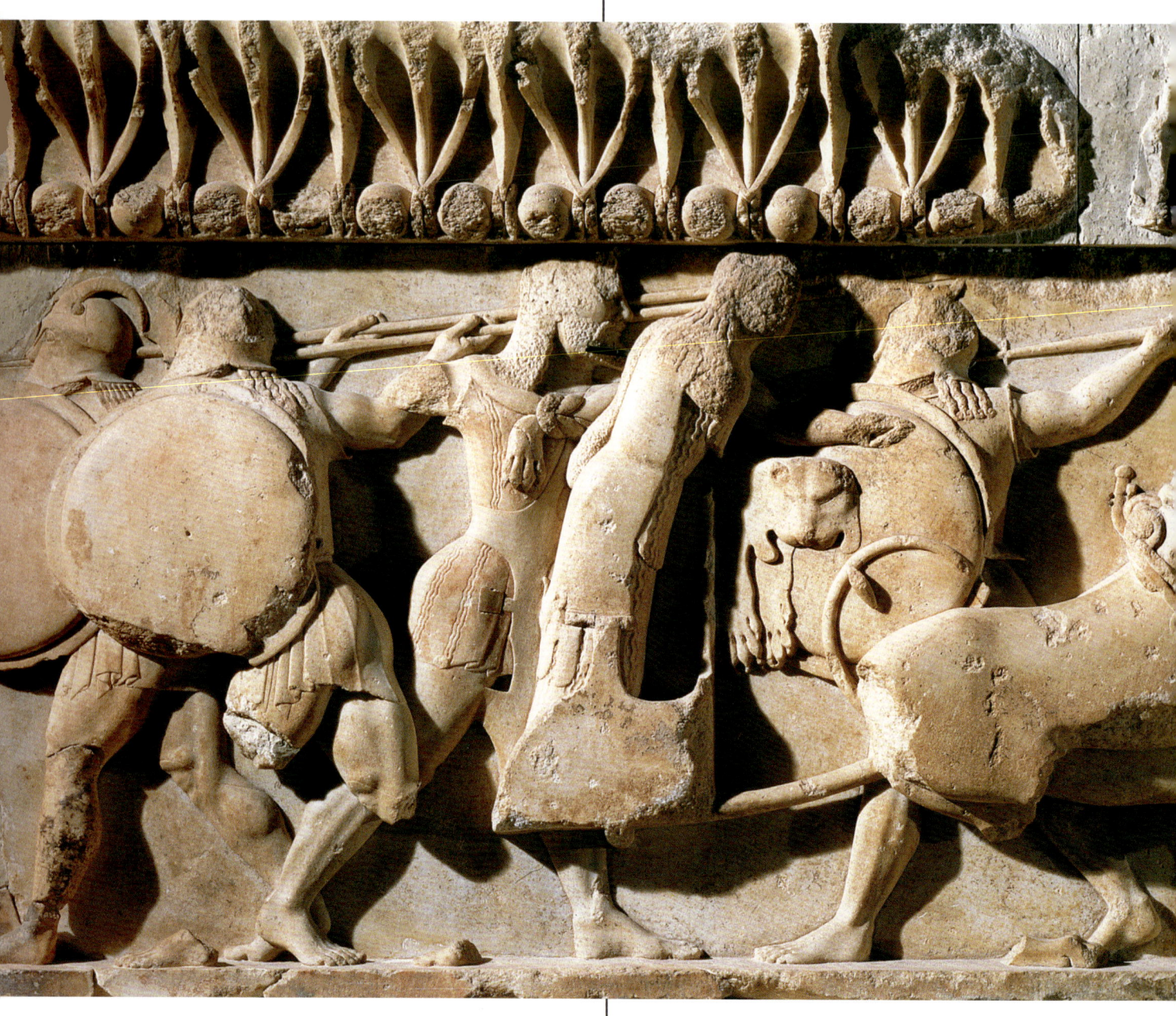

■ 第84-85页 这幅锡夫诺斯宝库（the treasury of the Siphnians）的浅浮雕是成熟古代艺术的一个极好的例子，浅浮雕刻画着巨灵癸干忒斯或奥林匹亚诸神对巨人发动的战争。宝库存放着"什一税"，这是希腊城邦支付给阿波罗的贡品。

■ 第85页（左上）德尔斐博物馆保存的这块小小的供奉牌匾上装饰有一只亚洲狮鹫。该博物馆于1903年落成，但经过多次扩建；1974年增加了一个新大厅，用来存放黄金和象牙物品。

■ 第85页（右上）这个自然大小的头部雕像是用克里斯里凡亭（chryselephantine）技艺制成的，用黄金做衣服，用象牙做肉体，该头部雕像很可能描绘的是阿波罗神。

雅典卫城

希腊 | 阿提卡
入选年份：1987
遴选标准：C（Ⅰ）（Ⅱ）（Ⅲ）（Ⅳ）（Ⅵ）

■ 第86-87页 该地区最早在新石器时代有人定居，迈锡尼时期雅典卫城是一个坚固的堡垒。公元前6世纪，暴君庇西特拉图开始了最终造就雅典卫城的永垂不朽的工程。图中最显著的是帕特农神庙（或称雅典娜帕特农神庙）。

■ 第86页（下）此处是帕特农神庙的西侧，建于公元前447—前432年。西瓮楣（tympanum）的三尊雕像的原件描绘了雅典娜和波塞冬之间的比赛，现在藏于卫城博物馆（Acropolis Museum）。

■ 第87页（下）三个年轻的运水者将他们的罐子扛在左肩膀上，这是帕特农神庙北面浮雕的一个细节。作为一个整体，这一部分描绘了一个祭祀队伍。一些平均长度约1.22米的木块存放于卫城博物馆，而另一些则存放在大英博物馆。

在战争与和平时期，雅典娜是希腊最辉煌、最强大的城市的女神，她以拥有高超的智慧著称。根据神话，她在争夺阿提卡的斗争中战胜了她的兄弟波塞冬，然后她把阿提卡交给了国王凯克洛普斯，雅典娜出现在国王面前时，她正处在将要建造雅典卫城的山顶，显得极为壮观。当时她送给国王一棵橄榄树，而波塞冬却在之前向国王送上了一匹马——一种有效的战争工具。国王的智慧使他接受了看似谦逊的橄榄树，它象征着辛勤、可靠的工作（与石油贸易有关），但最重要的是，橄榄树象征着城市进步必须坚持和平与正义。

公元前7世纪，人们为雅典娜、宙斯、阿耳忒弥斯、赫拉克勒斯建造神庙，甚至反对波塞冬都与这一传奇事件有关，神庙的建造地点——陡峭的岩石山，后来成为雅典城邦的宗教中心，这里在今天也统治着希腊的首都。然而这里实际上自新石器时代以来就一直有人居住，迈锡尼人在这里建造了一座要塞。第一个让雅典卫城具有不朽面貌的人是公元前6世纪的暴君庇西特拉图，他也是发起泛雅典娜节（Panathenian Games）的领袖。泛雅典娜节每四年举行一次，以纪念雅典娜女神。一百年后，在波斯人入侵雅典但却还未放置自己的神明崇拜的间歇时，统治者客蒙委托建筑师卡利特瑞特（Kallicrates）为雅典卫城设计了一座宏伟的庙宇。

公元前449年，人们将雅典卫城改造成古典世界最非凡、最美丽的建筑群。它融汇哲学观念、伦理宗教价值、政治意愿以及雅典城邦引以为豪的技术。雅典卫城的发展背后有两个主要人物：代表雅典民主的城市领袖伯里克利和他的密友菲狄亚斯，后者可能是历史上最伟大的雕塑家。

卡利特瑞特建造的供奉雅典娜·帕特农的神庙（常名为帕特农神庙）的建筑工程曾一度中断，后在建筑师伊克提诺斯（Ictinus）的指导下完成。他改变了最初的计划，将神庙变成了一座非凡的多立克八面式翼状神庙，该设计中的每一项测量、比例和排列都考虑到了毕达哥拉斯（Pythagoras）和柏拉图（Plato）的算术、几何和哲学理论，只是将其转化在石头的排列中。为调和和减弱建筑个别元素的影响，建造者使用了许多技术，借以影响观察者视角、创造光学上的错觉，这一技术即使在今天也十分令

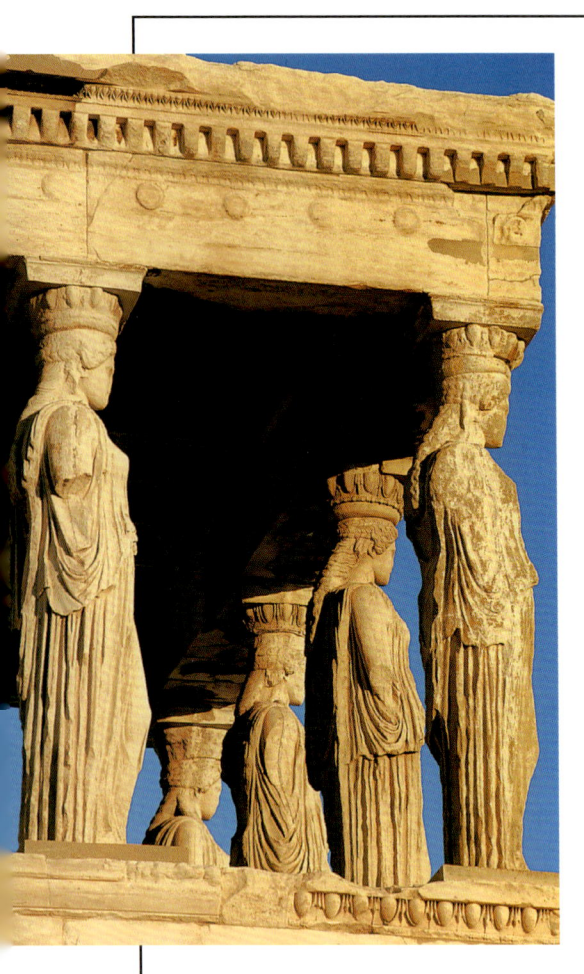

般的图景，希腊人对波斯人恨之入骨），以及与亚马逊人、半人马人和巨人的战斗。菲狄亚斯的至尊杰作是神庙内殿中的爱奥尼亚式楣版（神庙内雅典娜女神的住所），描绘了雅典公民在泛雅典娜节日期间绵延不断且庄严的游行队伍。这些人物的可塑性令人震惊，最薄的里衣都有着丰富的细节，以及对个人珠宝、发型、面部表情和手势的精心刻画，这些均可让人们迅速了解游行中各个人物的心理，展示了菲狄亚斯无论在身体上还是在哲学上，都对人体有着特殊认识。

随着帕特农神庙近乎完工，公元前437年伯里克利开始为雅典卫城建造一个意义非凡的入口，这一入口有着协调的比例、体现出优雅与庄严。这是一个艰巨的任务，但另一位伟大的建筑师穆内西克莱斯（Mnesicles）欣然接受了这一挑战。工程仅用了四年时间，这一速度前所未有。这个工程造就了辉煌的雅

■ 第88页（上） 女像柱门廊位于厄瑞克忒翁神庙的南侧，大约在公元前420年以爱奥尼亚风格建造。人们认为是阿尔卡美涅斯创造了女像柱，此处为六个原始优雅女像柱中的五个，它们现在位于卫城博物馆；第六个在伦敦的大英博物馆。

■ 第88页（中） 厄瑞克忒翁神庙的东立面装饰着六根优雅的爱奥尼亚式柱。根据传统，它建在雅典娜和波塞冬之间的比赛场地上，这场比赛决定了谁将成为这座城市的保护人。附近有一棵橄榄树，据说是雅典娜的圣树。

■ 第88页（下） 雅典娜与奈基的小庙宇是一座双柱式建筑，由建筑师卡利特瑞特在公元前5世纪末以奥尼亚式风格建造，这意味着它的布局是矩形的，短边有两个柱状门廊。

人震惊。

除建筑方面的专业知识外，帕特农神庙的装饰由菲狄亚斯——那个时代最伟大的大师完成，他凭借绝妙的技艺将这座神庙改造成了名不虚传的"完美的实验"。不幸的是，菲狄亚斯用克里斯里凡亭技艺，用象牙和黄金雕刻的巨大雅典娜雕像已经被摧毁，在现场人们已无法欣赏装饰它的大部分浮雕，因为它们散落在欧洲的博物馆，尤其是伦敦的大英博物馆。然而，当站在帕特农神庙旁边时，人们很容易想象到这一雕塑杰作再现在神庙旁。这些雕塑最初被涂成鲜艳的颜色，描绘了雅典娜从宙斯头顶诞生的场景，以及女神和波塞冬对这座城市的霸权之争。

92个墙面（其中41个至今仍在）上的雕刻装饰描绘了善与恶之间斗争的寓言，例如希腊人和特洛伊人之间的战争（这是一个史诗

■ 第88-89页 这张照片显示了厄瑞克忒翁神庙的东南角，可以清楚地看到女像柱的门廊。这座建筑大约在公元前420年以爱奥尼亚式风格建造，分为两个部分，供奉阿提卡的两位主神雅典娜和波塞冬－厄瑞克透斯。

■ 第89页（上） 卫城城门是雅典卫城入口处的雄伟塔楼，由穆内西克莱斯设计，建于公元前437—前432年；它们包括一个中心结构和两个横向结构。北翼是绘画陈列馆，它的墙壁上装饰着壁画和彩绘嵌板。

89

第 90 页（上） 赫罗德·阿提库斯（Herod Atticus）的剧院面向南，俯瞰着雅典卫城西南角的现代城市。公元 2 世纪著名的艺术赞助人、文学家和智者捐赠给雅典卫城这座剧院，目前其仍然用于重要的戏剧表演。赫罗德·阿提库斯是安敦宁·毕尤的执政官，在雅典讲授修辞学。

第 90-91 页 狄奥尼修斯·狄奥尼索斯剧场（Dionysios Eleuthereus，公元前 5 世纪）的洞穴矗立在雅典卫城的南坡上，背景中可以看到它的东南角。这个剧场是希腊世界上最有名的剧场，它的名字来源于大酒神节，这是一个为纪念音乐之神而举行的宏大节日。

第 90 页（下） 在罗马广场门廊的废墟之外，八角形的风塔可以追溯到公元前 1 世纪，也就是希腊化时代晚期。它有两个功能：里面有一个水钟，外面有描绘风的浮雕装饰（仍然部分可见）。塔顶顶部的风向标指示了风向，可以通过风向标所指向的起伏来识别。

第 91 页（上） 从内部看，这个雅典卫城的入口是通往罗马集市的西面主要入口。如今，集市的遗迹已所剩无几，但它是一个巨大的建筑群：四面是门廊，三面是商铺，面积约为 8361 平方米。

■ 第91页（右中）和（右下）这座巨大但残缺不全的雕像（右上）可能代表着特里同，是在阿格里帕剧院（Agrippa's Odeon）附近发现的。这座建筑坐落在阿塔罗斯柱廊（Stoa of Attalus，照片底部）的对面，经过修复后看起来像是一座当代建筑。今天，这里是古广场博物馆（Agora Museum）的所在地。

■ 第91页（左下）赫淮斯托斯神庙（即赫菲斯托斯神庙）也被称为忒修斯，因为英雄忒修斯的遗体可能被埋葬在那里。忒修斯的遗骸是在公元前5世纪由政治家和将军客蒙在斯基罗斯岛（Skiros）发现的，他在那里与波斯人作战。这座寺庙以其良好的条件而闻名，其独特之处在于它仍然保留着原来的屋顶。

典卫城城门，穆内西克莱斯以"上升"的视角进行了设计，完美地克服了其与帕特农神庙"对比"产生的问题。优雅的柱廊结构与门廊的两翼排列在陡峭的台阶上，强化了雅典卫城的神圣性。大约12年后，卡利特瑞特再次被要求为雅典娜和奈基设计一座优雅的小庙宇，建在卫城城门旁边的一块突出的岩石上，该神庙上面装饰着菲狄亚斯学校里的一位优秀学生（不幸匿名）的胜利的寓言。

在雅典卫城上建造的最后一座建筑是厄瑞克忒翁神庙（Erechtheum）。这座寺庙坐落在帕特农神庙以北，附近有一棵神圣的橄榄树（这棵树传统上被认为是雅典娜送给这座城市的礼物），但神庙的设计者不为人知。它是献给与波塞冬和赫菲斯托斯等神圣人物有关的早期教派。这座寺庙的一个独特元素是凉廊（loggia），凉廊中有六个女像柱（Caryatids），它们取代了支撑柱；这些女像柱很可能是菲狄亚斯的另一个学生阿尔卡美涅斯（Alcamenes）的作品。今天雕像的复制品支撑着这一长廊，原作的遗迹已经存放在遗址博物馆里，免受城市大气污染的破坏。

尽管雅典衰落了，但雅典卫城在很长一段时间内仍受人尊敬，这不仅仅是因为它的宗教意义。对罗马人来说，雅典卫城是一座代表古希腊哲学、政治和美学精髓的博物馆。换句话说，它是罗马可以效仿的典范。

后期人们将帕特农神庙改造成了一座拜占庭式教堂，后来人们又将其改造成一座清真寺，但它和雅典卫城上的其他建筑几乎毫发无损地度过了最黑暗的时代。雅典卫城遭受的第一次伤害发生在1687年；当时，土耳其人占领了这座山，他们在威尼斯人围城期间将帕特农神庙变成了军火库。威尼斯人发射了一枚燃烧弹，造成巨大爆炸，摧毁了一部分神庙。

对古迹影响最严重的袭击发生在19世纪初（据说是出于和平的意图）。也许是由于对美的热爱，也可能是由于嫉妒，英国驻君士坦丁堡大使埃尔金勋爵将菲迪亚斯的杰作从山墙墙饰上取下，并将它们运回英国。

奥林匹亚考古遗址

希腊 伯罗奔尼撒大区伊利亚州
入选年份：1989
遴选标准：C（Ⅰ）（Ⅱ）（Ⅲ）（Ⅳ）（Ⅵ）

古代奥林匹克运动会是由伯罗奔尼撒国王坦塔罗斯的儿子珀罗普斯于公元前776年创立的。从那时起，奥运会每四年在夏至后的满月第一天举行，成为整个希腊世界日历的基础。起初运动员只能参加跑步比赛，随着时间的推移，体育项目逐渐增加，奥运会时长变为五天。最终项目包括拳击、摔跤、铁饼、标枪、跳远、五项全能、各种马术项目和古希腊式搏击；最后一项运动是拳击和摔跤的混合体，也是忒修斯用来击败半人半牛怪弥诺陶洛斯的格斗技巧。

然而，1500年来在奥林匹亚举行的比赛并不是简单的体育赛事：胜利是运动员可能取得的最大成就，也是唯一能将他提升到众神水平的比赛（哪怕只有一瞬间）。此外，奥运会还给这位运动员所在的城市带来了荣耀，或许有一点矛盾让人难以想通，奥运会一直是希腊城邦之间和平与团结的象征。

比赛地点甚至都不能随意选择。奥林匹亚位于一座山上，松树和橄榄树枝叶繁茂，是阿尔菲奥斯河（Alpheus）和哥罗底亚斯河（Cladeus）的交汇处，奥林匹亚与宙斯的父亲克洛诺斯联系在一起。这座名为阿尔蒂斯的小山从史前就有人居住，自公元前10世纪迈锡尼文明繁盛时期就开始将该山正式用作供奉众神之王。

尽管奥林匹亚从未成为一座真正的城市，但它拥有古希腊最壮观的古迹之一。人们认为这里最重要的建筑是多立克神庙的原型，是献给宙斯的。它由伊利亚州的建筑师里本（Libon）设计于公元前470年，由大理石制成。这一建筑短边有6根柱子，长边有13根柱子，每根柱子高约11米，最小的直径约2.26米。建筑墙面上刻有浅浮雕，描绘了大力神赫拉克勒斯的十二功绩。内殿

■第92页 赫尔墨斯和婴儿狄奥尼修斯的著名雕塑。该雕塑由普拉克西特列斯（Praxiteles）于公元前340—前330年雕刻，在赫拉神庙（奥林匹亚博物馆）附近被发现。

■第92-93页 奥林匹亚是最重要的古代圣地之一，奥运会令这一圣地声名远扬。从公元前776年开始，人们每四年在这里举办一次运动会。

■第93页（左上）拉科尼亚建筑大师（来自斯巴达地区）在公元前7世纪建造了赫拉的多利克神庙。它最初也是献给宙斯的。

■第93页（右上）体育场长约212米，宽约28.5米，其中的这一石头平台是为比赛的评委准备的。

中有着古代世界七大奇迹之一：宙斯雕像。菲狄亚斯用木头打造了这一雕塑，然后用名为克里斯里凡亭（chryselephantine）的技术将其覆盖上象牙和黄金。这尊雕像高约12米，描绘了坐在宝座上的神，神右手拿着权杖，左手拿着奈基（带有翅膀的胜利女神）的雕像。寺庙旁边有一棵神圣的橄榄树，它的树枝用以准备奥运会获胜者佩戴的王冠。

该遗址上的其他重要宗教建筑包括赫拉的多立克神庙（公元前7世纪）和宝库（Treasuries，由参加奥运会的各个城市建造的小寺庙）。最著名的体育场可容纳4.5万名观众。朝南和朝北的两个石制平台俯瞰着赛场：第一处平台是奥运会裁判（古希腊语：hellanodikes）坐的地方，第二处是由德墨忒尔的女祭司照看的祭坛，这位祭司是唯一获准参加奥运会的女性。同样令人特别感兴趣的还有市政厅（Prytaneion，此处燃烧着永恒的火焰）的遗址、宫殿、体育馆和圆形神庙（Philippeion）。后者是颂扬马其顿运动员的圣所，这间圣所自公元前338年菲利普二世开始建造，由亚历山大大帝完成。

奥运会在罗马征服希腊后幸存下来，一直持续到公元393年，当时人们以堕落和异教的典范为由，由狄奥多西皇帝废除了奥运会。后来野蛮的强盗洗劫了奥林匹亚，两次地震将这里掩埋。对比赛的记忆留在了几代艺术家为运动员所做的雕塑、阁楼花瓶装饰、绘画和颂歌中。

1875年，由厄恩斯特·柯歇斯（Ernst Curtius）率领的德国伯罗奔尼撒考古探险队让壮丽的奥林匹亚废墟重见光明，而法国男爵皮埃尔·德·顾拜旦（Pierre Fredi De Coubertin）则恢复了奥运会。1896年4月6日，这位巴黎贵族在雅典组织了新一届奥运会，历时10天，有13个国家和245名运动员参加。人们将那一天视为现代体育的生日。

▌第94页（下）阿特拉斯把赫斯珀里得斯的金苹果带给赫拉克勒斯。宙斯神庙上的米托普描绘了大力神的十二项功绩。在这里展示的这幅图中，英雄在阿特拉斯的位置上托起了天堂。

▌第94-95页 圆形神庙是一座环形布局的外围圣地，旨在庆祝马其顿英雄，由菲利普二世于公元前338年开始建造，并由他的儿子亚历山大大帝完成。

▌第95页（左上）宙斯的伟大多立克神庙是伊利亚州建筑师里本的作品，建于公元前470—前456年。今天只剩下了一堆瓦砾，许多倒塌的柱子堆放在一起。

▌第95页（右上）在奥林匹亚遗址上可以看到这座优雅的科林斯式柱廊。除了主要寺庙外，该建筑群还有其他12座寺庙，专门供奉希腊城市和殖民地。

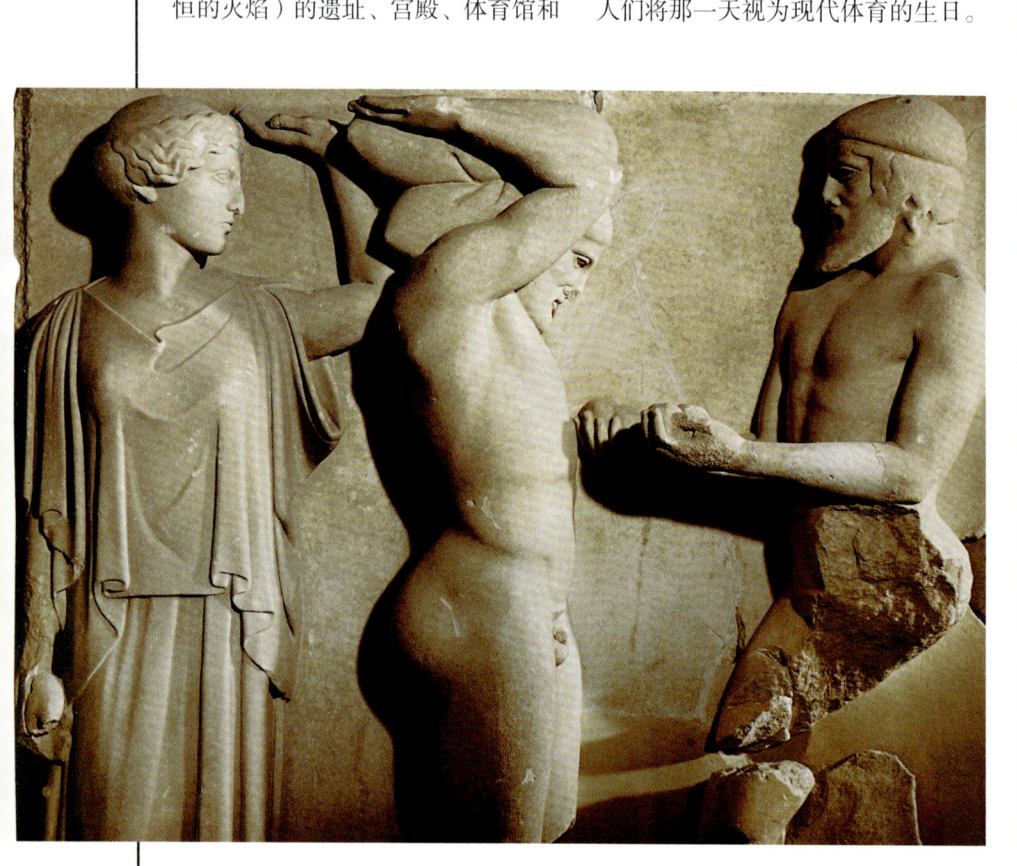

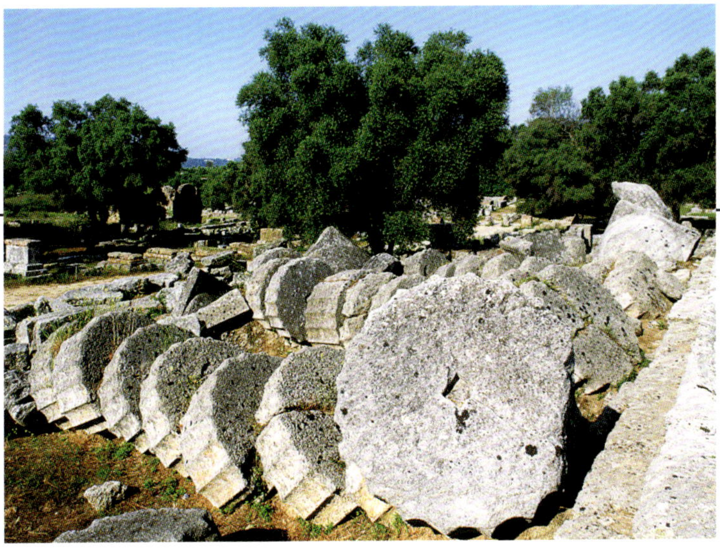

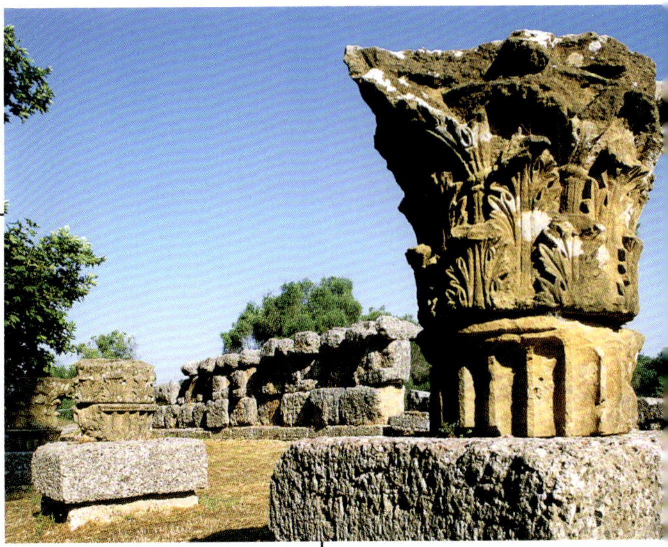

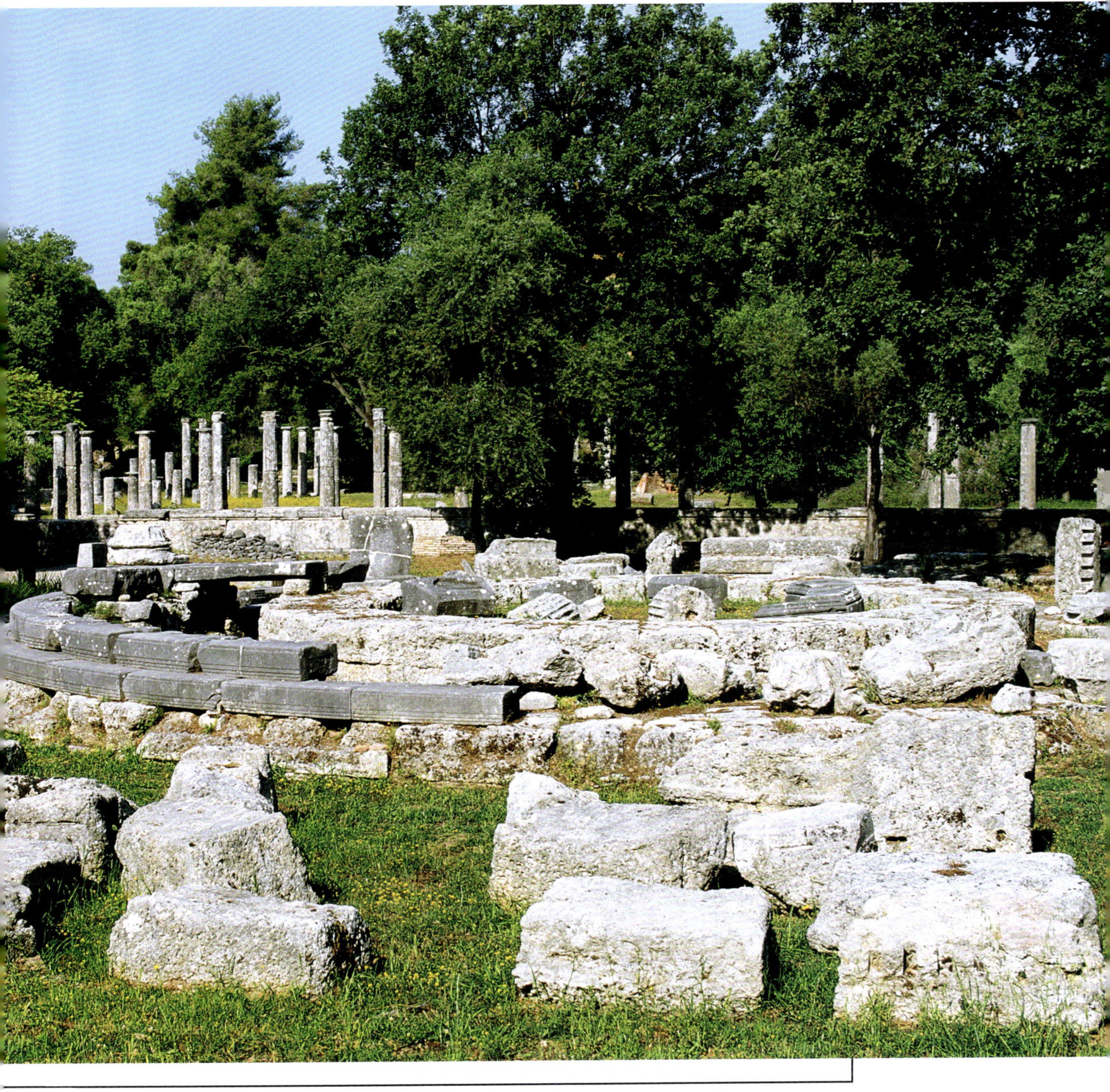

第96页 迈锡尼坐落于一片荒凉狭窄的平地上，位于阿尔戈利斯州的埃维亚岛的两座山脉之间，迈锡尼建立了希腊最重要的史前文明之一，在公元前16—前12世纪之间蓬勃发展。它的墙壁6~8米厚，长约0.8千米。

迈锡尼考古遗址

希腊 伯罗奔尼撒大区阿尔戈利斯州
入选年份：1999
遴选标准：C（Ⅰ）（Ⅱ）（Ⅲ）（Ⅳ）（Ⅵ）

"这太让人兴奋了！陛下，我向您宣布，我发现那些坟墓根据传统，它们属于阿伽门农（Agamemnon）、卡桑德拉（Cassandra）、厄菲阿尔特（Eurymedon）和他们的同伴。在墓穴里我发现了大量的宝藏，其中任意一个宝藏都能让一座博物馆名扬四海。"这是海因里希·施利曼（Heinrich Schliemann）于1876年12月6日向希腊国王乔治一世汇报的信息。这位德国考古学家兴奋极了：他三个月前才开始挖掘迈锡尼遗址（Mycenae），已经取得极为丰硕的成果，验证了他的直觉。他按照帕萨尼亚斯（Pausanias，公元2世纪的希腊地理学家）给出的提示，认为迈锡尼就是荷马在《伊利亚特》中叙述的亚契亚人（Achaeans，向特洛伊宣战的民族）的城市。

那天，施利曼手里拿着一个他在其中一个坟墓里发现的奇妙的金箔面具。他欣喜若狂地叫道："我见到了阿伽门农的脸！"尽管许多人认为施利曼没有受过正规教育，是个粗俗的自学者，并且有着商人险恶的陋习，但他无疑有一个闪光点，那就是为考古研究开辟了一个新世界，并为理解希腊史前最重要的文明铺平了道路，这一文明繁荣于公元前16—前12世纪。

事实上，人们早在30年前就已知道了迈锡尼的确切位置。在阿尔戈利斯州的埃维亚岛（Euboea）的两座山脉之间的一片平地上，人们发现了长达近1英里（约1.6千米）环形墙的一部分，其厚度6~8米；人们还发现了雄伟的狮子门（Lion Gate，两只风格化的狮子被雕刻在支撑三角形额枋的柱子的浅浮雕上，因此得名）。然而，施利曼对城墙或大门并不感兴趣，甚至没有考虑到皇宫的废墟、礼拜场所、房屋或重要的粮仓。他挖了很大的壕沟穿过城墙，破坏了迈锡尼中晚期的重要考古遗址。然而，他确实在城墙内发现了A墓圈（有19个坟墓），在狮子门外发现了B墓圈（有25个坟墓，其中14个是皇家陵墓）。施利曼相信B墓圈中有阿伽门农的坟墓。

▎第97页（上）由于希腊考古学家施利曼于1876年12月6日在迈锡尼A墓圈的第五号墓穴发现了这一黄金死亡面具，因此人们也将其称为"施利曼的阿伽门农"。其可追溯到公元前16世纪下半叶，现在收藏于雅典国立博物馆。

▎第97页（下）在这幅来自迈锡尼宫殿的壁画遗迹中描绘了一位贵妇。壁画现收藏于雅典国立博物馆。

■ 第98页（上） 克吕泰涅斯特拉墓（Clytemnestra）是迈锡尼的九座蜂巢墓之一，其墓穴（圆形或半椭圆形圆顶结构）可追溯到公元前14世纪末。

■ 第98页（左中）和（右下） 最美丽的迈锡尼王室陵墓［顶部是阿特鲁斯（Atreus）的财宝；底部是克吕泰涅斯特拉墓］前有一条长长的通往古庙的甬道（故希腊语：dromos，也名圣路）。

■ 第98页（右中） 可能由于施利曼开展的工作，迈锡尼人的民居未得到很好的保护。在寻找墓地的过程中，他挖掘了穿过城墙的大型沟壑。

■ 第98页（左下） 大坡道也有几段台阶，从狮子门通往阿特里兹（Atrids）的皇宫。

■ 第99页 狮子门以四个巨石为框架，组成部分包括一个扁平的三角形额枋。狮子门对面有一根柱子，柱子两侧有两只雕刻成浅浮雕的狮子。大门阴郁而庄严，代表了迈锡尼建筑的艺术高度。

这两个建筑群分别可以追溯到公元前15世纪和公元前16世纪。有些是从岩石中挖出来的竖穴墓，有些是古坟墓。在里面，他发现了金银制成的珠宝、面具和花瓶，大多装饰着抽象的图案；还有来自努比亚、安纳托利亚、叙利亚和美索不达米亚等遥远地方的服装和商品的残骸，这些表明迈锡尼时期取得了高度文明和财富。

满怀热情的施利曼以《荷马史诗》为"指南"，于1884年在威廉·德普费尔德（Wilhelm Dörpfeld）的帮助下，在阿尔戈利斯进行了一次新的挖掘，发掘出了失落的城市梯林斯（Tiryns），在《伊利亚特》中这座城市由国王狄俄墨得斯统治。梯林斯遗址号称拥有非同寻常的围墙，长近735米，厚达8米，将牢房和走廊封闭起来。在城墙内，他发现了一座巨大的皇宫和一座城市，从迈锡尼文明最早的时候起，这座宫殿就与迈锡尼不可分割地联系在一起。

对于参观者来说，迈锡尼和梯林斯的遗址不像希腊那些更为精致、"崭新"的考古区那样魅力无穷，但对考古学家来说，它们对于理解后来的希腊文明至关重要，因为它们是早期迈锡尼文明的遗存。而且即使人们对遗迹的发现者恨之入骨，也不得不感谢那个"有远见卓识的"施利曼。

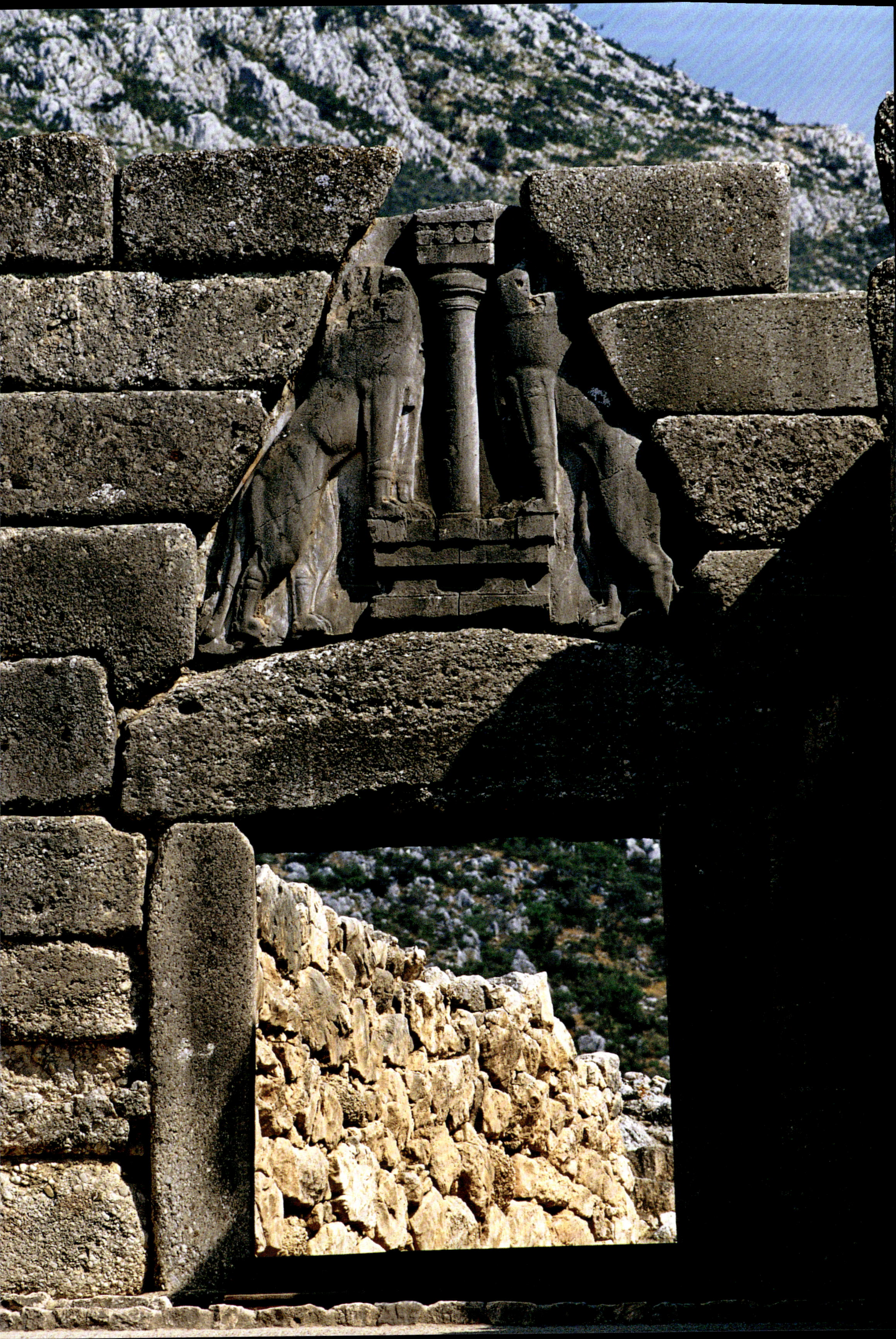

■ 第100页（左）A墓圈的墓穴出土了各种各样的日常物品，比如人们于三号墓葬中的一位妇女的身体上，发现了这枚金银长针。

■ 第100-101页 A墓圈中有六座皇家陵墓，其深度0.91~3.96米，由双层圆形围墙围住。其中埋葬着19具遗骨，在那里发现的随葬品中包括约13.5千克的黄金。

■ 第100页（下）这件标本可以追溯到公元前15世纪，现在保存在雅典国立博物馆，但其远没有"阿伽门农的面具"那么精致。

■ 第101页（左下）A墓圈发现的这把青铜匕首的刀刃上装饰着金银相间的猎狮场景。这件作品可追溯到公元前16世纪。

■ 第101页（右下）A墓圈的四号墓穴中发现的涅斯托尔杯（Nestor's Cup），其高约14.5厘米，手柄末端有两个动物雕像，看起来像是在咬杯子边缘或从杯子里喝水。

埃皮达鲁斯

希腊 | 伯罗奔尼撒大区阿尔戈利斯州
入选年份：1988
遴选标准：C（Ⅰ）（Ⅱ）（Ⅲ）（Ⅳ）（Ⅵ）

阿斯克勒庇俄斯（Asclepius）是希腊的药神（其罗马名字埃斯库拉庇乌斯更为人所知），属于"非奥林匹斯（non-Olympian）"众神。他到底是冥界的神明，还是因有创造奇迹的能力而被神化的人类，目前仍在争论中。根据荷马的说法，阿斯克勒庇俄斯只是玛卡翁和波达利里俄斯的父亲，他们是《伊利亚特》中与阿伽门农并肩作战的次要人物，因其治愈能力为人称道。根据品达的说法，阿斯克勒庇俄斯是阿波罗和一个名叫科洛尼斯的凡人的儿子。他受过半人马喀戎的教育，成年后治愈了疯狂的普罗提得斯、失明的菲涅德斯和受伤的赫拉克勒斯。然而，阿斯克勒庇俄斯的野心越来越大，试图复活死者，因此宙斯用闪电杀死了他。另一个传说认为阿斯克勒庇俄斯受到众神之王的喜爱，嫁给了厄庇俄涅，他不仅拥有两个儿子玛卡翁和波达利里俄斯，还是四个女儿的父亲：健康之神许癸厄亚，可以治愈一切疾病的帕那刻亚，带来疾病的伊阿索斯，以及被认为生下美惠三女神（Three Graces）的埃格勒。据说阿斯克勒庇俄斯是阿斯克勒庇俄斯家族的创始人，古代最著名的医生希波克拉底（Hippocrates）就是其中的一员。

人们将阿斯克勒庇俄斯描绘成一个身体健壮的成熟男子，留着浓密的胡须，表情平静，手里拿着权杖和一本书。他与蛇和公鸡联系在一起，用曲卷的蛇抚摸伤口，公鸡象征着白天和重生。在古代阿斯克勒庇俄斯最著名的代表是由特拉西米德斯（Trasimedes）设计的雕塑，该雕塑位于埃皮达鲁斯里供奉阿斯克勒庇俄斯的神庙。

埃皮达鲁斯位于阿尔戈利斯州（Argolis）的一处俯瞰梅塔纳湾（Metana）的高地上，是一个华丽的城邦，它于公元前4世纪成为希腊世界的主要疗愈中心。阿斯克勒庇俄斯的圣殿建在一座以前供奉阿波罗的庙宇之上，这是一片充满淡水泉的青翠之地。在遗址上还有一座剧院、健身房、密闭诊所（古希腊名为"adyton"）、圆形建筑（古希腊名为"tholos"，由柱子环绕，人们将地窖分成同心走廊，那里很可能是圣蛇的所在地）、体育场和各种朝圣者的住所。

人们对埃皮达鲁斯这里使用的治疗方法知之甚少。人们认为这一治疗方法没有特定的医学实践，而是一系列具有魔力或象征意义的经验性手段（今天名为整体疗法），最终在"孕育中（incubation）"实现效果。治疗需要患者在诊所中度过一晚，在此期间他们进入深度睡眠（可能是在魔药的帮助下实现的），阿斯克勒庇俄斯在他们的梦中造访，之后他们会奇迹般地痊愈。对阿斯克勒庇俄斯的崇拜一直持续到公元3世纪，在罗马人的统治时期，称他为埃斯库拉庇乌斯。大量游客来到埃皮达鲁斯，刺激了当地许多服务业的发展。这里每四年举行一次阿斯克勒庇俄斯活动，在诗歌和歌唱比赛后进行体育比赛。

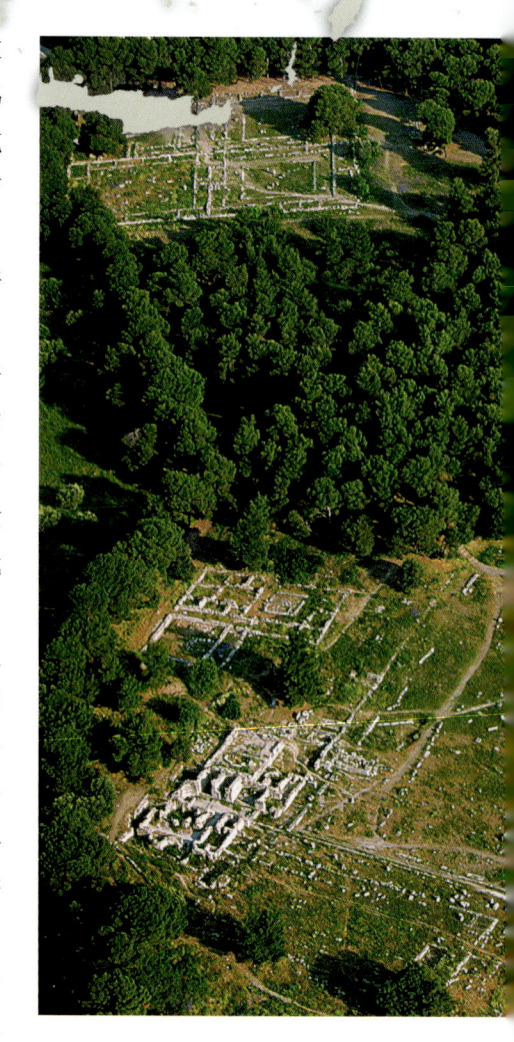

遗址上唯一完好无损地保存到今日的建筑是剧院。它由小波留克列特斯（Polyclitus the Younger）在公元前4世纪设计，因其完美的对称和形状的和谐而受到地理学家帕萨尼亚斯的称赞。今天，人们认为第102-103页 埃皮达鲁斯的考古建筑群很多用于供奉药神阿斯克勒庇俄斯，其罗马名字埃斯库拉庇乌斯更出名。埃皮达鲁斯是阿尔戈利斯州一个繁荣的城邦，从公元前4世纪开始，埃皮达鲁斯便成为希腊世界治疗疾病的主要场所。

第103页（上）剧场的梯形座位由两部分组成。下部每层12组座位，共34层，上部每层有22组座位，共21层。这座建筑最宽阔的时候可以容纳12300名观众，半径约58米。

第103页（中）该部分奈基雕像来自埃皮达鲁斯的阿斯克勒庇俄斯圣殿：奈基右手拿着一只公鸡，象征着新的一天。这尊雕像现陈列在雅典国立博物馆。

第103页（左下）这些位于阿斯克勒庇俄斯神庙南侧的大理石座椅呈半圆形排列，曾经是献祭给神明的一部分。

第103页（右下）埃皮达鲁斯剧院在公元前4世纪和2世纪之间分两个阶段建造，由于几个世纪以来（直到1881年）一直被泥土覆盖，所以保存完好。

这是希腊世界同类建筑中最美丽的。它有一个约20米宽的圆形管弦乐台，一个柱子（14根半柱）支撑的前台，两条供演员使用的侧廊，以及一个有34层座位的观众席。公元前2世纪中叶，这座剧院又增加了21层座位，与前34层之间有一条通道（古希腊语：diazoma），总共允许12300名观众就座。场地完美的音响效果和"神奇"的氛围意味着它仍然是音乐和戏剧表演的绝佳场所。

提洛岛

希腊 | 基克拉泽斯群岛
入选年份：1990
遴选标准：C（Ⅱ）（Ⅲ）（Ⅳ）（Ⅵ）

■ 第104-105页　在这张遗址的局部视图中，剧院（右下角）后面是错综复杂的居民区，在照片的上半部分，我们看到了井然有序且宽敞的圣殿。

■ 第105页（左上）这座圆形神庙是献给贸易之神赫尔墨斯的，位于主要的、保存最完好的提洛岛市集，罗马商人经常光顾。

■ 第105页（右上）梯状基座（希腊语为crepidoma，此处来自提洛岛圣区一座献给阿波罗的神庙）是一座希腊神庙的底座，衔接了土壤和建筑。

■ 第105页（下）戴冠者（希腊语为diadoumenos，这里展示的为复制品）最初由波留克列特斯（Polycleitus）于公元前450年前后用青铜雕刻而成，该雕塑在提洛岛被发现，描绘了一名在奥运会上获胜的运动员。

提洛岛气候干旱，艳阳高照，狂风呼啸。其面积约5.95千米×1.93千米，与其说是一座岛屿，不如说是一块岩石，然而，尽管很难想象，提洛岛曾是泛希腊世界最重要的圣城所在地。

一些人认为，该岛位于基克拉泽斯群岛（基克拉泽斯这个名字来自希腊语，意思是"环"）的中心，是爱琴海最安全的港口，所以创造了大量财富。还有一些人则认为，传说中宙斯的情人勒托在岛上受到款待，并生下了一对双胞胎阿波罗和阿耳忒弥斯，这引发了宙斯唯一合法妻子赫拉的嫉妒与强烈愤怒。无关以上哪一种说法，自公元前3000年以来，提洛岛一直是供奉阿波罗的圣殿，是文化中心、贸易中心，是战争与和平条约的剧院、体育比赛场地、重要人物的度假胜地。一些文件证明，即使是埃及女王克娄巴特拉（Cleopatra）在岛上也有房产。

公元前5世纪初，雅典和其他城邦组成反对波斯的提洛－雅典同盟。受雅典影响，提洛岛成为该组织的政治根据地，它还有幸保护了同盟盟友的财富。在阿波罗的保护下，这座城市能够将其影响力扩展到整个爱琴海，以至于为确保阿波罗神圣仁慈永垂不朽，人们在公元前426年发布了一项法令，禁止任

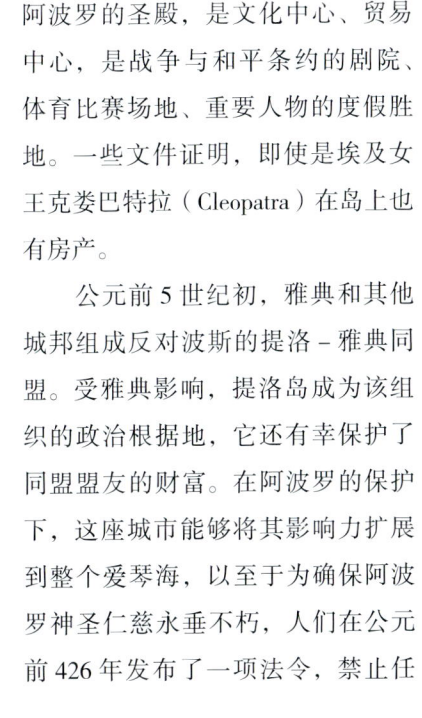

■ 第106页（左上）
公元前7世纪末，纳克索斯居民献给阿波罗的狮子台阶朝向东方和神圣的湖泊。最初有16个，但只有5处完整的和其他3处碎片一起幸存了下来。另一只狮子，尽管是无头的，却装饰着威尼斯的军火库。

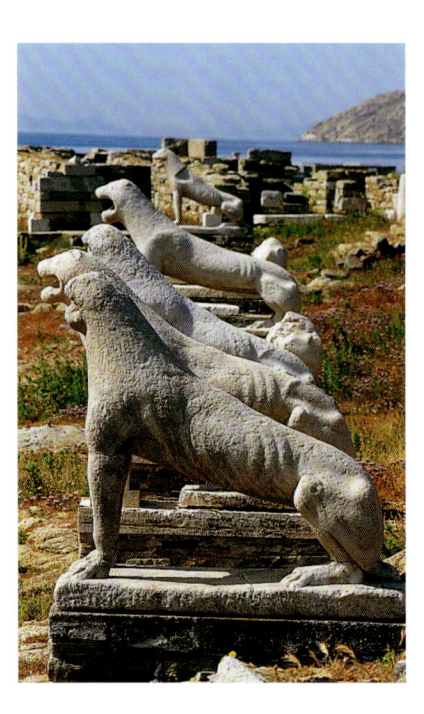

■ 第106页（右上）
剧院旁边的巨大蓄水池被拱门分成九个收集室，用来收集雨水。在暴风雨期间，水会从台阶流到乐池。

何人在岛上出生或死亡。一个世纪后，这座城市获得独立，这一状态一直持续到公元前166年，此时雅典人与罗马人签署了一项协议。

提洛岛最辉煌的时期，罗马人开始征服希腊，这也标志着提洛岛随后的衰落。罗马人宣布这座城市为自由港，将其变成一个繁忙的商业中心，无须缴纳关税（港口此前生意兴隆，每天有1万名奴隶在此被买卖）。它的繁荣吸引了无数人来到这里。当时，提洛岛有3万居民，按照古代的人口统计标准，这与该岛的微小面积完全不成比例。

在该岛的鼎盛时期，本都（Pontus）的米特里达梯国王（Mithridates）向罗马人宣战，他于公元前88年登陆提洛岛并对其进行了毁灭性的掠夺。虽然现在希腊各地的博物馆都可以看到阿波罗、阿耳忒弥斯、赫拉和献给狄奥尼修斯的斯托伊瓦德隆神庙中的大多数精致的雕塑艺术作品，但最能体现过去这座城市财富的仍然是城市布局和建筑数量。比如令人叹为观止的可容纳5500名观众的剧院，以及类似于狄奥尼修斯（其名字取自马赛克镶嵌画上身骑黑豹的神）贵族的住宅。这座城市的世界性体现在城市商会上，如叙利亚商人协会，他们建造了几座神庙供奉波塞冬、赫拉克勒斯和罗马，或者是为纪念埃及神伊西斯和阿努比斯而建造的神庙，他们后来又非常奇怪地增加了一座犹太教堂。

提洛岛上最著名的景点是狮子台阶（Lions' Terrace），它是为了保护曾经的阿波罗圣湖（Sacred Lake of Apollo）而建造的。据说最初有16个狮子台阶，但只有5个完好无损地保留了下来，有3个已经成为碎片。至于剩下的台阶，除了在威尼斯发现的一个外，其余的都已丢失。一位匿名雕塑家模仿圣马克的狮子对其进行了改装，如今它守卫着军火库的入口处。

▎ **第106-107页** 赫尔墨斯之屋（House of Hermes）沿着斜坡建了三层，照片中间可以看到它的一部分，是提洛岛最豪华的建筑之一。由于它的规模，人们认为这是由一群外国商人建造的公共建筑，而不是贵族住宅。

▎ **第107页（上）** 提洛岛剧院建于公元前3世纪，取代了以前的木结构。新的剧院可容纳5500名观众，分为两个座位区。下部有26排，上部有17排。

▎ **第107页（下）** 这两个无头雕像以埃及女王克娄巴特拉和狄奥斯库里得斯（Dioscurides）命名，矗立在港口附近一座富丽堂皇住宅的院子里。没有任何证据证明埃及女王在提洛岛居住过。显然，她与狄奥斯库里得斯毫无共同之处，因为这位希腊医生生活在克娄巴特拉之后的一个世纪。

■ 第108页（左上）
赫尔墨斯之屋中，一楼中庭的柱子和二楼的柱廊一样，现已修复。

■ 第108页（右上）
这座建筑过去为叙利亚商人协会、银行家和商人的总部，现在其中保存着中央柱廊的一部分。中央柱廊建于公元前2世纪中叶，其中包括解决公民事务的大楼，还有三座分别供奉波塞冬、大力神和罗马的神庙。

■ 第108页（左下）
在阿波罗圣殿西北部的长方形平台是狄奥尼修斯神庙，神庙两端都有一根装饰着浮雕的方形柱子。图中是一个巨大的阳具石像，这是狄奥尼修斯的象征。这座建筑用于戏剧表演，可以追溯到公元前300年，由提洛岛的一位富有的居民卡律提俄斯建造。

■ 第108页（右下）
剧场区的一座房子装饰了海洋题材的马赛克镶嵌画地板。侧面板上有一个锚，周围环绕着一只海豚。海豚是提洛岛马赛克镶嵌画的常见题材。

■ 第108-109页 剧场东面有一个巨大的建筑群，有四所住宅，其中最重要的是面具之屋（House of the Masks），如照片中央所示。提洛岛最优雅的房屋沿袭了希腊式住宅的风格，房屋围绕着一个中央露台布置，通常被柱廊包围。

■ 第109页（左下）
两根存留下来的柱子指明了赫拉神庙的所在地。该神庙建于公元前6世纪，目前还不确定是谁建造了它：或许是萨莫斯（Samos）的暴君波利克拉特斯。

■ 第109页（右下）
特里同之家（House of the Tritons）北大厅的马赛克镶嵌画，这里是圣湖地区演员之家（House of the Actors）建筑群中最东边的住所，马赛克镶嵌画中描绘了一个海仙女和一个有翼的爱神。

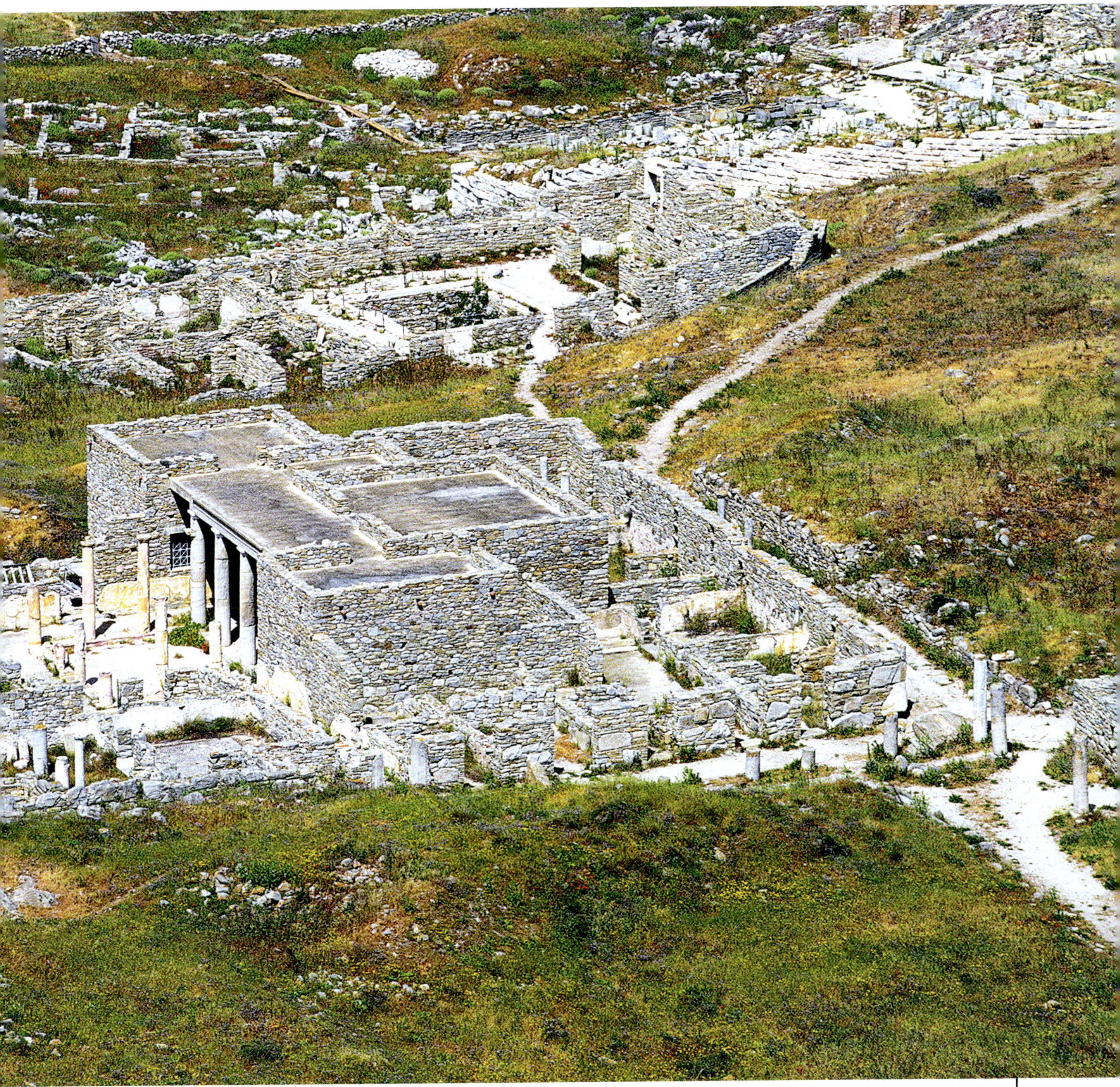

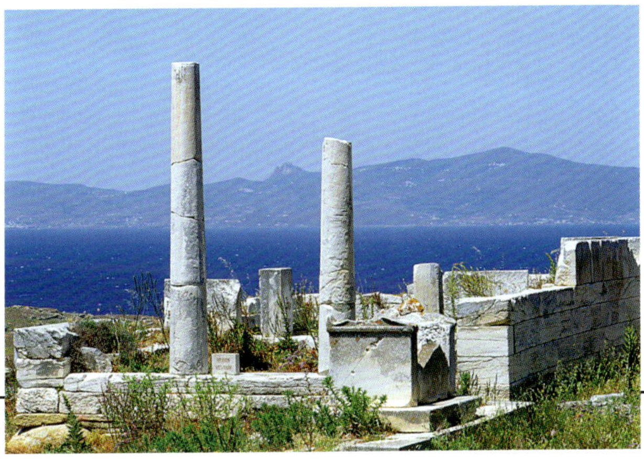

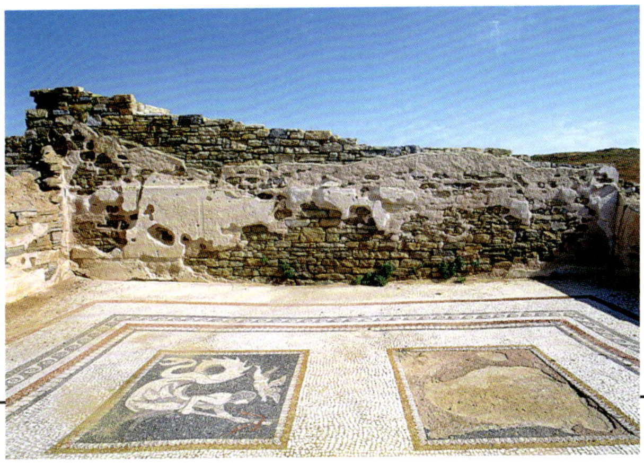

萨莫斯岛的毕达哥利翁及赫拉神殿

希腊 | 南斯波拉泽斯群岛地区
入选年份：1982
遴选标准：C（Ⅱ）（Ⅲ）（Ⅳ）

■ 第110页 希罗多德形容萨莫斯的赫拉神殿是希腊最大的。今天，在门廊的155根原始柱子中，只有一根保留了下来，因此这个地方被当地人命名为科洛纳。

■ 第110页（左下）赫拉神殿柱子底部决定了柱子边缘，这些柱子有四种不同的风格，长约109米，宽约55.5米。

■ 第110页（右下）赫拉神殿以西的罗马浴池里保存着一个大型火炉的遗迹。根据几位罗马历史学家的说法，这些设施曾被安东尼和克娄巴特拉使用。

毕达哥拉斯（Pythagoras）是宝石切割者的儿子，大约在公元前580年出生在萨莫斯岛。从很小的时候起，他就表现出了好奇心和聪明才智，所以他的父亲尽其所能，在他十几岁的时候把他送到了希腊世界最好的学校。毕达哥拉斯在经过20年的学习和旅行后回到了他的故乡，但是，尽管他的名声传遍了希腊的每一个角落，他与国人的关系却并不让人满意。事实上，萨莫斯的暴君波利克拉特斯曾千方百计地阻挠毕达哥拉斯。于是这位伟大的哲学家和数学家不得不抛弃萨莫斯，搬到了遥远的城市克罗托内（Croton）。岛上没有留下毕达哥拉斯的痕迹，直到1955年居民们才决定正视毕达哥拉斯没有犯错的事实，并将蒂加尼村（Tigani）的名字改为毕达哥拉斯（今为一个热闹的旅游胜地），这个村庄坐落在岛上最早的定居点上，在古代被认为是到达赫拉神殿的最佳登陆地。尽管荷马曾将赫拉描述为宙斯平平无奇的妻子，但在公元前6000年，此时希腊文明还未到来，赫拉就已成为希腊万神殿中的重要人物。人们将赫拉奉为"母神"（mother goddess），并将其与生育崇拜联系在一起。根据传说，她出生在一棵柳树的树荫下，该柳树生长在因夫拉索斯河（Imvrassos River）浸浴的平原上，公元前538—前522年，人们建起了赫拉神殿（Heraion）。赫拉神殿是一座爱奥尼亚式神庙，长约1303米，宽约662米，被希罗多德称为希腊最大的神庙。神庙的柱廊里有155根柱子，它们支撑着木制屋顶，周围围绕着神殿和门廊，这遵循了早期礼拜场所的布局。如今神殿内只剩下一根柱子，它雄伟地矗立在平原上，从很远的地方就能看到，萨莫斯人因此将该地命名为科洛纳（Kolona）。

赫拉神殿入口前是大祭坛（Great Altar），该祭坛早在青铜时代就已用于祭祀（只剩下地基，但建筑的碎片显示出其装饰中含有狮身人面像的几何图案），通过圣道与毕达哥拉斯港相连。这条路笔直，长约6.44千米，两旁排列着一系列雄伟的雕像。在这里发现了一尊青年雕像的半身像，它至少高4.88米。

虽然赫拉神殿从未达到泛希腊（Pan-Hellenic）圣地的地位，但在很长一段时间里，它都是一个重要的朝圣地点。然而波利克拉特斯死后不久，萨默斯在与波斯人的战争中摧毁，赫拉神殿开始衰落。随着罗马人的征服，这个岛在很久以后重新成为一个海运港口。公元前31年和公元前20年，屋大维·奥古斯都皇帝在那里过冬，在此过程中铺设了圣道，并翻新了宗教建筑群。在屋大维妻子利维娅去世后，他在那里建造了一座寺庙供奉她，对利维娅的崇拜继续与赫拉的崇拜联系在一起，直到公元262年，一场地震完全摧毁了建筑，这一遗址被遗弃。

除了赫拉神殿，该岛还以萨莫斯隧道而闻名，这条隧道是由迈加拉的建筑师尤瓦拉里努斯（Euphalinus）设计的。这是一条输水管道，通过坚硬的岩石输送约1036米以外的水，为港口周围发展起来的定居点提供水源。这条隧道是由莱斯博斯岛（Lesbos）的数千名囚犯挖掘的，始建于公元前550年并持续了十多年。今天，它被认为是古希腊最伟大的工程成就之一。

▌第111页（上）这幅奇观展现了靠近海边的萨莫斯考古区。在前景中可以看到拜占庭式柱子和带有凹槽的柱子碎片，这些碎片在建造大教堂时被重新利用。

▌第111页（下）格涅利奥斯虔诚供奉的三尊雕像（原件的复制版位于瓦希博物馆），它们是赫拉的信徒——女祭司菲利亚的家庭肖像。

马耳他的巨石庙宇

马耳他 | 马耳他和戈佐岛上的各个地方
入选年份：1980，1992
遴选标准：C（IV）

1913年，马耳他考古学家泰米斯托克利斯·扎米特（Themistocles Zanmit）听闻了一位农民不同寻常的抱怨，他在保拉（Paola）附近的田地里发现了巨石。当扎米特前去看的时候，他发现这是巨石般的塔尔西安神庙。在此十年前，一个偶然事件揭示了另一座非凡的地下神庙——哈尔·萨夫列尼地下宫殿（Hal Saflieni）的入口。在那次事件中，挖井的工人不得不中断挖掘，因为他们发现了一层岩石，其中隐藏着三个地下洞穴。这些房间早在6000年前就在岩石中挖掘出来，里面有一个很可能用于礼仪室的房间，人们还发现了一系列的地下墓穴，其中有近7000个坟墓、护身符、小雕像、花瓶和其他物品。

在20世纪初，马耳他（Malta）和戈佐岛（Gozo）引起了许多专家，特别是英国学者的兴趣。为解开散布在两座岛屿上的许多巨石古迹的谜团，英国学者开始进行一系列的挖掘。其中一些遗迹甚至比巨石阵还古老，4000—2500年前，一个可能从西西里到达这些岛屿的民族建造了这些古迹，尽管可能由于征服者或流行病，他们的文明后来完全消失了。即使在今天，人们也只能对寺庙建造者的文化和命运做出假设。他们以农业为生，是一个崇尚和平的民族（在任何地方都没有最基本的防御工事或武器）；他们拥有家畜，并在手工艺品生产方面发展了非凡的技能。至于他们的"精神生活"，研究人员发现了许多大大小小的母神雕像，这些雕塑常见于地中海地区，表明这一民族秉持着与生育有关的教派。

目前还不可能确定该教派的牧师是男性还是女性；他们是社区的首领，还是仅扮演一个礼仪性的角色。马耳他的主要神庙——塔尔西安和哈尔·萨夫列尼、哈扎伊姆和姆纳德拉、斯科巴和塔哈格拉特、塔尔卡迪和布吉巴——以及戈佐岛的杰刚梯亚建筑群，它们都是成对建造的，彼此之间的距离很短，学者因此认为它们可能分别供男性和女性牧师使用。每一座巨石建筑都有一半的拱形屋顶，人们猜测另一半的覆盖物均为动物的皮。

尽管规模巨大（塔尔西安占地约4180平方米），但这些寺庙建在三叶草平面上，其主屋仅有约4.88

■ 第112页（左上）
保拉村的塔尔西安神庙的一个入口。这个巨大的建筑群是马耳他考古学家泰米斯托克利斯·扎米特在1913年偶然发现的。

■ 第112页（左下）
该图似乎展示了塔克西安巨型女神雕像的下半部分。许多与该教派有关的图像和动物祭祀的遗骸表明，马耳他和戈佐岛的巨石庙宇具有神庙的功能。

■ 第112页（右上）
这座名为"马耳他沉睡的女人"（Sleeping Woman of Malta）的陶俑是在哈尔·萨夫列尼地下宫殿中发现的。这是最精致的母神形象之一，她与整个地中海地区的生育崇拜联系在一起。

■ 第112-113页 岛上的巨石古迹中，塔尔西安代表了早期马耳他人的艺术表现力的顶峰。石头上的装饰灵感来自大自然：主要的图案是螺旋形装饰和鱼。

■ 第113页（左上）
只有鸟瞰图才能让观测者完整地了解塔尔西安的巨石建筑群。它总共占地约4180平方米，大部分建筑可以追溯到公元前3000—前2500年，但它最早的核心部分建造于约公元前3600年。

■ 第113页（右上）
哈尔·萨夫列尼地下宫殿的房间之一。这座岩石墓从大约6000年前开始从岩石中挖掘出来，由一个很可能是礼仪室的巨大房间和一处地下墓穴组成，人们在墓穴中发现了大约7000人的遗骸。

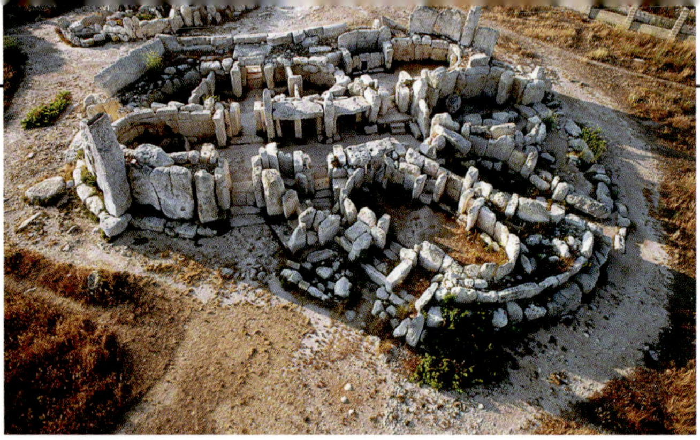

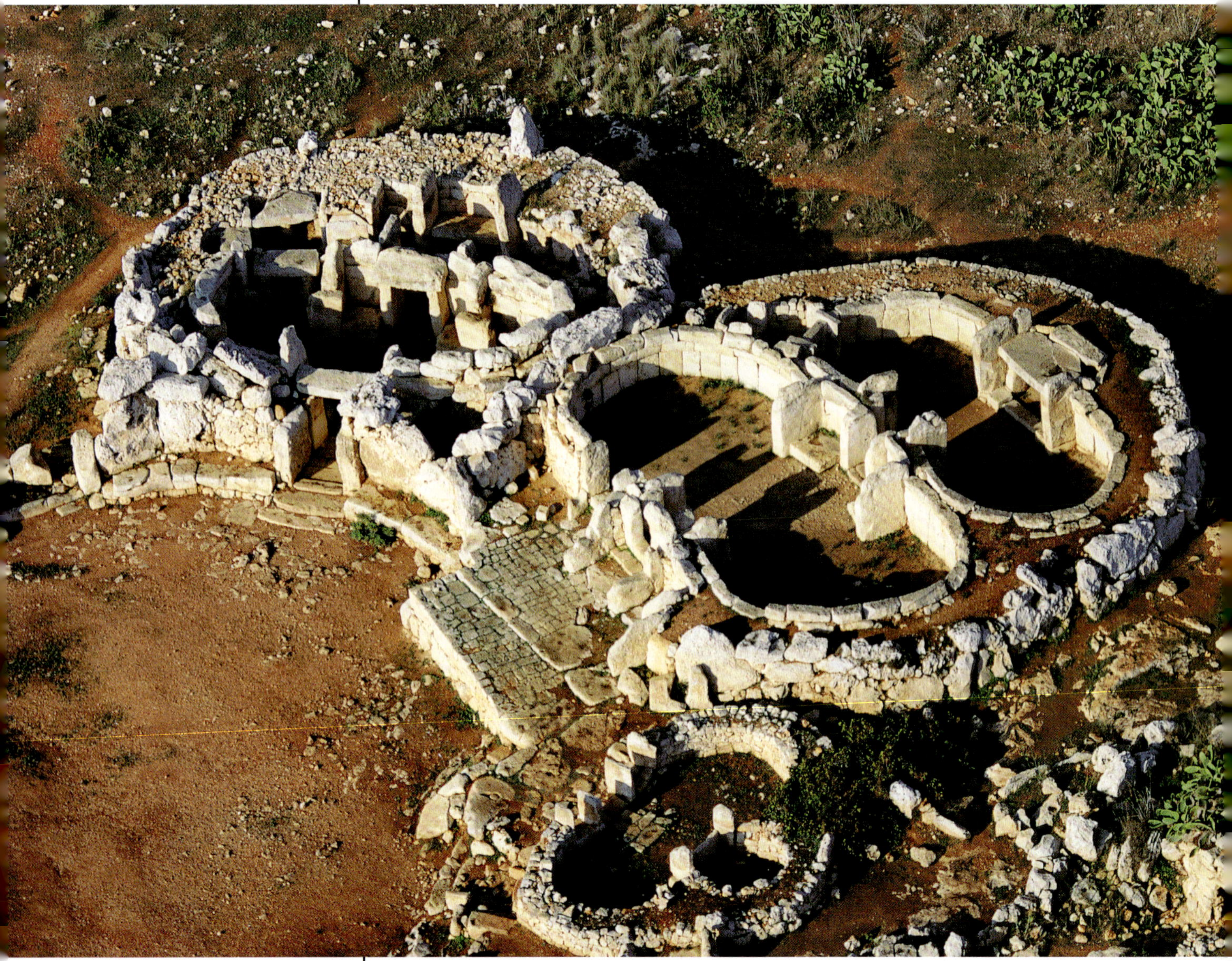

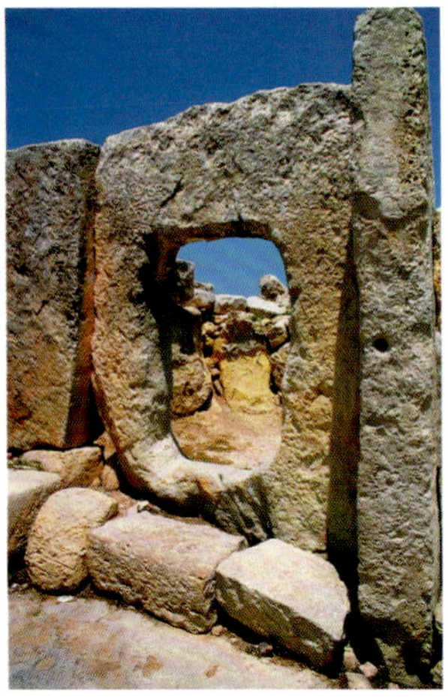

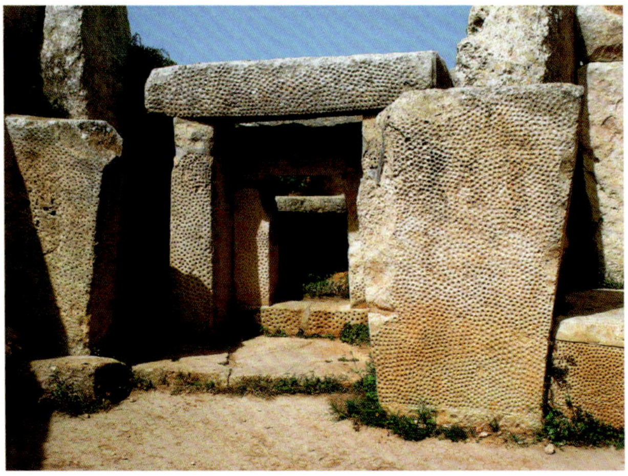

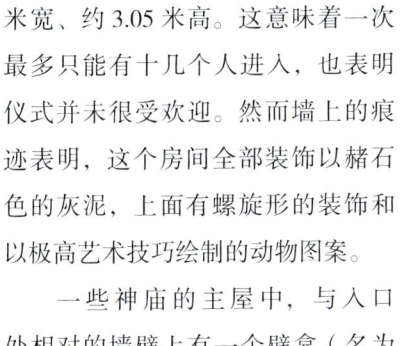

米宽、约 3.05 米高。这意味着一次最多只能有十几个人进入，也表明仪式并未很受欢迎。然而墙上的痕迹表明，这个房间全部装饰以赭石色的灰泥，上面有螺旋形的装饰和以极高艺术技巧绘制的动物图案。

一些神庙的主屋中，与入口处相对的墙壁上有一个壁龛（名为"神谕之龛"，Gate of the oracle），这一位置阳光在春分时会照进来。许多巨石矗立在与太阳一致的位置，对于学者来说这表明历史上第一个历法可能来自马耳他。这甚至可能会让马耳他成为下一个新纪元运动狂热者的打卡胜地。

▌第 114 页（上）位于马耳他南部一处高原上的哈扎伊姆。没有证据表明这些寺庙的屋顶为石头制成的，而且据推测，它们的顶篷上覆盖着动物皮。

▌第 114-115 页 姆纳德拉是马耳他最古老的寺庙，建于公元前 4000 年前后。请注意，三叶草平面图是岛上所有巨石建筑群的特征。

▌第 114 页（左下）这处"神谕之门"是从一块巨大的石头中挖掘出来的，通往哈扎伊姆其中一座神庙的入口。该建筑群在公元前 3600 年—前 2700 年之间分几个阶段建造。

▌第 114 页（右下）尽管马耳他的巨石建筑群非常大，但供奉礼拜的房间不允许许多人同时进入，这表明仪式仅对少数人开放。

▌第 115 页（上）通往哈扎伊姆礼仪室的通道之一。对于新石器时代的马耳他人民，我们知之甚少或一无所知，也不了解他们的灭亡（可能是由于战争或流行病造成的）。

▌第 115 页（中）在古老的马耳他语中，哈扎伊姆的意思是"直立的石头"，它的名字来源于建筑群边缘的这些门石，每个重约 70 吨。

▌第 115 页（下）戈佐岛上的杰刚梯亚神庙。根据一个古老的传说，这个神秘的地方是一位拥有超人力量的女巨人卡拉的住处。

帕福斯考古遗址

塞浦路斯

帕福斯区
入选年份：1980
遴选标准：C（Ⅲ）（Ⅵ）

■ 第116-117页、第116页（下）和第117页（左上） 新帕福斯的墓地是在公元前3世纪—公元3世纪使用的，后来在迫害时代为基督徒提供了避难所。更晚些时候，奥斯曼人把它用作建筑材料的采石场。

■ 第117页（右上） 虽然没有证据表明统治者埋葬于此，但新帕福斯墓地里的坟墓因其宏伟壮观而命名为"皇家墓地"。墓室是从柱廊中庭周围的岩石中挖出来的，其中部分中庭是多立克风格的。

最著名的美丽女神从海里浮出水面的画像是波提切利（Botticelli）画的，这幅画现在可在佛罗伦萨的乌菲兹美术馆看到。然而，与生育崇拜联系在一起的阿佛洛狄忒女神，数千年来一直缺乏拟人化的形象，以至于供奉她的寺庙的中心只有一块锥形巨石。根据荷马（Homer）和赫西奥德（Hesiod）的记载，阿佛洛狄忒从海上出现在塞浦路斯西海岸的帕雷亚·帕福斯（Palea Paphos），这个地方今天名为佩特拉·图·罗米欧（Petra Tou Romiou）。

《荷马史诗》将阿佛洛狄忒神庙（和帕雷亚·帕福斯城）的建立归功于阿伽门农。另一个关于塞浦路斯起源的说法将城市的建立归功于国王凯拉斯，他是阿多尼斯的父亲，后来成为寺庙的第一位牧师。事实上，后来成为古希腊最重要的圣所之一的处所建于公元前12世纪，其所建立的地方自青铜时代就有人居住。尽管在建造过程中人们遵循了古老的建筑概念，但只有少部分的建筑遗迹是罗马时代鼎盛时翻新的结果。

公元69年，图拉真皇帝在前往巴勒斯坦的途中在帕雷亚·帕福斯停留，偷走了寺庙的珍宝。当时寺庙周围只有废墟，波斯人于公元前499年洗劫并焚烧帕福斯。一个世纪后，尼科克莱斯国王在离老城不远的地方建立了新帕福斯城（Nea Paphos）。

尽管这座古老的城市如今只剩一堆瓦砾（包括寺庙的废墟，一座皇宫的地基，以及皇宫外围墙壁碎片），但新帕福斯拥有壮丽的遗迹。新城成立后不久，希腊马其顿裔埃及国王托勒密占领了塞浦路斯。在托勒密王朝统治下，这座城市在公元前2世纪迅速发展成为该岛的首

都，这要归功于连接它与亚历山大的港口，以及附近特罗多斯山（Troodos）中的铜资源。在此期间，一座富丽堂皇的墓地开始建设。今天，尽管没有确切证据，人们称从岩石中挖出的坟墓为"皇家墓地"。这些墓地由几个装饰以壁画的房间组成，分布在一个带有多立克柱的中庭周围。

即使在公元前58年罗马人征服该岛后，新帕福斯仍保持其首都地位。城市中建有公共建筑，如用精美的雕像点缀的剧院和广场。帕福斯最伟大的时期恰逢从公元2世纪下半叶到公元3世纪初的塞维鲁王朝。在此期间，大多数贵族住宅都建成了，其中精美的装饰表明这座城市是罗马世界马赛克艺术镶嵌画的主要中心之一。

最著名的是狄奥尼修斯之家（House of Dionysus），在约2000平方米的建筑面积中，四分之一以上均为马赛克镶嵌画。最大的房间（约11.58米×8.53米）有一块马赛克镶嵌画地板，地板中心展示了葡萄收获和狩猎场景，房间入口处有一块酒神游行的镶嵌画地板。其他房间也有具有神话色彩的装饰，比较有特色的作品有《被劫持的该尼墨得斯》（Rape of Ganymede）以及《阿波罗和达佛涅》（Apollo and Daphne）等。

虽然残缺不全，但其他房子里的马赛克镶嵌画甚至更复杂。两个特别值得一提的是俄耳甫斯之家（House of Orpheus）和永恒之塔（House of Aion），这两座房子明显展示出异教和基督教肖像学之间的融合，因而颇为有趣。这并不令人惊讶，因为它们可以追溯到塞浦路斯成为一座绝对基督教城市的时期（公元4世纪）。然而早在公元45年时，该岛就成了第一个罗马帝国拥有基督教总督的殖民地。这是因为在使徒保罗的影响下，卢修斯·瑟吉厄斯·保卢斯当时便皈依了这一新宗教。公元4世纪以后，就连阿佛洛狄忒也成了基督徒，对女神的崇拜也逐渐与对处女圣母玛利亚的崇拜趋同，这体现在《处女哺乳孩子》（Virgin Suckling the Child）的画作中。

▎第118页 这是永恒之塔中非常精致的马赛克镶嵌画地板，该地板由五块记录故事的板子组成。这里显示的图位于右下角。图片中描绘的阿波罗是缪斯的守护神，也是熟练的竖琴演奏家，他正与长笛演奏大师玛息阿展开音乐的对决。

▎第118-119页 狄奥尼修斯之家门廊上最大的马赛克镶嵌画板描绘了伊卡洛斯和狄奥尼修斯。在左边，雅典国王握着一辆满载着葡萄酒的山羊皮战车的缰绳；在右边，我们看到神和仙女阿克梅一起喝酒。这幅马赛克镶嵌画讲述刚开始栽培葡萄的故事。

▎第119页（上） 新帕福斯一座贵族住宅的废墟。考古区有希腊式、托勒密式、罗马式和拜占庭式建筑的遗迹。

▎第119页（左下）帕雷亚·帕福斯的阿佛洛狄忒圣殿最新且最雄伟的部分可追溯至罗马时代。

第119页（右下） 罗马人于公元2世纪初建筑了新帕福斯的剧院，这一剧院共25排，可容纳3000人，这里现在已经恢复了古代的辉煌。

非洲遗产地列表

摩洛哥 – 瓦卢比利斯考古遗址 –122 页
阿尔及利亚 – 提姆加德古城遗址 –126 页
突尼斯 – 迦太基遗址 –128 页
突尼斯 – 沙格镇 –132 页
突尼斯 – 杰姆的圆形竞技场 –136 页
利比亚 – 塞卜拉泰考古遗址 –138 页
利比亚 – 大莱普提斯考古遗址 –144 页
利比亚 – 塔德拉尔特·阿卡库斯石窟 –152 页

利比亚 – 昔兰尼考古遗址 –156 页
埃及 – 孟菲斯及其墓地金字塔：从吉萨到代赫舒尔的金字塔场地群 –162 页
埃及 – 底比斯古城及其墓地 –170 页
埃及 – 阿布·辛拜勒至菲莱的努比亚遗址 –180 页
埃塞俄比亚 – 阿克苏姆考古遗址 –186 页
津巴布韦 – 大津巴布韦遗址 –188 页

非洲

在浏览《世界遗产名录》中的考古遗址地时，考虑到众多截然不同的非洲地域，人们不禁要问——这里指的是哪个非洲？

首先，非洲是指人类在此经过进化首次与第一批最接近人的灵长类动物区分开来的土地。根据最近的乍得沙漠古人类学发现，这一进步可能发生在700万—500万年前，但证据的不足及脆弱性总体上阻碍了进一步的科学研究和推断。

阿法南方古猿"露西"广为人知，它生活在350万年前，唐纳德·约翰森（Donald Johanson）和他的同事于1974年在埃塞俄比亚的阿瓦什低谷（Awash Valley）发现了它。在过去的几十年里，人们在东非〔尤其是东非大裂谷（Rift Valley）〕和南非取得了重大发现，或许可以（至少可以一定程度上）重建人类在过去300万年中的进化历程。因此，联合国教科文组织决定将（除了发现"露西"的地方）另外两处遗产地添加到《世界遗产名录》，分别为：埃塞俄比亚的奥莫低谷（Omo Valley），南非的斯泰克方丹（Sterkfontein）、斯瓦特科兰斯（Swartkrans）和科罗姆德拉伊（Kromdraai）的建筑群。

非洲还是智人的摇篮，也是人类对具象艺术第一次实验，如波札那（Botswana）措迪洛山（Tsodilo）的岩画中所见，在喀拉哈里沙漠（Kalahari）边缘，人们发现了人类历史存在2万年的证据。距今稍近一些，人们在阿尔及利亚（Algeria）的阿杰尔高原（Tassili）和利比亚（Libya）的阿卡库斯（Akakus）发现的艺术表明，撒哈拉（Sahara）与今天不同，那里过去并非一直是一片广袤的沙地。

然而，尼罗河谷（Nile Valley）两岸排列着古埃及文明雄伟的遗迹，这里无疑是非洲考古学的最高表现形式。北起孟菲斯（Memphis）、萨卡拉（Saqqarah）和代赫舒尔（Dahshur）的大墓地、第四王朝法老的金字塔，向南延伸穿过该国的第二首都底比斯（Thebes），最后到达阿布·辛拜勒（Abu Simbel），那里有拉美西斯二世（Ramses II）建造的宏伟寺庙。

沿着非洲北海岸，迦太基（Carthage）、昔兰尼（Cyrene）、大莱普提斯（Leptis Magna）和提姆加德（Timgad）的遗迹（仅部分例子）仍然屹立不倒，非洲考古学与欧洲考古学以及地中海文明的历史融合在一起，共同领略罗马殖民地废墟的壮丽景色。

更正宗的非洲是阿克苏姆王国（Kingdom of Aksum），它从公元1世纪到13世纪在埃塞俄比亚蓬勃发展，并留下了高度复杂的雕塑杰作。这个王国与示巴女王（Queen of Sheba）有关，正是跟随这位传奇君主的足迹，卡尔·毛奇（Carl Mauch）才发现了大津巴布韦（Great Zimbabwe），一座繁荣于11世纪至14世纪的要塞城市。它是撒哈拉以南唯一的古迹建筑群，是非洲文明中最神秘的遗产。

瓦卢比利斯考古遗址

摩洛哥

穆莱布塞勒汉
入选年份：1997
遴选标准：C（Ⅱ）（Ⅲ）（Ⅳ）（Ⅵ）

瓦卢比利斯（Volubilis）位于海拔400米的三角形平原上，周围环绕着两条奔腾的河流，分别是费塔沙河（Oued Fertassa）和霍马涅河（Oued Khomane）。柏柏尔人（Berbers）当时将瓦卢比利斯称为瓦里里（Oualili），是一种花的名字，这种花遍布城市四周的农田，颜色鲜艳。正是由于这种田园优美环境以及肥沃的土地，导致罗马人在公元前40年刺杀了国王托勒密，并夺取了这座城市。

瓦卢比利斯以其罗马遗迹而闻名。由于该遗迹非常壮观，为混淆视听，阿拉伯人给它取名为"法老宫"（Ksar Pharoun），但它实际上是由毛里塔尼亚人在公元前3世纪建立的，远在罗马征服北非之时。在瓦卢比利斯独立的两个多世纪里，除了几个布匿教派寺庙的碎片和一座神秘的古墓外，几乎没有什么遗迹留存下来。罗马人甚至改变了周围的景观，砍伐树木、留出空地，这片空地后来成了罗马大粮仓最西边的部分。

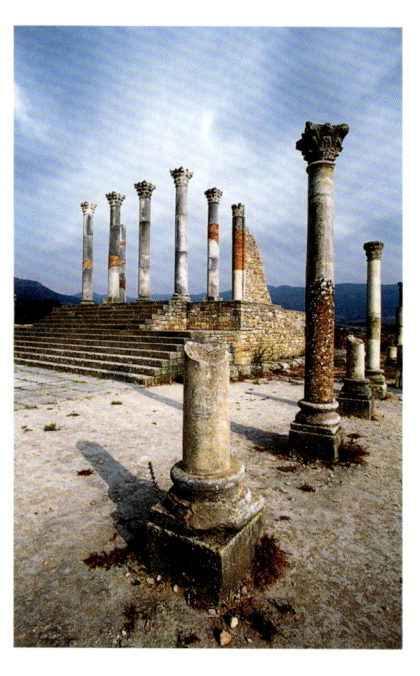

在很短的时间内，克劳狄一世将罗马的统治范围扩大到包括今天的摩洛哥和阿尔及利亚的一部分在内的广大地区。然后罗马被分成了东西两个部分，西罗马的首都是丁吉（今天的丹吉尔，Tangiers），东罗马由恺撒统治。瓦卢比利斯后来成了罗马自治市，到公元285

年，其人口呈指数级增长，最终拥有 2 万人口，由罗马人、迦太基人（Carthaginians）、叙利亚人、柏柏尔人和犹太人组成。

始自摩洛哥法国保护国时期的发掘工作现在仍在进行当中。这座城市曾经占地面积约 40.47 公顷，目前发掘工作已完成该面积的一半以上。公元 1 世纪，这座城市的布局发生了最大的改变，铺设了街道，修建了浴场和寺庙。公元 168—169 年，皇帝马尔库斯·奥勒留下令给这座城市修建一堵有八道门的防御墙。然而，最重要的公共建筑是在公元 193—235 年塞维鲁王朝建造的，包括公共集会场所（占地约 1305 平方米），卡比托利欧山的朱庇特神庙和献给朱庇特、朱诺和弥涅耳瓦的大殿。为了感谢卡拉卡拉皇帝承认瓦卢比利斯的居民为罗马公民，该市于 217 年建造了一座凯旋门来纪念他。

这座城市的居民区分布着许多面包房、榨油坊和豪华建筑。值得一提的是东西向主街德库马努斯·马克西莫斯（decumanus maximus）上的建筑物，特别是青年军之家（House of the Ephebus），建筑内镶嵌着罗马酒神巴克科斯驾驶黑豹拉着的战车的马赛克画；圆柱之屋（House of the Columns）是以其门廊中风格各异的柱子命名的，其中一些柱子呈螺旋形；维纳斯之家（House of the Venus），其内有这座城市最美的镶

■ 第 122 页（下）图为通往卡比托利欧山朱庇特神庙的宽阔楼梯，庙正面有四根柱子。这座重要的公共建筑建于 217 年马克里努斯亲王国时期。

■ 第 122-123 页　该大殿建于公元 3 世纪，有两座后殿和一座有两条过道的中殿，对面是同样在塞维鲁王朝建造的瓦卢比利斯公共集会场所。大殿周围可能是行政处所。

■ 第 123 页（上）两根前亭的柱子耸立于卡拉卡拉凯旋门上筒形拱顶的两侧，是雕像的两个壁龛。在壁龛底部，可看到几个水池，过去可能为喷泉。

■ 第124页（上）圆柱之屋得名于其美丽的螺旋柱，这些柱子是其门廊精致装饰的一部分，该屋特殊之处是其有一个独特的圆形蓄水池。

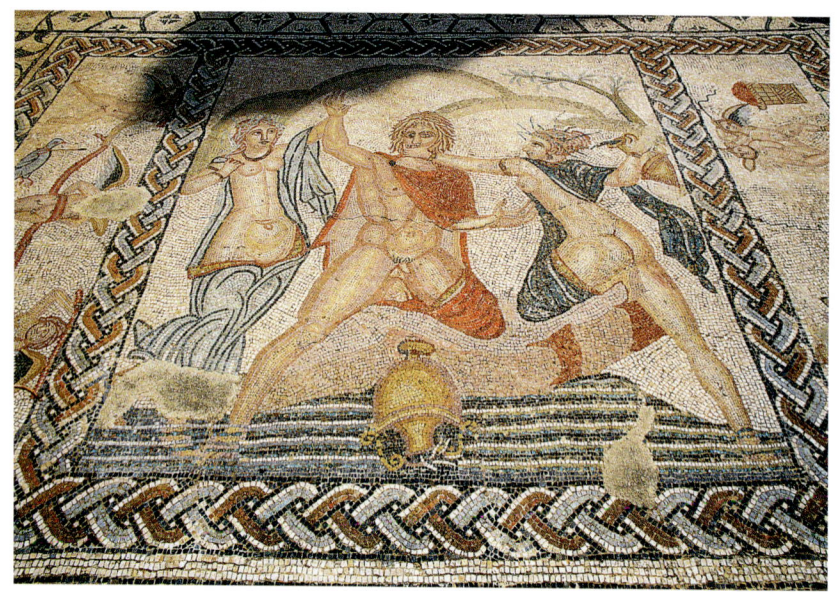

■ 第124页中间和124-125页 描绘美丽女神求爱的华丽石板是维纳斯之家镶嵌画装饰的一部分。这座建筑占地1198平方米，是瓦卢比利斯最豪华的贵族住宅。

■ 第124页（下）《酒神与四季》(Dionysus and the Four Seasons) 镶嵌画的象征性主题暗指时间的必然性。事实上，在这个八角形镶嵌画中，神被绘制成成年人的模样，而在另一处细节中，神则是裸体年轻人的模样。

嵌画。

不同于非洲罗马行省的大多数城市，瓦卢比利斯在罗马帝国衰灭时并没有被遗弃。该市大约有600人，信奉基督教，在8世纪阿拉伯人到来之前这里的人一直使用拉丁语。该城市曾短暂成为由伊德里斯一世领导的摩洛哥第一个穆斯林王朝的首都。伊德里斯一世死后，其子伊德里斯二世迁都至非斯。瓦卢比利斯由此日渐衰落，最终在公元1000年后被遗弃。

第125页（下）图为镶嵌画《酒神与四季》的全貌。在瓦卢比利斯进行过发掘的考古学家一致认为，在公元3世纪，与酒神崇拜有关的神秘仪式多为这座城市的贵族成员所进行。

提姆加德古城遗址

阿尔及利亚

戴尔德巴特纳
入选年份：1982
遴选标准：C（Ⅱ）（Ⅲ）（Ⅳ）

今天，提姆加德（Timgad）是一个贫瘠的牧羊人村庄的名字，该村庄位于海拔1097米的奥雷斯山脉（Aurés Mountains）沙漠高原上，只有300位村民。从该村庄现在的面貌来看，完全想象不到它所在的山谷在古代有多么肥沃，盛产谷物和橄榄，此处生产的橄榄油曾风靡古罗马。几个世纪以来，这些牧羊人，或者更确切地说，这些牧羊人的祖先，掌握着萨穆加迪（Thamugadi，提姆加德的古称）这座被撒哈拉风沙半掩的罗马城市所处地理位置的秘密。

没错，古代提姆加德被认为是"阿尔及利亚的庞贝城"。它由图拉真皇帝于公元100年建立，用来安置第三奥古斯塔军团的退伍军人。在很长的一段时间里，它是努米底亚（Numidia）最大的罗马哨所，该地区在恺撒统治期间被征服，居住者为游牧民族，他们不愿屈从于统治者的风俗习惯。提姆加德按照古罗马兵营的传统布局建造，最初占地约12公顷，但在短短几十年内就发展到约51公顷，成了一座士兵驻守的、拥有2万居民的防御性城市。这座城市居民的目标就是过上罗马行省其他繁荣城市典型的精致生活。

传统上，这座城市的网格布局基于两条主要街道：东西向主街德库马努斯和南北向主街卡杜斯。但这一布局在提姆加德发生了令人困惑的变化：南北向主街在第六个街区与东西向主街相交，但另一侧却并没有延续下去。城市的中心即为该相交处，这里有一个建在平台上的雅致的广场，平台上有一条柱廊通道，从相交处斜向通往拥有4000个座位的剧场。贵族的住所都沿南北向主街建造，房前都有一个门廊。东西向主街两旁排列着柱子，一直通向南侧的图拉真拱门（Trajan's Arch），此为提姆加德最雄伟的古代遗迹。拱门的正面有三个筒形拱顶通道，两扇假窗户和四根科林斯式廊柱，但原来在拱顶上的阁楼已被摧毁。在拱门旁的街道上，铺设着石头的路面上仍然可以看到战车车轮留下的凹槽。

"塞尔提乌斯市场"遗迹就在离拱门不远处。这是一个有顶棚的市场，其装饰图案反映出城市当时的商业和农业经济面貌，市场的中心场地两侧是商店的石制柜台。像许多支撑市场屋顶的柱子一样，许多商店仍然完好无损，店内仍可以看到他们出售产品的雕刻。附近，神庙正面献给朱庇特、朱诺和弥涅耳瓦的五根科林斯式廊柱中的两根仍然矗立着。

▍第126页（上）该广场位于南北向主街卡杜斯和东西向主街德库马努斯的交汇处，建在一个平台上。广场占地50米×43米，四周是立柱环绕的门廊。

▍第126页（中）剧场与广场相连的是一条斜向的、两侧有立柱的街道，剧场的舞台已几乎摧毁不见。但幸运的是，可以容纳4000人的观众席的很大一部分被保存了下来。

▍第126页（下）萨穆加迪由图拉真于公元100年建立，用于安置第三奥古斯塔军团的退伍军人。萨穆加迪是根据古罗马兵营的规模建造的，但很快就发展到拥有2万名居民。

第126-127页 图拉真拱门（公元3世纪初）是提姆加德最雄伟的罗马遗迹，它的正面有两扇美丽的百叶窗，高高的基座上立着四根科林斯式廊柱。

第127页（下）浮雕上是两个人和一只公羊，强调了牧羊对努米底亚人民的重要性。努米底亚是北非的一个地区，相当于今天的阿尔及利亚。

由法国人于1881年开始的提姆加德遗址发掘工作远未完成。每座罗马城市必不可少的建筑——圆形剧场和马戏团——至今仍未被发现。但是，14个公共浴场的遗迹已被清理干净，发现除了热水浴室、温水浴室和冷水浴室外，还有一个可以用橄榄油按摩的房间。像其他建筑一样，这些浴场建筑内也有镶嵌画，这些镶嵌画以及献给农业之神萨图恩的祈愿石碑和装饰陈设现在都可以在遗址博物馆看到。

罗马帝国灭亡后，提姆加德被拜占庭人占领。534年，拜占庭人在这里修建了要塞。从这个时期开始，这里出现了一个大墓地，里面有9000具石棺。提姆加德踏上了一条无法扭转的衰落之路，成了多纳图斯派（Donatists）的庇护所。多纳图斯派是一个在努米底亚人中拥有大量追随者的基督教教派。公元6世纪，一场原因不明的大火几乎摧毁了整个城市；200年后，当阿拉伯人到达努米底亚时，提姆加德已被除当地牧羊人以外的所有人遗忘。

迦太基遗址

突尼斯 | 突尼斯地区
入选年份：1979
遴选标准：C（Ⅱ）（Ⅲ）（Ⅵ）

■ 第128-129页 在安东尼浴场中，如今仅剩下底层，那里有储藏室和加热水的炉子。桑拿厅在由巨型柱子支撑的地台上。图片右侧的其中一根柱子是近年来重建的。它几乎有15米高，柱头是科林斯式廊柱。

公元前218—前217年，年轻的迦太基将军汉尼拔率领一支由38000名士兵、8000名骑兵和大约40头大象组成的军队越过了阿尔卑斯山。他的计划是直捣敌人的心脏，征服罗马，进而控制地中海。起先，汉尼拔在特雷比亚河（Trebbia River）、特拉西梅诺湖（Lake Trasimeno）和坎尼（Cannae）进行的战争中都取得了胜利，其战略似乎很奏效。但到达罗马城门后，他的军队因为疲累而耽搁了时间，让敌人有时间重新部署，这导致战场又回到了非洲。经过15年不间断的战争，204年，非洲人大西庇阿在扎马（Zama）重创了迦太基人，迦太基（Carthage）城被迫投降。

迦太基在历史上最为著名的事件是其军队在三次布匿战争（Punic Wars）中挑战罗马霸权，但这座城市的历史至少可追溯到之前600年，正式始于公元前814年。传说迦太基是由狄多建立的，在其弟弟皮格马利翁为夺取王位而杀害了她的丈夫后，狄多逃离了提尔。事实上，迦太基很可能是一群流亡者在试图夺取腓尼基（Phoenician）城市失败后，在如今突尼斯的海岸上建立的新定居点。

布匿迦太基几乎没有留下什么遗迹。先是罗马人对其进行了破坏，随后在公元700年前后被阿拉伯人彻底摧毁。最引人入胜的遗迹是在拜尔萨山（Birsa Hill）上发现的，山上卫城矗立，且当时有城墙环绕。在卫城中只发现了几个坟墓，没有一座公共建筑和房屋在战争中幸存下来。一些废墟来自托菲特（Tophet）圣所，那里是用于殉葬的地方，有一座供奉腓尼基人信奉的神巴力和塔尼特的庙宇。为了这些神，迦太基贵族的孩子们成了祭品。1921年出土的许多石碑在一定程度上帮助人们了解了那个时代的习俗。这座城市以北不远的海边有两大港口的遗迹——商业港口和军事港口，正是这两大港口让迦太基强大起来的。

从罗马时代开始，又涌现出了很多遗迹，比如建于公元146—162年的安东尼大型浴场（large baths of

▌ 第128页（下）安东尼浴场建于公元146年至162年之间的海滨，这绝对是迦太基最令人印象深刻的建筑群之一。据估计，仅冷水浴室就占地约47米×22米。

▌ 第129页（左上）图中所示的古代迦太基的大部分遗迹，都来自罗马时代。最初的布匿人定居点在公元7世纪至8世纪被阿拉伯人摧毁。

▌ 第129页（右上）图中所示为罗马时代的一些发现，阿拉伯式风格的迦太基国家博物馆（Museum of Carthage）收藏着三个重要时期的藏品：腓尼基-布匿时期、非洲罗马时期和阿拉伯时期。

▌ 第129页（中）鸟巢之屋（该建筑的名字来自一幅绘有无数鸟类的镶嵌画）拥有一个壮丽的柱廊。

▌ 第129页（下）特别观察房屋的结构，罗马别墅的公园一直延伸到大海。该地的发掘发现了大量的贵族住宅，它们的镶嵌画被保存在巴尔杜博物馆（Bardo Museum）。

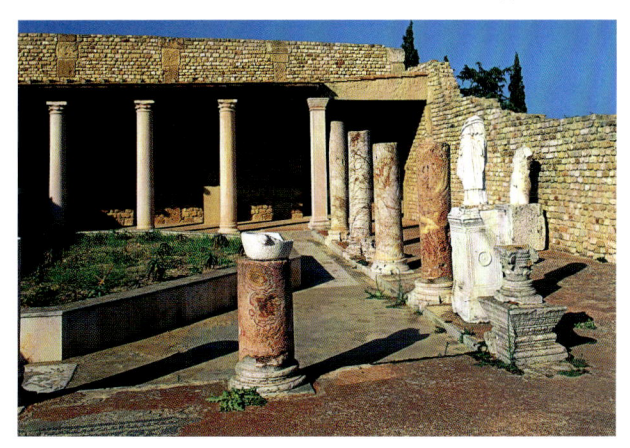

■ 第130页（上）和130页（左下）安东尼浴场的巨型支撑柱直径近2.13米，重量超过70吨。其中一个柱头（最近发现的）高度超过0.91米，重量超过4吨。

■ 第130页（左中）迦太基的圆形竞技场被誉为罗马帝国最雄伟的竞技场之一，早在它成为数千名基督徒殉难的场所之前，它就因野兽和角斗士之间的战斗而闻名于帝国上下。直到中世纪，它因其美丽的拱门而备受赞扬，后来它的石块被陆续拆下。如今只剩下部分遗迹，隐藏在松树的翠绿之中。

■ 第130页（右中）哈德良剧场是一座保存完好的宏伟建筑，至今仍在7—8月间举办国际音乐、歌曲和舞蹈节。

■ 第130页（右下）一幅镶嵌画描绘了一位骑士，背景是博吉-杰迪德山（Hill of Borj-Jedid）热带植被掩映下的豪华宫殿。该山现今仍出土了属于不同时期的遗迹，其中包括一些布匿时代的坟墓。

■ 第131页 鸟巢之屋的露台上覆盖着一层巨大的地板，该地板来源于另一座住宅，部分绘有马匹和它们骑手的方形镶嵌画，另一部分是大理石。在原来的98件文物中，有62件被保存了下来。

Antoninus）的遗迹。如今，人们只能看到底层，那里是仆人的房间以及用来放置加热水的炉子，水在这里加热后被送到上层浴室中，而这些炉子被直径近2.13米的柱子支撑着，每根柱子重达70吨。其中一根柱子是近些年重建的，高达14.94米，而冷水浴室（正在重建）的拱顶会超过20米高。不远处就是达穆斯·卡里塔（Damus el-Karita）大教堂，它的名字可能是对拉丁语"Domus Charitatis"的变形，圣奥古斯丁于399—413年在那里布道。

圆形竞技场用于举办角斗士战斗表演和野生动物间打斗表演。它在整个罗马帝国都很有名，被誉为帝国最大的圆形竞技场之一，但如今你只能在松树之间看到很小一部分，因为几个世纪以来，它的大多数石块都被拿走用来建造其他建筑了。在圆形竞技场的东北方向，有几个巨大的蓄水池，在罗马时期为这座城市提供了主要的水源。哈德良皇帝建造的剧场或古代地中海大国的寺庙和房屋的遗迹都寥寥无几了。

幸运的是，这座城市伟大的见证都保存在国家博物馆的藏品中，该博物馆设在白衣神父神学院（White Fathers Seminary）里，旁边是法国人于1890年建造的圣路易斯大教堂（Cathedral of Saint Louis）。该博物馆内有在挖掘过程中发现的花瓶、雕塑、碑文和陶瓷；这些是迦太基（无论是布匿人、罗马人还是阿拉伯人所生活的迦太基）最后的有形遗迹以及一个失落帝国的存在的痕迹。

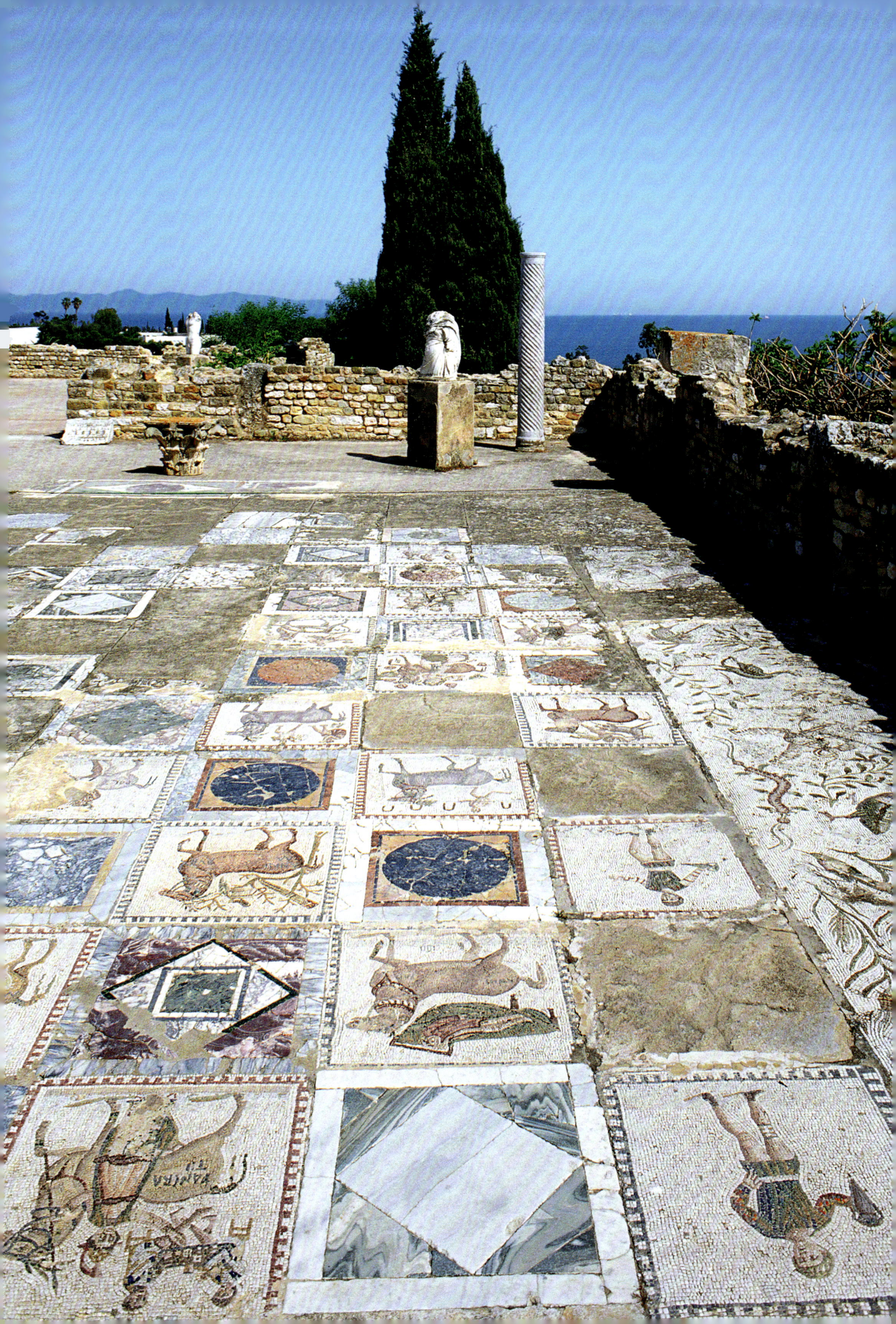

沙格镇

突尼斯 | 巴杰省
入选年份：1997
遴选标准：C（Ⅱ）（Ⅲ）

■ 第132页（上）该剧场建于公元168—169年，位于沙格镇山上的一个天然空洞中，最多可容纳4000名观众。旁边还有一个赛马的小竞技场，但已经被完全摧毁了。

■ 第132页（下）亚历山大·塞维鲁拱门（现更名为Bab el-Roumia）由橄榄树的枝叶环绕而成，建于公元222—235年，以庆祝罗马人让出沙格镇的特权。

沙格镇（Dougga）被称为非洲的罗马，尽管这座城市在公元205年被塞普蒂米乌斯·塞维鲁授予自治城镇称号，并于公元261年被授予更令人称道的荣誉殖民地称号，但它并不是一座真正的罗马城市。沙格镇位于海拔550米的高度，占地约24.28公顷，看起来更像一个地中海村庄。其不再采用典型的皇城网格布局，取而代之的是错综复杂的小巷，小巷两侧排列着为适应蜿蜒地形而建造的房屋。

这座城市的布局和建筑映射出它的发展历程，这就不得不提到第一个让它变得如此宏伟的人。公元前4世纪，西西里的狄奥多罗斯（Diodorus Siculus）在他的《历史丛书》（Bibliotheca Historica）中首次记载了一个名为图卡（Thukka）的利比亚-布匿王国的首都，它能跃入历史多亏了马西尼萨（Massinissa，约公元前238—前149年），马西尼萨是马西利人民的领袖，也是努米底亚的国王，他在图卡建造了他的住宅。马西尼萨是一名勇敢的士兵和经验丰富的外交官，他在迦太基长大，在西班牙为迦太基人与罗马人作战后，他改变了立场。公元前202年，罗马人在骑兵的帮助下赢得了著名的扎马战役，这标志着迦太基人扩张野心的终结。尽管马西尼萨是罗马的崇拜者，但他在将努米底亚改造成一个强大而紧凑的王国时，更多的是受到迦太基的启发。他把广阔的领土让给部落首领，并在土地管理和粮油种植方面引入了布匿的技术。在很短的时间内，最终仅拥有1万居民的沙格镇已处于罗马繁荣粮仓的中心。

这座城市的财富体现在许多住宅上，首先就是狄俄尼索斯和尤利西斯之家（House of Dionysus and Ulysses），它得名于绘有伊萨基流亡者被妖女塞壬包围的镶嵌画。今天，人们可以在突尼斯的巴尔杜博物馆看到这幅镶嵌画。三叶草之家（House of the Trifolium）似乎就是这个城市的妓院，至少从入口处的阳具雕像来判断是这样的。为了不让穆斯林游客感到不适，突尼斯当局

■ 第132-133页 考古区位于约550米高的小山上，主要是肥沃的瓦迪克拉尔山谷（valley of Wadi Kralled），其不规则的布局在罗马城市中是很不寻常的。

■ 第133页（上）众多的浴场体现了沙格镇贵族阶层的富裕程度。图中为利西尼安浴场（Licinian Baths），其冬季使用状况良好。

第 133 页（左下）沙格镇最大的住宅是城市妓院，因其镶嵌画上和大理石楼梯上有许多三叶草图案，所以命名为三叶草之家。其入口处有一阳具形雕像，最近已被突尼斯当局拆除。

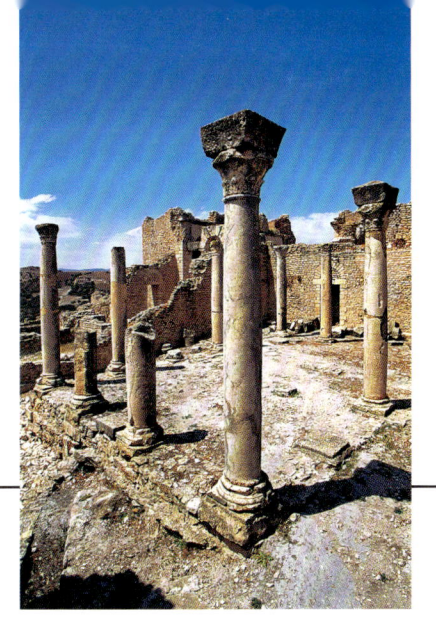

第 133 页（右下）图中可见，维纳斯之家的镶嵌画一直延伸到朱庇特神庙的西南角。殖民地的全名为"Lincinia Septima Aurelia Alexandriana Thuggensis"，以当地语言正确的原始地名结尾，是"图卡"，或"岩石"。

突尼斯

沙格镇

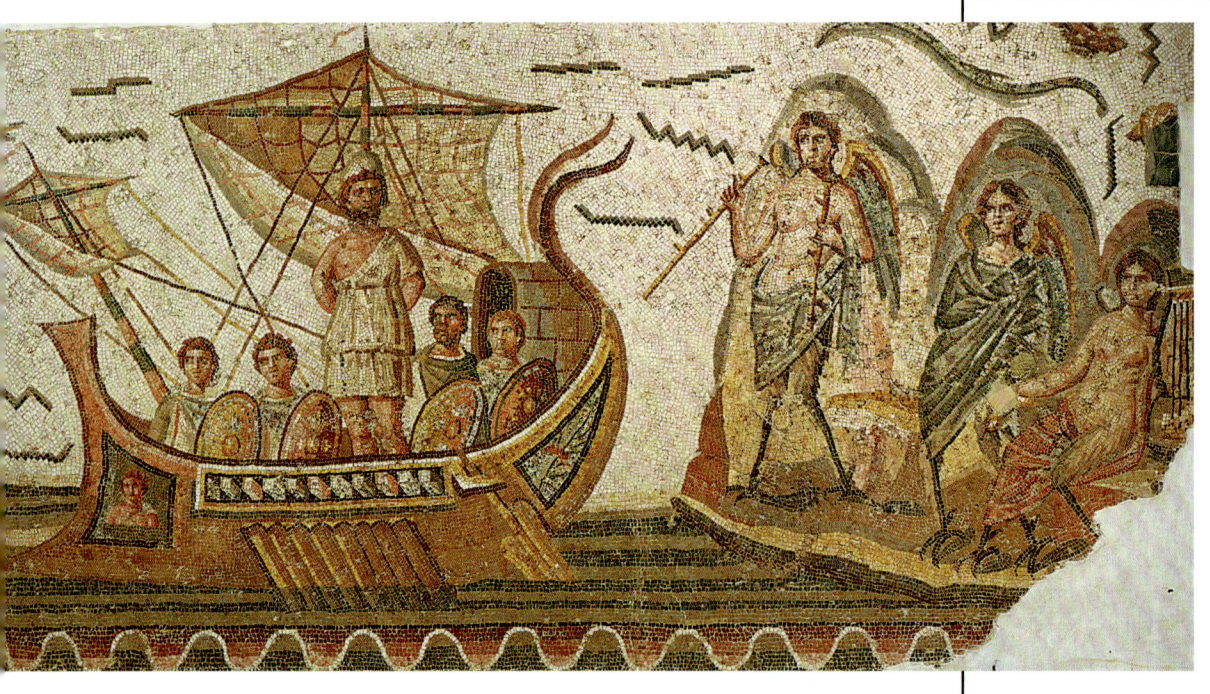

■ 第134页（上）本图为尤利西斯之船，英雄被绑在主桅杆上以抵抗妖女塞壬的迷人歌声，其来自狄俄尼索斯和尤利西斯之家宏伟的镶嵌画，现在收藏于突尼斯的巴尔杜博物馆。

■ 第134-135页 在图中可见，铺设的街道和废墟主要是以朱庇特神庙为主。在公元200年前后达到最辉煌的时期，当时它位于罗马繁荣粮仓中心，据说当时沙格镇拥有1万名居民。

■ 第135页（上）朱诺是罗马版的布匿女神塔尼特，朱诺神庙是沙格镇最华丽的：其内有一尊银色的神像，上面雕刻着罗马所有省份的象征。

■ 第135页（左下）朱庇特、朱诺和弥涅耳瓦是宏伟的卡比托利欧山朱庇特神庙名义上的神。该建筑建于公元166—167年，有一个门廊，门廊有六根科林斯式凹槽廊柱，里面有一尊众神之王的雕像。

■ 第135页（右下）阿塔班王子的墓可以追溯到公元前2世纪中叶前后，是努米底亚非常罕见的前罗马时代遗迹之一。它的金字塔形顶高约21米，装饰有古埃及和古希腊的图案。

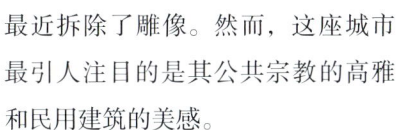

最近拆除了雕像。然而，这座城市最引人注目的是其公共宗教的高雅和民用建筑的美感。

城市中心是风之玫瑰广场，它的名字来源于铺路石上雕刻的三个同心圆，石头上刻有12种风的名字。从这个广场可以通向集会、市场、浴场、剧场、竞技场、纪念亚历山大·塞维鲁（Alexander Severus）的凯旋门和12座寺庙，其中一座寺庙是建于公元166—167年的卡比托利欧山朱庇特神庙。其神坛被科林斯式的门廊包围，门廊内有一尊超过6.40米高的朱庇特雕像，以及两座较小的朱诺和弥涅耳瓦的雕像。然而，最典雅的神庙是献给罗马神话天后朱诺的，她是布匿女神塔尼特的罗马版本。

沙格镇仍然拥有一座非常罕见的前罗马努米底亚遗迹：一位名叫阿塔班王子的利比亚-布匿墓。它的历史可以追溯到公元前2世纪中叶前后，其高约21米，顶端是金字塔形顶，并饰有古希腊和埃及图案的浅浮雕。利比亚和布匿古墓的双语碑文已不复存在：1842年，英国驻突尼斯领事托马斯·里德爵士（Sir Thomas Reade）将墓碑移走，并将其带到了伦敦，以便破译古老的利比亚文字。这件被"窃走"的物品如今在大英博物馆展出。

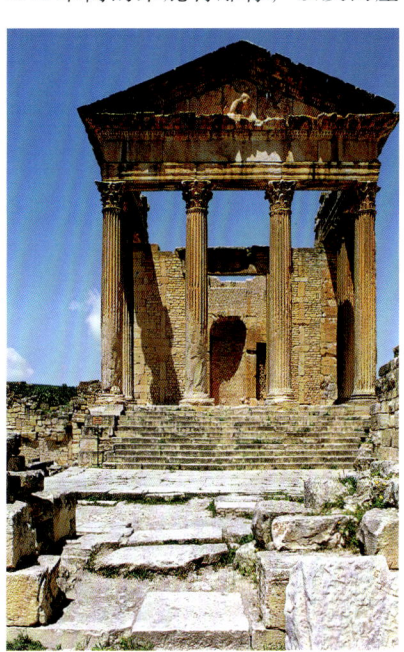

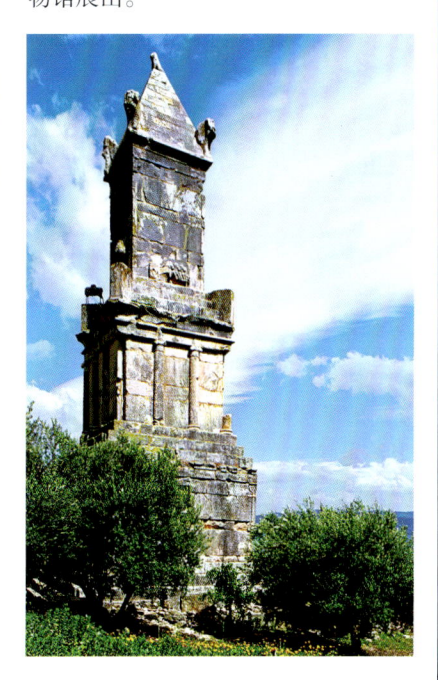

杰姆的圆形竞技场

突尼斯 | 马赫迪耶省
入选年份：1979
遴选标准：C（Ⅳ）（Ⅵ）

今天矗立在突尼斯内陆半干旱平原上的古朴而雄伟的罗马圆形竞技场，既可以被认为是沙漠中的大教堂，也可以被认为是野心和虚荣的纪念碑。杰姆（El Djem）拥有7000名居民的柏柏尔村庄的过去是辉煌的，许多高贵的罗马房屋的遗迹可以证明这一点，每座房屋都装饰有美丽的镶嵌画，刚建成时这个地方的名字是蒂斯德鲁斯（Tysdrus）。

这座城市建立在恺撒大帝时代的布匿人定居点上，位于通往非洲行省主要港口的道路交汇处，公元117年之后，这座城市成为橄榄油的贸易中心。其居民是罗马和非洲血统的商人和庄园主，他们积累了巨大的财富。他们非常富有，以至于在公元238年，当罗马试图应对金融危机时，色雷斯（Thrace）的皇帝马克西米努斯决定对该省征收重税。这一举动给蒂斯德鲁斯带来了沉重的打击，城市开始出现叛乱。这座城市的总督，80岁的戈尔迪安一世，为了对抗马克西米努斯自立为帝，但他的统治时间很短：叛乱被血腥镇压，戈尔迪安一世见大势已去，不想戴着镣铐押送罗马，选择自杀身亡。

如果戈尔迪安一世没有在宣布成为皇帝后不久就开始建造一座在宏伟程度和规模上与罗马竞技场相媲美的圆形竞技场，这个短暂的非洲帝国可能就会消失在历史的迷雾中了。这一椭圆形建筑的周长为427米，三层带有圆形拱门的结构，可容纳3.5万名观众——这个数字比蒂斯德鲁斯的总人口还要多得多。它的地下层被划分为角斗士专用区、舞台设备储藏室和动物笼子，所有这些都可以在表演开始时由一个精心设计的升降系统升入竞技场。由于建造竞技场所用的石头是在距城市约31千米的地方开采的，因此圆形竞技场在成本和劳动力方面的挥霍极为严重。

在政治严重不稳定的情况下想要建造这种类型的建筑即使不是荒谬的，也可以说是鲁莽的，但依旧建造竞技场的原因在于罗马帝国的臣民对角斗士和野兽之间的战斗无限的热爱。

越来越残酷的竞技使得统治者能够与他们的人民建立一种家长式统治的关系，以此保持他们的忠诚。

作为超出他能力范围的事件的牺牲品，戈尔迪安一世从未能够从帝国平台上观看超过一万个奇观，而且圆形竞技场本身也从未完工。在叛乱被平息后，蒂斯德鲁斯迅速衰落，戈尔迪安一世最大的作品很可能已经被拆除，拆下的石头在接

■ 第136页（上）圆形竞技场的大小仅次于罗马斗兽场，呈椭圆形，周长约427米。圆形竞技场是三层带有圆形拱门的结构，其阶梯观众席可容纳多达3.5万名观众。

■ 第136页（下）80岁的总督戈尔迪安一世在公元238年自封为皇帝，反抗罗马征收新税。他下令建造了这个圆形竞技场，然而，他的小帝国很快走到了尽头，以至于竞技场的建设一直没有完成。

■ 第136-137页 巨大的圆形竞技场远超现代村庄杰姆的朴素建筑，该村庄只有7000名居民，同罗马圆形竞技场所能容纳的人数比要少得多，即使在这座城市还是古代蒂斯德鲁斯时，人口也不足以将其填满。

■ 第137页（上）罗马人对角斗士和野兽之间的战斗产生了强烈的热爱，而这正是建造圆形竞技场的目的。自1985年以来，那里的气氛完全改变了，当时这座建筑成了每年8月份举行国际知名交响音乐节的舞台。

下来的几个世纪里被后来到达该地区的人用作建筑材料，再没有关于它的传说。在7世纪，该竞技场就是柏柏尔女英雄卡希娜进行奋勇抵抗的地方，她把自己当作防御墙，拦在竞技场中，成功地击退了阿拉伯的入侵。

突尼斯

杰姆

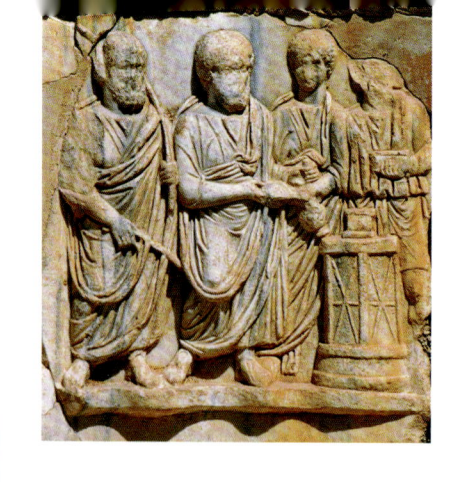

塞卜拉泰考古遗址

利比亚　扎维耶省
入选年份：1982
列入《世界濒危遗产名录》年份：2016
遴选标准：C（Ⅲ）

尽管20世纪20年代意属利比亚的总督伊塔洛·巴尔博（Italo Balbo）并没有作为著名军事策划者或管理者而被载入历史，但任何了解古代的人都会感激他，因为他让塞卜拉泰（Sabratha）的剧场恢复了昔日的辉煌。巴尔博被废墟的美丽迷住，动用了意大利政府的大量资金，赞助了一项大规模的挖掘和修复工作。

考古学家贾科莫·朱斯蒂（Giacomo Giusti）和贾科莫·卡普托（Giacomo Caputo）受委托真正重建了非洲最大的剧场，该剧场是公元190年为康茂德皇帝建造的。其舞台近46米长，观众席可容纳5000名观众，宽度刚好超过100码（91.44米）。舞台后面是一个令人惊叹的舞台背景，由三个半圆形的壁龛和108根由不同颜色大理石制成的科林斯式廊柱组成，柱顶上有精美的装饰。同样壮观的是壁龛中的高浮雕，上面雕刻着舞蹈场景、神话人物，以及对罗马和塞卜拉泰关系的寓言庆祝。

然而，剧场并不是塞卜拉泰唯一的奇迹。这座位于罗马的黎波里塔尼亚（Tripolitania）的港口城市由布匿殖民者于公元前4世纪建立，通过向罗马出口非洲动物和象牙，该港口城市在公元138年至210年间享有巨大财富。在那个黄金世纪，塞卜拉泰见证了用大理石和灰泥衬里的砂岩建造纪念性建筑的过程。其中之一就是伊西斯神庙（Temple Of Isis），它坐落在俯瞰大海的壮丽位置上，它的信仰从埃及传到了罗马城市，被奉为水手的保护神。其他的有朱庇特神庙、塞拉比斯圣殿（Sanctuary of Serapis）、利柏耳·佩特神庙（Temple of Liber Pater）和被称为B陵墓的建筑。B陵墓也是由意大利考古学家重建的，其特点是金字塔屋顶，融合了布匿、埃及、希腊化和罗马建筑元素。特别突出的是排档间饰的高浮雕装饰，周围有狮子支撑着约3米高的男性雕像。尽管许多雕像和镶嵌画已经被摧毁或被转移到考古区边界的博物馆（不

■ 第138页（上和下）剧场舞台的边缘装饰着一些壁龛和嵌板，浅浮雕和高浮雕代表着神灵、舞者、悲剧演员和历史场景，展现了罗马和塞卜拉泰之间的关系。

■ 第138页（中）这座宏伟的剧场是罗马阿非利加行省（Roman Africa）最重要的剧场，由康茂德皇帝在公元190年前后建造。得益于可追溯到意大利殖民利比亚时代的巧妙修复工程，该建筑恢复了原有的辉煌。

■ 第138-139页　塞卜拉泰剧场优雅的舞台背景让人回想起一座皇家宫殿的外立面。它长约45米，由108根科林斯式廊柱组成，柱子由不同颜色的大理石制成，柱头上有精美的装饰。两边都被对口或"角"（舞台的直线与观众席的连接处）所包围。

幸的是，利比亚冲突期间的抢掠导致联合国教科文组织决定将该遗址和其他利比亚遗址列入《世界濒危遗产名录》），但公共建筑，如广场、元老院和三大浴场建筑群，仍旧壮丽无比。

公元3世纪罗马的衰落也标志着塞卜拉泰的衰落，并且塞卜拉泰在365年遭受了一场地震。这座城市不得不等待近两个世纪才在拜

占庭人的统治下重获新生,修建了防御城墙和华丽的查士丁尼大教堂(Basilica of Justinian)。

事实上,塞卜拉泰已经有一座大教堂了(现今只剩下地基),它在公元1世纪曾是法庭和罗马皇帝的礼拜场所,在300年后被改造成基督教教堂。

公元158年,这座建筑曾是一个轰动整个罗马事件的发生地。哲学家阿普列尤斯(Apuleius)的审判就是在那里进行的,他被指控使用魔法勾引并娶了一位富有的老寡妇,以继承她的钱财。作为《金驴记》(The Golden Ass)的作者,他亲自为自己辩护:他在法庭的辩论总结持续了整整四天,最后被宣告无罪。他的辩论总结,后来被转录,成为演说杰作,这本书不仅给它的作者带来了巨大的声誉,而且是了解公元2世纪塞卜拉泰日常生活的宝贵资源。

■ 第140页(上)虽然这座雕像没有头颅,但通过其标志和高贵的服装,人们认为这个雕像人物可能是提图斯皇帝。这座雕塑被保存在塞卜拉泰博物馆,该博物馆里有许多布匿文物。

■ 第140页(左下)距离宏伟主剧场不远处的塞卜拉泰圆形剧场建于公元2世纪末至公元3世纪初。不幸的是,这个剧场在最近的冲突中被迫击炮炸毁了。

■ 第140页(右下)图为沿海住宅区全景。由于其有利地位,自腓尼基时代以来,塞卜拉泰就靠非洲货物的海上贸易而繁荣起来。

■ 第140-141页 伊西斯神庙位于俯瞰大海的绝佳位置,其有两排柱子和部分矮墙。这座建筑建在离中心较远的位置,部分甚至处在4世纪修建的城墙之外。

■ 第141页(左下)伊西斯神庙的柱子是用当地相当劣质的砂岩雕刻而成的,为保护这些古迹,使用了大量石膏进行抹灰。

■ 第141页(右下)这座朱庇特半身像几乎是自然比例的两倍,可能是朱庇特神庙雕像的一部分,是塞卜拉泰博物馆的重要文物之一。

141

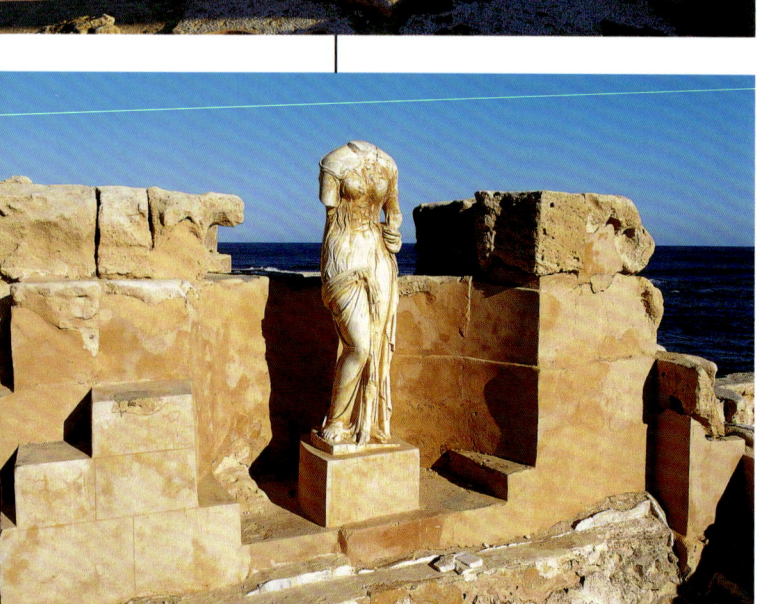

■ 第142页（左上）图中的八角形的水池在美丽镶嵌画的中心，该画放置在靠近海边豪华浴场中的一个主要房间内。从这里可以欣赏到海岸的壮丽景色和城市古港口仓库的废墟。

■ 第142页（右上）图中海神留着浓密的绿色胡须，头上戴着水果皇冠，这幅八角形图案来自装饰在海滨浴场房间的镶嵌画。

■ 第142页（中）作为元老院阶级的聚会场所，塞卜拉泰的元老院有大量的柱子，柱子上有白色大理石制成的科林斯柱式柱头。该建筑面向城市生活的中心——广场。

■ 第142页（下）这座线条柔和的大理石雕像雕刻了一位水中的仙女，一位被认为是淡水泉水保护者的仙女。它曾经装饰过塞卜拉泰众多喷泉中的一个。

第142-143页 图为B陵墓隐约可见的废墟。该遗迹有金字塔形顶，混合了布匿、埃及、希腊和罗马风格的元素。其排档间饰是独特的高浮雕装饰，由狮子支撑着约3米高的男性雕像（现在在塞卜拉泰博物馆）。

第143页（上）这幅精致的镶嵌画描绘了一位基督教圣徒，其历史可以追溯到拜占庭时代塞卜拉泰复兴的时代。这幅重要的镶嵌画，连同现场发现的其他镶嵌画一样，都保存在塞卜拉泰博物馆中。

大莱普提斯考古遗址

利比亚

胡姆斯地区
入选年份：1982
列入《世界濒危遗产名录》年份：2016
遴选标准：遴选标准（Ⅰ）（Ⅱ）（Ⅲ）

的黎波里
大莱普提斯

■ 第144-145页 作为罗马帝国最热闹的商业和贸易场所之一，大莱普提斯的市场由许多八角形亭子、门廊、作坊和一个雄伟的中央亭楼组成。

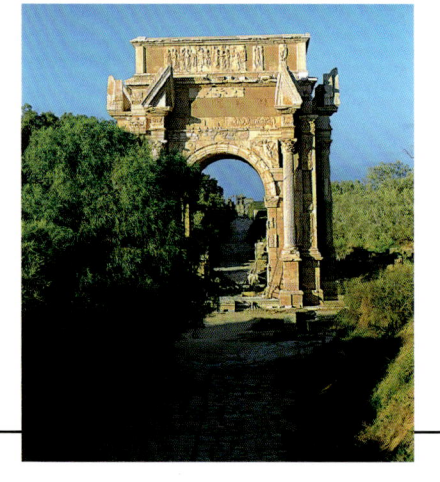

■ 第144页（下）塞普蒂米乌斯·塞维鲁拱门饰有科林斯式廊柱和珍贵的大理浅浮雕，高约1.68米，建于公元203年皇帝57岁生日之际，地点在南北主街卡杜斯和东西主街德库马努斯的交汇处。

卢修斯·塞普蒂米乌斯·塞维鲁（Lucius Septimius Severus）是布匿裔（Punic）富商的儿子，公元146年出生于莱普提斯（Leptis）市，在他还是个孩子的时候就被送到罗马学习。当时，他是一个"真正的非洲人"，拉丁语说得很差。然而，在短短几年的时间里，其倔强、刚毅的气质和口才引起了朝廷的注意。他迅速崛起，并直接登上顶峰，于193年被封为皇帝。他等了十年才回到莱普提斯的家，其荣誉为莱普提斯冠以"大"的头衔，成为大莱普提斯（Leptis Magna）。他尽其所能让这座城市变得强大。他在城市的入口处建造了以他的名字命名的宏伟凯旋门，周围环绕着四个装饰有柱子和浅浮雕的喷泉。然后，他完全重建了港口，并通过一座引人注目的柱廊将其连接到市中心，落成了一座典雅的水神庙，并建造了一个巨大的广场，周围有一片石柱林，上面饰有美杜莎的头像。然而，最杰出的建筑是巴西利卡（在他的儿子卡拉卡拉统治期间建造完成），它有一个30.5米高的主厅，到处都雕着仙女、老鼠筋叶、葡萄和石榴的美丽浮雕。

说实话，莱普提斯已经是一座宏伟的城市了。它有8万居民，被整个帝国称为"非洲明珠"。就像塞普蒂米乌斯·塞维鲁一样，这座城市在与罗马接触后繁荣起来。它由来自提尔的腓尼基人建立，几个世纪以来一直在迦太基人的统治下，但这种情况在公元前146年结束了，当时罗马人跨海击败了他们的历史对手并占领了这座城市。它成为的黎波里塔尼亚最重要的城市，后来成为整个非洲行省。多亏了其港口和商人的技能，莱普提斯通过竞技场中交易黄金、象牙、乌木、奴隶和野生动物而致富。在扩建码头和市场的同时，建造了越来越宏伟的民用和宗教建筑。这些都是由商人阶层的家庭资助的，他们竞相进口最美丽的大理石和最熟练的艺术家和装饰师。富有的汉尼拔·塔帕皮乌斯·鲁弗斯（Hannibal Tapius Rufus）赞助了剧场（装饰有雕像，可谓是

▌ 第145页（上）图为通向水果和蔬菜市场区域的楼梯和拱门。建造大莱普提斯主要遗迹时使用的优质砂岩来自该市以南约19.31千米的拉斯哈曼（Ras el-Hammam）采石场。

▌ 第145页（中）在粉色花岗岩柱子的包围下，哈德良皇帝下令建造的豪华浴场于公元127年落成并矗立在广场上。该建筑群位于瓦迪莱布达（Wadi Lebda）的小溪附近，洗澡所需的水就是从这里引过来的。

▌ 第145页（下）东西街道德库马努斯宽约21米，铺设完美无缺，通向港口。这条路线的标志是塞普蒂米乌斯·塞维鲁的纪念拱门，以及建于公元37年较朴素的提贝里乌斯（Tiberius）拱门和建于公元109—111年图拉真拱门（如图所示）。

■ 第146页（上）非凡的塞维鲁广场（Severan Forum）与大教堂之间被一堵高大的砂岩墙隔开，占地100米×60米。最初，它是用珍贵材料建造的：拱门是绿色的云母大理石，柱子是埃及粉色花岗岩，地板是明亮的白色大理石。

■ 第146页（中）广场门廊上的碑文赞颂了卢修斯·塞普蒂米乌斯·塞维鲁。他于公元146年出生于莱普提斯，47岁时被选为皇帝，十年后回到这座城市，该城市因他的荣誉而获得了"大"的称号。

■ 第146页（下）图中所示门廊上的装饰品，是今天位于新的塞维鲁广场（Severan Forum）空地上的大约70个美杜莎头像之一，现在大多已被掠夺。16世纪，法国领事克劳德·拉迈尔（Claude Lamaire）将200根柱子和装饰性大理石件带回法国。

城市的瑰宝）和市场（其中心有两个雅致的八角形售货亭，周围有许多展示商品的柜台）的建设，这让市民们感到无比惊讶。另一方面，弗拉维尼家族负责建造莱普提斯最独特的建筑，这是一座在海边挖掘出来的巨大圆形竞技场。

甚至在塞普蒂米乌斯·塞维鲁出现之前，其他皇帝就认为莱普提斯值得特别关注。哈德良在那里建造了一个宏伟的浴场，两座面向港口的大型

■ 第146-147页 宏伟的塞维鲁大教堂是由塞普蒂米乌斯·塞维鲁统治期间开始修建的，并于公元216年在他的儿子卡拉卡拉（Caracalla）统治时期修建完成。后来，在6世纪，这座建筑被查士丁尼一世改造成了一座基督教教堂。

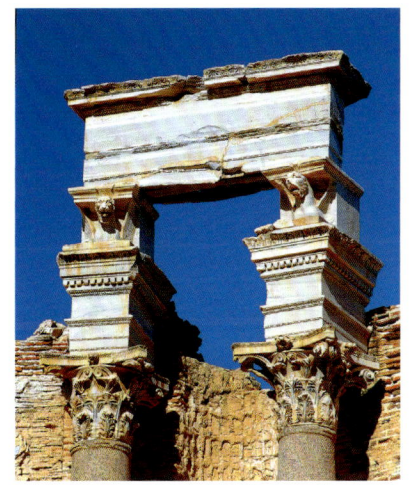

■ 第147页（左下）图中两个粉色花岗岩柱子上的柱头共同支撑着仅存的一块三角楣饰上的有翼狮鹫，这块三角楣饰面向塞维鲁大教堂的后殿。

■ 第147页（右下）图中的装饰在温暖的阳光下更加活灵活现了。塞维鲁大教堂北后殿的一根柱子上的刻有众多神话人物、众神、半神人，中间还有老鼠筋叶和葡萄串。

寺庙和一座城墙。更早以前，尼禄皇帝通过挖掘堤坝保护住了港口，但这阻碍了水流，导致港口逐渐淤塞，从而严重影响了港口的运营。

尼禄的工程师们所犯的错误发生在莱普提斯最辉煌的时候，这标志着其衰落的第一个迹象，尽管当时几乎不会察觉到这一点。大约在公元250年，随着塞维鲁王朝的终结，它很快就失去了威望，生意也随之下滑。它结束于365年，与的黎波里塔尼亚的所有城市一同被一场地震摧毁了。

利比亚持续的政治动荡威胁到了这一重要考古遗址的保护。安全无法保证导致旅游业停止。只剩下周围村庄的少数居民保护着遗址以免被掠夺，并试图靠人力保持遗迹免受不断生长的植被的影响。与此同时，海平面不断上升，侵蚀着"非洲瑰宝"的石头。

■ 第148页（上）巨大的莱普提斯港口对面是一片石柱林。这座城市是在公元前7—前6世纪由来自提尔的腓尼基人建立的，他们选择这个地点是因为这里有一个入口，它是亚历山大和迦太基之间海岸线上唯一的安全着陆点。

■ 第148页（左下）、（右下）和149页（右下）的黎波里博物馆保存着莱普提斯剧场的一些文物。从左到右是雅典娜雕像（戴着科林斯式的头盔、拿着长矛和脚边有盾牌），仙女雕像和马可·奥勒留的肖像画。所有的雕塑都可以追溯到公元1世纪和2世纪之间。

■ 第148-149页 莱普提斯剧场位于全景位置，无论过去还是现在，都是罗马帝国中最宏伟的剧场之一。它建造于公元1世纪到2世纪之间，由商人汉尼拔·塔帕皮乌斯·鲁弗斯资助，他是城市贵族中较有影响力的成员。

▎第 149 页（左下）
大莱普提斯的温泉浴场周围是一个柱廊，柱子上有科林斯式廊柱，可以通过拱门进入。在其较短的一侧，可以看到水池内有便于入水的狭窄台阶。

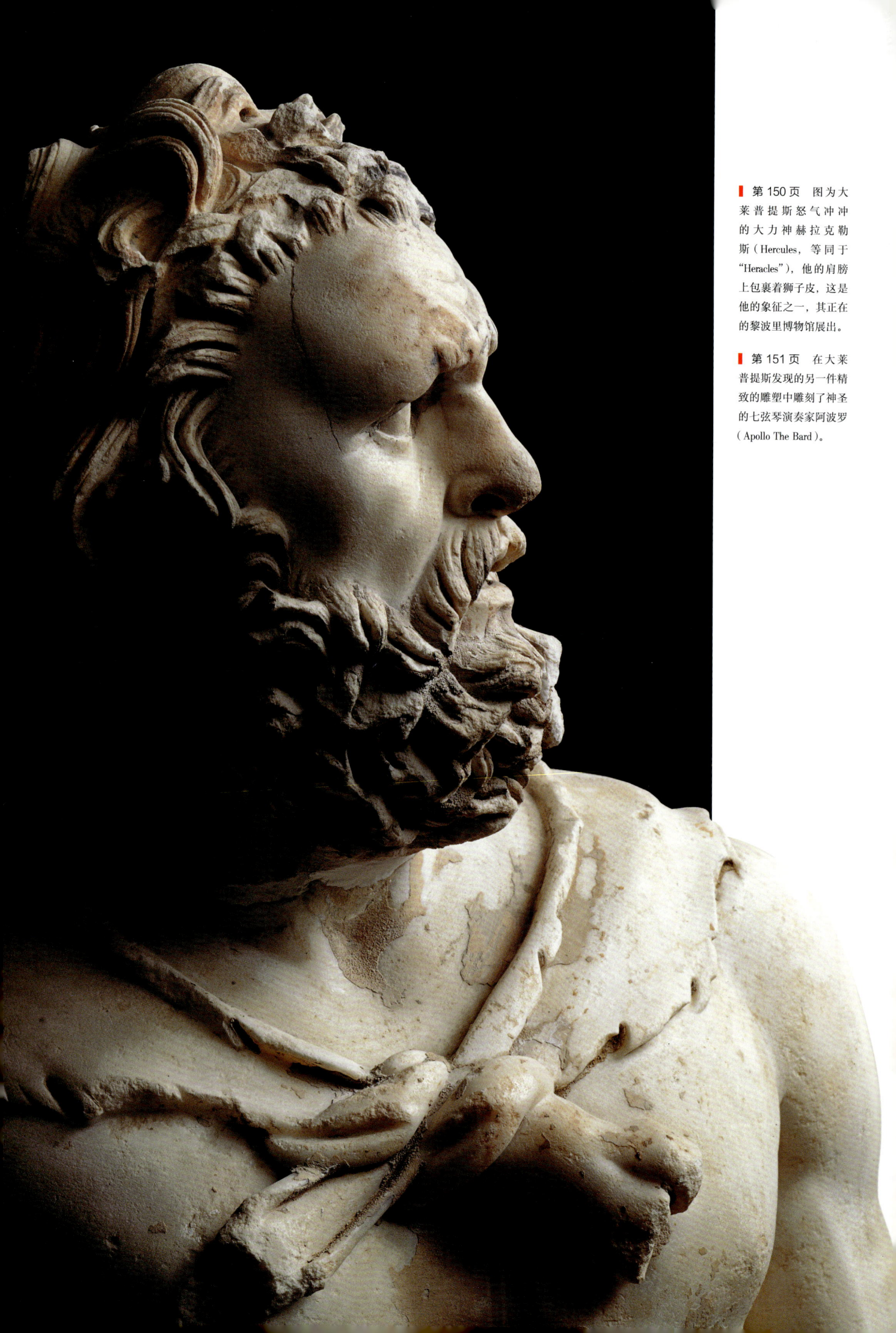

▍第150页 图为大莱普提斯怒气冲冲的大力神赫拉克勒斯（Hercules，等同于"Heracles"），他的肩膀上包裹着狮子皮，这是他的象征之一，其正在的黎波里博物馆展出。

▍第151页 在大莱普提斯发现的另一件精致的雕塑中雕刻了神圣的七弦琴演奏家阿波罗（Apollo The Bard）。

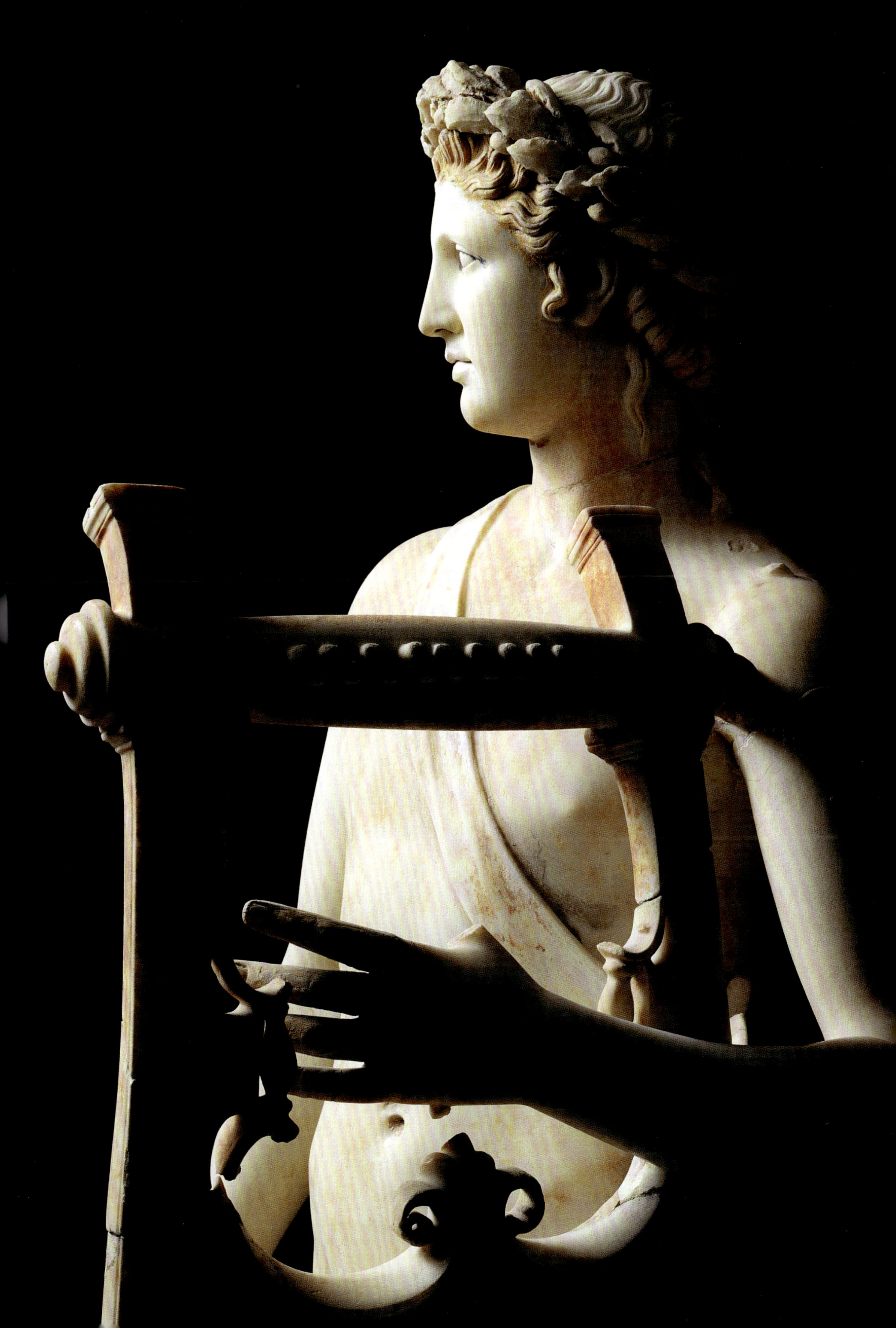

塔德拉尔特·
阿卡库斯石窟

利比亚 | 费赞
入选年份：1985
遴选标准：C（Ⅲ）

第152-153页 阿卡库斯山脉位于利比亚西南部，绵延250千米，一直延伸到阿尔及利亚边境，是世界上岩画最丰富的地区之一。在它的岩石上，尤其是在它的岩洞中，记录了一万年来撒哈拉沙漠的人口和气候演变的历史。

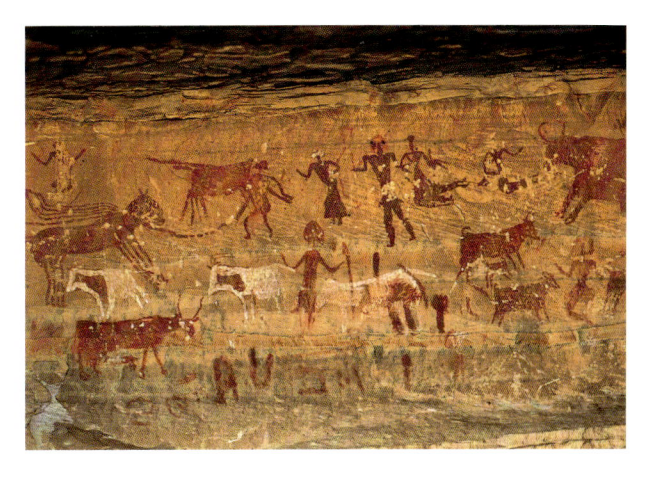

■ 第153页（右上）
牧区时期讲述了一段从"荒漠前"时期到完全沙漠化时期的过渡历史。

■ 第152页（下）狩猎和牧羊是阿卡库斯岩画中的主要内容，正如图中这个拿着武器的人和动物交替出现的复杂场景所展示的那样。

■ 第153页（左上）水牛时期（Bubalic Period）得名于水牛先祖，一种早已灭绝的牛种类。该图中，手持弓箭的猎人在与动物对峙。

隐藏在阿卡库斯（Akakus）迂回曲折之中的粟特瓦迪河（Wadi Sughd）一处罕见的集雨井附近，坐落着"撒哈拉邮局"（Sahara Post Office）。这是一堵已被风吹光滑了的玄武岩墙，这片沙漠的游牧民族图阿雷格人（Tuareg）一代又一代地在上面留下了信息，以供未来途经那里的商队查看。一些信息是用粉笔写的，另一些则是用一块金属刻在上面的。其中一些才写了没几天，而有些已经在那里存在了几个世纪，所有的信息都是用提非纳文字（Tifinagh）写的，这是图阿雷格语（Tamashaq）书写时采用的文字。

这个"邮局"仅仅用于对该地区人类历史的介绍。该地区已有一万多年的历史，其历史可以由散布在塔德拉尔特·阿卡库斯（Tadrart Akakus）各地的岩画和版画中窥见。塔德拉尔特·阿卡库斯是一条山脉（在图阿雷格语中，tadrart一词是adrar的复数，意思是"山"），在利比亚西南部绵延250千米，一直延伸到阿尔及利亚边境。奇怪的是，人类的最新踪迹似乎是最不完善的，仿佛随着气候变化这里更加不适宜居住，艺术感也减弱了。除了提非纳象形文字之外，最新的绘画和雕刻可以追溯到2000~3000年前，由于很多画都画单峰驼，专家们称那个时代为"骆驼"时期。那时候的撒哈拉想必和现在也相差无几：黑岩迷宫、深沙峡谷，尽管风景秀丽，但生活却很艰辛。

在此之前的3000~4000年前，沙漠化已经进入后期，但阿卡库斯山脉仍然有广阔的绿洲，骑马可以跨越它们之间的距离。事实上，在这个被称为"马"的时期，人们通常是在造型奇特的车上用一种僵硬的姿势来绘画、雕刻四条腿的动物和人物，需要很高的艺术技巧。

在此之前的4000年里，撒哈拉文明是田园的，偏向于定居的。在

■ 第153页（中）万阿米尔周期可以追溯到第一个牧区时期。该图显示的是最终场景。它描绘了以黄色和红色代表的两个交战部落的和解，可能是一场婚礼。

■ 第153页（下）图中有两个巨大的人像，一头牛和一只鸵鸟。田园时期的绘画是用小锤子蚀刻的，或者用红色赭石、氧化铁和其他矿物绘制的。

这个最早的时间段里，人们绘制的图画要么是用锤子雕刻的，要么是用红色赭石、黑色氧化亚铁和其他矿物质涂画的，这些矿物质与蛋清和尿液混合用作涂料。画中成群的牛和成群的人证明了这是一个有组织的社会，它享受着一种相对但原始的幸福，这促进了艺术表达。阿卡库斯山脉南部的万阿米尔（Wan Amil）是早期牧区时期最令人印象深刻的岩石遗址之一。通过细致的色彩运用，一个场景展示了两个派别之间的战斗，这两个派别以红色和黄色的头巾区分开来。在它旁边，是一个卡通的场景，专家将其解读为婚礼，庆祝和平。

在此之前更原始的阶段，也就是所谓的"圆头"时期（9000~8000年前），撒哈拉文明为自己留下了最有趣、最"神奇"的记录。在这段时间里，人类第一次开始了解自己相对于其他生物的力量，并表达了神的概念。事实上，例如，在万塔布（Wan Tabu）和万阿米拉尔（Wan Amilal）的峡谷中看到的巨大的拟人化人物具有神的尺寸。一万年前，撒哈拉沙漠还是一片绿色，居住着长颈鹿、大象、大型食肉动物等动物，最重要的是，一种已灭绝的水牛物种被定义为水牛先祖（*Bufalus antiquus*），它曾经在最早的绘画中占主导地位。

虽然希罗多德（Herodotus）在

■ 第154页（左上）牛与棕榈树的距离很近，这可能暗示在水资源日益稀缺的地区，动物们只能靠棕榈树苟活。沙漠化开始于公元前4000年前后，在一千年后才达到今天的水平。

■ 第154页（右上）图中巨大的月牙形牛角指代着萨赫勒（Sahel）地区的牧民今天仍在饲养的牲畜。

■ 第154-155页 一些人像非常神秘，其戴着的面具、服装和仪式号角都显示了这些人的神秘感，图中人物与动物形象重叠。

公元前5世纪对撒哈拉岩石艺术进行了描述，但直到19世纪中叶依然几乎无人知晓，由于德国探险家海因里希·巴尔特（Heinrich Barth）的努力，对这些绘画和雕刻的研究和编目的工作才开始进行，并且至今仍在进行中。意大利研究员法布里齐奥·莫里（Fabrizio Mori）为完成这项工作做出了多方位、系统化的努力。

■ 第155页（上）田园时期的作品都与自然有关。优雅且色彩丰富的线条描述了牧羊人的生活，有时甚至连最微小的细节都会体现在作品之中。

■ 第155页（下）阿卡库斯岩石艺术最早的例子可以追溯到一万年前所谓的水牛时期，当时沙漠是绿色的，居住着各种大型哺乳动物，如长颈鹿、大象和大型食肉动物等。

昔兰尼考古遗址

利比亚

绿山省
入选年份：1982
遴选标准：C（Ⅱ）(Ⅲ)（Ⅵ）

昔兰尼（Cyrene）是一位美丽优雅的森林女神，却也是个爱冒险的"假小子"。有一天，太阳神阿波罗看到她正在与一头狮子搏斗，便对她一见钟情，于是将她绑走，驾着黄金战车逃到非洲，在那里他们共同建立了一个以她的名字昔兰尼命名的城市。

撇开神话不谈，希罗多德流传下来的昔兰尼建立的故事也将阿波罗作为主角。这位著名的希腊历史学家说道，这座城市是由一群来自希拉（Thera，现在的圣托里尼岛）的希腊殖民者建立的，他们是根据德尔斐的阿波罗神庙（Apollo at Delphi）的女祭司皮媞亚的指示来到利比亚的。公元前631年，阿波罗神庙中的第一块石头，位于成为希腊五城（Pentapolis）最重要城市的中心。远征队的首领巴图斯成了国王，并建立了巴提亚德王朝（Battiad dynasty），这个王朝有8位君主（与女祭司皮媞亚预言的一样）。这个王朝在公元前440年结束，按照雅典模式建立了民主制度。

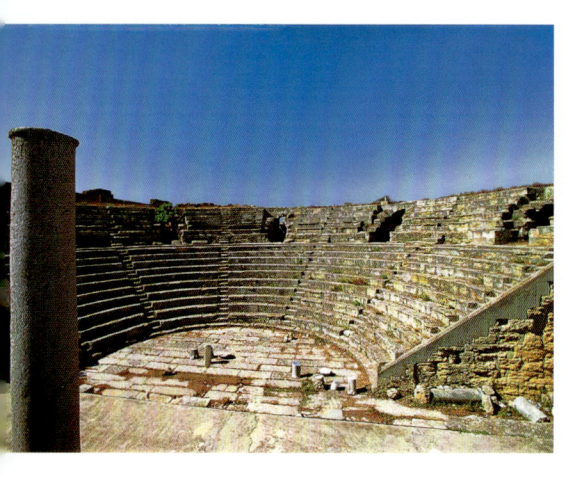

公元前4世纪恰逢昔兰尼的鼎盛时期，当时通过向希腊出口农产品使其经济繁荣起来。这座城市还因饲养马匹和种植绵果芹植物（Cachrys Ferulacea）而闻名。绵果芹植物是一种野生植物，生长在附近的高原上，以重量计与黄金同价出售，因为它被认为具有神奇和超自然的力量。在这座城市以其丰富的文化生活而闻名的成功时期，在哲学家阿瑞斯提普斯（Aristippus）、天文学家西奥多罗斯（Theodorus）和数学家、物理学家埃拉托斯特尼（Eratosthenes）等杰出公民的推动下，建造了许多非凡的建筑。

阿波罗神庙原本只是一个简单的空地，但被两排柱子围起来了，短边有六根柱子，长边有十一根柱子；其三角楣上雕刻着仙女昔兰尼

■ 第156页（上）和156-157页 该考古遗址延伸到三个面向大海的平台，以阿波罗神庙的遗迹为主。昔兰尼于公元前631年由希拉的殖民者建立，通过贸易致富，成为希腊五城中最重要的城市。

■ 第156页（下） 奏乐堂（Odeon）附近的剧场是昔兰尼保存最完好的剧场。这座城市以艺术和文化中心而闻名，也是哲学家阿瑞斯提普斯、天文学家西奥多罗斯以及数学家、物理学家埃拉托斯特尼等杰出人物的诞生地。

■ 第157页（上） 图为神庙入口的遗迹。虽然罗马人在公元前96年已经占领了昔兰尼，但直到两个世纪后，罗马人才对建筑进行了改建，当时需要大规模修复这些建筑，因为它们在公元117年的犹太人起义中遭到了严重破坏。

勒死狮子的浅浮雕，不过如今只剩下了一些碎片。耸立在寺庙前的是一座巨大的祭坛，这是一座约22米长的石灰岩结构建筑，内衬为大理石。这一神圣的建筑群包括所谓的希腊前殿（神庙的入口）、温泉浴场和剧场。在那个时期，随着宙斯神庙的建造，昔兰尼的重要性得到了加强。如今，宙斯神庙已是这片广

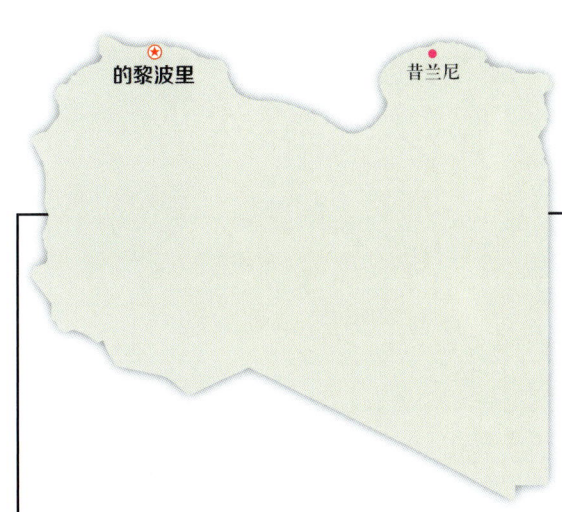

■ 第157页（左下） 阿波罗神庙是这座城市的主要圣地，它被两排柱子包围，短边有六根柱子，长边有十一根柱子。在三角楣上绘有女神昔兰尼勒死一头狮子的图案。

■ 第157页（右下） 这座神庙是献给保护神阿波罗（Apollo Archegetes）的，这个词既是"祖先"，也是"向导"，这个称谓使他成为那些离开希腊前往异国他乡的殖民者的至高无上的神。

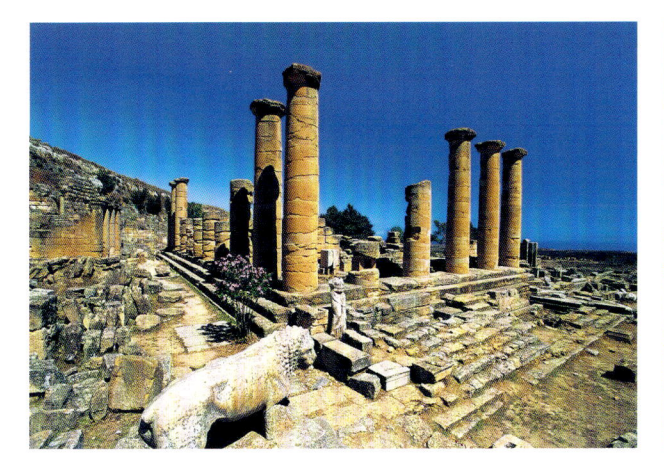

阔的考古遗址中最美丽的遗迹之一。宙斯神庙始建于公元前5世纪,比帕特农神庙还大,里面有一尊巨大的宙斯雕像,该雕像参照菲狄亚斯（Phidias）为奥林匹亚宙斯神庙制作的雕像的样子制作。

公元前331年,亚历山大大帝征服了这座城市,在他的帝国崩溃后,托勒密王朝统治了埃及。

■ 第158页（上）剧场对面的恺撒宫（Caesareum）是一个巨大的公共区域,被一堵墙（其中很大一部分保存下来）围起来,通过南侧和东侧的两个入口进入。

■ 第158页（中）阿波罗神庙前有一个平台,上面有一个巨大的祭坛,为长约22米的石灰岩结构,上面覆盖着大理石板。

■ 第158页（下）广场周围有门廊、寺庙和公共建筑,比如市场。在广场中央,有城墙内唯一允许的葬礼纪念碑——巴图斯纪念碑,巴图斯是希腊人的领袖,他建立了昔兰尼,也是它的第一个君主。

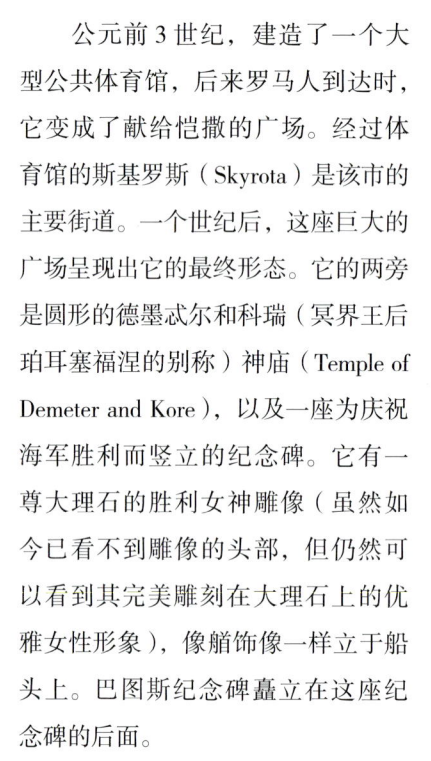

公元前3世纪,建造了一个大型公共体育馆,后来罗马人到达时,它变成了献给恺撒的广场。经过体育馆的斯基罗斯（Skyrota）是该市的主要街道。一个世纪后,这座巨大的广场呈现出它的最终形态。它的两旁是圆形的德墨忒尔和科瑞（冥界王后珀耳塞福涅的别称）神庙（Temple of Demeter and Kore）,以及一座为庆祝海军胜利而竖立的纪念碑。它有一尊大理石的胜利女神雕像（虽然如今已看不到雕像的头部,但仍然可以看到其完美雕刻在大理石上的优雅女性形象）,像艏饰像一样立于船头上。巴图斯纪念碑矗立在这座纪念碑的后面。

罗马人在公元前96年占领了昔兰尼,但他们很尊重这座希腊城市,并保留了它的传统。直到公元117年,由于犹太人的起义严重破坏了许多建筑,才进行了改建。哈德良皇帝用等级相当的纪念碑,以及有华丽的镶嵌画装饰的典型罗马豪华住宅来修复这座城市,然而,他所做的一切在公元282年的灾难性地震中化为灰烬,因此,昔兰尼也只剩下曾经的影子,随着阿拉伯人的到来,它被重建为基督教定居点,昔兰尼也就此永远消失了。

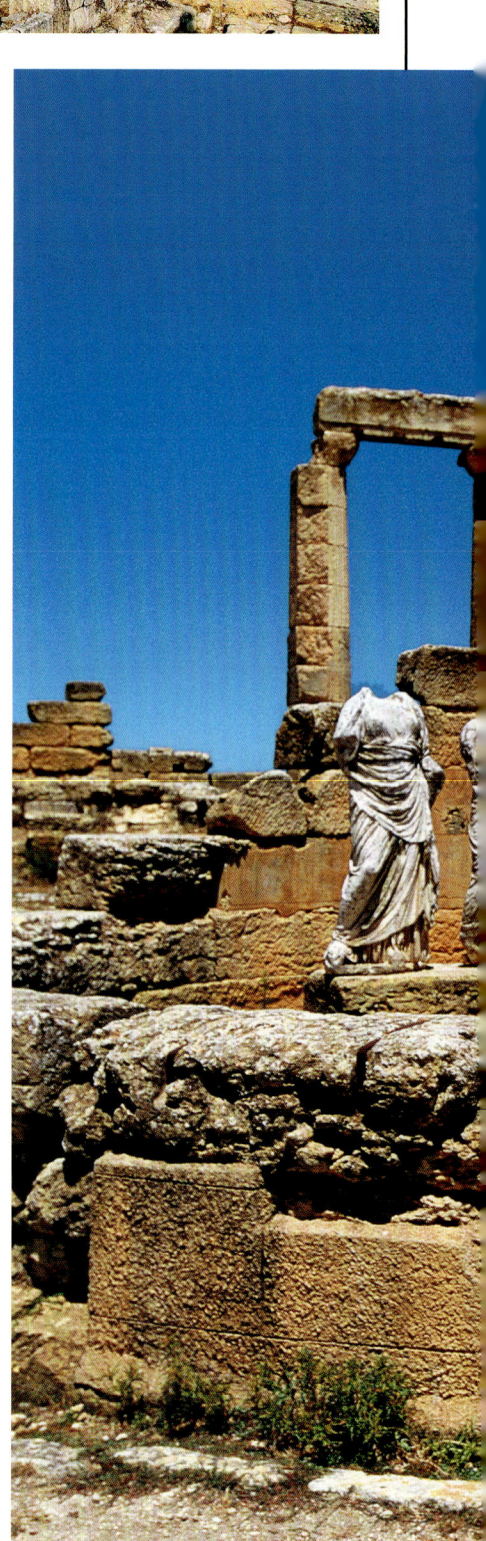

■ 第 158-159 页
杰森·马格努斯之家（House of Jason Magnus）建于公元前2世纪，沿着广场向东的女像柱大街（Caryatid Street），可以看到非凡的建筑遗址和部分原始装饰，包括一些特殊的悬垂的雕像，不幸的是，这些雕像已经残缺不全。

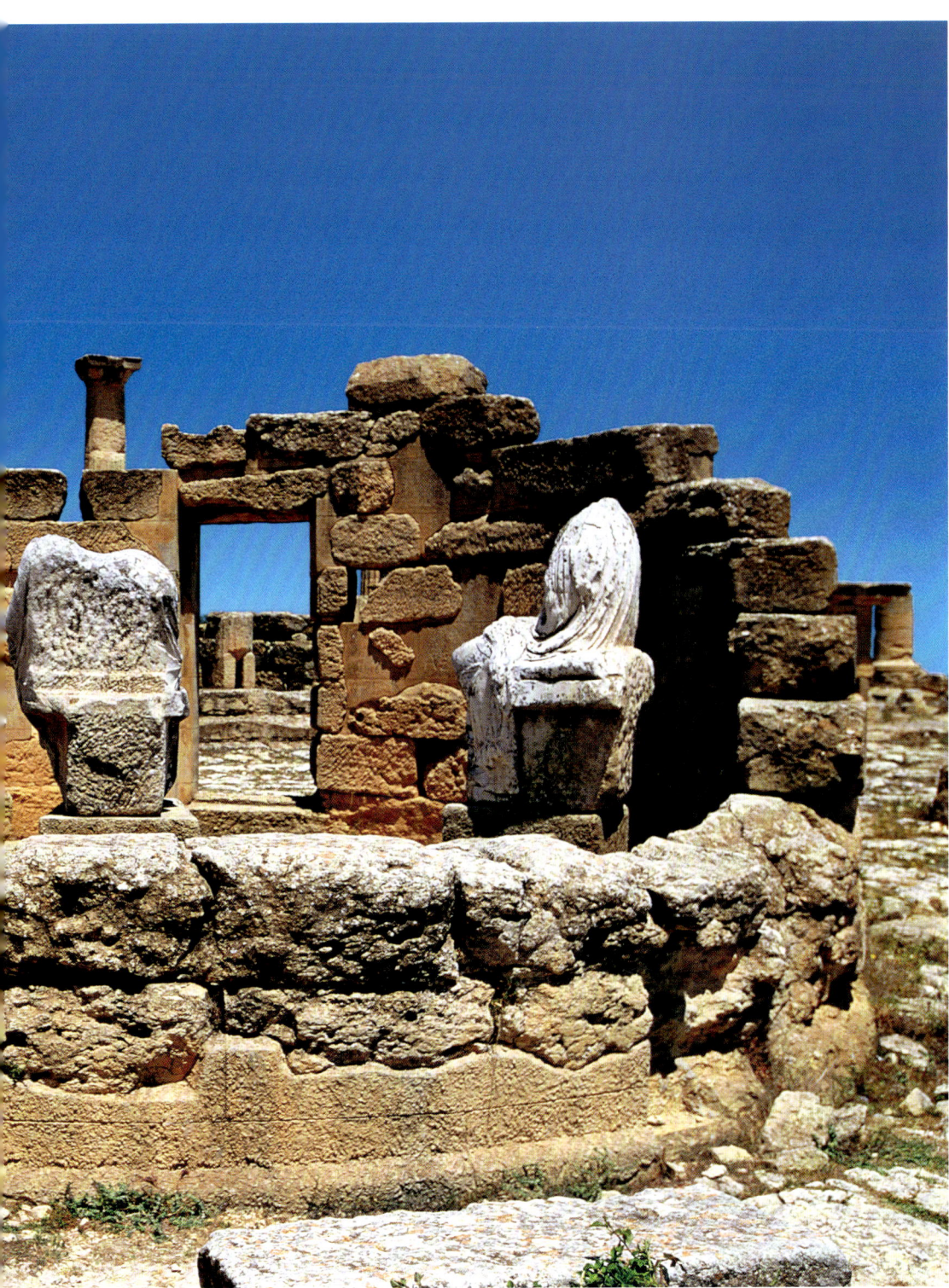

■ 第159页（上）在阿波罗神庙的西边建造了一座可以追溯到公元前5世纪的古老剧场。在哈德良时代，罗马人把它变成了一个圆形竞技场，用来举办角斗士的比赛。

■ 第159页（下）在令人着迷的昔兰尼废墟中，这座城市艺术家众多非凡的雕像作品随处可见。不幸的是，由于犹太人的起义，许多雕像的头都被毁了，因为犹太人的信仰不同。

160

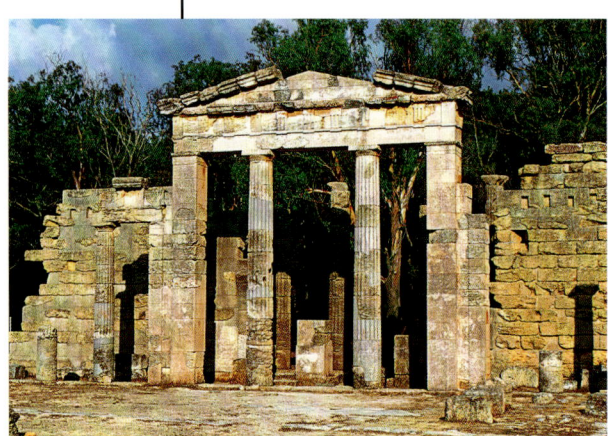

■ 第161页（上）与雅典的帕特农神庙在美感和大小上比，宙斯神庙，或称奥林匹亚神庙，是一个巨大的多立克围柱式寺庙，长边有17根柱子，短边有8根柱子。它的建造始于公元前5世纪。

■ 第161页（中）图为杰森·马格努斯房子里的部分雕塑装饰品，雕刻这尊雕像上的长袍悬垂的精湛技艺令人钦佩。昔兰尼以其所谓的"无脸女人"而闻名，她们实际上是没有面部的死亡女神珀耳塞福涅的无头雕像或肖像。

■ 第161页（下）图为由哈德良皇帝下令建造的浴场入口处。这个建筑群位于阿波罗神庙圣台以东不远的地方，代表了昔兰尼最具"侵略性"的罗马建筑。

■ 第160-161页 图为体育馆一景。其原始用途被罗马人改变了。它是一个巨大的方形空间，由爱奥尼柱式柱子划定，旁边是一条运动跑道的遗迹，在20世纪30年代由意大利的一个考古队修复。

■ 第160页（左下）这座由希腊人在公元前2世纪建造的大型体育馆的遗迹入口保存完好，后来在公元1世纪被改造成恺撒广场（Forum of the Caesars）和附属的大教堂。

■ 第160页（右下）图中这块珍贵的大理石镶嵌画地板是在杰森·马格努斯豪华住宅83个房间中的一个房间里找到的。马格努斯是一位杰出的人物，在公元2世纪中叶前后曾在阿波罗神庙担任大祭司。

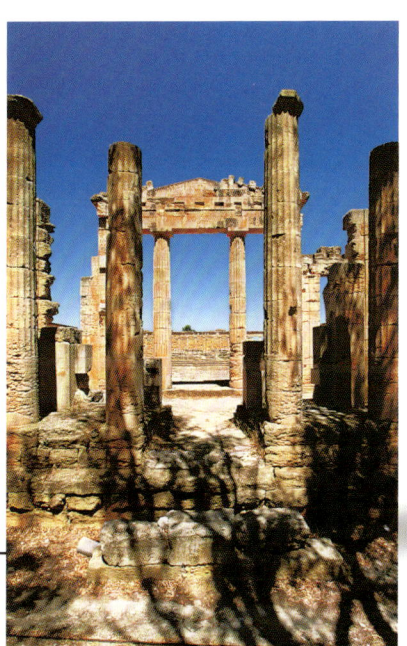

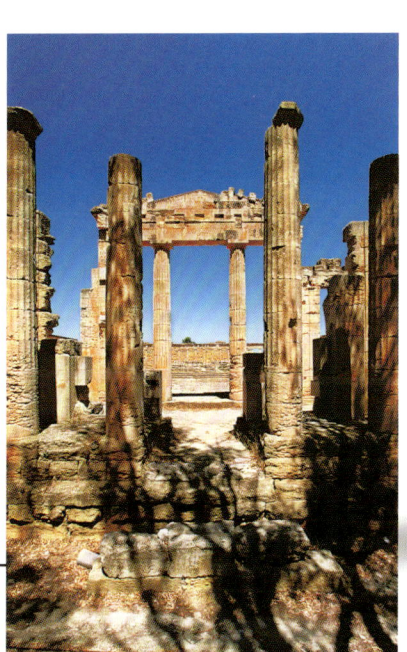

孟菲斯及其墓地金字塔：从吉萨到代赫舒尔的金字塔场地群

埃及 | 吉萨省
入选年份：1979
遴选标准：C（I）（III）（VI）

起初，孟菲斯（Memphis）的名字是印布吉丹（Inbw-hdj），或称"白城"，可能指的是防御性宫殿的外观，尽管它只是城市的一部分，很可能位于现在被阿布西尔（Abusir）占领的地区。后来，由于它的一个寺庙围栏，它的名字改为"卜塔灵魂的所在"（Hwt-ke-pth），希腊语名字埃及就是从那里衍生出来的，最后是现代版本的埃及。然而，最合适的名字可能是安克塔沃（Ankh-tawy），或多或少意味着"两片土地上的生命"。这座古城位于尼罗河三角洲的顶端，在连接东西的商业路线的交汇处，这座古城今天最著名的名字是孟菲斯，它是从法老佩皮一世建造的金字塔的名字孟挪弗（Mennefer）衍生而来的。孟挪弗被改造成科普特人（Copt）的门菲（Menfe），然后变成了希腊的孟菲斯。

孟菲斯在埃及早期王朝（protodynastic period）和古王国时期（Old Kingdom，公元前3100—前2184年）是埃及的皇室住所和首都，至少在另外两千年里，它是该地区人口最多、最著名的城市之一。事实上，希罗多德、斯特拉波（Strabo）和西西里的狄奥多罗斯都在他们的著作中描述了它的壮丽。除了米特拉希纳（Mit Rahina）和萨卡拉（Saqqarah）发掘的为数不多的城市遗迹外，尼罗河西岸沙漠边缘绵延约30千米的巨大墓地中也发现了它伟大的现代证据。此外，还有赫尔万（Helwan）金字塔、代赫舒尔（Dahshur）金字塔、萨卡拉金字塔、阿布西尔金字塔、祖耶雅利安（Zawyer el-Aryan）金字塔、阿布拉瓦须（Abu Rawash）金字塔，当然还有吉萨（Giza）金字塔。根据19世纪英国考古学家威廉·马修·弗林德斯·皮特里（William Matthew Flinders Petrie）的说法，孟菲斯大约长11.27千米，宽6.44千米，位于现代城市米特拉希纳地区的普塔（Ptah）神庙周围。普塔是王朝时期开始（如果不是更早的话）这座城市的主要神，以他的名字建造的第一座寺庙可能隐藏在一个名为考姆法哈瑞（Kom el-Fakhry）的小丘下面。最近的一座寺庙建于拉美西斯二世统治时期，只有西区被挖掘出来，它由一个巨大的塔楼和一个有柱廊的神殿组成。附近的地基遗迹表明，存在一座被认为是图特摩斯四世（第十八王朝，公元前

■ 第162页 代赫舒尔那座令人敬畏的"红色金字塔"是以其核心花岗岩的颜色命名的。它是由第四王朝的法老斯尼夫鲁建造的。它高达105米，是仅次于胡夫和哈夫拉金字塔的第三大金字塔。

■ 第162-163页 左塞尔在萨卡拉的葬礼遗址是阶梯金字塔最完好的例子。它的概念是由简单而古老的"长凳墓"叠加而来的，被称为"马斯塔巴"。

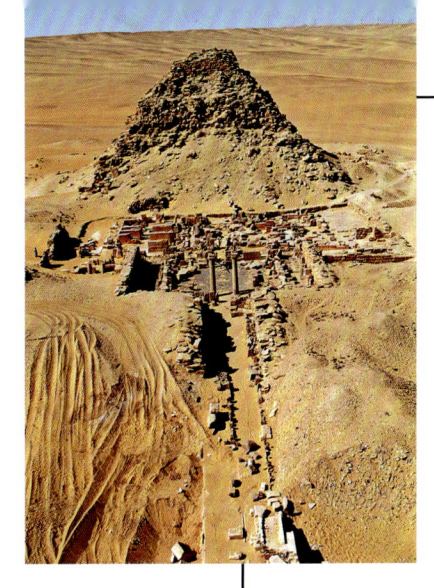

■ 第163页（上） 第五王朝的第二位国王萨胡拉的殡仪庙的地基在阿布西尔国王殡仪庙的遗迹之前。最初，这座遗址是一个"真正的"金字塔，也就是说，它的侧面是光滑的，而不是台阶状的。

■ 第163页（中） 雄伟的核心是美杜姆（Meidum）的斯尼夫鲁金字塔的全部遗迹。它最初是一座阶梯状的遗址，后来安装了光滑的侧面。

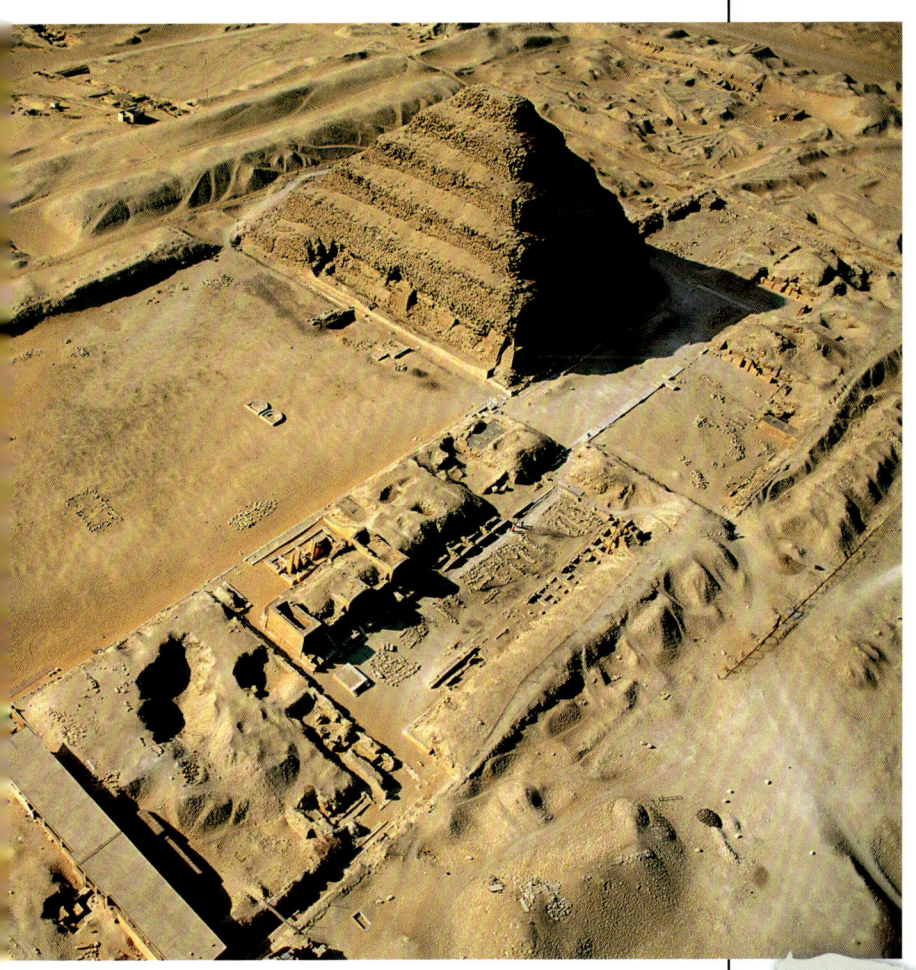

1419—前1386年在位）的更早的寺庙。孟菲斯的宏伟在西边开始变得明显起来，那里有达舒尔金字塔的区域，位于墓地的南端。一个参照点是第四王朝的开国元勋斯尼夫鲁的金字塔，他在公元前2630—前2606年担任法老，他的统治标志着从阶梯形金字塔到光滑表面的结构的转变。在达舒尔，第十二王朝的法老阿蒙涅姆赫特二世、阿蒙涅姆赫特三世和辛努塞尔特三世又建造

■ 第163页（下） 随着第十二王朝的到来，金字塔的时代结束了。图中所示的位于伊拉胡恩（Illahun）的辛努塞尔特（Senusret）葬礼遗址由于国王的英年早逝一直没有完工，后来完全倒塌了。

■ 第164页（左上）送葬者在萨卡拉金字塔和太阳庙的监督人提（Ti）的坟墓里抬着祭品，他是宫廷里的首席理发师。

■ 第164页（右上）贵族普塔霍特普在他位于萨卡拉的马斯塔巴的墙上用精雕细刻的象形文字面对着自己的名字。这个名字的意思是"（神）普塔很高兴"。

了三座金字塔。紧挨着皇家陵墓的是两组贵族陵墓，被称为马斯塔巴（mastabas）。它们是长方形的，两侧略有倾斜，由两个房间组成：墓室和礼拜堂。埋葬在其中的是公主伊提、克内姆特、伊蒂沃特和西默胡特，她们都是阿梅内哈特二世的女儿，以及第十二王朝法老家族的其他成员。再往北走，在萨卡拉，古

■ 第164页（下）在萨卡拉的马斯塔巴上，米列鲁卡雕刻在右边，其脚下雕刻着小尺寸的他的母亲和妻子，他的两个儿子之一雕刻在左边。

■ 第165页 维齐尔米列鲁卡走向站在阶梯式祭台上的供品桌。按照惯例，大权贵的陵墓矗立在他们曾侍奉过的国王的金字塔附近。在这种情况下，法老就是特提。

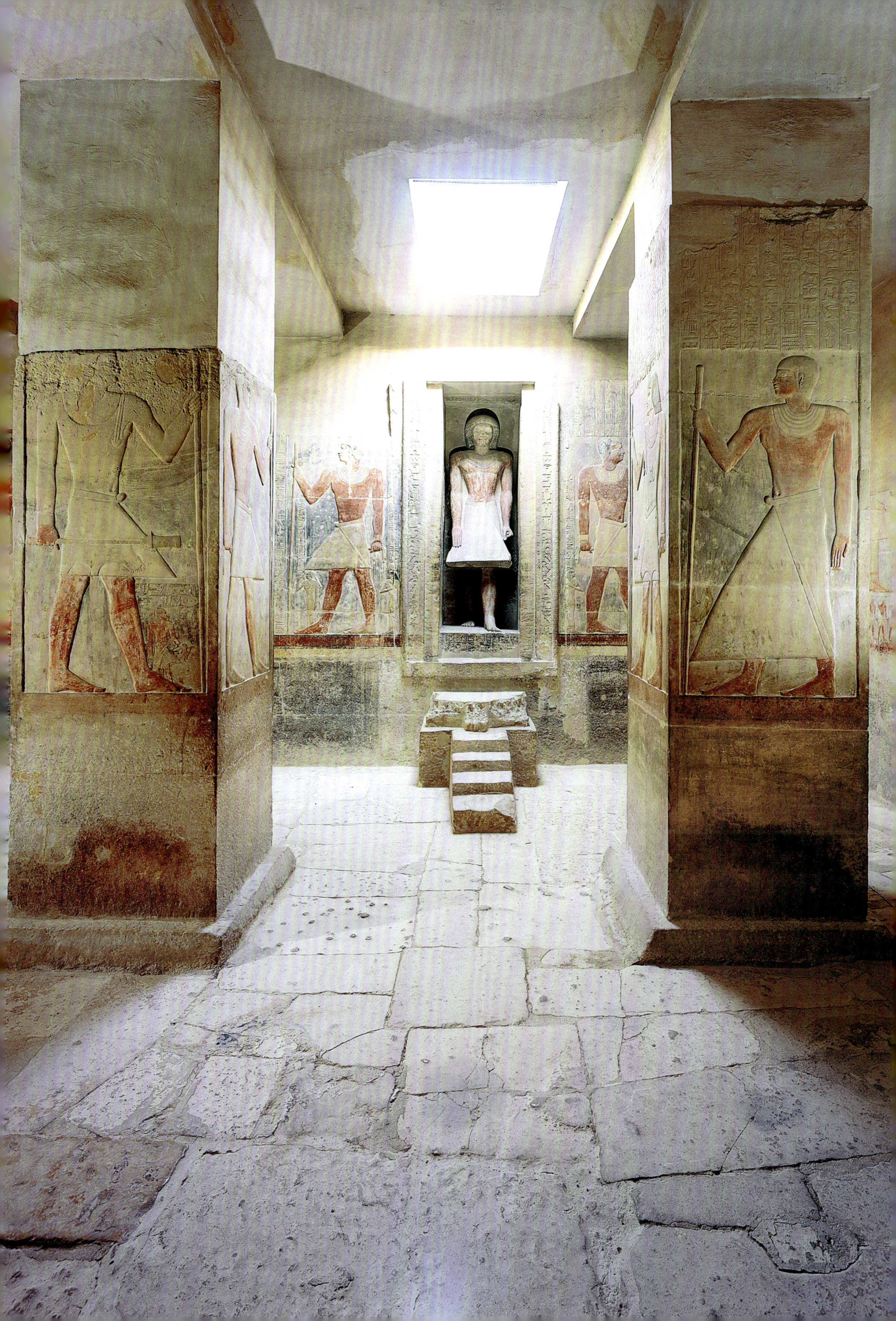

埃及的整个历史可以囊括在一个地方。它涵盖了从第一王朝传说中的法老美尼斯，被认为是孟菲斯的创始人，建造的第一座未烘烤的砖制墓碑，一直到希腊-罗马时期。第一王朝的皇室、贵族和高官的陵墓沿着沙漠高原的东缘延伸。主宰萨卡拉的是左塞尔的阶梯金字塔，这是已知的 97 座埃及金字塔中最古老的一座，建于公元前 27 世纪中叶，周围是用来庆祝皇家禧年的寺庙和建筑。萨卡拉至少还有另外 13 座皇家金字塔，其中最著名的是位于墓地最北端的塞汉赫特（第三王朝的继承者）、尤纳斯和特提。在左塞尔金字塔的北面，除了数量不详的较新墓穴，还有最大面积的旧王国非王室墓穴。值得一提的是，它们有数百个，要么是因为它们来自特定阶层的人，要么是因为它们的建筑、结构或装饰方面。最近，该领域的考古学家发现了挖掘的新线索。

再往北有一些最著名的遗址，托勒密王朝（公元前 4 世纪掌权的马其顿统治者）希望看到这些遗址被列为世界七大奇迹之一。它们是吉萨的金字塔，由胡夫、哈夫拉和孟卡拉建造，他们是第四王朝的三位法老，几乎统治了公元前 26 世纪的整个埃及。事实上，吉萨高原（比平原高约 40 米，从这里可以看到尼罗河三角洲的绿色植物）从原始王朝时期就已经被用作墓地，但正是有了这三位法老，皇家陵墓才达到了最辉煌的境界。建造胡夫金字塔（希腊语中的"Cheops"）需要 35 年

■ 第 166 页（上）
巨大的、逐渐重叠的花岗岩石块形成了位于胡夫金字塔中心的大画廊。这条通道长约 47 米，高约 8.53 米。

■ 第 166 页（下）胡夫金字塔两侧的陡峭角度（为 51°，斯尼夫鲁金字塔为 45°，这是第一座幸存下来而没有坍塌的"真正"金字塔）使它的总高度达到约 147 米，而现在的高度是约 139 米。

■ 第 166-167 页 目前尚不清楚为什么孟卡拉金字塔与吉萨的"巨人"相比是如此之小，但很可能前两座金字塔的建设对这个国家的要求太高，以至于不能复制。

■ 第 167 页（左下）第四王朝的第五位法老孟卡拉金字塔内的墙壁上的这些大型壁龛可能是用来供奉的。

■ 第 167 页（右下）哈夫拉的墓室是用倾斜的粉色花岗岩板覆盖的：这种布置可以重新分配金字塔上部的巨大重量，否则这将压垮一个平屋顶的空房间。在左边的墙上，贝尔佐尼（Belzoni）在 1818 年发现时刻下的胜利的文字显示了 19 世纪初考古学家的发掘。

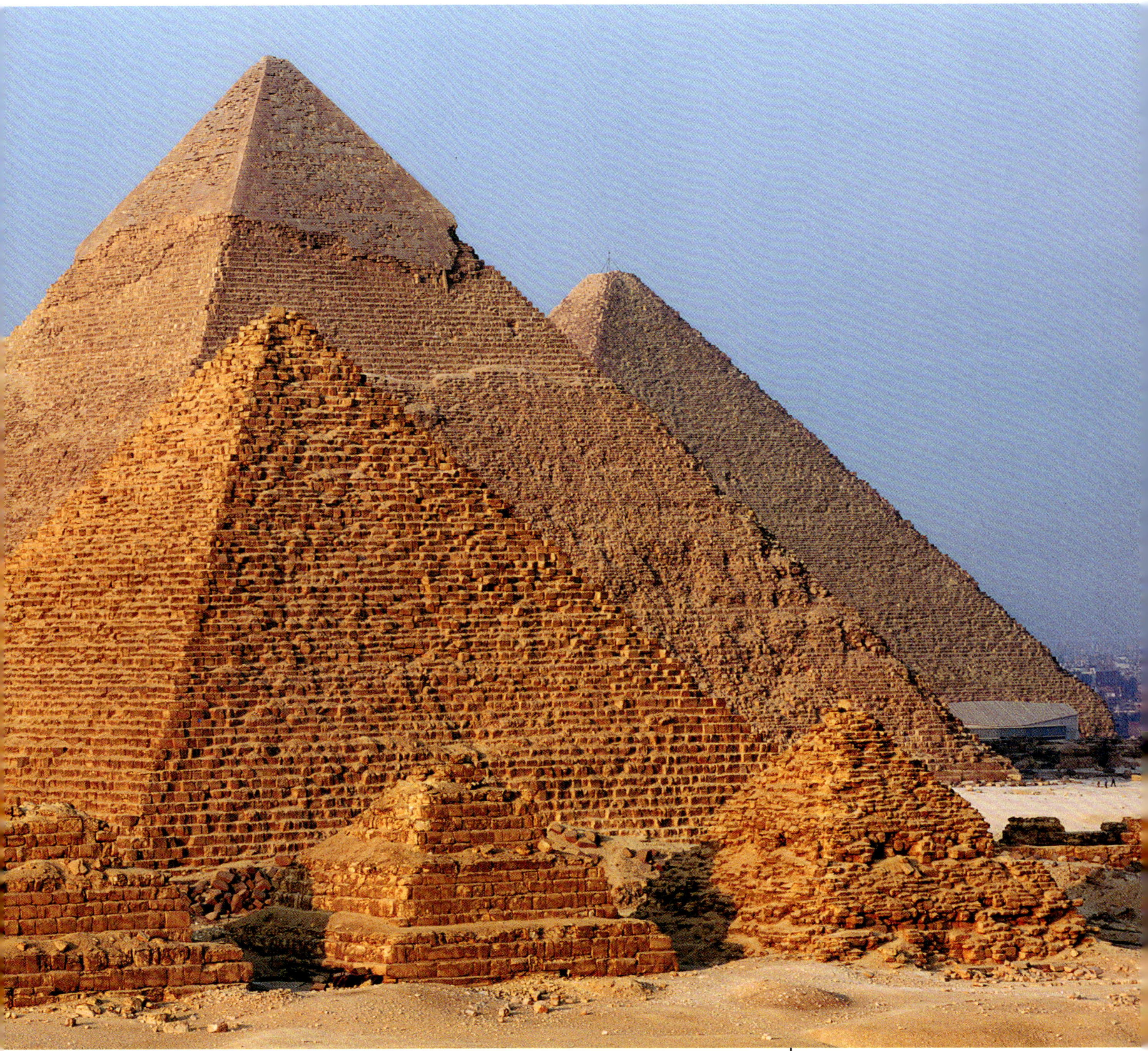

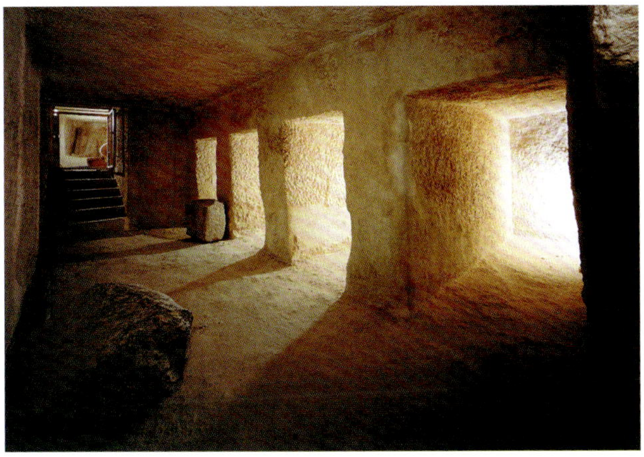

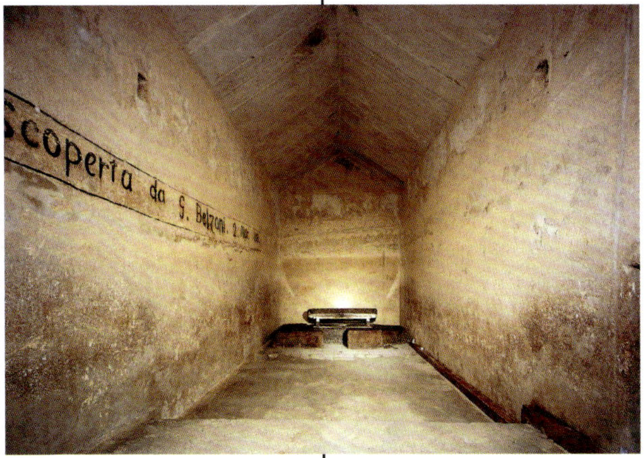
Scoperta da G. Belzoni.

的工作和 250 万块每块重量在 2~75 吨的石块。它最初高约 147 米，方形底座两侧长约 230 米。今天，经过几千年的侵蚀，它仍然高达 138 米。入口位于大约 17 米高的地方，一条狭窄的走廊进入岩石，在第一个洞穴的遗址内绵延约 100 米。这是第一个计划中法老的安放之处，但实际上，要到达他真正的墓室，必须走一条从入口到交叉口约 32 米的上升侧廊。从这里，一条通道通向一个被称为皇后室的中间房间，而近 49 米长，约 8.5 米高的大画廊通向法老真正的埋葬之地。在这里，在一个大约 10.06 米 × 4.88 米的房间里，矗立着胡夫的简易花岗岩石棺。哈夫拉（Khafre，希腊语：Chephren）建造了他的葬礼庙宇，就在他父亲的墓地以南一点。遗址两边长约 210 米，由于更倾斜，达到了更低的高度，略高于 143 米。

在哈夫拉金字塔的一侧和下坡处，有两座寺庙比胡夫金字塔的寺庙保存得更好。西边是神秘而巨大的狮身人面像雕塑，长约 55 米，高约 20 米。它是从用来为胡夫金字塔提供材料的采石场遗留下来的一块石块上雕刻而成的。该雕塑在埃及是独一无二的，它的完工日期在胡夫和哈夫拉统治之间摇摆不定，但几乎可以肯定是前者。在古埃及的象征意义上，这座雕塑代表了法老，在法老身上，野生动物的力量与人类的智慧相结合。在吉萨建造的最后一座金字塔是哈夫拉的儿子孟卡拉（希腊语：Mycerinus）的金字塔，位于高原南侧的剩余空间。它每边只有约 105 米，高约 65 米，墓室的布局与胡夫金字塔相同，标志着第四王朝最后一座巨大的葬礼遗址。寺庙的布局也很简单，装饰有由各种材料制成的精美雕像。有了这些建筑，大金字塔的时代就永远地结束了。

古代的资料几乎没有为我们提供有关建造这三座遗址所使用的技术的信息，但它们很可能是使用许多小坡道组装起来的，以便将石块运输到 25~390 米的高度，然后这些坡道被结合在一起，形成一个大坡道，用于建筑较高的部分。然而，任何理论都是纯粹的猜测。可以肯定的是，吉萨金字塔是古代世界上唯一几乎原封不动地保存到今天的奇迹，4500 年来一直令人惊叹和钦佩。就连伟大的拿破仑也在吉萨战役前夕告诫他的士兵说："从这些金字塔的顶端，40 个世纪的历史在凝视着你们。"

▎第 168 页（上）斯芬克斯狮身人面像上描绘的国王的身份尚不清楚：它曾被认为是哈夫拉，因为遗址与他的金字塔坡道有关，但最近一些专家将它的建造与胡夫联系在一起。

▎第 168 页（下）一个巨大的圣所位于狮身人面像前面，作为哈夫拉墓地的一部分，它分不同阶段建造。从右下角可以看到通往法老金字塔的坡道。

▎第 169 页　形成狮身人面像岩石的不一致分层从其不同部分的不同颜色中可见一斑。头部颜色较深，是最坚固的部分，而爪子看起来保存得很好，但实际上是"人造的"，里面衬着石灰石，很容易修复或更换。

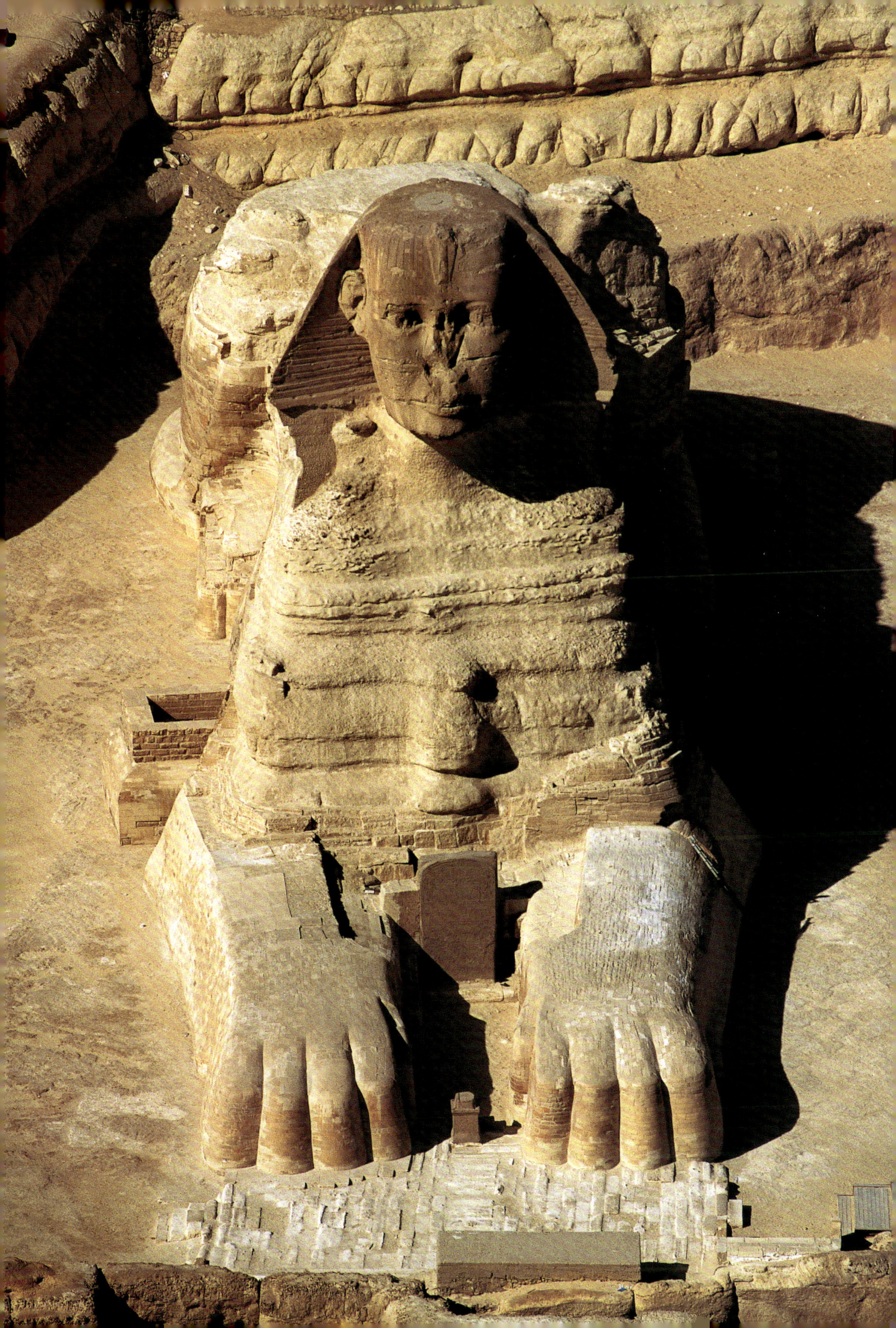

底比斯古城及其墓地

埃及

基纳省
入选年份：1979
遴选标准：C（Ⅰ）（Ⅲ）（Ⅵ）

在开罗以南约676千米的地方，尼罗河（Nile River）蜿蜒曲折，两旁是低矮的山脉，旅游当然不是什么新鲜事，游客无法控制地想在遗址和艺术品上留下来过的标记也不是什么新鲜事。在公元前1570—前1070年新王国时期埃及王朝的首都底比斯（Thebes），游客们的涂鸦也成了一段历史。最先经过的是托勒密时代的希腊和罗马旅行者，他们在国王谷的法老陵墓的墙上留下了至少2000幅涂鸦。除此之外，还有腓尼基语、塞浦路斯语（Cypriot）、吕基亚语（Lycian）、科普特语（Coptic）和其他语言的信息。所有这些都证明埃及的伟大在基督教时代开始之前就已经是传奇。

古希腊作家保萨尼亚斯（Pausanias）、斯特拉波和西西里的狄奥多罗斯将底比斯［埃及人称之为瓦塞特（Waset）］描述为一座奇迹之城，因此来自地中海另一边的富裕居民冒险前往埃及，欣赏宏伟的寺庙、壮观的门农巨像和无穷无尽的国王谷墓地。狄奥多罗斯认为：除了墓穴不可能会给后人留下更美的东西。

今天，坐落在尼罗河左岸的古都遗址上的城市卢克索（Luxor），至少有25万年人类居住史，是世界上最非凡的露天博物馆。现代城市以北几英里处矗立着位于卡纳克（Karnak）的阿蒙拉神庙（Amon-Ra），供奉着古埃及最重要的神之一——太阳神。它大约在公元前1900年由中王国第十二王朝的法老塞索斯特里斯一世建造，直到公元4世纪才停止扩张和变化。每个法老都想留下自己的印记，因为阿蒙拉神庙反映了古埃及人对世界的看法。它的结构沿着两条轴线展开：东西轴反映了太阳的轨迹，象征着事物的神性；而南北轴与尼罗河的流向平行，与君主的领土和职能相连，其中法老代表着一切神圣和人性的融合，法老的存在确保了王国的繁荣。

再往南，在尼罗河东岸城市的中心，矗立着卢克索神庙，它建于阿蒙霍特普三世（Amenhotep Ⅲ，公元前1386—前1349年）统治时期，通过一条长长的铺砌的游行道路（希腊语中的"Dromos"）与卡纳克神庙相连，两旁都是狮身人面像。在寺庙前仍然可以看到一段这样的景象。也被称为"阿蒙的南方后宫"，开始于阿蒙霍特普三世，结束于拉美西斯二世。根据莎草纸的记载，卡纳克大神庙里的崇拜阿蒙的祭司不少于2万人。每年一次，在欧佩特盛宴（feast of Opet）之际，祭司们会把阿蒙神像从神殿里移走，用一艘镀金木制的仿真船将其运送到卢克索神庙。

在河的对岸，阿蒙霍特普三世

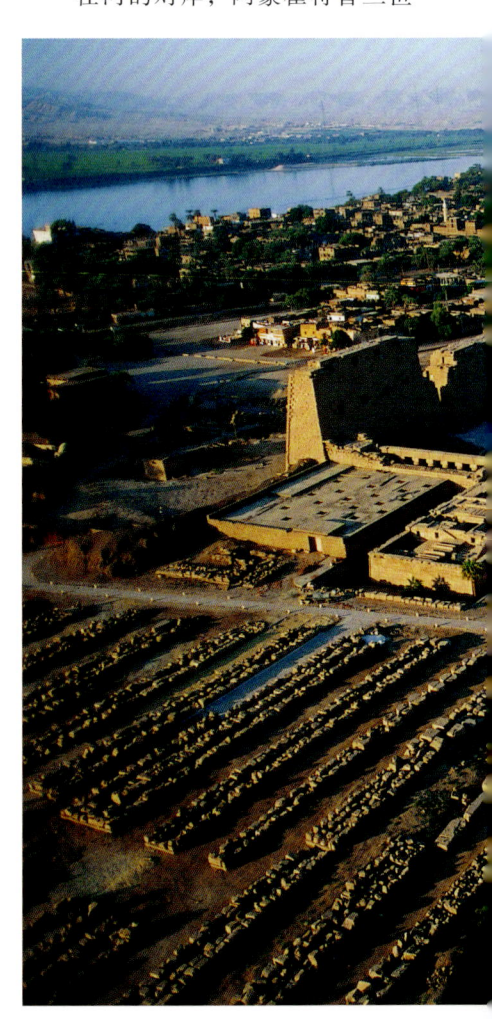

似乎要强调以卡纳克祭司为代表的神圣世界政府与尘世政府之间的距离，而建造了他的宫殿。在所有属于法老的居所中，这是幸存下来最好的一个。像埃及的其他住宅一样，它是用泥砖建造的（这就是为什么有这么多的住宅丢失了）。它不仅是国王和他的王后泰伊的家，也是他因娶了赫梯公主而收到的317个赫梯妃子的居所。

■ 第170页（上） 拉美西斯二世巨大的雕像矗立在卢克索神庙中。

■ 第170页（下） 卡纳克神庙中的大列柱室（Great Hypostyle Hall）由134根砂岩柱子组成，分为16排，占地约5公顷。中央正厅的竖井高达24米。

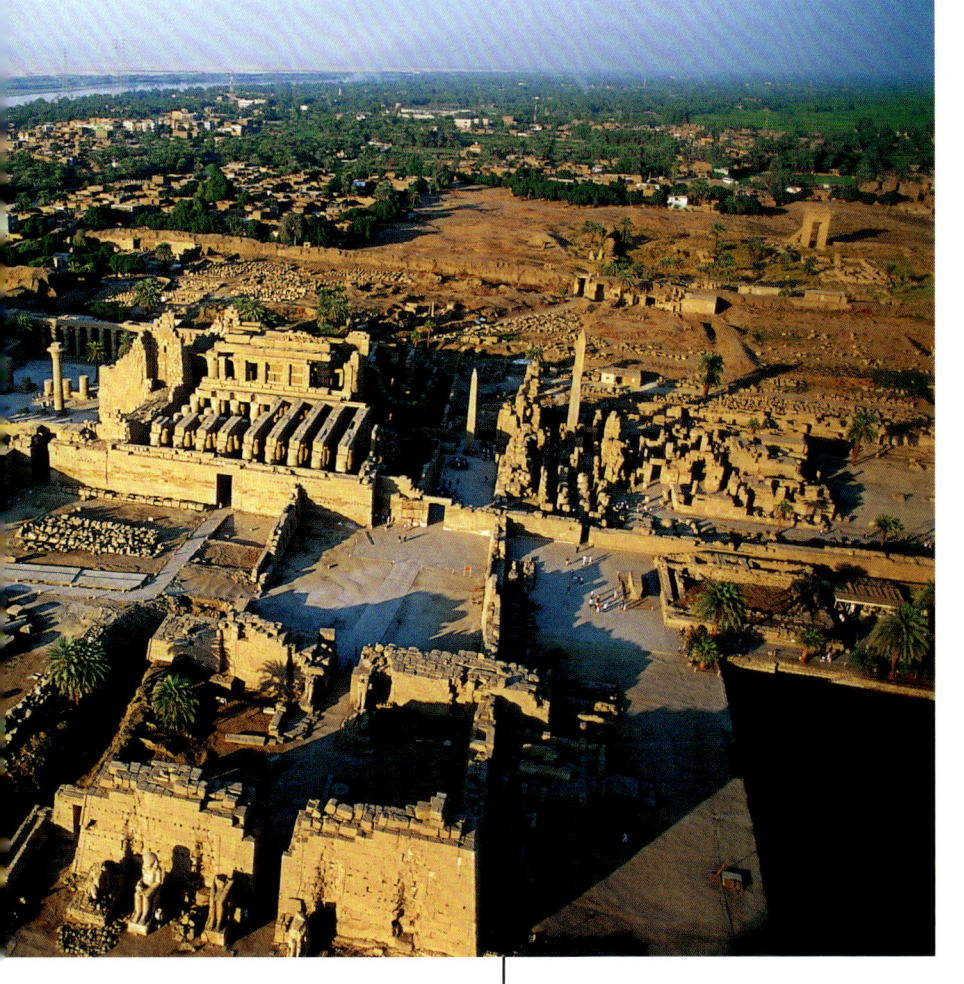

■ 第170-171页 在卡纳克建造扩建的阿蒙拉神庙需要16个世纪（大约从公元前1950年到公元前350年）。左边，对着河流，矗立着拉美西斯二世和霍朗赫布建造的塔楼；在前景中，圣湖和哈特谢普苏特的第八个塔楼旁边，坐落着整齐的粮仓和寺庙储藏室的地基。

■ 第171页（左上） 卢克索神庙的废墟距离尼罗河东侧的"活人之岸"只有几米远。由阿蒙霍特普三世建造的大柱廊（中）曾被一座平行六面体建筑包围。

■ 第171页（右上） 拉美西斯二世的塔身两侧是两尊法老巨像。它通向卢克索[又称"Ipet-Resit"或古埃及人的"南方的居住地"（Residence of the South）]神庙，在尼罗河泛滥的季节举行的伟大的欧佩特节期间，阿蒙的雕像每年都会被抬到那里。

■ 第172页（上）四尊无头巨像在拉美西姆（Ramesseum）第二宫的柱廊前排成一排。拉美西斯二世明显"痴迷"于复制自己的形象，人们对此有多种解读，包括最简单的宣传手段。

■ 第172页（下）拉美西斯二世在西底比斯［West Thebes，1839年由让·弗朗索瓦·商博良（Jean François Champollion）命名为拉美西姆］建造的寺庙和行政综合体的原始大小的构想来源于天空。位于中心的花岗岩宫殿在几千年的历史中幸存了下来，但只能看到附属建筑地基，这些建筑是用未烧制的泥砖简易建造的。

马尔卡塔（Malkata，宫殿的阿拉伯名字）也是法老的行政中心，附近有一个村庄，那里住着为法老服务的工匠和仆人。

一英里外矗立着门农巨像（Colossi of Memnon），这是阿蒙霍特普三世的两座巨大的石英岩雕像，每座高约23米，重约1000吨。他们立在法老陵寝的入口处。在这里，在代尔埃尔巴哈里（Deir el-Bahari）的石灰岩悬崖脚下，在第一座雄伟的陵寝后面，还有另外14座"千万年的陵寝"排成一排。这些是其他14位法老的陵寝，其中包括拉美西斯二世、阿蒙霍特普二世和塞提一世，其中最著名的就是这三位。陵寝的建造是为了永恒，以便他们的臣民可以永远记住法老。

尽管如此，和古代一样，今天底比斯的名声主要归功于帝王谷（Valley of the Kings），其次是王后谷（Valley of the Queens），这两个墓地位于悬崖的另一边。在这两个墓地之间，平民墓地被错误地称为"贵族陵墓"。这是一个由500个坟墓组成的建筑群，通过它们的建筑和装饰的朴素风格可以与皇家陵墓区分开来。

王后谷有75~80座来自第十八、十九和二十王朝的坟墓，其中不仅埋葬了法老的妻子，还埋葬了法老

■ 第172-173页 公元前2050年—前1450年，曼图霍特普三世、哈特谢普苏特王后和图特摩斯三世的大庙宇都建在代尔巴哈里的砂岩悬崖脚下。在晨光中，可以在照片的上半部分可以看到帝王谷几个陵墓的入口处。

第173页（上）著名的门农巨像矗立在阿蒙霍特普三世葬礼庙宇的入口处，阿蒙霍特普三世是未来的"异端"阿蒙霍特普四世的父亲。这两尊雕像的现状非常糟糕，但仍然显示出极其雄伟的气势。

第173页（中）位于拉美西斯三世神庙（阿拉伯名称：Medinet Habu）的"migdol"（一种美索不达米亚建筑风格的塔）的废墟位于拉美西斯三世神庙的塔楼和礼仪宫前面，拉美西斯三世是埃及最后一位伟大的法老，他生活在辉煌的拉美西斯二世之后大约一个世纪。

第173页（下）面向拉美西斯三世神庙第二个庭院的门廊状况极佳。它由完全刻有浮雕和彩绘的纸莎草柱支撑。在右边，法老接受"创世"神亚图姆的致敬。

173

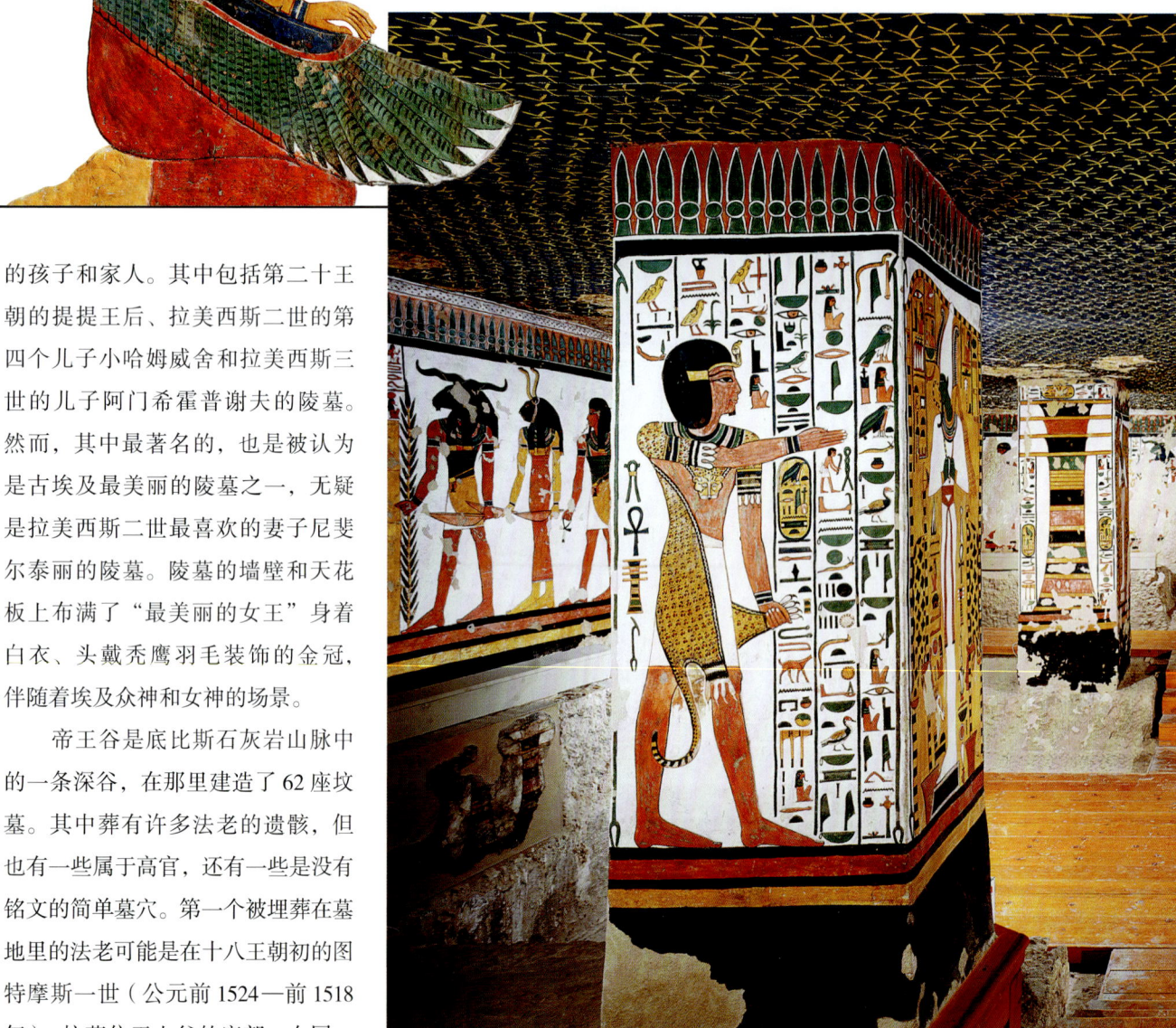

的孩子和家人。其中包括第二十王朝的提提王后、拉美西斯二世的第四个儿子小哈姆威舍和拉美西斯三世的儿子阿门希霍普谢夫的陵墓。然而，其中最著名的，也是被认为是古埃及最美丽的陵墓之一，无疑是拉美西斯二世最喜欢的妻子尼斐尔泰丽的陵墓。陵墓的墙壁和天花板上布满了"最美丽的女王"身着白衣、头戴秃鹰羽毛装饰的金冠，伴随着埃及众神和女神的场景。

帝王谷是底比斯石灰岩山脉中的一条深谷，在那里建造了62座坟墓。其中葬有许多法老的遗骸，但也有一些属于高官，还有一些是没有铭文的简单墓穴。第一个被埋葬在墓地里的法老可能是在十八王朝初的图特摩斯一世（公元前1524—前1518年），坟墓位于山谷的底部。在同一地点，他的坟墓之后是塞提二世的

■ 第174页（左上）
玛亚特女神接受尼斐尔泰丽（不可见的）的供品。王后先于丈夫拉美西斯二世去世，但她的死因无人知晓。在获得像阿布·辛拜勒的小庙这样的建筑后，她便从有记录的历史中消失了。

■ 第174页（右上）
王后谷（埃及时代称为"Ta Set Neferu"），"王室儿女之地"，位于帝王谷的西南部。起初，它是十八王朝王子和公主的墓地，但随着时间的推移，像尼斐尔泰丽（拉美西斯二世的主要妻子）这样的王后也被埋葬在这里。

■ 第174-175页 蓝色背景上点缀着无数星星的天花板覆盖着装饰华丽的尼斐尔泰丽墓室——"黄金之家"。在背景中，朝北，可以看到通往"俄西里斯之家"的门，俄西里斯是监督复活的神。

■ 第175页（上）尼斐尔泰丽向亚图姆和俄西里斯（左）供奉食物，俄西里斯是死而复生的神，这里显示为一具绿色肉体的木乃伊。这些粮食包括被斩首的牛的身体和面包。

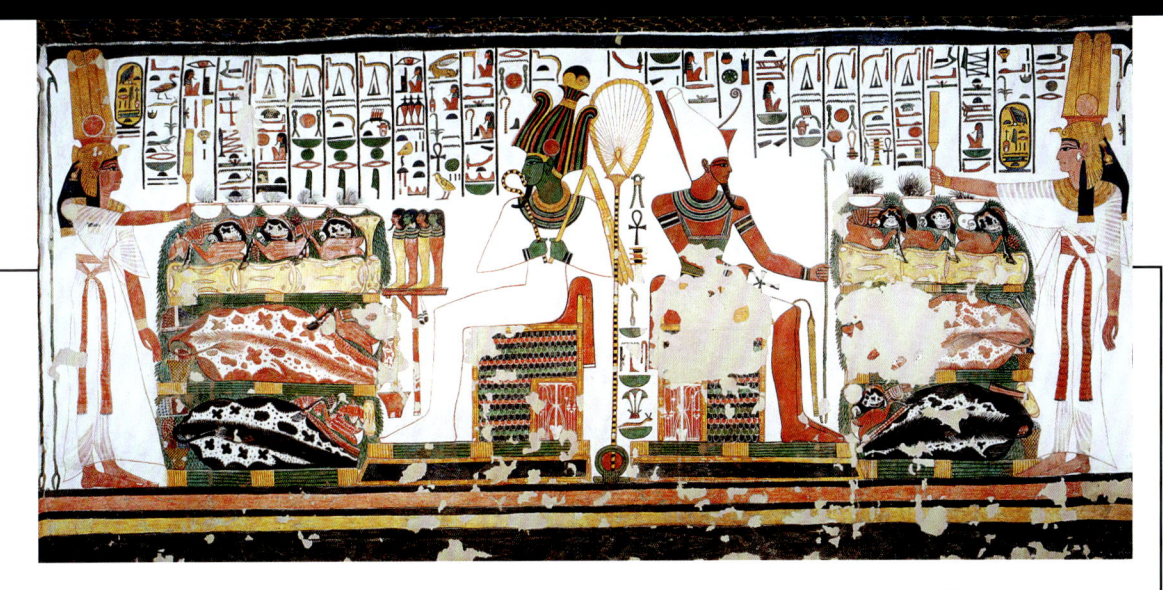

第175页（中）尼斐尔泰丽和国际象棋的先驱塞尼特（senet）进行着一场挑战她命运的游戏。这是已故贵族在去往来世的旅途中必须独自（或在友善的神的帮助下）通过的众多考验之一。

第175页（下）尼斐尔泰丽的墓中有各种装饰品，但画中戴着秃鹰的头饰，这表明她是多位王子的母亲。图中她还穿着白色礼服。

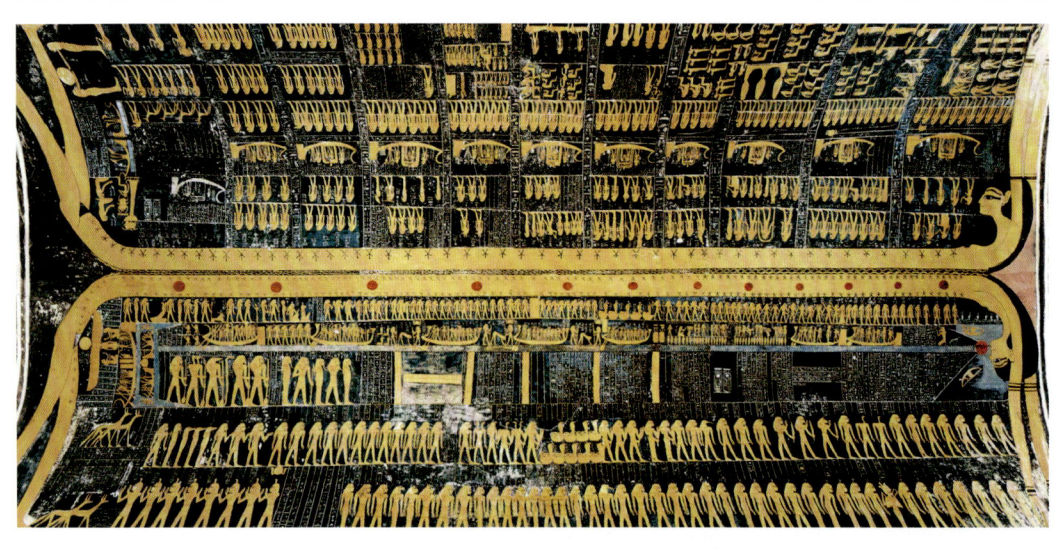

第176页（上）太阳神在西底比斯的拉美西斯六世墓室天花板上进行他的日间和夜间旅行——用红色圆圈和星星描绘——穿过女神努特的双重身体。

第176页（下）拉美西斯二世之父塞提一世陵墓的"天花板"上装饰着由神、象形文字和以神像和动物为代表的星座（其中星星用红点标记）。

坟墓，然后是西普塔（Siptah）的坟墓。哈特谢普苏特（Hatshepsut）和图特摩斯四世的坟墓在一个小山谷中，而在墓地的中心发现了另外15个法老的坟墓。

皇家陵墓的布局是精心设计的，但通常包括一段楼梯，一条下行走廊，走廊上有一个或多个房间可以打开，最后是一个墓室，里面存放着法老的石棺。在这个房间里，根据古埃及宗教的说法，国王变成了一个神圣的实体。墙壁上排列着五颜六色的浅浮雕，描绘了来世和法老前往俄西里斯的旅程。

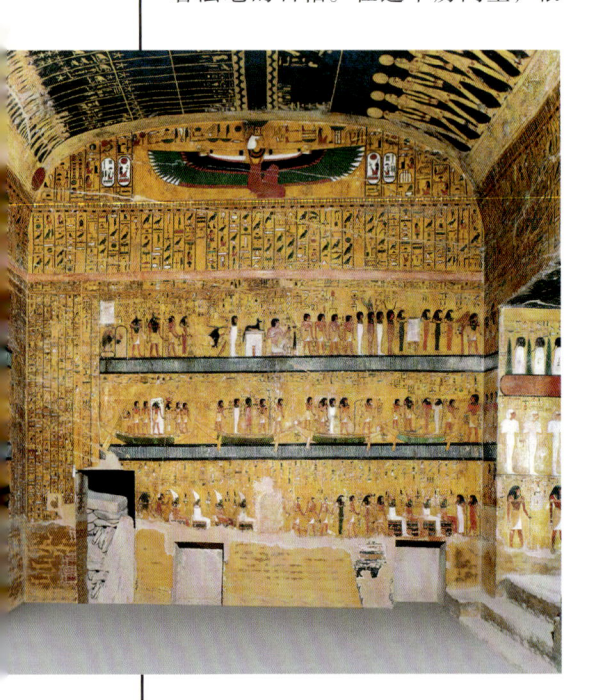

在底比斯最辉煌的时候，它代表着埃及权力的胜利，对希腊人和罗马

人来说是一个奇迹之地，但在阿拉伯征服这个国家后，它就被遗忘了。直到18世纪初，耶稣会士克劳德·皮卡德（Claude Picard）于1726年才重新发现了它。丹麦艺术家弗雷德里克·路易斯·诺登（Frederik Ludwig Norden）是最早为底比斯画画的欧洲人之一，紧随其后的是理查德·波科克（Richard Poocke），他绘制了一幅详细的帝王谷地图。19世纪，随着古埃及"风格"席卷欧洲，底比斯的遗址吸引了考古学家、像普罗斯珀尔·乔洛斯（Prosper Jollois）和埃杜代·德·维利尔斯（Edouard de Villiers）这样的学者，和像戴维·罗伯茨（David Roberts）这样的艺术家，当然也有许多不择手段的游客通过走私古代物品来轻松获利。

尽管帝王谷的许多珍宝被盗，但整个19世纪和20世纪，欧洲学者对象形文字的破译和埃及首都的挖掘作出了决定性的贡献。终于在1922年，经过十年的辛勤工作，霍华德·卡特在国王谷发现了最后一座陵墓，无可否认，它是最迷人、最神秘的坟墓之一：少年法老图坦卡蒙（Tutankhamon）的墓地。

▍第176-177页 在阿蒙霍特普二世的生活中，出现了各种各样的神（哈托尔在前景中），他在十八王朝法老墓的墓室的六根柱子上的绘画中戴着法老巾冠（nemes）的头饰。

▍第177页（上）国王谷地面上的黑色小点是墓穴的入口处。这个新的设计是在新王国时期发展起来的，基于通向墓室的向下倾斜的长廊。图坦卡蒙的陵墓位于照片中央的浅色区域。

▍第177页（下）底部女神奈芙蒂斯展开翅膀保护图坦卡蒙最外面的石棺的一角，这座石棺是由精雕细琢的红色石英岩制成的。这座陵墓之所以出名，是因为它是唯一一座被发现几乎完好无损的陵墓，但事实上，与其他埃及国王的陵墓相比，它的规模很小。

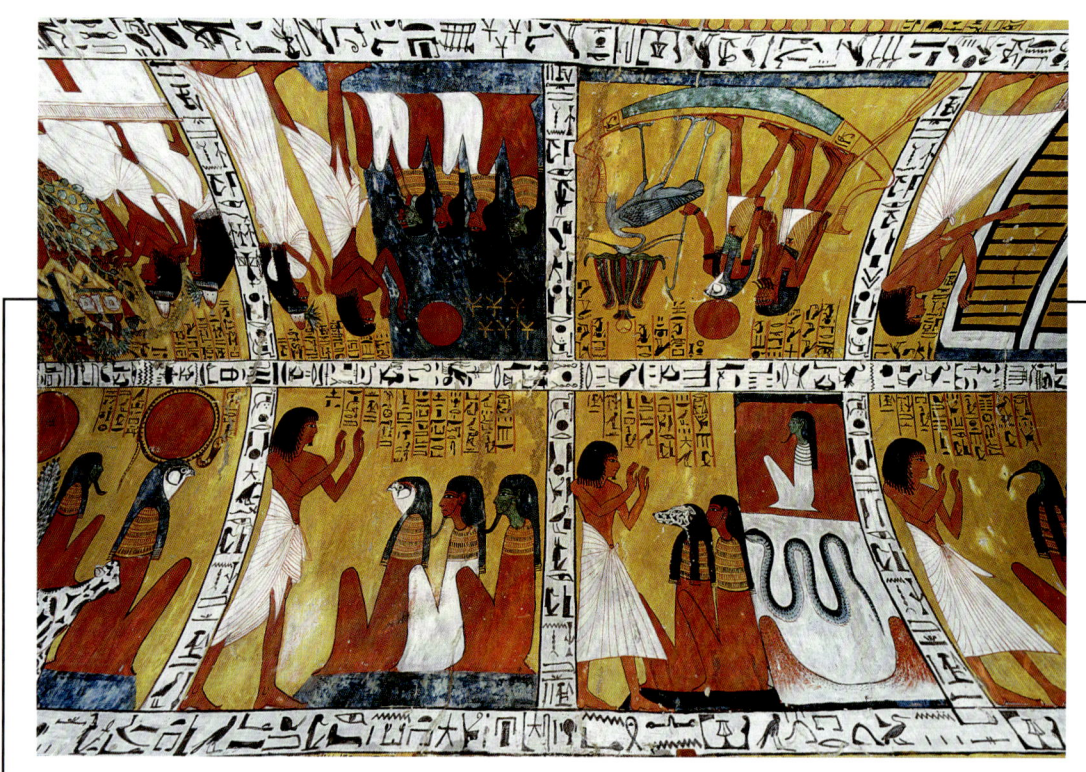

■ 第 178 页（上） 在国王谷工作的工匠是买得起上好的坟墓的。上面这张照片显示的是森尼杰姆（Sennedjem）墓的天花板，下面是帕夏度（Pashedu）墓的天花板。

■ 第 178 页（右下） 在亚鲁（IARU）的田野代表着永生的承诺，也代表着永恒的工作，迎来了森尼杰姆，在他位于西底比斯的坟墓中的这幅画中，他的妻子因纳芙蒂帮助他从事农业工作。

■ 第 179 页 在第十二王朝（公元前 14 世纪）阿蒙霍特普二世的大臣塞内弗墓中的天花板上画着模仿色彩鲜艳的垫子的装饰。

■ 第 178 页（左中） 帕夏度跪在乌加眼（udjat eye，也称"荷鲁斯之眼"）下，眼睛里有一个火盆，上面有祭品献给众神。这幅死者的画像画在石棺上方的墙上。

■ 第 178 页（右中） 没有皇家遗址的宏伟，在国王谷附近挖掘的工人村提供了关于古埃及生活的有趣信息。

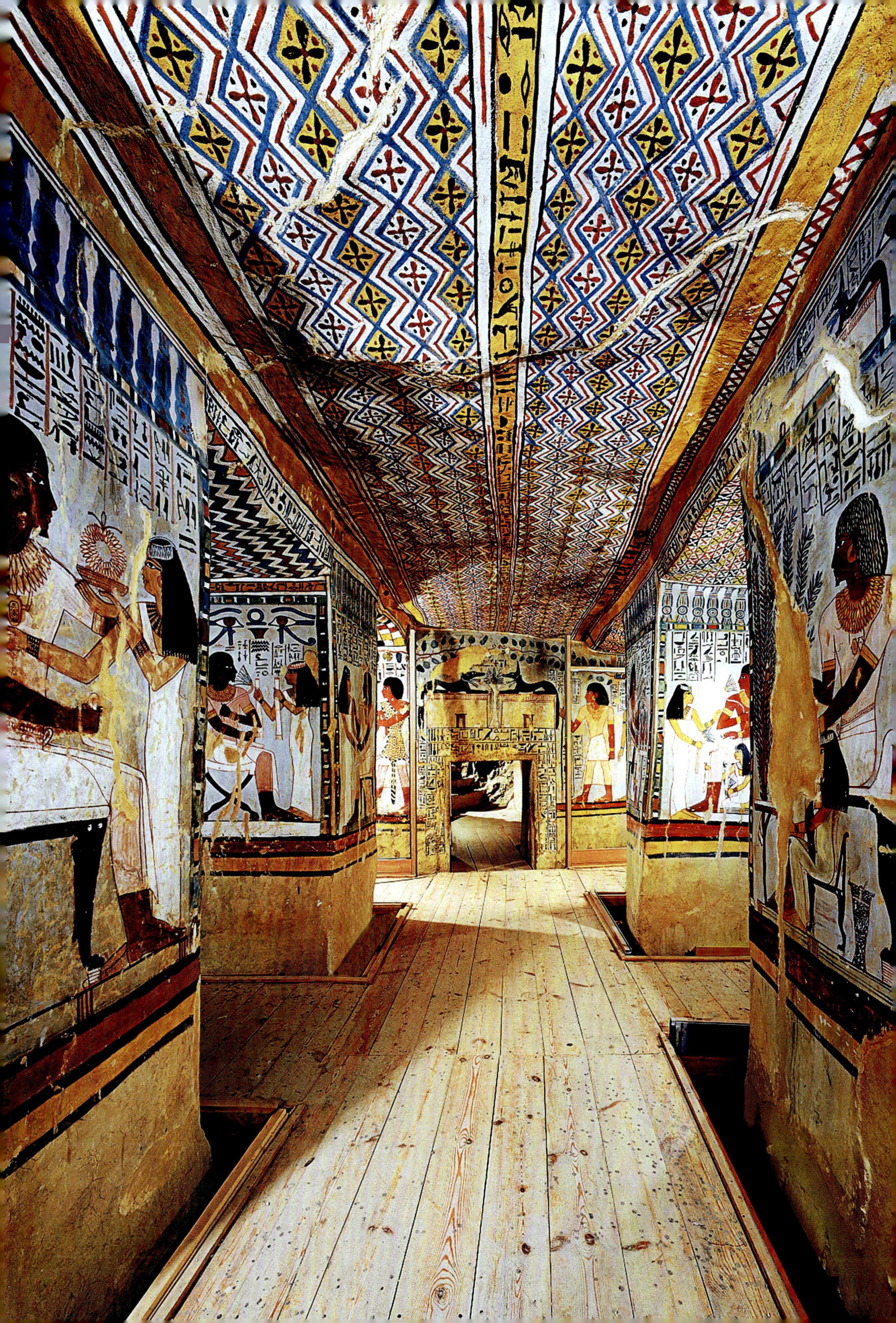

阿布·辛拜勒至菲莱的努比亚遗址

埃及 | 阿斯旺省
入选年份：1979
遴选标准：C（Ⅰ）（Ⅲ）（Ⅵ）

联合国教科文组织于1960年发起的拯救阿布·辛拜勒宏伟寺庙的运动花了20年时间才完成。3250多年前由拉美西斯二世建造在尼罗河左岸，它完全是从岩壁中挖出来的，位于阿斯旺以南约282千米处，但距离尼罗河上的高坝建造地不够远。当尼罗河河水在大坝后面蓄积时，阿布·辛拜勒显然处于危险之中。因此，政府决定将寺庙分割、拆除，并在距离原址200米处重建。

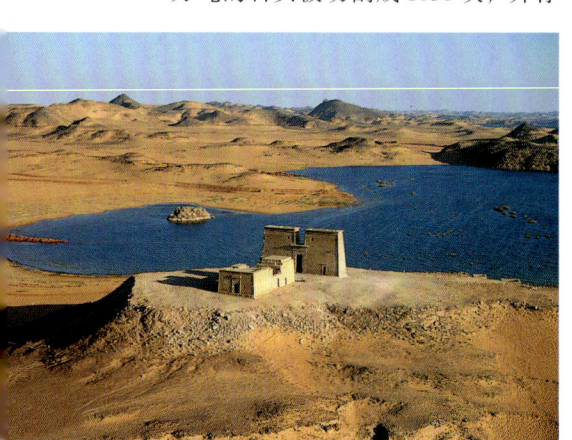

为了进行这个复杂的操作，1.5万吨的石头被切割成1036块，并仔细编号，在这个过程中移除了30万吨的围岩。然后，这些结构被重新组装，也重建了寺庙周围的山脉。同样的命运落在了不太有名但同样重要的菲莱神庙身上，它位于高坝和阿斯旺大坝之间，以及葛夫侯赛因神殿（Gerf Hussein）、达卡（Dakka）、阿玛达（Amada）、德尔（Derr）、卡拉布萨（Kalabsha）、卡斯尔·易卜拉欣（Qasr Ibrahim）和瓦迪-萨波瓦（Wadi as-Sabua）的神庙，最初被称为"阿蒙之家（house of Amun）"。

考虑到埃及为感谢在救援行动中提供的帮助而向各国捐赠了几座小寺庙，很明显，这20年的时间对古努比亚的地理有多么大的改变。捐赠给西班牙的德波神庙（Debod）现在矗立在马德里；丹铎神庙（Dendur）在纽约大都会博物馆；埃尔塞尔达神庙（El-Lessiya）在都灵的埃及博物馆；卡拉布沙神庙的门户网站在柏林的埃及博物馆；塔法神庙（Taffa）在荷兰莱顿的国立古物博物馆。

努比亚的历史可以追溯到近6000年前。努比亚是沿着尼罗河两岸蔓延的广阔沙漠地区，占据了整个埃及南部和苏丹的一部分。大约在公元前3800年，半游牧民族开始居住在肥沃的河岸上，形成了相当复杂的文明。公元前2000—前1559年，附近的科尔马王国（Kerma）统治着该地区，但埃及人在公元前第二个千年开始时开始对努比亚的一部分地区施加影响，并最终在公元前1100年前后统治了这片地区。该地区对法老感兴趣的原因有很多，但最重要的是，它拥有丰富的贵金属和建筑石材。其次，它代表了一条贸易走廊，埃及人可以通过这条走廊进行香料、没药、象牙、乌木、油、树脂、豹皮以及其他来自中非

▌第180页（上）达卡（埃及人的塞尔盖特）的小努比亚神庙供奉着文字和知识之神托特，建于公元前3世纪，是一处由埃及第18王朝（公元前16—前12世纪）的神庙基础上建造而成的，由麦罗埃文（Meroitic）国王、托勒密王朝和罗马人修缮。

▌第180页（下）位于新生的罗马帝国的南部边界，屋大维建造的卡拉布萨神庙的低式中庭的前面有一个引人注目的立面。这是最大的努比亚寺庙，是完全独立的建筑，并不是部分从岩石中挖出来的。

▌第180-181页 瓦迪-萨波瓦神庙建于公元前14世纪，位于埃及的最南端，现在仍然如此。20世纪60年代，为了保护它免受纳赛尔湖（Lake Nasser）水位上升的影响，人们通过一条带有人头和猎鹰头像的狮身人面像大道接近它，这为它赢得了"狮子谷"的称号。

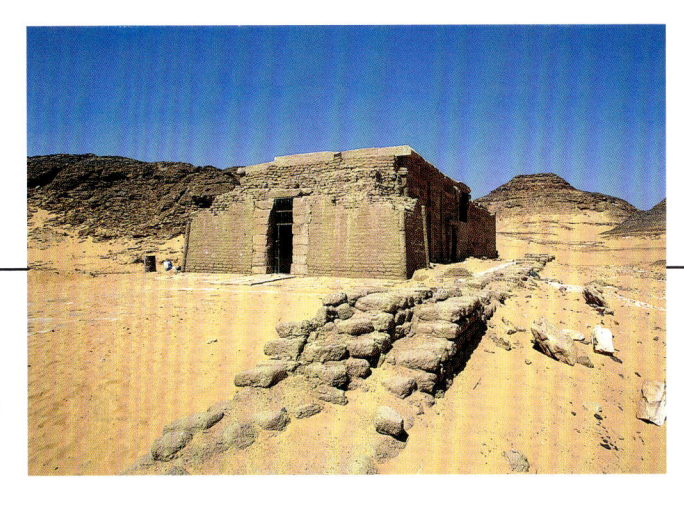

的异国物品的贸易。最后，它迅速成为埃及可以轻易找到劳动力的地区。例如，在第四王朝期间，开展了一场镇压起义的运动，导致7000名奴隶被驱逐到埃及，在埃及建造皇家宫殿。

尽管努比亚有着悠久的历史且该地区与埃及法老有着紧密联系，但努比亚几乎所有最重要的寺庙都是在新王国时期（New Kingdom）建

■ 第181页（上）阿玛达神庙被供奉给阿蒙拉，由图特摩斯三世在公元前15世纪建造。后来，包括拉美西斯二世在内的多位统治者都修复了它。

■ 第181页（下）菲莱岛是埃及最著名的景点之一，尽管它的建筑既不是特别宏伟，也不是特别古老（图片中较大的寺庙是托勒密供奉伊西斯的，右边的亭子是图拉真建造的）。

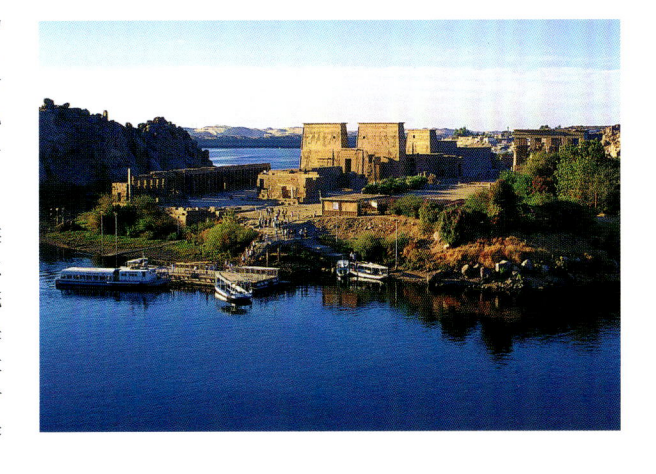

造的，特别是在第十八和第十九王朝（公元前1548—前1186年）。不同的法老为它们的建造做出了贡献，但在拉美西斯二世的统治下达到了艺术上的完美，拉美西斯二世在公元前1279—前1212年与他的五或六位妻子一起统治，其中一位是著名的尼斐尔泰丽。德尔神庙、格尔夫侯赛因神庙和瓦迪阿斯－萨布阿神庙都是按照拉美西斯或他的权贵们的命令建造的。

最令人印象深刻的当然是不同寻常的阿布·辛拜勒神庙，建于拉美西斯二世统治的第三十四年（公元前1245年），还有另一座较小的庙宇，供奉着尼斐尔泰丽和女神哈托尔。主庙巨大的正面嵌在岩石上，高约30米，宽约36.5米，上面装饰着四尊约20米高的拉美西斯巨型雕像，拉美西斯本人坐在他的宝座上，戴着上埃及和下埃及的双重皇冠。拉美西斯的腿旁矗立着一些较小的雕像，描绘着这位法老最亲密的家庭成员。其中一幅画有奈菲尔塔利的特征，其他的则描绘了拉美西斯的母亲、三个女儿和两个儿子。宝座上的浅浮雕代表了在法老的军事行动中征服的王国和人民。在寺庙入口处的中央上方，是太阳神拉·哈拉胡提（Ra-Harakhti）的猎鹰头像。在立面的上部檐口上，有22尊狒狒雕像。

■ 第182页（上）纳赛尔湖的水域环绕着阿布·辛拜勒神庙的新址，20世纪60年代的搬迁代表着前所未有的工程壮举。甚至连庙宇所在的山丘也都进行了细致的重建。

■ 第182页（下）右边的两个巨人站在天然岩壁的对面，它们就是从那里雕刻出来的。沿着石头的边缘可以清楚地看到古代石匠使用脚手架时留下的洞。

■ 第182-183页 阿布·辛拜勒尔大庙宇的正面就像一座塔，它装饰着拉美西斯二世的四个巨型雕像，以及他的三个女儿、母亲和妻子尼斐尔泰丽的小雕像。左数第二个巨像在拉美西斯统治期间因地震倒塌。

■ 第183页（左上）这座小庙宇的正面（供奉大庙宇北边的尼斐尔泰丽的庙宇）有两个不同寻常的特征：六尊雕像中有两尊出现了女王，而且奇怪的是，它的尺寸与法老的雕像一样大。

■ 第183页（右上）脖颈处用绳索绑在一起的努比亚囚犯被雕刻在阿布·辛拜勒大寺庙入口处的南面。早在前王朝时期，类似的图像就出现在埃及的雕塑中。

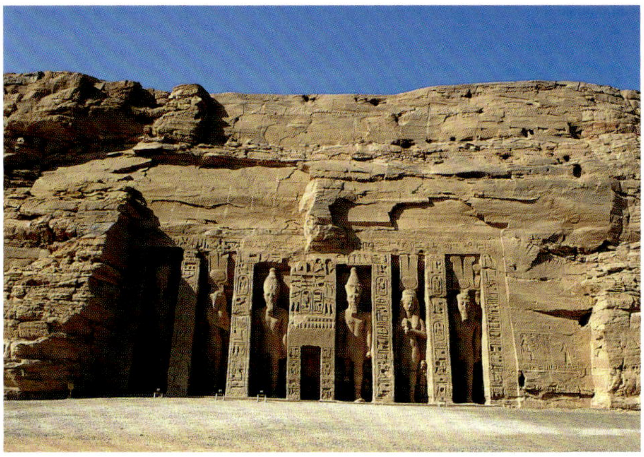
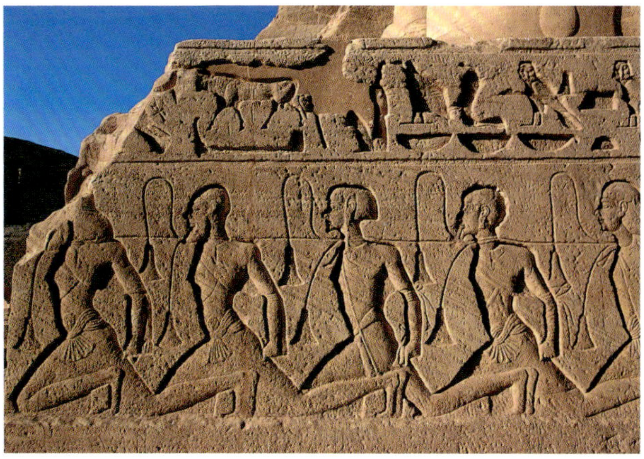
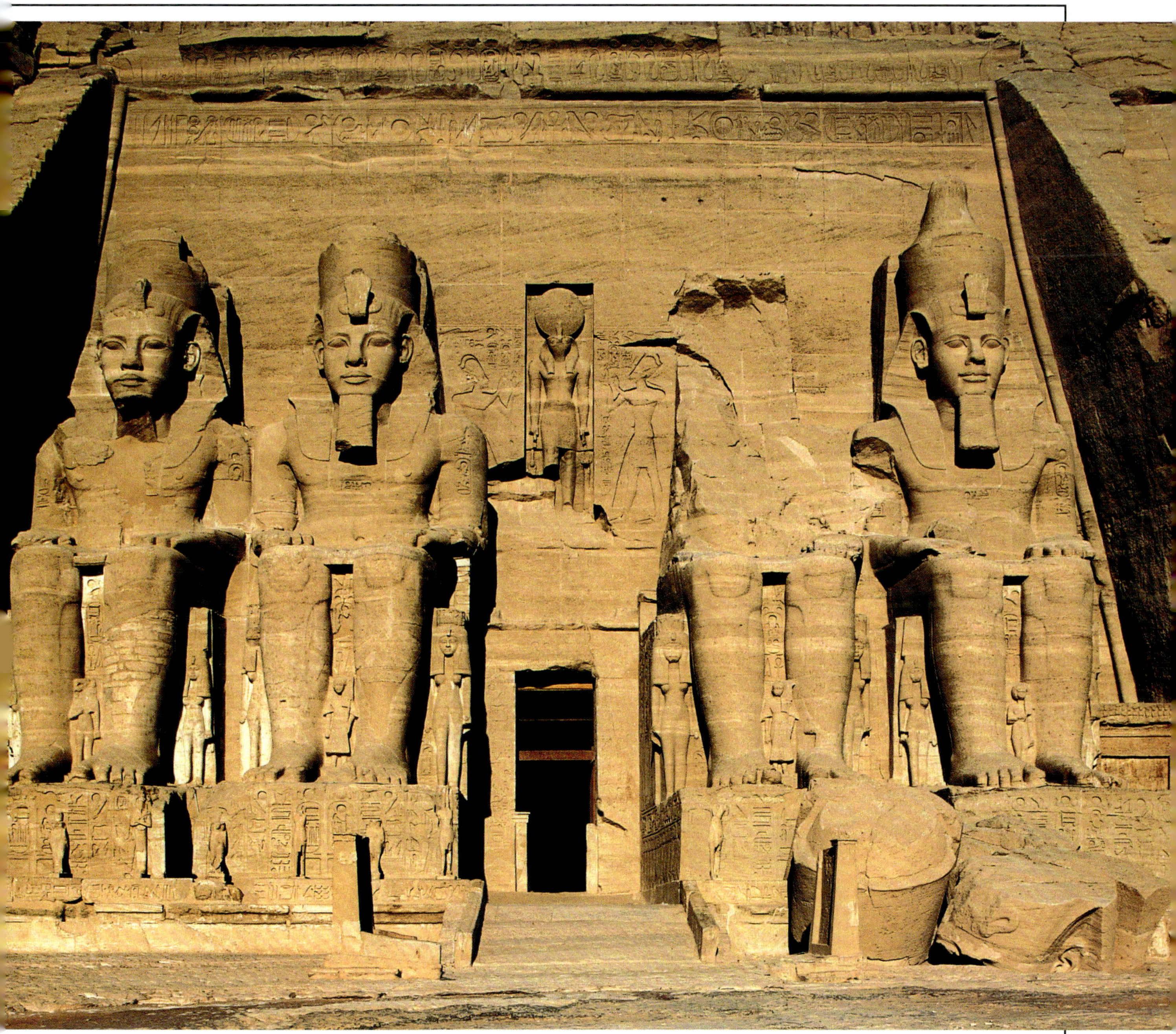

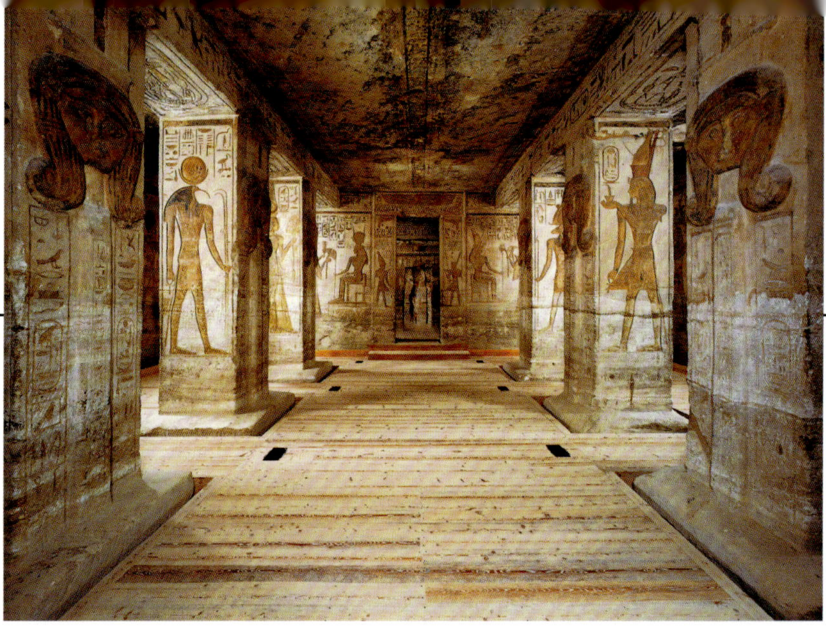

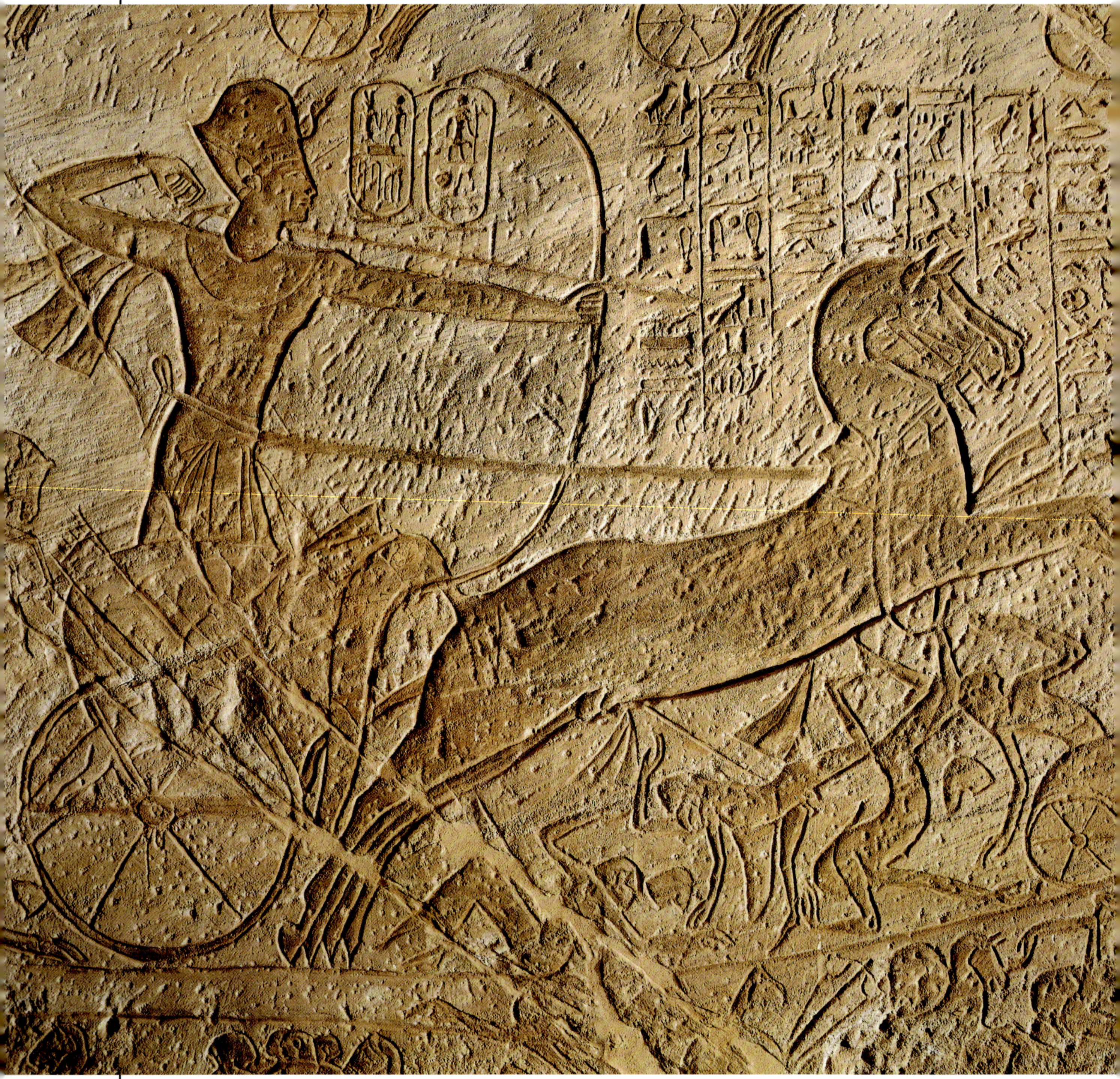

■ 第 184 页（上）第二个柱式大厅更靠近地窖（在背景中可以看到，中间有一尊法老的雕像），位于阿布·辛拜勒小寺庙内，展示的是国王和众神的场景，而不是战斗。拉美西斯受到了众神的保佑，并给他们带来了贡品。

■ 第 184-185 页 在阿布辛拜勒的这幅浮雕中，成群结队的埃及的敌人被拉美西斯二世的箭矢射杀。这座大庙宇大殿墙上雕刻的装饰品包括仪式和各种战斗场面，特别是为了纪念卡迪什的胜利。

■ 第 185 页（上）拉美西斯二世并不害怕用自己的形象代替众神的形象。在阿布·辛拜勒神庙的大殿里，排成两排的八尊雕像是他的肖像，而不是按照惯例的俄西里斯的肖像。在大厅的后面，可以看到地窖里四尊雕像中的两尊，分别是普塔，阿蒙拉，拉·哈拉胡提和国王。

■ 第 185 页（下）尼斐尔泰丽王后向三位坐着的神致敬，在小寺庙的两张桌子上献上祭品，并在墙上挂着两朵莲花。君主和众神之间的关系被视为一种家庭关系，法老和他最重要的王后凭借这种纽带获得了永生的礼物。

就在穿过里面的前厅后，有一个由八根奥西里亚克柱子支撑的巨大柱式大厅，它通向第二个较小的柱式大厅，然后是在地窖前面的第二个前厅。在一个小祭坛上，矗立着这个时代四位最重要的神的雕像：孟菲斯的普塔神（他与死者的王国联系在一起），底比斯的阿蒙拉（Amon-Ra）和赫利奥波利斯（Heliopolis）的拉·哈拉胡提（都是太阳神），以及被认为是神圣起源的拉美西斯本人。寺庙的位置经过计算，每年有两次（2 月 20 日和 10 月 20 日黎明）狒狒崇拜的太阳光进入建筑的中央大厅，一直到地窖，并照亮法老和太阳神阿蒙拉和拉·哈拉胡提的雕像。普塔的雕像只被阳光轻轻地擦过，并没有完全照亮。

几个世纪以来，阿布·辛拜勒遗址已被遗忘，直到 1830 年 3 月，成功的瑞士旅行家和探险家约翰·路德维希·伯克哈特（Johann Ludwig Burchardt）偶然发现了它。就在一年前，伯查特在纳巴泰人传说中的首都约旦重新发现了佩特拉。然而，在阿布·辛拜勒，伯克哈特只能从外部欣赏宏伟的外观，因为入口被沙子堵住了。两年后，另一位旅行者，英国古物学家威廉·约翰·班克斯（William John Banks），在意大利人乔瓦尼·菲纳蒂（Giovanni Finati）的陪同下，成功地进入了供奉尼斐尔泰丽的小寺庙。又花了两年时间，直到 1817 年 8 月 1 日，另一位为英国领事亨利·索特（Henry Salt）工作的意大利探险家乔瓦尼·贝尔佐尼（Giovanni Belzoni）经过一个月的艰苦工作，成功地清除了堵塞入口处的大量沙子，并将阿布·辛拜勒的奇迹从"监狱"中解救出来。

阿克苏姆考古遗址

埃塞俄比亚

入选年份：1980
遴选标准：C(I)(IV)

直到1998年，大卫·菲利普森（David Phillipson）出版了他写的书《古代埃塞俄比亚》（Ancient Ethiopia），这本古代历史地图集几乎没有提到阿克苏姆（Aksum）王国，在世界各大博物馆关于伟大非洲文明的展览中，古老的埃塞俄比亚文化一直被置于一隅，只有几枚硬币和几块陶器代表着它。然而，一位匿名的希腊商人在公元1世纪撰写的《爱利脱利亚海周航记》（Periplus of the Eritrean Sea）讲述了佐斯卡莱斯（Zoskales）的故事，佐斯卡莱斯统治着一片从红海海岸一直延伸到高地的广袤领土，其首都位于大都市阿克苏姆。

当地传说阿克苏姆的第一个定居点位于贝塔·乔尔吉斯山（Beta Giorgis Hill），然后传说消失在关于示巴（Sheba）女王王国传奇财富的史诗故事中，她对所罗门的爱导致了孟尼利克的诞生。孟尼利克是阿比西尼亚内古斯王朝（Abyssinian negus）的创始人，据说他去耶路撒冷看望了他的父亲，当他离开耶路撒冷时，偷走了约柜（Ark of the Covenant），这是一个镶嵌着黄金的木制骨灰盒，据说里面有上帝给摩西的十诫。今天，据说方舟被放在阿克苏姆的一个小礼拜堂里，它矗立在锡安圣母玛利亚教堂（Maryam Sion，也称St. Mary of Zion）的两座教堂之间，远离亵渎神灵的人的视线。

古老的锡安圣母玛利亚教堂是由费西里达斯国王于1655年建造的，位于现代阿克苏姆的中心。尽管有故事声称这座城市要古老得多，但阿克苏姆在公元2世纪和六七世纪之间度过了最伟大的时期。这一时期有许多遗骸留存下来，其中许多都直接涉及这个传说。刚铎的宫殿可以追溯到6—7世纪，本来是贵族的住所，尽管它被不恰当地称为"示巴女王的宫殿"。它有54个房间，占地约2787平方米，为这座城市过去的辉煌提供了令人震惊的证据，它被坚固的墙壁包围，拥有令人惊叹的排水系统。

同样，梅森洞（May Shum）也名为"示巴女王浴池"，但事实上，这个大型的人造水池是为了收集稀缺的雨水而建造的，至今仍被用作城市的蓄水池。不出所料，这就是科普特人顿悟游行（主显节）的终点。离水池不远的地方是阿克苏姆国王卡莱布和格布雷－梅斯克尔的墓地，这两座坟墓是由一个小迷宫组成的坟墓组成的，国王的家人就埋葬在里面。巨大的石头封住了石棺，尽管石棺本身的宝藏早已被清空。

阿克苏姆重要的最不寻常的证据是石碑公园，里面有巨大的花岗岩石块，可能是在公元3世纪和4世纪雕刻的。事实上，这座城市作为一个整体，包含了数百座处于不同保护状态的石碑。它们中的一些雕刻精美，而另一些则是未完成的柱子。曾经有七个巨大的方尖碑统治着位于贝塔·乔尔吉斯山（Beta Giorgis）山脚下的公园，但今天只剩下一个屹立不倒。它高约13米，被雕刻成九层塔楼的形状，顶部有一个猴头。最大的石碑有13层，约33米高，已经重重地倒在地上。传说将它的毁灭归因于异教徒女王朱迪思的意志，但根据考古学家的说法，它的倒塌是因为地基不稳。由于最近在其底部发现了10个坟墓，方尖碑现在被认为是葬礼遗址。

公园里的另一块石碑有一段有争议的历史。这座方尖碑被意大利殖民地部长亚历山德罗·莱索纳

▍第 186 页（上）古代工程的一个令人敬畏的例子是，梅森洞（传统上被称为"示巴女王浴池"）是一个巨大的人工盆地，用来容纳雨水。今天它仍然被用作蓄水池。

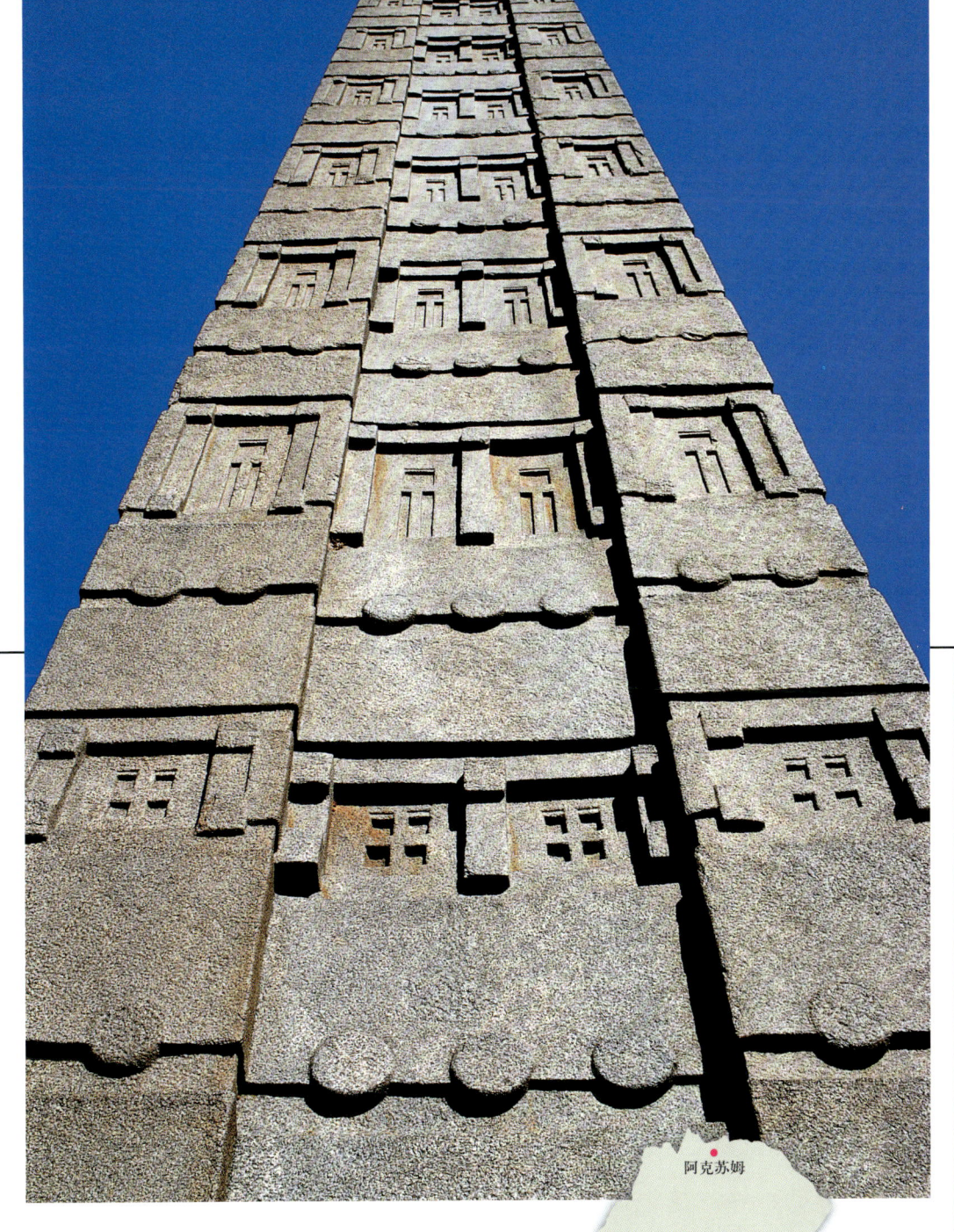

▍第 186 页（左下）死于公元 542 年的卡莱布国王的陵墓两侧是他的儿子格布雷·梅斯克尔的坟墓，格布雷·梅斯克尔继承了他的阿克苏姆王位。小迷宫般的坟墓，这两个墓地都有石棺，上面覆盖着几十吨重的石板。然而，这并没有阻碍几个世纪以来对其中财宝的掠夺。

▍第 186 页（右下）在离城市几英里远的地方发现的这块雕刻有一张母狮脸的石头可能是阿克苏姆艺术家的作品，但它的起源仍然是一个谜。

（Alessandro Lessona）偷走，作为礼物送给贝尼托·墨索里尼，至今仍在罗马。尽管 1947 年签署了归还埃塞俄比亚的协议，方尖碑仍在那里保留了 60 多年。最近，为了回应人们对其所谓脆弱性的担忧，意大利政府制订了拆除方尖碑的计划。

▍第 187 页 作为阿克苏姆伟大的遗产，石碑公园（Park of the Stelae）堆满了巨大的花岗岩巨石，这些巨型花岗岩巨石是在公元 3—4 世纪作为葬礼建造的。

大津巴布韦遗址

津巴布韦 | 津巴布韦东南部
入选年份：1986
遴选标准：C（Ⅰ）（Ⅲ）（Ⅵ）

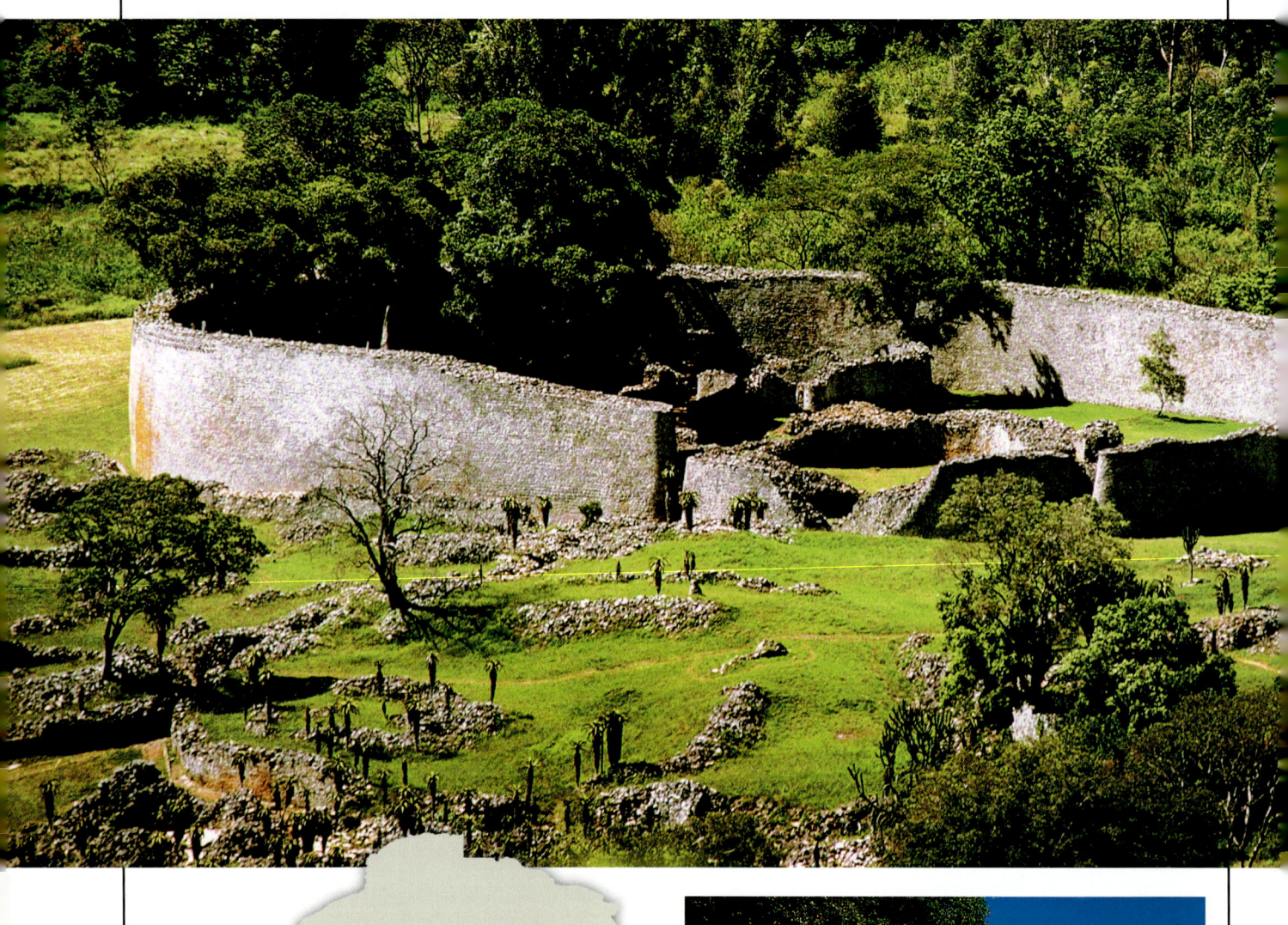

■ 第188页（上）山丘建筑群是一座花岗岩砌块建筑，周围有一堵约98.76米×44.81米的椭圆形墙，它反映了居住在那里的人们的社会、政治和宗教声望。

■ 第188页（下）照片中的区域位于大围墙内，可能是统治者许多妻子的住处。君主本人在山顶的山丘建筑群中有自己的住所。

■ 第188-189页 大围墙是撒哈拉以南非洲最大的石头建筑，是一个周长约241.40米的椭圆形建筑。为了修筑城墙，需要100万块花岗岩，总重量为1.5万吨。

■ 第189页（上）这张来自大围墙外圈上部的细节显示了它的装饰：锯齿形代表着一条蛇，这是班图人生育的传统象征。

1871年，一位年轻的德国冒险家卡尔·毛奇（Carl Mauch）出发去寻找传说中的奥菲尔矿，据说示巴女王就曾从那里开采了用于建造所罗门王宝座的黄金。

踏到非洲中心的那一刻，他就知道这座宏伟的废墟属于一座"当地人永远无法建造的城市"。1871年9月5日，毛奇成了第一个踏上大津巴布韦（Great Zimbabwe）的欧洲人。

根据1552年葡萄牙探险家若昂·德·巴罗斯（João de Barros）在他的书《亚洲》（De Asia）中写到的传说，毛奇仍然相信，这些巨型建筑是示巴神话王国女王的遗物。这本书描述了一座用巨大的石块建造的堡垒，根据叙述者的说法，这座堡垒肯定是王国首都阿克苏姆的宫殿。

在欧洲殖民主义的黄金时期，在罗得西亚（Rhodesia）的创始人塞西尔·罗兹（Cecil Rhodes）的思想驱使下，人们无数次试图证明，大津巴布韦是地中海人民的杰作，而它又被归因于腓尼基人、希腊人，然后是罗马人。直到20世纪30年代，戴维·兰德尔-麦西佛（David Randall-MacIver）和格特鲁德·卡顿·汤普森（Gertrude Caton-Thompson）才最终推断，大津巴布韦遗址（撒哈拉以南非洲最伟大的建筑作品）是非洲文明的最先进典范，然后竟神秘消失了。

最广为接受的假说认为，津巴布韦这个词源于绍纳人（Shona，讲班图语的人）使用的表达方式，意思是"石头房子"，但一些专家更喜欢用"崇拜的房子"来表示宗教建筑或统治者的住所。无论它是什么，大津巴布韦都是一座建于12世纪和14世纪之间的非凡城市的遗迹。在这个时期，由于在莫桑比克的萨法拉等港口用象牙和黄金换取东方货物，非洲地区特别繁荣。

目前还不清楚修建这座城市的是绍纳人、伦巴人（Lemba）还是文达人（Venda）的祖先，其遗址面积超过688公顷。它分为三组建筑：大围墙（Great Enclosure，这是迄今为止最令人印象深刻的）、山丘建筑群和山谷建筑群。第一座可能是国王的官邸，是一座周长244米的椭圆形建筑，城墙高达10米，厚达4.88米，需要100万块花岗岩才能建成。与大津巴布韦的其他建筑一样，这些石块都经过了完美的切割和打磨，无须石灰即可将它们粘连在一起。这可能是最令人惊讶的方面，因为几个世纪以来，这些建筑一直保持不变，没有任何黏合材料将这些"积木"连接在一起。

山丘建筑群呈椭圆形，约100.58米×45.72米，包含岩石柱和大量花岗岩。最大的建筑是西部围墙，围墙高达8米，上面最初有固定间隔的塔楼和巨石。考虑到大多数人不得不住在至今没有幸存下来的泥屋里，山谷建筑群的墙壁围绕的大约50座房子很可能属于这座城市最重要的人。

考古学家一致认为，在繁荣的鼎盛时期，大津巴布韦大约有2万名居民，但它在15世纪没有任何明显的原因就被遗弃了。尽管今天该地区的人民无法以任何方式澄清这一谜团，也没有书面记录，但可以肯定的是，大津巴布韦是非洲人民的杰作。令人自豪的是，当1980年获得独立时，这个国家采用了这座城市的名字，从而将塞西尔·罗兹（Cecil Rhodes）从它的历史中抹去。

■ 第189页（中）大多数专家认为，高墙（从里面看到）不是防御性的，而是象征着团结一致、忠于君主的人民的力量。

■ 第189页（下）大围墙完美光滑的墙壁不需要砂浆。每一排都比前一排稍微向内放置，使建筑更稳定和平衡。

亚洲遗产地列表

土耳其 - 内姆鲁特达格 -192 页

土耳其 - 赫拉波利斯和帕穆克卡莱 -194 页

叙利亚 - 阿勒颇 -196 页

叙利亚 - 巴尔米拉 -198 页

叙利亚 - 布斯拉 -204 页

黎巴嫩 - 巴勒贝克 -206 页

黎巴嫩 - 提尔 -210 页

以色列 - 马萨达 -212 页

约旦 - 库塞尔阿姆拉 -216 页

约旦 - 佩特拉 -218 页

伊拉克 - 哈特拉 -224 页

伊朗 - 波斯波利斯 -228 页

阿富汗 - 贾姆宣礼塔 -236 页

中国 - 莫高窟 -238 页

中国 - 秦始皇陵 -244 页

中国 - 峨眉山与乐山大佛 -250 页

中国 - 龙门石窟 -252 页

中国 - 云冈石窟 -256 页

韩国 - 石窟庵和佛国寺 -260 页

日本 - 古奈良历史遗迹 -262 页

日本 - 法隆寺地区的佛教古迹 -264 页

巴基斯坦 - 塔克特依巴依佛教遗址和萨尔依巴赫洛古遗址 -266 页

尼泊尔 - 佛祖诞生地兰毗尼 -268 页

印度 - 卡杰拉霍 -270 页

印度 - 桑吉佛教古迹 -276 页

印度 - 阿旃陀石窟群 -280 页

印度 - 埃洛拉石窟群 -286 页

印度 - 汉皮古迹群 -290 页

印度 - 默哈伯利布勒姆古迹群 -294 页

斯里兰卡 - 阿努拉德普勒圣城 -298 页

斯里兰卡 - 锡吉里亚 -300 页

斯里兰卡 - 波隆纳鲁沃 -302 页

泰国 - 大城（阿育他亚）-306 页

柬埔寨 - 吴哥 -310 页

越南 - 圣子修道院 -318 页

印度尼西亚 - 普兰巴南寺庙群 -320 页

印度尼西亚 - 婆罗浮屠寺庙群 -324 页

亚洲

五万年前非洲移民浪潮侵入亚洲，打破了早期人类亚洲祖先在封闭状态下进化近两百万年的局面。这一假说在两处最耐人寻味的世界古人类遗址中得以证实：印度尼西亚的桑义兰遗址（Sangiran）和中国的周口店遗址。桑义兰遗址出土50种人类化石，起初定名为直立猿人，现称为爪哇人。周口店遗址于20世纪90年代出土的头骨可追溯到五十万年前，因其出土洞穴靠近中国首都北京，故命名为北京人。

亚洲可谓是人类文明的摇篮。在这片土地上，人类从狩猎、采集的游牧文明过渡到定居的农业文明。五千多年前，美索不达米亚地区就出现了书写体系；几个世纪前公元纪年伊始之际，亚洲出现了重要的宗教转型。在中东和阿拉伯半岛，出现了著名的一神教，其与印度的佛教（Buddhism）、印度教（Hinduism）、中国的儒家学说（Confucianism）、日本的神道教（Shintoism）一同沿"丝绸之路"广泛传播。

宗教和文化的昌盛来源于农业和贸易的繁荣。即使农业和贸易最终衰落，它们对亚洲的农业遗迹产生的影响不可估量。早期佛教的传播推动了阿富汗和巴基斯坦地区犍陀罗学派（Gandhara）的发展，在当地也促进了新宗教与希腊化时期（Hellenistic）艺术的融合。印度教在印度的卡杰拉霍（Khajuraho），汉皮（Hampi），默哈伯利布勒姆（Mahabalipuram），以及位于印度尼西亚的普兰巴南（Prambanan）迅速发展。印度的阿旃陀（Ajanta）、桑吉（Sanchi），印度尼西亚的婆罗浮屠（Borobudur），和现在孟加拉国的巴哈尔布尔（Paharpur）则为佛教中心。但宗教结合的最高表现形式出现在东南亚，例如吴哥（Angkor）寺庙的建筑形态随高棉（Khmer）统治者信仰的变化而改变，以及莫高窟（Mogao）、龙门石窟（Longmen）、云冈石窟（Yungang）中数以千计的庄严佛像。

亚洲的农业遗址也见证了早期伊斯兰教的扩张和一些短暂的贸易文明，比如伊拉克的哈特拉文明（Hatra），约旦彼得城的纳巴泰文明（Nabataean），以及巴勒贝克（Baalbek）和提尔（Tyre）的腓尼基文明（Phoenician），其他的城市废墟和罗马帝国的遥远边境更是不计其数。

亚洲文明史也是人物的历史。传奇领袖留下了无数清晰的历史印记，比如亚历山大大帝（Alexander the Great，明文记载于犍陀罗艺术中）和卧莫儿皇帝（Moghul）。秦始皇建立了中国历史上第一个封建帝国，拥有世界上最恢宏的陵墓，在静默的兵马俑守护下该陵墓保留了两千多年。

内姆鲁特达格

土耳其 | 安纳托利亚东部
入选年份：1987
遴选标准：C（Ⅰ）（Ⅲ）（Ⅳ）

2003年2月，土耳其考古学家马哈茂德·阿斯兰（Mahmud Arslan）宣布其在约2205.84米高的内姆鲁特达格的石墓中发现了科马基尼国王（Commagene）安条克一世的墓室。在阿斯兰和约有40名考古学家和地质学家的团队前，曾有许多学者试图穿过这一高约50米、宽约152米的石堆，但均以失败告终。这一四面墓穴是将天然岩石切割，再用切割部分将墓穴密封打造而成的，只有依靠现代设备才可能进入。内部发现三具石棺，里面分别装有安条克一世、其父米特里达梯一世，另一具遗骸则身份不明。

这一发现为拨开该地的神秘面纱提供了支持。19世纪末，一位效忠于奥斯曼帝国（Ottomans）的地质学家在东安纳托利亚金牛座山脉（Taurus Mountain）的一座山峰上发现了内姆鲁特达格的遗址（Nemrut Dağ），并试图从历史的迷雾中刻画出安条克一世狂妄自大的形象。

亚历山大大帝在位时罗马帝国分裂产生了塞琉古帝国（Seleucid），而科马基尼王国也是公元前80世纪由塞琉古帝国（Seleucid）分裂产生的，是罗马帝国和波斯帝国的过渡。其创立者米特里达梯一世曾与罗马帝国结盟，但其儿子安条克一世于公元前69世纪上位后，国家开始实行既向波斯帝国提供信息又与罗马帝国交好的政策，试图借此实现国家独立。安条克一世还撰写了家谱，称自己既是亚历山大大帝的后代，拥有奥林匹斯众神的先祖，但这一自吹自擂的家世徒劳无获。其后，科马基尼王国的君主不过为罗马帝国的傀儡，该帝国的尴尬位置也于72世纪韦帕芗（Vespasian）将其并入叙利亚行省而宣告终结。

从内姆鲁特达格上安条克一世为自己建造的壮丽的庙宇和陵墓［名为"海若维塞"（Hierotheseion），其中涵盖了内姆鲁特达格的雕像、祭坛及古坟］来看，他认为自己是一个伟大的统治者。他在该地留下了长篇碑文（名为"诺莫斯"，文中包含217行），不仅狂妄地称自己为神的后代，还预言自己的王朝将永存。

石堆旁的岩石上挖有三个平台。北侧平台为祭司居所，其围墙尚在，但墙上装饰的浅浮雕已经被风雨磨平。但东侧和西侧的神庙建筑保存

第192-193页 西侧平台上有五尊雄伟的雕塑。该图最前面是由一整个8吨重巨石雕刻的宙斯头像,从雕塑蜷曲的胡子和严厉的凝视中可以看出,这里宙斯的形象和波斯神阿胡拉·玛兹达联系在了一起。

第193页(上) 内姆鲁特达格的浅浮雕中,赫拉克勒斯(左)和米特里达梯一世相互问候。这一浮雕中的主题是国王和神明彼此熟悉,这表明科马基尼王国的统治者希望摆脱罗马帝国的控制。

完好,每侧各发现了五尊精美雕像。如今雕像散卧四周,但它们曾高达7.92~10.05米,每尊都由重达8吨的石块组成。有趣的是,我们可以明显地从这些雕像中看出希腊和波斯神灵的融合态势。在这两个平台上,宙斯像与波斯神阿胡拉·玛兹达(Ahura Mazda)、阿波罗·密特拉(Apollo and Mithras)、赫拉克勒斯·阿塔涅(Heracles and Atagnes)、堤喀(Tyche,科马基尼生育女神)和安条克一世的雕像放置在一起,它们头上戴的(现在散落在地上)王冠均为波斯风格。平台浅浮雕上记录了安条克一世和众神齐聚一堂的场景,他们的服饰也是波斯风格的。

内姆鲁特达格最神秘的当属西平台浮雕上的狮子,其鬃毛上有19颗星星,脖子上有一轮新月,背上有火星、木星和水星。根据专家的说法,这一浮雕记录了精确的天文信息,意义重大。考虑多种因素后,研究人员认为这些数据代表着一个特定的日期:公元前62年7月7日。或许就在这一天,安条克一世开始妄图永生。

第193页(左下) 该图为西侧平台景观,这里与东侧平台同为开放式神庙建筑群。北侧平台为祭司居所,并无雕塑。

第193页(右下) 该图为晨光下的东侧平台。左侧为狮子雕像,远处为五位均带有波斯风格头饰的神明雕塑头像。

赫拉波利斯和帕穆克卡莱

土耳其 | 代尼兹利平原
入选年份：1988
遴选标准：C（Ⅲ）(Ⅳ)；N（Ⅲ）

吕科斯河（Lykos River）沿岸连接着安纳托利亚高原内陆和地中海，这片区域归属赫拉波利斯城（Hierapolis）管辖。在古罗马时期，这里是帝国最著名的洗浴中心。王朝贵妇们不远千里，来体验那久负盛名的铁锈色温泉水。她们仰卧在水里数小时，用桂花味的香皂沐浴，之后将葡萄绕在头顶走向爱人。

这处过去的美容疗养院在今天仍极富诗意。当时，含有碳酸钙的水源汩汩流经梯地，留下洁白无瑕的钙华层，形成的水池仿佛一片棉花田。土耳其人民将这里称为"帕穆克卡莱"（Pamukkale），意思就是"棉花堡"（Castle of Cotton）。

赫拉波利斯和帕穆克卡莱因其重要的自然和历史特点得到了联合国教科文组织的支持。公元前190年，阿塔罗斯王国（Attalid）国王欧迈尼斯二世在吕底亚人（Lydian）和佛里吉亚人（Phrygian）常祭拜母神库柏勒的地方建造了这座城市，将其命名为赫拉波利斯来纪念帕加马（Pergamum）的传奇君主泰勒弗斯的妻子赫拉。将近一个世纪后，另一位该国君主阿塔罗斯三世将城池割让给罗马，交由以弗所（Ephesus）管辖。割让前，城内已建有部分优雅的希腊风格建筑。

该城建于地震带，在公元17年和60年发生过两次地震。虽根据希腊城市规划组织重建工作，但重建后的城市为典型的罗马风貌。该地的中心有一处名为"钚"（Plutonium）的地下泉水，罗马人将其献给来世之神。根据古希腊地理学家和历史学家斯特拉博（Strabo）描述，泉水散发出的有毒蒸汽对除牧师外的所有人都是致命的。牧师在蒸汽处放飞鸽子，鸽子立刻死去，以此彰显自身权力。城市的主街是一处由罗马地方总督弗朗提努斯于公元80年设计建造的柱廊广场，他也受命建造了用于纪念图密善皇帝的标志性城市拱形入口。

近期沿主广场（Plateia）的挖掘工作出土了一处大型集市，周围满是商铺，在侧道上是一处爱奥尼柱式的优雅房屋。该地为阿波罗建造的美轮美奂的大理石神庙于公元3世纪建造在希腊化时代的一个圣堂上，为特里同建造的罗马式建筑的典型

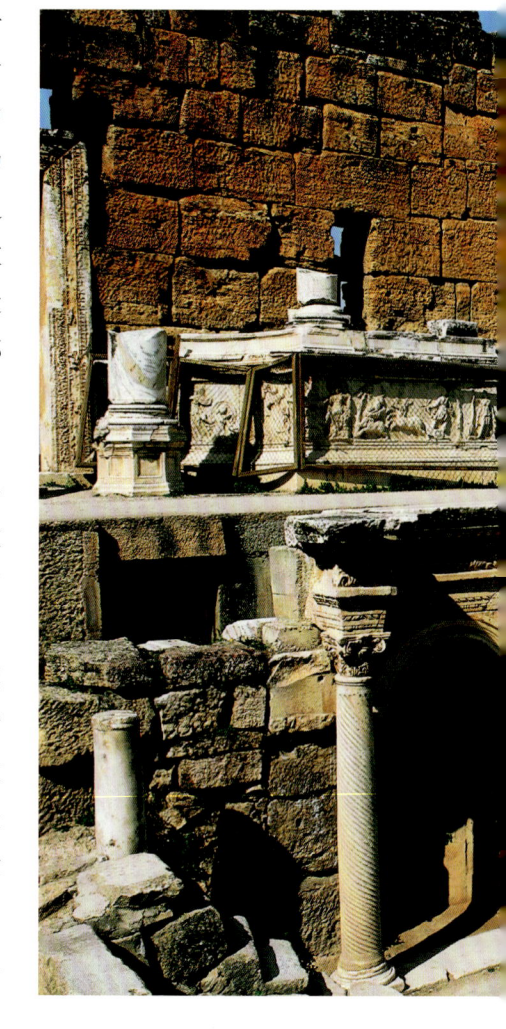

第194页（上）这是一座位于石灰华阶地上的罗马坟墓。由于覆盖着白色的石灰岩，古代赫拉波利斯所在地被称为"帕穆克卡莱"，这一土耳其语的意思是"棉花堡"。

第194-195页 建于公元193—211年的罗马剧院，布景楼结构优雅——装饰精巧的阳台、窗户和与皇宫相似的科林斯式廊柱。

第194页（下）罗马剧院是用以演出音乐和戏剧的场所。最近修复的剧院仍然有46排座位，可以容纳6000名观众，而原来的剧院有1万个座位。

第195页（上）图中浴池建于公元2世纪，200年后人们将其改造为一座大教堂，因而受到良好的保护。赫拉波利斯是一个重要的基督教中心，也是使徒腓力的殉难地。

第195页（下）一座公元前1世纪的赫拉波利斯墓地中宏伟的英雄（heroon）纪念碑。这个墓地有1200多个希腊、罗马和基督教坟墓，是小亚细亚最大的墓地。

特征是其中的喷泉，它周围是一个约70米长的水池，其中三面环柱。可惜为这两位神话人物打造的建筑仅出土了少量遗迹。但公元2世纪的浴池、剧院保存情况良好，该剧院建于弗拉维乌斯统治时期，在公元193—211年由塞普蒂米乌斯·塞维鲁皇帝进行扩建并装饰以阿波罗和阿耳忒弥斯的浅浮雕。这座城市在当时处于鼎盛时期，不仅因为它拥有奢华的浴室建筑群，当时的大理石采石场和纺织业也带来了大量财富。从公元1世纪上半叶开始，赫拉波利斯就是重要的基督教中心，尽管使徒腓力和他的七个孩子在于公元80年在这里殉难。5世纪，拜占庭人（Byzantines）为纪念他建造了殉道堂（Martyrion）——一座宏伟的八角形大教堂（octagonal basilica），尽管今天只保留下了一半。

然而，从古至今赫拉波利斯文明最令人着迷的便是古城附近的那片墓地。赫拉波利斯墓是安纳托利亚最大、保存最完好的墓地，1200多个坟墓中包括希腊化的巨型坟墓、精致的罗马石棺和基督教拱形墓地。

阿勒颇

叙利亚　阿勒颇地区
入选年份：1986
遴选标准：C（Ⅲ）（Ⅳ）

阿勒颇（Aleppo）与大马士革（Damascus）同为历史上人类居住时间最长的城市，相较于今天叙利亚的首都，这座城市与历史的联系更为紧密。在这片城中集市里，中世纪的阿拉伯传统似乎就在我们身边。与黎凡特（Levant）的任何其他城市相比，阿勒颇市集的贸易仍采用马穆鲁克时代规则和惯例，不曾改变。此外，阿勒颇还为阿拉伯民族抵御十字军入侵提供了众多史证。拜占庭统治时期的痕迹在这座城市很少见，而据现有调查，在此之前的远古史证似乎已消失殆尽。即使如此，我们仍将阿勒颇收录在这本关于考古遗产地的书中，因为专家们认为阿勒颇无数具有历史意义的古迹正是它的拼图块，组建这座城市非同寻常且复杂的历史图像。

阿勒颇大约建于八千年前。最早的文字记载发现于幼发拉底河流域（Euphrates Valley）的马里档案（archives of Mari），其中提到一座名为哈拉普（Halap）的城市，是亚摩利人（Amorite）的王国亚姆哈德的首都。在久远的古代，哈拉普相比大马士革受到了更多美索不达米亚文化的影响，而大马士革吸收了更多埃及和巴勒斯坦的文明。亚摩利人的王国一直保持稳定，直到公元前1286年爆发了史诗级的卡迭石战役（battle of Kadesh），该城落入赫梯人（Hittites）的手中。不久，赫梯人受到来自海上的埃及人的威胁，但哈拉普仍为城市中心，这一状况持续到公元前8世纪亚述人占领哈拉普。公元前539年，波斯军队在阿勒颇的一个地区击败亚述人，但双方均在公元前333年被亚历山大大帝的塞琉古帝国军队击溃，亚历山大大帝授予了这座城市一个马其顿人的名字——韦里亚（Beroia）。在亚历山大的统治下，这座城市的规模不断扩大，在城市以东的一座天然小山上人们建造了一座城堡，其为亚摩利人历史上的城市中心，外围建造了第一批防御性城墙。

这座城堡目前的外观主要可以追溯到马穆鲁克时期（Mamluks）。当时倭马亚人（Umayyads，第一批到达阿勒颇的阿拉伯人）修建的防御工事已被帖木儿（Tamerlaine）摧毁，人们于14世纪对城堡进行重建。尽管如此，城堡里保留的两只精美玄武岩雕刻石狮很可能是公元前10世纪赫梯神庙的一部分。在成为军事堡垒之前，阿勒颇的城堡曾用于哈达德的祭祀仪式，哈达德是美索不达米亚的一位神，塞琉古人在征服这座城市时将其与宙斯联系在一起。公元前64年罗马征服叙利亚，这座山保留了其宗教功能。许多年后，罗马最后的异教徒皇帝之一、背教者朱利安在那里向朱庇特献祭，在那个基督教权力膨胀的时期，这极大地展示了其政治权力。今天，阿勒颇几乎没有拜占庭人存

■ 第196页（上）阿勒颇城堡所在的山丘在过去的8000年里一直有人类定居。今天看到的城墙是马穆鲁克人在16世纪建造的，来取代过去的防御工事。马穆鲁克人还建造了这座纪念桥，前面有一座雄伟的塔楼，可以由此进城。

■ 第196页（下）公元476—521年圣西蒙山（Qalaat Semaan Hill）上建有大教堂及其相关建筑，以纪念圣西米恩·斯泰利特。这座山俯瞰阿勒颇附近的平原。

在的痕迹，尽管阿勒颇不远处存在众多考古遗迹，但是最重要、最有吸引力的遗址是圣西米恩·斯泰利特大教堂（Saint Simeon Stylite）的大殿和其廊柱，以及拜占庭式的"死亡城市"。考古学家一致认为由倭马亚人在大清真寺旁边建造的阿拉维耶宗教学校（Halawiye Madrasa）坐落在阿勒颇大教堂（Cathedral of Aleppo）的地基上，这座大教堂建于6世纪，用以纪念君士坦丁皇帝的母亲圣海伦纳。在宗教学校和大清真寺都可以看到借鉴于基督教建筑的拜占庭风格古柱，而基督教建筑是在希腊化的韦里亚集市遗址上建造的。

阿勒颇远古历史的其他遗迹正等待着人们去揭开。小巷和商队驿站将其他阿勒颇远古历史遗迹置于迷宫之下，使这座城市名副其实地成为《一千零一夜》中的一个场景。

第197页 圣西米恩对东方基督教至关重要，其壮丽的废墟位于阿勒颇城外，保留着残存的高约12米的柱子（位于图中央），圣西米恩曾居住在上面，他于公元459年去世。

巴尔米拉

叙利亚 | 胡姆斯省
入选年份：1980
列入《世界濒危遗产名录》时间：2013
遴选标准：C（Ⅰ）(Ⅱ)(Ⅳ)

■ 第198-199页 巴尔米拉遗迹外包围着沙漠，俯瞰着巴尔米拉堡（Qalaat ibn Maan）所在的山丘，巴尔米拉堡是阿拉伯人于13世纪建造的一座堡垒。

■ 第198页（下）这是"伊斯兰国"摧毁该遗址前拍摄的柱廊街道景色。最初街道上全部排列着可分为四部分的柱廊，它们从东到西直穿过城市，长达1188.72米。

教科文组织世界遗产委员会于 2013 年 6 月 20 日召开第 37 届会议，一致决定将阿拉伯叙利亚共和国遗址列入《世界濒危遗产名录》。这不仅仅是象征性的，它的目的是引起国际社会对叙利亚暴力冲突的关注，而这一问题正在让这个历史悠久的中东国家毁于一旦。然而两年后"伊斯兰国"（Islamic State）民兵使巴尔米拉考古遗址遭到系统性破坏，这一幕幕令人发指的画面证明当初争取到的关注不过是杯水车薪。2015 年 5 月曝光的征服巴尔米拉（Palmyra）的视频堪称历史上最凶残的恐怖主义政治宣传片段，最终让哈里发国（Caliphate）获得了它想要的万众瞩目。此外，同年 8 月，哈里发国发布了一段惨无人道的视频，视频中显示了杰出的年迈考古学家哈立德·阿萨德（Khaled al-Asaad）遭斩首，他毕生致力于巴尔米拉的挖掘工作。根据军队简短公报，他被处死的原因为其"偶像崇拜的负责人"，真实原因是他拒绝透露巴尔米拉贵族装饰巨型殡仪塔和地下墓穴的独特石灰石雕塑的位置。2016 年 3 月 26 日，当叙利亚总统阿萨德的军队重新占领巴尔米拉地区时，评估了考古遗址的损失。只有两座华丽神庙的入口还在，分别为建于公元 32 年的贝尔神庙（Bel Temples）和建于公元 130—131 年的巴尔沙明神庙（Baalshamin Temples）。凯旋门（Arch of Triumph）也被炸毁了，凯旋门建于公元 2—3 世纪，由罗马皇帝塞普蒂米乌斯·塞维鲁统治。其他许多遗迹，如广场、剧院和城堡的墙壁，受到破坏没那么严重。但考古学家认为，就算进行重建，巴尔米拉永远不会恢复过去的辉煌了，也就是由中东最美丽、最无情的女人泽诺比娅王后（Queen Zenobia）统治的那个时期。公元 274 年，她斗胆挑战罗马帝国，并自食其果。然而，根据一部庆祝古罗马军事胜利的不朽著作《奥古斯塔史》（*History Oria Augusta*）记载，奥雷利安皇帝

▍第 199 页（上）这座已毁坏但目前正在修复的拱门建于塞普蒂米乌斯·塞维鲁（Septimus Severus）统治时期（公元 193—211 年），这一阶段巴尔米拉的城市发展迅猛，不断壮大。

▍第 199 页（中）柱廊街道的一段位于贝尔神庙的通廊和拱门之间。2015 年 9 月 15 日，巴尔米拉最雄伟的建筑贝尔神庙被夷为平地。

▍第 199 页（下）这幅图展示的同为供奉闪族万神殿天主的巴尔夏明神庙，可追溯至公元前 3 世纪，也被"伊斯兰国"军队摧毁。

第200页（上）贝尔神庙无尽的柱廊街道的另一端是葬礼神庙（funerary temple，公元3世纪），其实际为一座豪华坟墓，门廊前有六根柱子。

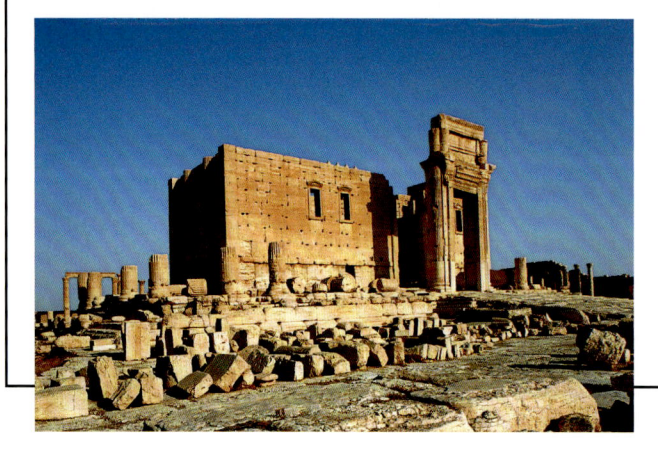

■ 第200页（左下）
这是贝尔神庙摧毁前的地窖。它坐落在一个巨大庭院的中心，庭院四周均为高墙。贝尔是闪族万神殿的主神，常与罗马神朱庇特联系在一起。

■ 第200页（右下）
贝尔神庙的遗迹。2018年，联合国教科文组织拨出大量资金用于保护神庙门廊，这是遗址修复的第一步。

■ 第201页（上和下）
巴尔米拉剧院（Theater of Palmyra，公元2世纪）也在近期的冲突中遭到破坏。其为中东最豪华的酒店之一，店中舞台长约48米，宽10米；剧院的正面是布景楼，楼上有门和一系列壁龛。但只有底楼保留了下来。

击败了她，但被其魅力、文化和智慧倾倒，于是在黄金流放时期将她作为情人安置在蒂沃利（Tivoli），泽诺比娅王后在那里度过了余生。

公元前19世纪的一份亚述合同中记载了第一个名为塔德莫居住地（Tadmor，该居住地的名字重新用于现代村庄）存在的证据。该居住地位于巴尔米拉考古区的边缘，也被"伊斯兰国"夷为平地。根据学者们的说法，这个名字是一个闪族语单词"塔玛"（Tamr），在阿拉伯语中的意思是"枣树"，它的词源与这个城市源自"棕榈树"拉丁文名称有关。塔德莫首次出现在汉谟拉比时代（Hammurabi）的巴比伦石板上，很久以后又出现在关于亚历山大大帝与波斯人的战争的记载中。从公元前一世纪开始的罗马时期，有更多书面材料可证明巴尔米拉城的发展。这座城市商人云集，其发展得益于罗马和波斯两大帝国。罗马皇帝哈德良（Hadrian）授予这座城市西维塔斯·利伯拉（Civitas Libera，意思为"自由之城"）的称号，罗马人是异国商品的忠实消费者，可能就是他们促使该城贸易范围扩大至印度和中国，使其极其富庶。公元77年，老普利尼（Pliny the Elder）在他的《自然历史》（Naturalis Historia）中写道："巴尔米拉是一座环境优美，土地肥沃，水质洁净，水源丰富的城市，故而闻名于世。它的

■ 第200-201页 这一优雅四座纪念碑的主体是一个平台，上面曾矗立着四座宏伟的建筑，每座建筑各有一尊雕像。只有一根粉色阿斯旺大理石柱保留了下来，其他均为1:1的复制品。

■ 第202-203页 "伊斯兰国"偶像破坏的疯狂并没有放过墓之谷（Valley of the Tombs）珍贵的葬礼雕塑。虽然一部分雕塑惨遭破坏，但在考古遗址负责人哈立德·阿萨德的保护下，仍有一些被在暗中移走。阿萨德先生已英勇牺牲。

■ 第202页（左下）大部分巴尔米拉最原始、最古老的葬礼建筑之一的塔式坟墓都惨遭"伊斯兰国"军队摧毁。这些坟墓坐落在一个阶梯平台上，有好多层，各层均由一段台阶连接起来。

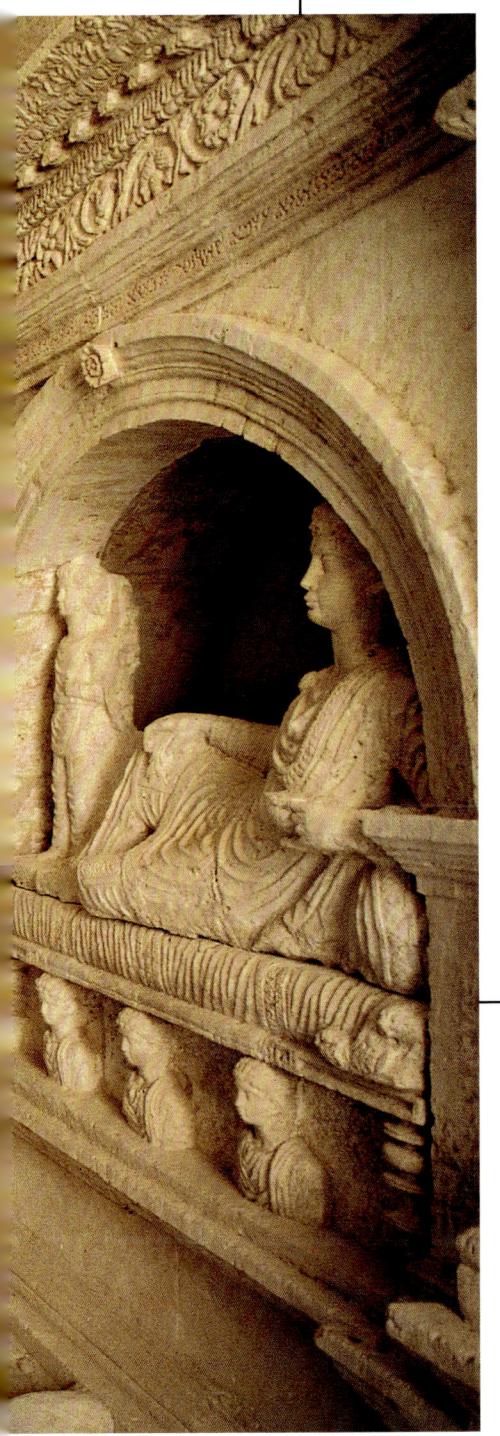

■ 第203页（右上）
这位戴着柔软面纱的女士因被雕刻在了葬礼的雕塑上而永垂不朽。通过这些雕像，我们了解了巴尔米拉流行服饰和珠宝的宝贵信息。

■ 第203页（下）遗址的考古博物馆里保存着一块装饰着浮雕的墓碑。这一浮雕展示了逝者真实的生平。

■ 第202页（右下）
依拉贝（Ehlabel，公元103年）的陵墓是一座四层楼高的优雅的塔楼，葬在这里的家族是该市最富有的家族之一，负责建造内博神庙（temple of Nebo）。

■ 第203页（左上、中）从雕像的细节和独特的面部特征可看出，这些均为逼真的死者肖像。它们的名字是"nafshâ"，这个词在闪族语言中的意思是"灵魂"或"人"。

外面是飞啸黄沙，里面却是无尽的田野，是一片世外桃源"。尽管巴尔米拉人民普遍是闪族人，他们逐渐接受了罗马的社会和政治理念，但其东方渊源仍可明显地体现在艺术和传统上。大部分建筑可追溯到公元2世纪和3世纪，反映了这座商人之城的融合风格和无尽财富，他们争先恐后地用更加宏伟的古迹来装点他们的城市。该市占地约5.63平方千米，靠近伊夫泉（Efqa spring），这确保了有充足的水来灌溉橄榄树、棕榈树和石榴树。巴尔米拉缺乏系统的布局，它的住宅区符合东方城市常见的独立原则，但在发展中融合了希腊和罗马的城市概念：一条长约1200米、宽约22米的科林斯式廊柱长街、一座剧院、一个温泉浴场，广泛使用希腊建筑风格（尤其是极为华丽的科林斯式建筑）。

法国考古学家保罗·维恩（Paul Veyne）在书中向被摧毁的珍宝和哈立德·阿萨德致敬，书中指出，巴尔米拉艺术和文化的本质体现在一幅浅浮雕上，它现在仍装饰在贝尔神庙上。浮雕描绘了一队男女去参拜信奉的神明；男人都雕刻出了侧面画像，而女人则裹着令人惊叹的一大片形态各异的面纱。维恩回忆起这一浅浮雕所引发考古学家的众多争论，其中一些人从中看到了抽象艺术的起源。但还有一种更为可能的情况，那就是这位默默无闻的艺术家面对如此多的东西方风格，决定创造自我风格，从而证明了一个发人深省的真理：那些只坚守一种文化的人，注定无法理解自己的文化。

布斯拉

叙利亚 | 浩兰省，目前由德拉省管辖
入选年份：1980
遴选标准：C（Ⅰ）（Ⅲ）（Ⅵ）

■ 第204页（上）剧院内发现的镶嵌画地板状况良好，这展示出城中的精致建筑和古城居民的富庶。

在布斯拉市中心，一家小面包店建在古罗马商店的地基上，并且很可能用当时的石头搭建。一大早，这家店就会烘焙霍布兹，一种未发酵的阿拉伯面包。当地女性排着队买下面包，趁它还滚烫时把它放在主要商业街南北大道的柱子上晾干。这是一条古罗马时期的道路，骑车经过这条路，中午时你会遇到放学的孩子，下午他们会出发去宁芙神庙（Nymphaeum）前搭建的临时场地踢足球。

在叙利亚，布斯拉是仅次于巴尔米拉最重要、参观人数最多的罗马考古遗址。然而，"考古遗址"的定义并不完全准确，因为这里还有居民居住，所以在许多人看来这里更加魅力无穷。

尽管早在公元前2000年的埃及纸莎草上就曾记录过这个曾名为布斯拉纳（Busrana）的城市，但布斯拉直到公元70年才成为一个重要的城市，当时纳巴泰人（Nabataeans）将佩特拉割让给罗马人，迁都于布斯拉。公元106年，罗马皇帝图拉真的军队击溃纳巴泰人，将该地改名为诺瓦·图拉真那·布斯拉（Nova Traiana Bosra），成为罗马阿拉伯省的行政中心。他们还将奥兰蒂斯（Auranitis，今为浩然省）周边地区划为粮食种植区。

尽管这座城市仍保留了东方城市典型的不规则布局，罗马帝国以及罗马5000人军团长期存在对其产生了影响，改变了纳巴泰的城市面貌。自公元2世纪，布斯拉就是图拉真公路（连接大马士革和红海的商业路线）上的重要一站。得到了几位皇帝的高度评价，其中最重要的是亚历山大·塞维鲁（222—235年）和阿拉伯人菲利普（244—249年），菲利普皇帝生于沙巴沪金（Shabha），他给这座城市冠以大都市的称号。

随着城市地位的提升，这座城市装点上了由深色玄武岩建造的雄伟建筑。城市的主要商业街南北大道的尽头是一座为纪念第三昔兰尼加军团（The Third Cyrenaic Legion）建造的纪念碑拱门。人们仍可欣赏这一宽广的市场遗址，这里有用来储存粮食的隐蔽门廊，优雅的浴池群，宁芙神庙，收集雨水的蓄水池，以及各式各样的房子。

布斯拉最壮观的遗迹是一座罗马剧院，为保存最完好罗马剧院之一，但这也是最杰出的叙利亚阿拉伯军事建筑之一。存在这一矛盾的原因是：12世纪阿尤布人（Ayyubids）征服了这座城市，初来乍到的他们在战区周围竖起了一道防御工事，为军队提供住宿。他们还用泥土填满了洞穴，使罗马建筑保存至今仍完好无损。大约30年前，考古学家清除了泥土，发现了一座可容纳6000名观众、37排座位的剧院，其中还有一个装饰着浮雕和科林斯式廊柱的剧院布景楼。

然而，剧院只是布斯拉建筑文化多元化最明显的例子。该镇还有一些清真寺，比如建在一座异教寺庙上的奥马尔清真寺（Umar Mosque），以及普拉克清真寺（Mabrak Mosque），它矗立的地点正是骆驼携带第一本古兰经前往叙利亚时休憩的地方。还有一座穆斯林朝拜的建筑曾是基督教大教堂（以前是一座公元3世纪的异教徒建筑），就是在那里先知穆罕默德（Mohammed）与博学的景教僧侣巴希拉（Bahira）进行了一次对话。19世纪，德鲁兹教派（Druse sect）成员与基督徒发生宗教冲突后被赶出黎巴嫩，在布斯拉古代中心附近定居了下来。

■ 第204-205页 罗马剧院是这座城市的明珠，建于公元2世纪，由于阿尤布人用泥土填满洞穴并在洞穴周围修建了堡垒，城堡保存得非常完好。剧院的音效一流，但其构造在罗马建筑中并不常见，它并不是用天然的中空材料打造的。

■ 第204页（下） 精致的科林斯式廊柱是剧院布景墙上仅存的装饰，过去立柱上曾点缀以彩色弹珠、假窗、雕像和浅浮雕。今天看到的许多柱子都是用从埃及带来的粉色花岗岩材料打造的原件复制品。

■ 第205页（上） 有柱廊的街道是这座城市的主街。左边是建于公元2世纪末和3世纪初的宏伟的罗马浴室建筑。

■ 第205页（下） 市场的残骸两旁排列着密室。这是一个很大的商业区，有一排商店，长约106米，宽3.96米。

巴勒贝克

黎巴嫩 | 贝卡谷地
入选年份：1984
遴选标准：C(I)(IV)

尽管赫利奥波利斯是个让人振聋发聩的名字，但当尤利乌斯·恺撒大帝在公元前15年毫不费力地征服这座由腓尼基人建立的"太阳之城"（City of the Sun）时，它仍只是一座稍具财力的城市。皇帝按习俗在那里建立了一个殖民地，取名为朱莉娅·奥古斯塔·费利克斯·赫利奥波利塔纳（Julia Augusta Felix Heliopolitana），并在此驻扎了一支军团。但令人费解的是，他决定在那里建造帝国最宏伟的神庙。

5世纪的历史学家认为这座神庙是一大世界奇迹，他们也是最早将其称作巴勒贝克（Baalbek）的人之一，意思是"来自贝卡谷地的神"（巴尔，Baal）。这座神庙是献给太阳神朱庇特·赫利奥波利塔努斯的。这一建筑矗立在一座约79.55米×47.55米的长方形平台上，由至少700吨重的石块组成，周围有54根柱子，直径约2.21米，高约20.35米，如今只剩下六根：八根被查士丁尼（Justinian）带到君士坦丁堡用于建造圣索菲亚大教堂（Hagia Sophia），其余的有些用于在原地建造另一座拜占庭大教堂（如今已被摧毁），有些毁于地震。这座神庙里有一尊朱庇特的黄金雕像，吸引着来自罗马帝国各个地方的朝圣者来

▌第206页（左）卡拉卡拉（公元211—217年）负责建造了典雅的通廊，该通廊为公认的巴勒贝克宗教建筑群的入口，其中的一个门廊里有12根柱子，周围有两座塔。

▌第206页（右）朱庇特神庙的景色。三石阵（Triliths，由三块巨石组成，每块巨石的重量在750吨到1000吨之间）用来建造其所在的巨大平台。

▌第207页 这是门楣的碎片和朱庇特神庙中仍然屹立不倒的六根精美柱子的遗迹。其他的48个柱子，有8个被带到君士坦丁堡建造圣索菲亚大教堂，其他已被摧毁。

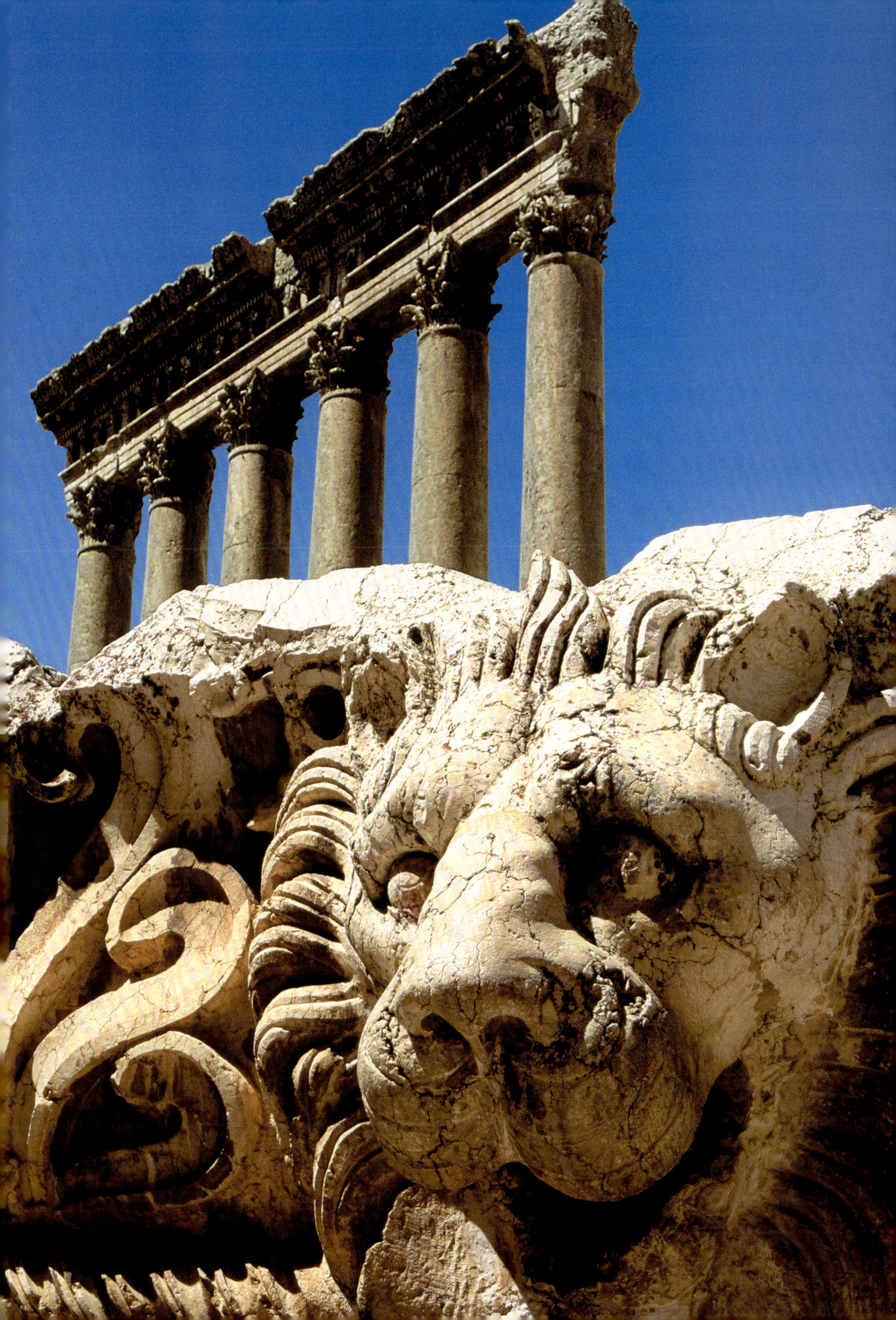

■ 第208页（上）及第209页（右）巴克斯神庙是在安敦宁·毕尤（公元138—161年）的命令下建造的，至今仍高大雄伟。在约18.90米高的地方，神庙的42根柱子仍完好无损，内殿入口处以浅浮雕刻的叙事场景也保存完好。

■ 第208页（下）这是巴勒贝克考古遗址的全景。罗马人称这座城市为赫利奥波利斯；现名字可追溯到5世纪，意思是"贝卡河谷之神"（即巴尔）。

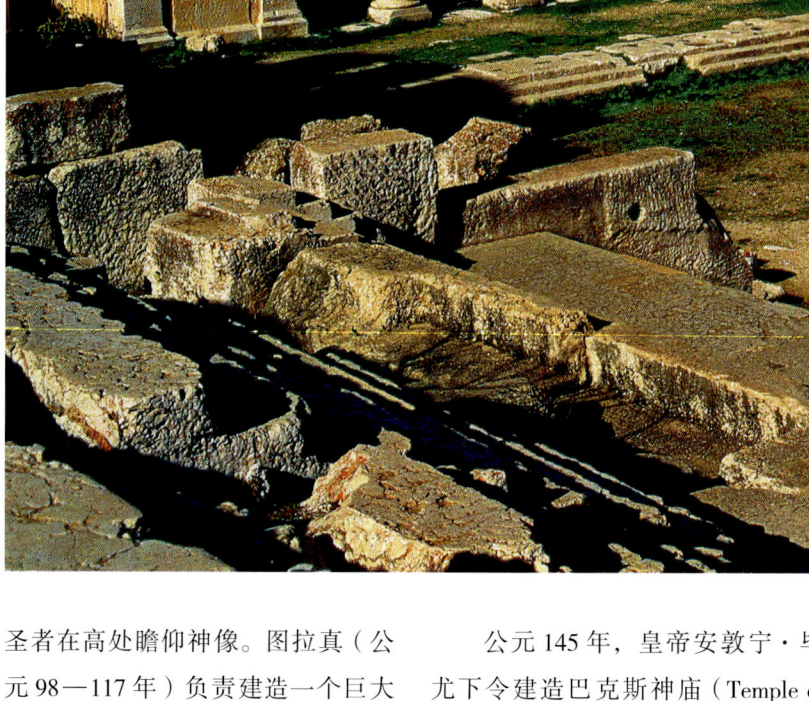

此祭拜。

神庙建造持续了大约150年，但一直未完工，尽管柱子和门楣的遗迹上装饰着狮头和公牛头，叶型装饰和玫瑰花表明这件雕塑极为复杂，许多皇帝都尽已所能将其打造成恺撒所希望的那样宏伟壮观。

大约在公元60年，罗马皇帝尼禄在神庙前建造了一座塔，允许朝圣者在高处瞻仰神像。图拉真（公元98—117年）负责建造一个巨大的入口庭院。

神庙每面长度约112.47米，三面排列着12个出口，每个出口前都有一个立着埃及粉色花岗岩柱子的门廊。碑文写道观景楼上为各地牧师提供了庇护所，并为出身高贵的朝圣者提供了接待设施。

公元145年，皇帝安敦宁·毕尤下令建造巴克斯神庙（Temple of Bacchus），它正对朱庇特神庙，占地约68.58米×35.66米，如今仍保存完好。它比例优雅，与精美绝伦的装饰一起，成为罗马艺术的杰作。神庙里有罗马万神殿的全部雕像，尽管它们的脸已被穆斯林入侵者砸碎，如今仍可辨认他们的身份。

第208-209页 朱庇特神庙大庭院两旁的建筑之一，从神庙走一段台阶即可到达。圣坛所建的地方比巴勒贝克其他纪念碑高至少6.7米，以强调其重要性。

巴勒贝克的第三座神庙是由塞普蒂米乌斯·塞维鲁在约公元200年建造的，它的纪念通廊是由其继任者卡拉卡拉建造的。献给维纳斯的塞维鲁神庙（Severan Temple）是一座优雅的五角形建筑，周围是柱子和壁龛。该撒利亚的尤西比乌斯（Eusebius）是基督教教会的第一位历史学家，他写道，在这里令人震惊的是，"男人和女人不知廉耻地结婚，父亲和丈夫允许他们的女儿和妻子卖淫以取悦女神。"事实上，罗马人已经修改了当地闪族传统中的以神之名的卖淫习俗，正如巴勒贝克是罗马宗教、腓尼基宗教和当地文明神圣地三者融合的成果：人们认为木星是巴尔，维纳斯是阿斯塔特（Astarte），而他们的儿子巴克斯是自然的精神。

巴勒贝克自1955年重新焕发了生机并形成了一种"新的融合"，这要归功于一个远近闻名的音乐节。如今朱庇特神庙雄伟的柱子为赫伯特·冯·卡拉扬（Herbert Von Karajan）和姆斯蒂斯拉夫·罗斯特罗波维奇（Mstislv Rostropovich）等杰出艺术家提供新的创作背景。

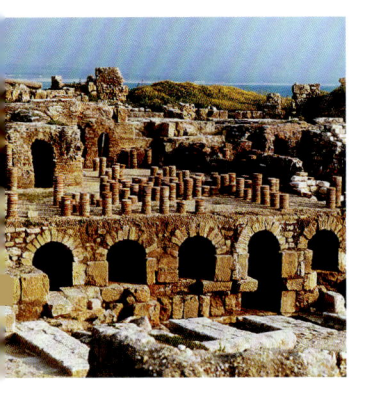

提尔

黎巴嫩

苏尔，黎巴嫩南部地区
入选年份：1984
遴选标准：C（Ⅲ）（Ⅵ）

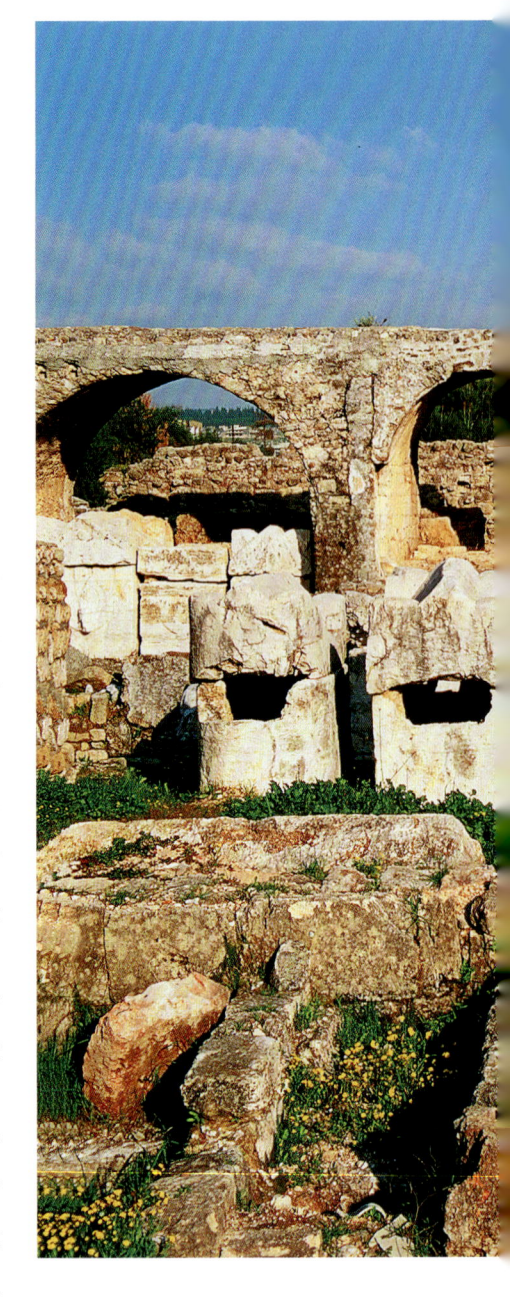

腓尼基人这一民族在组织城邦上没有任何整体统一的概念；实际上他们名字的含义也让我们一头雾水。"腓尼基人"（Phoenicians）一词源于希腊语"腓尼克斯"（phoinikes），诗人荷马就是这么称呼他们的。名字取自腓尼基人最珍贵的产品，一种名为"腓尼克斯克"（phoinix，古希腊语中紫红色的含义）的深红色染料。

"腓尼克斯克"是提尔的骄傲，价格如同黄金般昂贵，提尔建城便要归功于这种染料的"发现"。传说腓尼基神美刻尔（Melqart）爱上了一位名叫提尔的仙女。一天早上，当两个人在海滩上散步时，身后跟着的神犬咬碎了一个贝壳，将嘴巴染得通红。仙女看到它时告诉美刻尔，如果给她一件这种颜色的衣服，她就会帮他一个忙，所以美刻尔收集了许多贝类来满足仙女的愿望，当然也实现了自己的愿望。

于是，在那片海岸附近城市提尔建立了。哈利卡纳苏斯（Halicarnassus）的希罗多德（Herodotus）于公元前5世纪来到了这一地区，希腊人称其为"历史之父"。希罗多德的国家将字母表的发明归功于提尔的卡德莫斯（Cadmos），所以他来到这里探寻希腊人如何发明了书面语言。当时，对美刻尔的崇拜与希腊神赫拉克勒斯联系在一起，提尔受一座供奉麦尔卡特的神庙管辖。希罗多德在其历史书籍中写道，他曾问祭司这座神庙的建造时间，得知它有2300年的历史，和建城时间一样长。事实上这座神庙与耶路撒冷的所罗门圣殿（Solomon's Temple）相同，均为提尔的劳工于公元前10世纪受命于希拉姆一世建造，目的是代替一座传说中有一根金柱和一根翡翠立柱的建筑。

在希拉姆一世时期，提尔城因其深红色染料的工艺和贸易成为东地中海最重要的港口，由于中间隔着一条约0.8千米长的狭长海域，提尔城由两部分组成。一段位于大陆，另一段位于两个小岛。这两个岛屿在防御工事的保护之下，有着远近闻名的寺庙、宫殿和市场。

尽管公元前9世纪以来，随着迦太基帝国的发展，提尔失去了它的商业垄断地位（讽刺的是，迦太基是由提尔的一群叛军建立的），但这座腓尼基城市仍繁荣昌盛，直到公元前332年依旧坚挺。这一年，亚历山大大帝在长达七个月的围困后占领了这座城市，战时如此之长是因为马其顿军队修建了一条防波堤，将大陆与岛屿连接起来，才将致命的战争机器对准城墙。

今天，近半的提尔城掩盖在黄沙之下，只留下了这座美丽城市的影子，亚历山大的防波堤穿过的那片海域也是如此。但除需水下挖掘的腓尼基港口外，遗迹大多来自罗马时期。其中最壮观的是赛马场（hippodrome），它建于公元2世纪，可容纳2万名观众，并有一条由转向柱（拉丁语：Metae）分成两圈的U形赛道。赛马场的北面遗迹有古罗马水道、凯旋式拱门，还有一条街道，街道两旁排列着刻有浅浮雕的石棺。在俯瞰汪洋的海角上坐落着浴池建筑群和柱廊街道的遗迹，街道装饰着5世纪拜占庭镶嵌画图案。

罗马统治结束后，十字军占领提尔，彻底摧毁了这座腓尼基古城。虽然人们大多以为弗雷德里克·巴巴罗萨（Frederick Barbarossa）的皇家遗骸会运送到耶路撒冷，但在一座新的阿拉伯城市建成前的13世纪，弗雷德里克·巴巴罗萨的遗体便葬于这里。

- 第210页 罗马浴池的废墟。洗澡用水与提尔的住宅用水都来自一条沿城市北部边界延伸的水道。
- 第210-211页 这条全部为铺设而成的布满柱廊的街道东西长约503米，公元2世纪修建的凯旋门将其从中间截断了。
- 第211页（左下）大理石石棺排列在柱廊街道的两侧。它们装饰以浅浮雕，许多浮雕上描绘了田园场景，或伊利亚特和其他史诗中的插曲场景。
- 第211页（右下）赛马场的遗址。这里曾经可以容纳2万名观众，该建筑或由罗马人建造于公元2世纪，一直被厚厚的沙子覆盖，直到30年前才被人们发现。

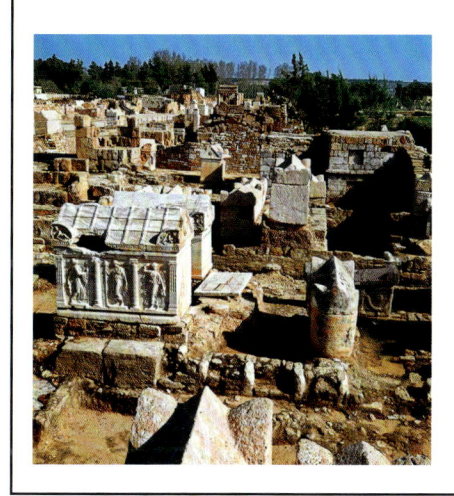

贝鲁特

提尔

马萨达

以色列

塔马尔地区
入选年份：2001
遴选标准：C（Ⅲ）（Ⅳ）（Ⅵ）

1947年11月联合国安理会决议所规定的"犹太国"（以色列）疆域
1949年巴勒斯坦地区以色列和阿拉伯国家的停战界线
根据1947年联合国通过的巴勒斯坦分治决议，耶路撒冷应由联合国托管，目前耶路撒冷由以色列实际控制

■ 第212页（上）马萨达上空鸟瞰图。始于1963年的挖掘不仅出土了希律王的建筑，而且还发现了一个居住地的遗迹，该遗迹可追溯至约公元前4000年的红铜时代。

■ 第212-213页 马萨达峭壁俯瞰着死海西岸边的犹太沙漠和恩戈地绿洲。该山顶部平坦，尺寸约为300米×600米，呈菱形。

■ 第213页（左上）
西宫占地约3994.83平方米，是公元73年奋锐党设置屏障抵御罗马人围困的地方。虽然奋锐党没有被抓获，但他们集体自杀，堡垒中发现了他们的头骨遗骸。

■ 第213页（左下）
浴室建筑群南边的一个储藏室。在挖掘开始之前，这些储藏室都覆盖在泥土和碎片之下，不为人知。被包围的奋锐党摧毁了这些屋室，以防罗马人掠夺他们的财产。

■ 第213页（右上）
当奋锐党占领马萨达时，他们拆除了西宫和希律王华丽宫殿中的家具，为这个犹太教派的贫困家庭提供更大空间。

■ 第213页（右下）
希律王宫殿中的游泳池。由瓦迪河（Wadi）到堡垒西边的水渠系统提供池内水源，该系统将水输送到12个水箱中，箱体总容量超过4546万升。

历史学家弗拉维奥·约瑟夫斯（Flavius Josephus）在《犹太战争史》（History of the Jewish War）中记录了奋锐党（Zealots）领袖艾力阿沙尔（Eleazar Ben Yair）的话，"我们手中的剑仍可助我们做一件善事：在敌人把我们沦为奴隶前，我们会作为自由人和妻子、孩子一起，向生命道别。"，这是书中最感人的几页，描绘了艾力阿沙尔与族人被罗马人围困在马萨达要塞时的场景，在公元73年那个戏剧性的夜晚，奋锐党同胞们拥抱了他们的亲人，然后集体结束了自己的生命。

第二天早上罗马人到达堡垒时，他们发现960具身体和大量烧毁的用品。这些死去的犹太人在圣殿摧毁后逃离耶路撒冷，敢于挑战罗马的权力。罗马人并不想以这种方式平息少数犹太人的叛乱。纵然攻克似乎无懈可击的马萨达应属无尽荣耀，但这结果对罗马人来说是一场苦涩的胜利。

马萨达山俯瞰死海西岸附近的犹太沙漠和恩戈地（Ein Gedi）绿洲。这座山就像一个岩石基座，顶部是一个约300米×600米的菱形高原。由于瓦迪季节性洪流（wadi），犹太国王希律王于公元前37—公元4年在山上建造了一个永久的军事驻防基地。他命令工程师挖建一个由运河和水库组成的蓄水网络以收集河水，但随后他被这里美丽的风景所吸引，便将这里改为住宅区。

我们今天仍可看到这位国王的宏伟图景。高原的北边有三个由石砌台阶相连的露台，露台上是一座宫殿，宫殿的庭院带有门廊，地板上装饰着几何镶嵌画图版，墙上有壁画。紧挨着宫殿的是储藏室，其中可容纳数量惊人的物品，储藏室旁是供客人和马萨达高级官员使用的犹太教堂和浴室建筑。

浴室里最精致的房间是热水室（calidarium），室内遍布陶瓦小孔的地板由200根柱子支撑，使下层火

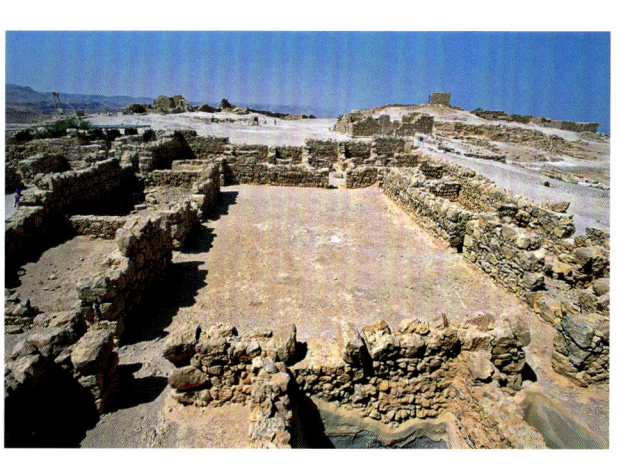

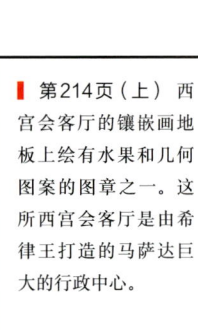

■ 第214页（上）西宫会客厅的镶嵌画地板上绘有水果和几何图案的图章之一。这所西宫会客厅是由希律王打造的马萨达巨大的行政中心。

■ 第215页 希律王的皇家宫殿建于高原的北端，所在的三个露台以阶梯相连。这所建筑高大雄伟，内部装饰精致典雅，足以见证这位犹太国王（公元前37—公元4年）的雄心壮志。

炉中的热气可沿空隙进入。建筑群中最令人印象深刻的是用作行政中心的西宫，占地约4000平方米。其余建筑用于部队住宿。

虽然19世纪人们就已发现马萨达，但系统的发掘直到1963年才开始。除了雄伟建筑物的遗迹，考古人员还发现了大量的货物、硬币和头骨（可能属于奋锐党）。在山脚下可以清楚地看到罗马人在围城期间修筑防御工事的遗迹。

马萨达象征了犹太人为自由做出极大牺牲。然而奋锐党的抵抗和殉难并没有记录在犹太人神圣的成文法典中，唯一的书面记录来自弗拉维奥·约瑟夫斯。他偶然遇到了通过藏匿在水管中躲过大屠杀的两名妇女，从而得知这一事件。然而弗拉维奥·约瑟夫斯是一个叛徒：他生为犹太人却投靠罗马人，几个世纪以来，他消逝在犹太人的记忆中，随之带走了马萨达的那段故事，直到1920年作家伊扎克·兰丹（Isaac Lamdan）创作了一首名为《马萨达》的诗。正是这首诗背后的故事在第二次世界大战中激发了华沙犹太人区犹太人反抗纳粹运动。

■ 第214页（左中）5世纪住在堡垒附近石窟里的僧侣建造了这座拜占庭式的小教堂。装饰地板的镶嵌画图版已被完全摧毁。

■ 第214页（右中）希律王宫殿的下层露台俯瞰死海。到达这座城堡需翻越一条陡峭的小路，现在游客可乘坐缆车到达。

■ 第214页（下）浴室中的热水室。热水室的地面由照片中的200根柱子支撑，并且有许多陶瓦小孔，地面下方炉子里受热空气可通过这些空隙进入房间。

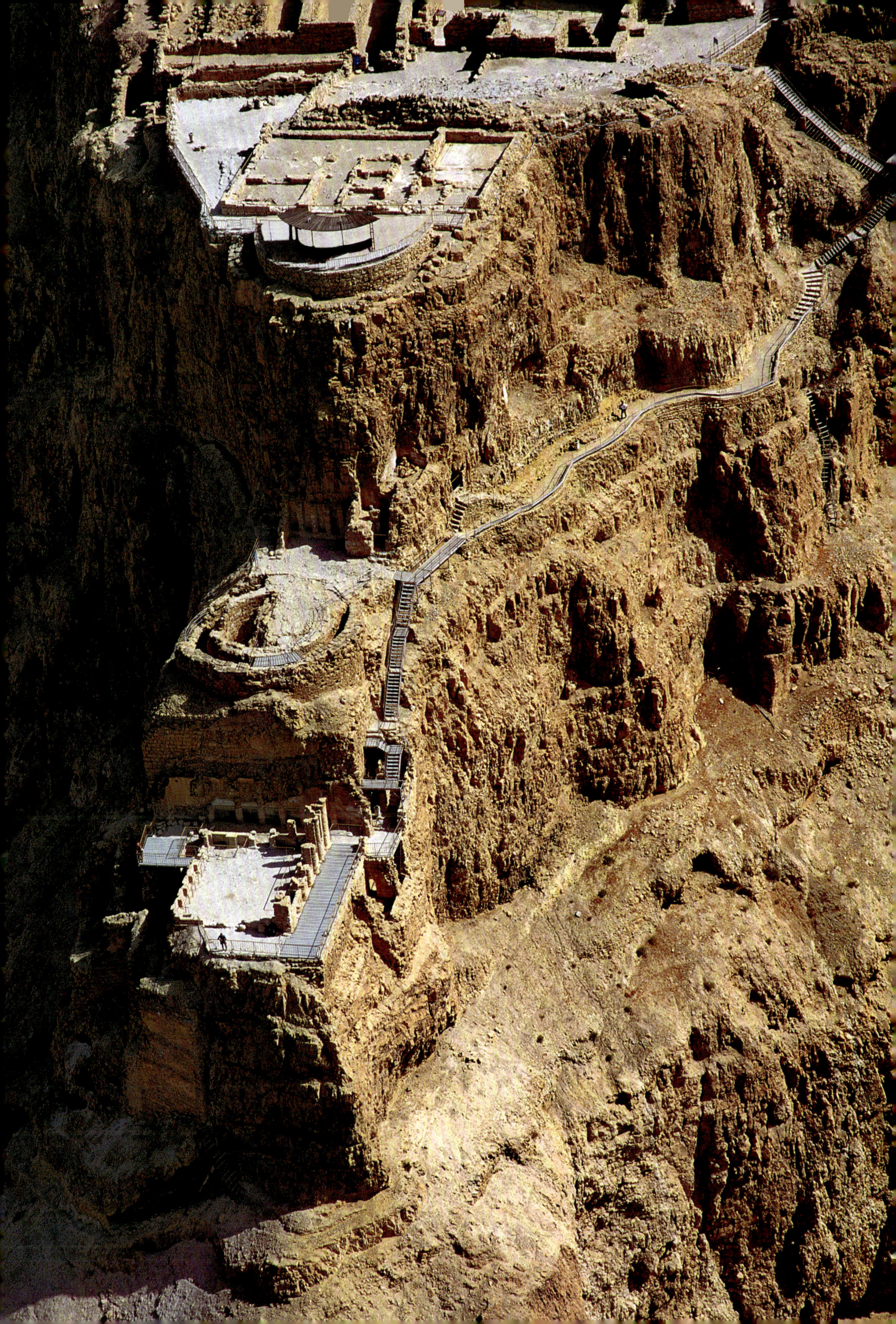

库塞尔阿姆拉

约旦

艾兹赖格地区
入选年份：1985
遴选标准：C（Ⅰ）（Ⅲ）（Ⅳ）

阿拉伯的倭马亚王朝掌权时间为公元661年到公元750年，虽时间不到一个世纪，但其统治范围从首都大马士革，横跨北非，一直延伸到西班牙、中亚和印度。他们甚至与中国存在往来（带回在战斗中被俘的士兵），在这一过程中他们知晓了造纸的奥秘。

他们不仅精通战争还有艺术，创作了精美绝伦的建筑作品，包括如今的大马士革大清真寺，安达卢西亚地区（Andalusia）为纪念真主安拉建造的建筑，以及散布在约旦现代首都安曼以东艾兹赖格地区（Azraq）的一系列"沙漠城堡"。

城堡的外观会让人以为这里是一座军事建筑或旅行队休息站，但艾兹赖格城堡实际上是放松的地方。它们位于绿洲或绿洲附近，可以用作狩猎队的基地、农场，在大马士革疫情肆虐的时期也作为休养地使用。如今这座建筑也用于接待贝都因（Bedouin）酋长，他们的忠诚对于领土管理具有重要战略意义。尽管与该地区的其他城堡相比，库塞尔阿姆拉城堡的规模不大，但它因其特殊的壁画而得到了联合国教科文组织的保护，这些壁画是伊斯兰早期艺术的独特典范。

库塞尔阿姆拉由哈里发国王瓦利德一世于705—715年建造（或如部分专家所称，由他的儿子耶齐德二世建造），城堡坐落于一座由该地区的季节性洪流之一布瓦迪布图姆（Wadi Butum）形成的自然岛上。最初，这座城堡比今天可以看到的更大，包括一座带有内部庭院（其地基仍然存在）的城堡，以及包含由水车供水的喷泉的花园。会客室和浴室所在的两座砂岩建筑保存完好。观众席建筑有一个约10米长、6.1米宽的桶形拱顶（这一样式的拱顶后来成为伊斯兰建筑的典型特征）和三个过道；两个外部过道末端是一个壁龛，中间过道上有一个王座。

天花板和壁画面积很大。在其中一幅名为"六王壁画"的作品中包含罗德里克（Roderick，西哥特国王）、克里萨（Krisa，萨珊的统治者）、拜占庭皇帝、阿比西尼亚的内古斯、中国皇帝和图尔科曼酋长（Turcomans）等人物。这些人物可能代表伊斯兰教的敌人，也可能代表与倭马亚哈里发"地位平等"的领导人。其他壁画的风格和主题反映了希腊化、拜占庭和波斯艺术的影响。画中描绘有狩猎场景，骑马的人正将野驴赶往网中；舞者和音乐家处于满是异国情调的动植物背景之下；运动员在乡村比赛的场景，歌颂刚强勇猛的品德。

浴室对于伊斯兰的社会和宗教仪式至关重要，其中的壁画也同样精致。浴室由三个房间组成——冷藏室、茶室和健身房。房间中的壁画描绘有各式各样的哈里发式的狩猎场景，黄道带包围的北半球灿烂的夜空，以及一系列源自古代神话的图画，其中的裸体女性代表诗歌、哲学和历史，又或仅仅是表现女性的优雅和美丽。

随着巴格达的阿巴斯人（Abbasids of Baghdad）结束了倭马亚王朝，形象伊斯兰艺术的篇章也走到了尽头。从公元750年开始，伊斯兰教禁止任何人或动物形象，认为这是对神灵的亵渎。

第216-217页 库塞尔阿姆拉俯视图。这个建筑群最初比今天看到的更大，包括一个带内院的城堡和含有喷泉的花园，喷泉动力来源于水车。

第216页（左下）在倭马亚哈里发于会客室所坐的宝座上，有一个打开的壁龛。这个房间的墙壁上装饰着壁画，画中肖像让人想起波斯、拜占庭和希腊罗马艺术。

第216页（右下）会客室占地约10.06米×6.1米，有三个过道和一个桶形拱顶天花板，日后成为伊斯兰建筑的典型特征。

第217页 浴室热水房的圆顶。精致壁画展现出库塞尔阿姆拉与其说是一个农场或军事综合体，不如说是一个娱乐场所。

佩特拉

约旦 | 马安地区
入选年份：1985
遴选标准：C(Ⅰ)(Ⅲ)(Ⅳ)

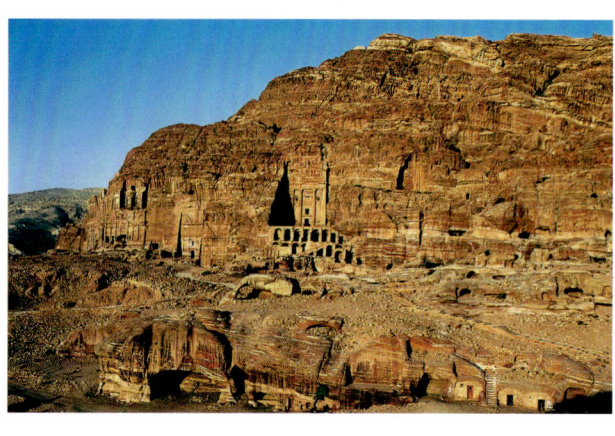

第218页（上）日落时的佩特拉：低沉的微红灯光让这些建筑看起来非比寻常，岩石也显现出美妙的渐变色彩。

第218页（左下）一辆马车穿过狭窄而美丽西克峡谷，这条峡谷将砂岩层中雕刻出长约1200米的裂缝，是通往纳巴泰城佩特拉的唯一入口。

熏香、藏红花、没药、豆蔻、胡椒、生姜和肉桂等食品调味料；香氛香膏和药物；从公元1世纪初开始尊贵的罗马贵族偏爱的布料薄纱与丝绸；根据一位不知姓名的希腊商人撰写的手册《厄立特利亚海航行记》（Periplo del Mare Eritreo），所有的这些商品均通过海路从印度运抵传说中也门王国的哈德拉毛港（Ports of Hadramauth）。之后，纳巴泰人穿过沙漠，将它们用大篷车从阿拉伯半岛运往美丽的佩特拉（Petra），在那里货物被分为多份，运往地中海、波斯和美索不达米亚等地。

半游牧商人因其能提供令人心驰神往的商品，赢得了罗马人和波斯人的尊敬，但我们对他们的了解却很少。一些学者认为他们是以东人，阻止了摩西（Moses）领导的犹太人外逃。关于纳巴泰人的第一次书面记载很晚才出现，我们可以在狄奥多罗斯·斯库鲁斯（Diodorus Schous）（公元前80—前20年）的《历史丛书》（Biblioteca History Orica）第19卷中找到。其中记载的事件可追溯到公元前315年，描绘了迪亚多奇（Diadochs，亚历山大大帝的继任者）未能成功征服生活在佩特拉的纳巴泰人。

该部落下一记载开始于公元前63年，当时庞皮（Pompey）领导的罗马人成功地将自己的统治范围扩张至今天的叙利亚和约旦，而这两个地区的居民主要为纳巴泰人。尽管国家统治受到威胁，纳巴泰人还是设法守住首都，继续垄断来自红海的商品。

直到106年罗马才将纳巴泰人击败，当其国王拉贝雷二世死后，他们把他的城市让给了图拉真皇帝统治下的叙利亚总督科尼利厄斯·帕尔马。纳巴泰人的投降很可能是为达成一项外交协议，证据来自国家吞并后铸造的罗马硬币，为了庆祝吞并硬币上印的是"阿拉伯征服者"（Arabia adquisita），而不是"阿拉伯元首币"（Arabia capta），换言之这意味着这一吞并是行政性质的"财产转移"。

事实上，尽管罗马在人力和武器上具有压倒性的优势，但他们永远不可能武力夺取佩特拉。西克蛇道（Siq）——这条数千年来由该地区季节性洪流之一的瓦迪穆萨（Wadi Musa）形成的狭窄通道——是进入这座城市的唯一途径，通道的入口处几乎是看不见的。从蛇道起约1189米，沿着高达100米的砂岩墙有一系列的弯道和直角转弯。从这里进入是夺取该城市的唯一手段，但即使是对罗马这样的军队，这种方式也类似于自杀。

如今西克不再是一个无懈可击的军事屏障，而仅仅是通往卡兹尼神殿（Khazneh Fir'awn，又名"法老的

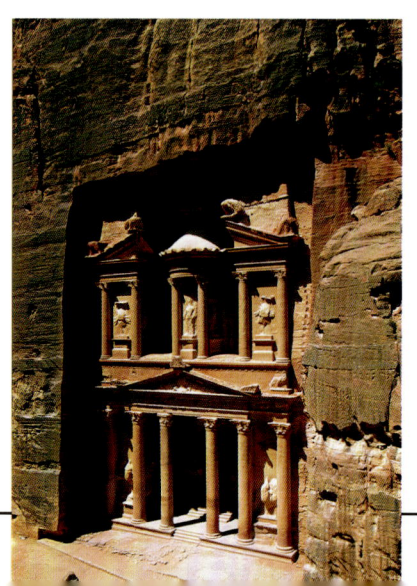

第218页（右下）卡兹尼神殿的正面有两层楼高，高约40米，宽约28米。它复杂的外观来自后墙的凹陷，使建筑看起来像是一个巨大的框架。

第219页　从西克峡谷引人注目之处可以看到名为法老的宝藏的卡兹尼神殿，这是一座华丽的建筑，可能是为纪念阿雷忒三世而建造的，他的统治（公元前84—前56年）恰逢纳巴泰人最繁盛的时期。

宝藏")的一条美丽的通道，这座巨大的神殿是从岩石中挖掘出来的，是世界古代最非凡的纪念碑之一。英国考古学家伦纳德·伍利（Sir Leonard Woolley）写道："纳巴泰建筑师将古典建筑分解，把玩各个部分，将其随意排列，完全不在意最初的设计功能。"

卡兹尼神殿有两层立面，宽约28米，高约40米，其特点是设计非常精致。下层是由六根柱子组成的门廊，上层是一个圆屋，圆锥形屋顶上放置了一个瓮。神殿两侧有两个由柱子和亭子围成的半山墙，精巧非凡的装饰图案随处可见：雕像、柱子，和不断涌现的浮雕上布满了带有鲜花和浆果的花环图饰，让人想起希腊的装饰样式。像佩特拉的大多数古迹一样，这座建筑具有葬礼功能，很可能是为了纪念国王阿雷忒三世（公元前84—56年），他的统治恰逢纳巴泰人最繁荣的时期。卡兹尼神殿来源于阿拉伯人，他们长期以来一直相信这座圆形建筑的瓮中藏着宝藏。他们以反传统的狂热摧毁了立面上的雕像，就像一些贝都因人后来为了寻找宝藏而摧毁了双耳瓶一样。

从卡兹尼神殿出发，这座宏伟的城市通向一个四周环绕着粉色尖顶的中空区域，那里唯一保留下来的非石雕建筑被冠以错误的名称：法老女儿的城堡（古名 Qasr al Bint Fir'awn）。这座神庙体积巨大、装饰

■ 第220页（左上）一条柱廊街道，于公元1世纪末和公元2世纪初建造。这条街道从东到西穿过这座城市，位置从"法老女儿的城堡"一直延伸到皇家寺庙。

■ 第220页（右上）剧院完全由砂岩雕刻而成，有一个可容纳8500名观众的观众席。最初布景墙是由大理石镶板和色彩鲜艳的石膏衬砌而成的。

■ 第220-221页 左边是科林斯之墓（Corinthian Tomb）和宫殿之墓（Palace Tomb）。后者的名字是因为人们相信它的建筑风格模仿了雄伟的希腊住宅。这两座建筑都是集体坟墓，很可能属于王室成员。

■ 第221页（上）方尖碑之墓（Tomb of the Obelisks）的名字来源于四个象征着埋葬在墓穴中的逝者的浮雕方尖碑。它的挖掘地点位于西克通道的大型三棱柱上方。方尖碑和三棱柱的功能可能存在相似之处，它们的立面上布满了精致浮雕，十分引人注目。

■ 第221页（下）与佩特拉的许多其他坟墓一样，瓦迪法拉萨（Wadi Farasa）地区花园陵墓的门廊房间可能用于死者的祭日举行宴会，以纪念死者。

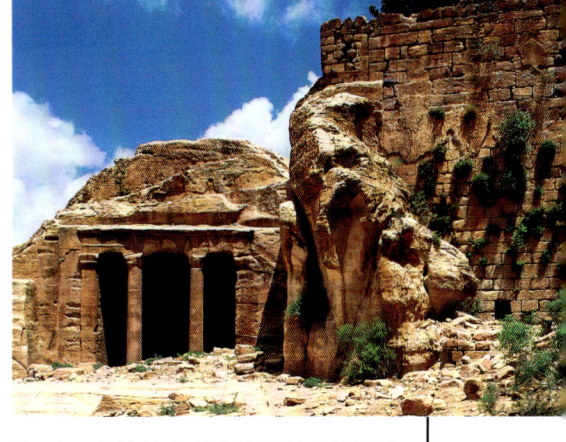

华丽，建筑结构是以尼罗河流域神庙为基础的。佩特拉和亚历山大之间在遥远的古代曾有商业活动，而神庙名字就源于埃及对当地文化的悠久影响。并且纳巴泰人为更好实现商业往来广泛吸收了所接触的其他民族的文化和艺术特征。

雄伟的代尔修道院（ad-Dayr）在风格上显然是希腊化的。它矗立与其同名的山顶上，通过岩石上无尽的台阶就能到达，石阶两旁排列着坟墓和虔诚的壁龛，就像圣道（Via Sacra）一样。然而，佩特拉的许多坟墓——

第222页（上）这座公元1世纪末的神庙陵墓名为罗马士兵之墓，名称来源于中央壁龛里有一个穿着盔甲的人物雕塑。他是埋藏在这里的高级军官。

第222页（下）在罗马士兵墓中的三棱柱的墙面上排列着半根柱子以及带有大窗户的壁龛。在大厅的中央有几张石凳，供前来参加葬礼的客人休憩。

第222-223页 考古学家认为，代尔修道院是为了纪念一位纳巴泰君主（也许是奥博达一世）而建造的一座寺庙，他在死后被奉为神明。

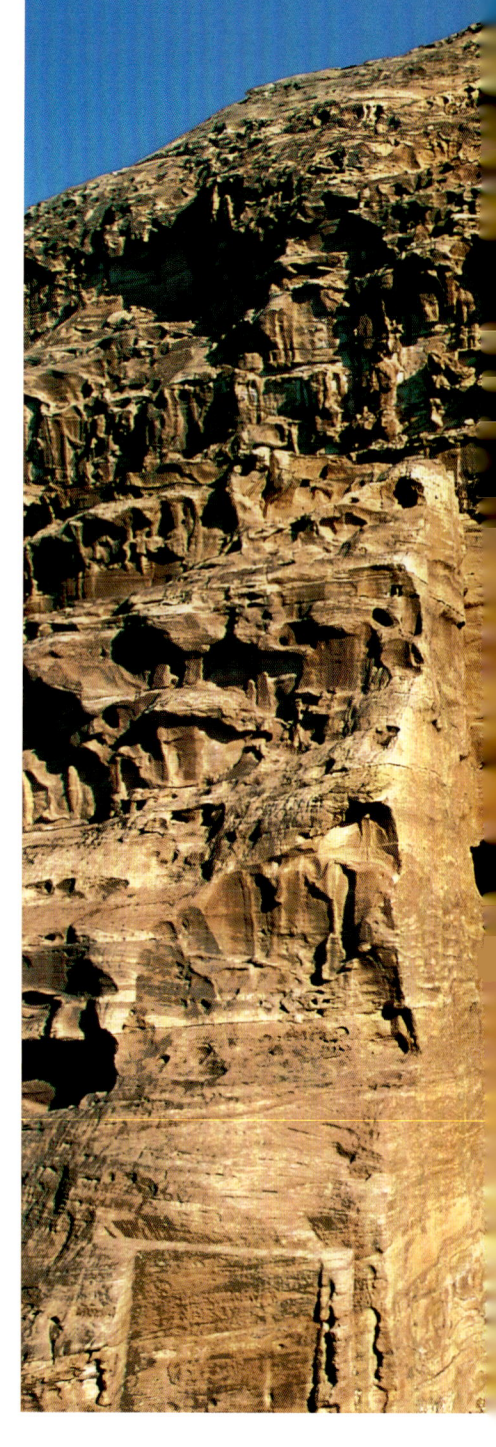

瓮冢（Tomb of the Urn）——以及举行葬礼宴会的石质三叉戟，都装饰着亚述艺术典型的阶梯装饰。

纳巴泰人的房子已所剩无几，其很可能是用易腐烂的材料建造的。人们对这些人知之甚少，他们可能已融入阿拉伯民族。罗马人到来后，这座城市的重要地位逐渐丧失，尽管历史学家斯特拉博（Strabo）等人仍对这座城市充满研究热情。然而在公元3世纪，随着帝国的衰落，罗马人对佩特拉失去了兴趣。这座城市的记忆成了一个由分散的贝都因部落成员守护的秘密，直到1812年8月22日，瑞士旅行家约翰·路德维希·伯克哈特（Johann Ludwig Burckhardt）重新发现了这座城市。

他的记述发表在《叙利亚和神圣之地游记》（Travels in Syria and the Holy Land）上，让19世纪正处于浪漫主义时期的欧洲人发现了这片沃土，这部作品也吸引了一位出身卑微的年轻苏格兰人出发前往这座非凡的城市。他的名字叫戴维·罗伯茨（David Roberts），他为佩特拉画了大约100幅素描和油画，也因此收获了荣誉，他回到英国后就成了他那个时代最伟大的风景画家，在他的作品与观点公之于众后，佩特拉又恢复了生机。

■ 第 223 页（左下）
塞克斯修斯·弗洛伦蒂努斯（Sextius Florentinus）是公元 127 年的罗马阿拉伯省省长，其陵墓巨大的中央拱门上刻着一位女性形象。这很可能是希腊化衍生的象征蛇发女怪。

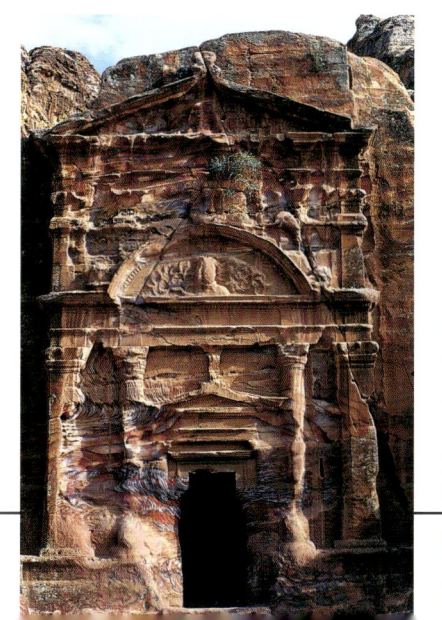

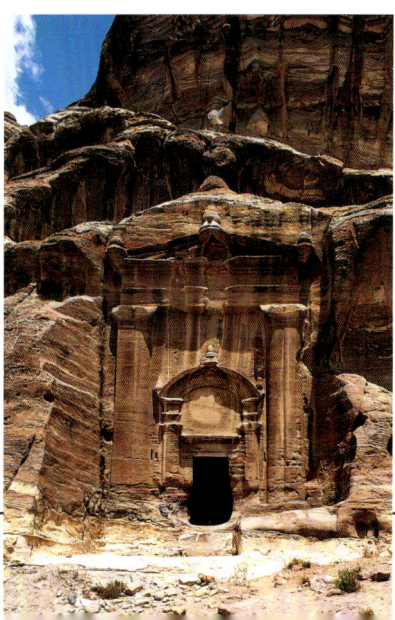

■ 第 223 页（右下）
文艺复兴之墓的正面。这个奇特的名字来源于三角墙上的细节处理，类似于文艺复兴时期的意大利建筑。佩特拉墓的另一个不同寻常的装饰特征是楼梯上的浅浮雕。

哈 特 拉

伊拉克 | 摩苏尔地区
入选年份：1985
遴选标准：C（Ⅱ）（Ⅲ）（Ⅳ）（Ⅵ）

▌ 第224页（上）哈特拉废墟中有一片密密麻麻的柱子群，它们融合了希腊化和波斯风格。这座城市在萨纳特鲁克二世（公元200—240年）长期统治期间处于鼎盛时期，当时其统治区域一直延伸至幼发拉底河。

▌ 第224页（下）厚厚的砂岩墙壁上装饰着雕像、人和动物造型的高浮雕，它们环绕着位于市中心的沙玛什神庙的一个壁龛，这座神庙宛如一座迷宫。

伊拉克战争为世界上所有的考古学家敲响了警钟，这个最早文化繁荣的国家拥有数量巨大的历史遗产，它们的命运将走向何处。2003年4月，照片中遭遇洗劫的巴格达国家博物馆（National Museum in Baghdad）引发了人们对这里收藏的17万件艺术品的深深忧虑。

初步估计，被盗窃或毁坏的藏品高达有80%。但经美国大学艺术学会（College Art Association）后续考察团进行更准确的损失评估后得出的结论，只有约1万件藏品失踪，但这一状况仍很严重。对公共画廊的掠夺略好些，"只有"40件藏品被抢走。其中包括画廊中哈特拉雕塑的头部，雕塑尺寸和真人大小相当。

哈特拉是伊拉克西北部的一座满是城堡的城市，位于摩苏尔（Mosul）和萨迈拉（Samarra）之间，目前其建立时间仍未可知。公元前约400年时，这座城市可能仍是一个不起眼的亚述人居住地，但在公元前2世纪至公元3世纪，城市极为繁盛。它位于丝绸之路沿线的战略位置，是安息帝国（Parthian）最繁荣的城市之一。事实上，今天人们认为这里为美索不达米亚古代文明中最重要的遗迹。在英勇抵抗图拉真（公元116—117年）和塞普蒂米乌斯塞维鲁（公元198—199年）领导的罗马军队被围困之后，它成为第一个阿拉伯王国的首都。正是在这两次围困之间，萨纳特鲁克一世（167—190年）在完成了最让人流连忘返的建筑——太阳神沙玛什神庙（Temple of Shamash）后，自封为"阿拉伯人之王"，并称哈特拉为"太阳之城"。

哈特拉在布局上呈圆形，直径约1.61千米，周围有两组防御墙。第一道墙长约8千米，是用黏土建造的。内墙和第二道围墙长约5.63千米，有一道很深的堤坝将黏土墙隔开。第二道石墙厚达3米，高约2.13米，有163座防御塔和四个大门，每个大门都对应着通往一条街道。城墙和塔楼表明哈特拉这座城市不光承担着商业角色，还有军事角色，这也可能解释了为什么这座

▌ 第224-225页 哈特拉遗迹位于底格里斯河和幼发拉底河之间的半沙漠地区的一个名为阿尔哈兹拉（alJazirah）的小型洼地，其距离瓦迪萨尔（Wadial-Tharthar）不远，距离摩苏尔约96千米。

哈特拉

巴格达

■ 第225页（左下）
这座重要的宗教建筑有11个入口，在入口的拱顶上刻着哈特拉杰出公民的面孔，他们为建造这座伟大的寺庙捐赠了大笔资金。

■ 第225页（右下）
沙玛什神庙的入口处上方有一处精致的浮雕。这座建筑外环绕着高墙，赋予其极大的军事意义。哈特拉以其军事实力而闻名，这里的士兵改进了一种燃烧弹，这在公元2世纪是一种极具创新性的武器。

城市可以抵抗来自强大罗马军团的袭击。

城中许多神庙都建于基督教时代伊始，当时哈特拉是该地区最富有的城市之一，这些神庙凸显了城市的宗教功能。最重要的是沙玛什神庙，这是一座巨大的四边形建筑，占地约437米×322米，四周是装饰好的石墙，东侧有一个正门，11个次门。里面有许多供奉马兰、休神、萨米亚、萨卡亚和阿拉特等次神的小教堂。同时在城市的东区发现了一座陵墓，该建筑为两层，有几个墓室和拱形屋顶。

作为东方和地中海的商业十字路口，哈特拉不光吸引了罗马人，因此这座城市未能一直繁荣昌盛。238年，它成功抵抗了波斯国王阿尔达希尔一世的进攻，但仅仅三年后，萨珊国王沙普尔一世带领的军队就

成功夺取了这座城市，这位国王毫不犹豫地将这座城市彻底摧毁。然而，在短暂的辉煌岁月里却留下了许多非凡的雕塑，这些雕塑展示了希腊、罗马和波斯的非凡影响。在风格和文化无与伦比的混合中，哈特拉的神像与波塞冬、厄洛斯、赫尔墨斯、阿波罗和左肩披着尼米亚狮皮的大力神赫拉克勒斯的雕像矗立在一起，同时还有国王和其他重要人物的雕像。今天，大多数雕塑都保存在巴格达的国家博物馆和位于摩苏尔的博物馆，希望它们能在这场突如其来的新一轮冲突中得以幸存。

▎第226页（上）这块神圣的浅浮雕牌匾小而精致，其描绘了尼格尔神和一只用皮带拴着的看门狗。这座雕塑最初放置于一块墓碑之上，今天保存在摩苏尔博物馆（Mosul Museum）。

▎第226-227页 哈特拉最宏伟的建筑是这座巨大的四面庙宇，其中供奉着太阳神沙玛什。其由萨纳特鲁克一世（公元167—190年）建造，里面也有许多供奉次神的小礼拜堂。

▎第227页（上）画中的权贵留着精致的卷发。

▎第227页（左下）一位打扮精致的女性，其衣服和头发都是希腊式的，站在大庙宇中某根柱子的一侧。

▎第227页（右下）许多哈特拉的女性形象：穿着长长的垂坠服装，戴着珠宝，留着精致的发型。这为公元2世纪的安息帝国提供了服装上的灵感借鉴。

波斯波利斯

伊朗 法尔斯省
入选年份：1979
遴选标准：C(Ⅰ)(Ⅲ)(Ⅵ)

所有来自幅员辽阔的波斯帝国的代表都参加了盛大的游行来庆祝新年。丰富多彩的节日庆典是统治者的骄傲，也为观众提供了娱乐活动。庆典以不朽万人军庄严的进行曲拉开序幕，然后是米底亚人（Medians，他们有幸率先开启波斯庆典），紧随其后的是拴着狮子的埃兰人（Elamites），安息人（Parthians），中亚的粟特人（Sogdians）。粟特人带来了单骑和兽皮作为献给皇帝的礼物，埃及人带来了基座和一头公牛，萨格旬人（Sagartians）带来了马和华丽的衣服，巴克特里亚人（Bactrians）带来骆驼，亚美尼亚人（Armenians）献给皇帝装满礼物的花瓶，巴比伦人（Babylonians）带着杯子和布料，锡利人（Cilicians）带着公羊，斯基泰人（Scythians）带着尖头武器，亚述人（Assyrians）带着长矛，吕底亚人带着战车，爱奥尼亚人（Ionians）带着盘子，最后是带着几十个大篮子的印度人民。

游行在波斯波利斯举行，我们可以在宏伟的浅浮雕上看到非常详细的记录。浮雕位于阿帕达纳（Apadana）阶梯的墙上，长达300米以上，按不同的顺序进行划分。这一有纪念意义的建筑由36根柱子支撑，高约25米，柱子上装饰着刻有狮鹫、狮子和公牛——专门用于万王之王的招待会，万王之王是阿契美尼德王朝（Achaemenids）的统治者，这一王朝是由至高无上的神阿胡拉·玛兹达选出的。这座宏伟的建筑是大流士（Darius，公元前522—前486年）下令建造的，其将波斯波利斯作为首都。

大流士一登上王位，就推行自由意志主义政策，在各省建立了拥有广泛政府权力的属地。事实上，他的"分权国家"无论是出于行政还是商业目的均无须建立一个新政府。因此国王仅选择了波斯波利斯作为国家中心，用于举行国家庆典并将帝国金库设立于此，库中储存着从帝国的各个角落送给他和他的继任者的礼物。

波斯波利斯建在一个长约450米、宽约100米、高约15米的石头平台上，通往波斯波利斯的唯一入口是由大流士的儿子薛西斯建造的

■ 第228页（上）波斯波利斯城是由大流士开始缔造的，他将城池建在一个人造平台上。他的继任者为此征用了来自帝国各个角落的数千名奴隶。

■ 第228页（下）现在看到的这头无角公牛拥有庞大的雕刻规模，但细节打造极为精细，用于柱子底座。波斯波利斯的柱子和基座通常是以动物的形式出现的。

■ 第229页（上）波斯波利斯非常富有，正如希罗多德所述，当亚历山大大帝在公元前330年摧毁这座城市时，需要1万头骡子和5000头骆驼来带走它的财宝。

■ 第228-229页 据记载，该国宏伟的大门是由薛西斯一世建造的，通向阿帕达纳。阿帕达纳是一个有纪念意义的建筑，可容纳成千上万的人参加国家庆典。

■ 第229页（下）作为阿帕达纳入口处阿契美尼德力量的象征，这一神话生物名为拉玛苏，一种有着公牛身体、人头和尖须的半人半兽怪物。

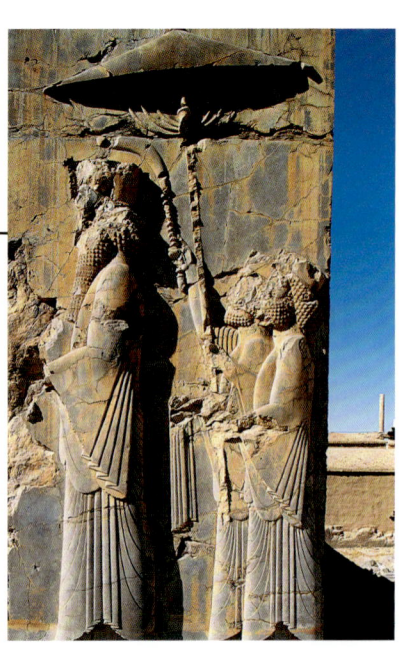

■ 第230页（左上）
正如议政厅上的这幅浮雕一样，大流士走动时总是由奴隶举着遮阳篷并随时洒水。从雕塑的脸部来看，他总是表现出一种权力感和近乎超自然的美。

■ 第230页（右上）
大流士坐在宝座上，脚放在凳子上，以一种神圣的姿势欢迎他的臣民。在浮雕中，国王的形象总是比其他人物要高大。

一段通往国门的台阶。从高约 7 米的石牛上可以俯瞰这座三面敞开的建筑。阿帕达纳不远处是大流士建造的两座建筑，议政厅（Tripylon，装饰着浅浮雕）和塔查纳（Tachana，冬宫），入口处有公牛和拉玛苏的雕像（Lamasu，一种半人半兽的怪物，拥有公牛的身体，头部是一个尖胡子的人）。

再稍微向前走就是巨大的宝座室（Throne Room），也称为百柱之宫（Palace of a Hundred Columns），以及阿契美尼德王朝最后一位统治者阿尔塔薛西斯一世（公元前 358—前 338 年）未完工的宫殿。该建筑群包括薛西斯的宫殿，这是一个优雅的正方形空间，里面可以看到各式各样的房间。其中一个为后宫，但那里并没有嫔妃居住过，也没有他人宿于此，这里只是一个皇家金库。在 25000 块刻有楔形文字的石碑的法庭档案中，司库详细地清点了所有带给统治者的礼物。事实上，皇帝雇佣了 1438 人来看守和管理他的财富。

公元前 330 年，亚历山大大帝来到城门外，他的军队非常庞大，装备精良，波斯人只得不战而降。然而马其顿人一反常态摧毁了波斯波利斯，把它变成了一堆废墟，来报复阿契美尼德人于公元前 480 年摧毁雅典。然后亚历山大继续势不可当地朝着征服东方的目标前进。然而据说几年后，他返回时希望在波斯波利斯停留片刻，那里除了一个鬼魂一无所有。太阳落山时，他独自一人爬上了平台，流下了悔恨的泪水。

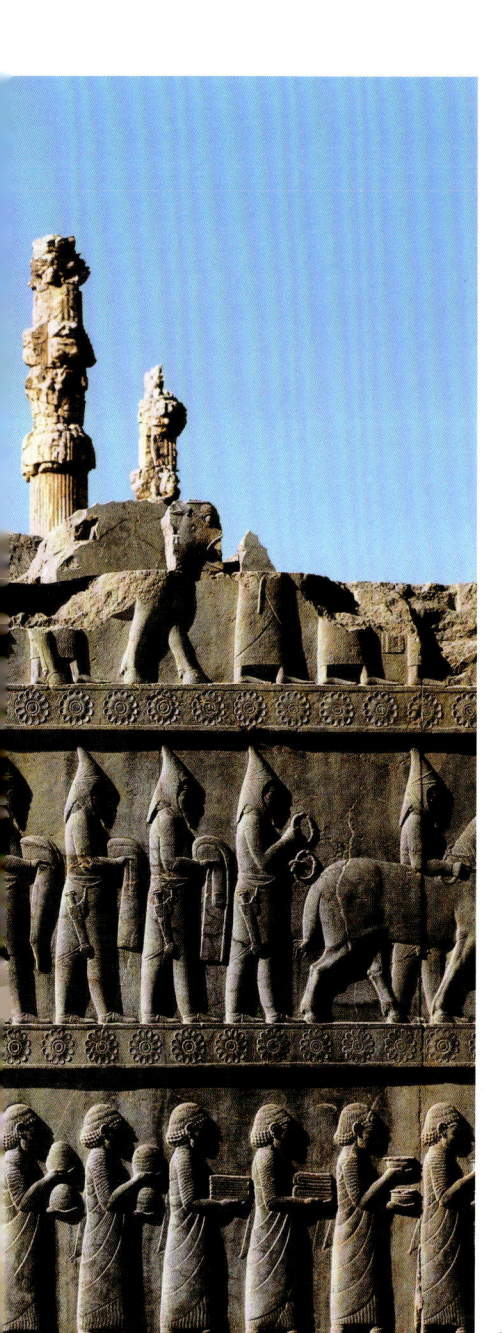

第 230-231 页 从装饰阿帕达纳露台底部的浮雕中我们可以看到大流士的臣民们在向其进贡。嵌入的柏树和棕榈树图案减轻了雕像的死板，这些树木图案的灵感来自国王和宫廷成员喜欢放松的花园。

第 231 页（上）大流士宫殿中巨大楼梯上印有浮雕，浮雕为狮子和其猎物的图案，这是传统的波斯肖像图案。这一图案被希腊人吸纳，并用于雅典纪念碑的浮雕。

第 231 页（中）从大流士宫殿敞开的大门里可以看到一个门廊，以及国王曾经举行宴会的花园。除了露台和楼梯，这座曾经宏伟的建筑还留下了巨大的石质飞檐。

第 231 页（下）36 根柱子上装饰着绝妙的动物图案，它们支撑着阿帕达纳的雪松天花板，这些柱子经过几个世纪已腐烂。

■ 第232页（上）这是浮雕上的一个细节，展示了向波斯波利斯献贡的游行队伍。它象征着国王完全占有臣民的财产，也象征着臣民的忠诚。

■ 第232-233页 希罗多德估计，大流士的军队有500万精兵，这还不包括"做面包的女人、妃子和太监。"这个数字是不切实际的：今天，人们认为阿契美尼德的军事力量不超过5万人。

■ 第233页（上）从衣着和用作礼物的携带物品里，我们可以判断出庄严的游行队伍中的不同民族。我们在这里看到锡利人为大流士带来了公羊。

■ 第233页（中上）马的展现非常详细和符合比例。正如色诺芬（Xenophon）所述，波斯人是优秀的骑手，骑马时不使用马镫。

■ 第233页（中下）吕底亚人用战车把他们的供品送到国王面前。每个代表团都由一名"门卫官"带领进入阿契美尼德首都。

■ 第233页（下）一名身穿阅兵式制服的皇家卫兵用双手拿着长矛，背上挂着箭袋。这是阿帕达纳东面楼梯上的一个浅浮雕的细节。

第234页（上）阿帕达纳东面楼梯浮雕上的两位贵族。国王得到了波斯贵族的大力支持：他赋予他们类似总督的重要决策职位。

第234页（下）议政厅浅浮雕上的一队高官。阿契美尼德王朝的统治者通常会向这些高官分发珍贵的礼物，以示威望；最重要的是一种名为塞西亚（akinake）的宫廷短剑。

第235页（上）对波斯人来说，胡子是男子气概和社会地位的象征。波斯波利斯浮雕上描绘的无胡子人物往往是太监，他们是皇宫中众多家政人员中的一员。

■ 第 235 页（左下）
不同的着装风格表明了阿契美尼德王朝的民族多元化。在这个细节上，传统的尖头毡帽［名为巴斯力克（bashlyk）］的为波斯人。

■ 第 235 页（右下）
其中一幅浮雕展示的是大流士左手的细节。他在接见贵族和臣服民族时手持鲜花，用以表示对走近他的人心怀仁慈。

贾姆宣礼塔

阿富汗 | 古尔省沙赫拉克地区
入选年份：2002
收入《世界濒危遗产名录》时间：2002
遴选标准：C（Ⅱ）（Ⅲ）（Ⅳ）

■ 第236-237页 狭窄的山谷中矗立着高约65米的宣礼塔。碑文中写道它是1194年由苏丹吉亚斯·阿丁·穆罕默德完成的。然而，目前还不清楚它是否属于清真寺，还是仅仅为庆祝古尔王朝设立的"胜利之塔"。

贾姆宣礼塔矗立在海拔约1900米的狭窄山谷中，位于哈里鲁德河（Hari-rud）和贾姆鲁德河（Jam-rud）两条湍急的河流的交汇处。阿富汗中西部古尔省高耸而荒凉的山脉映衬着这座尖塔，为其加冕。

除了零星的牧羊人和旅行者，几个世纪以来世界都不知道这一古迹，20世纪30年代一位不愿透露姓名的飞行员在独自执行飞行任务时偶然发现了这座古迹。在他返回喀布尔时，他提供了宣礼塔的坐标，但直到1957年8月18日阿富汗历史学会（Afghan Historical Society）主席艾哈迈德·阿里·科赫扎德（Ahmed Ali Kohzad）和法国考古学家安德烈·马里克（André Maricq）率领的一支探险队才成功到达这个偏远的山谷。他们在凶险的道路上艰苦跋涉数日，但他们的努力得到了回报。这所伊斯兰教寺院是中亚最古老和最杰出的伊斯兰建筑之一。

宣礼塔高约65米，形态优雅，上面的砖块布满精致的几何图案和花卉图案。它的形状也是独一无二的：塔底部的三分之一是八角形的，上部的三分之二是圆形的，顶部是一个由六个细长的拱门支撑的圆顶阳台。塔上部的装饰为一条蓝色和绿松石相间的瓷砖，上面用库法文字刻着建造者名字。库法文字是最早的伊斯兰书写形式之一，由第四代哈里发（先知的表亲）发明于库法（Kufa，今天的伊拉克），以棱角分明的字母和缺少变音符号为特征。塔内，一条双螺旋楼梯蜿蜒而上，通向阳台。

碑文写道其为古尔（Ghorid）王朝子民苏丹吉亚斯·阿丁·穆罕默德（1163—1203年）于1194年完成的，该王朝于1146—1214年统治该地区，甚至征服了德里（Delhi）。事实上，世界上最高的宣礼塔为建于1186年的顾特卜塔（Qutb Minar），这座塔位于印度城市贾姆（Jam），模仿了阿富汗这座贾姆宣礼塔的建筑风格和装饰，因此为其"后代"。然而，以上提到的就是所有关于贾姆宣礼塔的信息，它为我们留下了一个悬而未决的谜团（阿富汗神秘而痛苦的历史上的众多谜团之一）：为什么要建造这座塔？贾姆尖塔是否属于如今已所剩无几的清真寺？是否是一座歌颂古尔家族的"胜利之塔"？或者这个山谷是否是传说中的苏丹国首都菲路兹科（Firuzkoh）的所在地，在成吉思汗的统治下被蒙古人夷为平地？我们或许会在似乎曾是宫殿的城堡废墟中，在位于贾姆鲁德河北岸的一堵防御墙的碎片里，找到其中一些问题的答案。

此外，1960年，意大利考古学家安德烈亚·布鲁诺（Andrea Bruno）在一个古代集市的尖塔附近找到了一些痕迹，并发现了一处有历史意义的石碑（现保存于喀布尔的考古博物馆），表明这片遗址上曾有一处犹太人墓地。

1974年，联合国教科文组织指派安德烈亚·布鲁诺修复宣礼塔，哈里鲁德河的侵蚀作用正在削弱该塔的稳定性，这两条河流湍急强大的水流使塔楼地下的部分逐渐显露，造成其倾斜。四年后，人们开始建造一座由金属石笼网和石头固定的堤坝，为塔基的施工做准备。然后叫停了这项工程。

为此，当联合国教科文组织将贾姆宣礼塔列入《世界遗产名录》，同时它又被列入了《世界濒危遗产地红色名录》。当布鲁诺在多年后终于成功到达山谷时，他发现情况变得更糟了：买卖古董的小偷偷走了一些带有装饰的瓷砖，它们已经不见了。

▎第236页（下）该图展现了宣礼塔上精致的几何和花卉图案。在纪念碑的上部有一条绿松石锡釉彩陶瓷砖。

▎第237页（上）八角形宣礼塔（在那个圆形塔楼时代这种形状很少见）的底部显示了内部的砖制结构。原来埋在沉积物下面入口大约4米深。

▎第237页（下）山谷中两条河流之一哈里鲁德河的侵蚀作用破坏了宣礼塔的稳定性，这座塔已经明显倾斜。如今一座大坝已开工，但战争叫停了其建设工作。

莫高窟

中国 | 甘肃省敦煌市
入选年份：1987
遴选标准：C（Ⅰ）（Ⅱ）（Ⅲ）（Ⅳ）（Ⅴ）（Ⅵ）

▍第238页 距离绿洲敦煌约24千米的地方有一处悬崖，这里已被掉落的岩石掩盖，人们在其中挖出了492个莫高窟石窟。如今其中一些已用钢筋混凝土屏障保护起来以防沙子侵蚀。

▍第238-239页 这些壁画主要展示了佛陀生平的故事。在这个编号为285的洞穴中，打坐的佛像高约4.26米。

▍第239页（左上）唐代670尊雕像中最大的一尊（高约35米）受到一座七层塔的保护，这座佛像面容安详。

▍第239页（右上）与其他石窟一样，57号石窟（红莲菩萨石窟）的中型雕像是用赤陶制成的，衬里为灰泥，图案细节精心绘制。

公元366年，一位名叫乐尊的和尚云游经过丝绸之路重镇敦煌时，突然看到了一道金光，数千尊佛像出现在他面前。眼前的景象让他认为这个距离北京约1930千米的地方——中国西部戈壁和塔克拉玛干沙漠边缘的绿洲，必是一处佛教圣地。他向该地居民那里收集礼佛用品，并在莫高窟松软的砂岩墙上挖掘了第一处佛窟，这里位于敦煌以南约24千米。消息迅速传遍了这一地区，在接下来的十个世纪里，旅人们为了祝愿面前的悠悠长路一帆风顺，为莫高窟的发展做出了卓越贡献，很快将其打造为特别的佛教艺术重地。

乐尊和尚是否确有其人还尚未可知，历史事实是，这个亚洲最不适宜人类生存的地区于4世纪到14世纪为中世纪艺术成就创造了492个石窟，2000座雕塑和超过4万平方米的壁画。莫高窟最令人印象深刻的艺术品是一尊巨大的佛像，它高约35米，由一座七层高的宝塔保护着。这座雕像建于公元695年，始建于唐代，表面镀金，面容安详。

然而，莫高窟最有价值的不是作品本身，而是它们对中国传统文化和艺术风格演变的完整记录。石窟中至少有五个朝代的壁画和雕塑：北魏和西魏、北周、隋朝（为过渡朝代，历时非常短暂）和唐朝，中国的艺术在隋朝的统治时期极为完美，可能只有明朝才能媲美。

莫高窟壁画和雕塑艺术的风格（其鲜艳的色彩历久弥新）展现了西

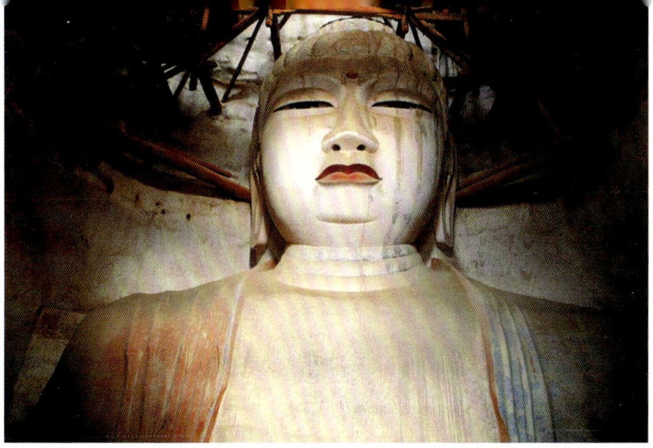
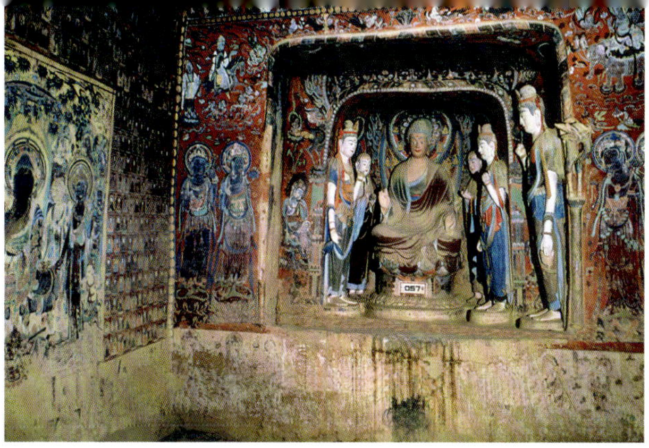
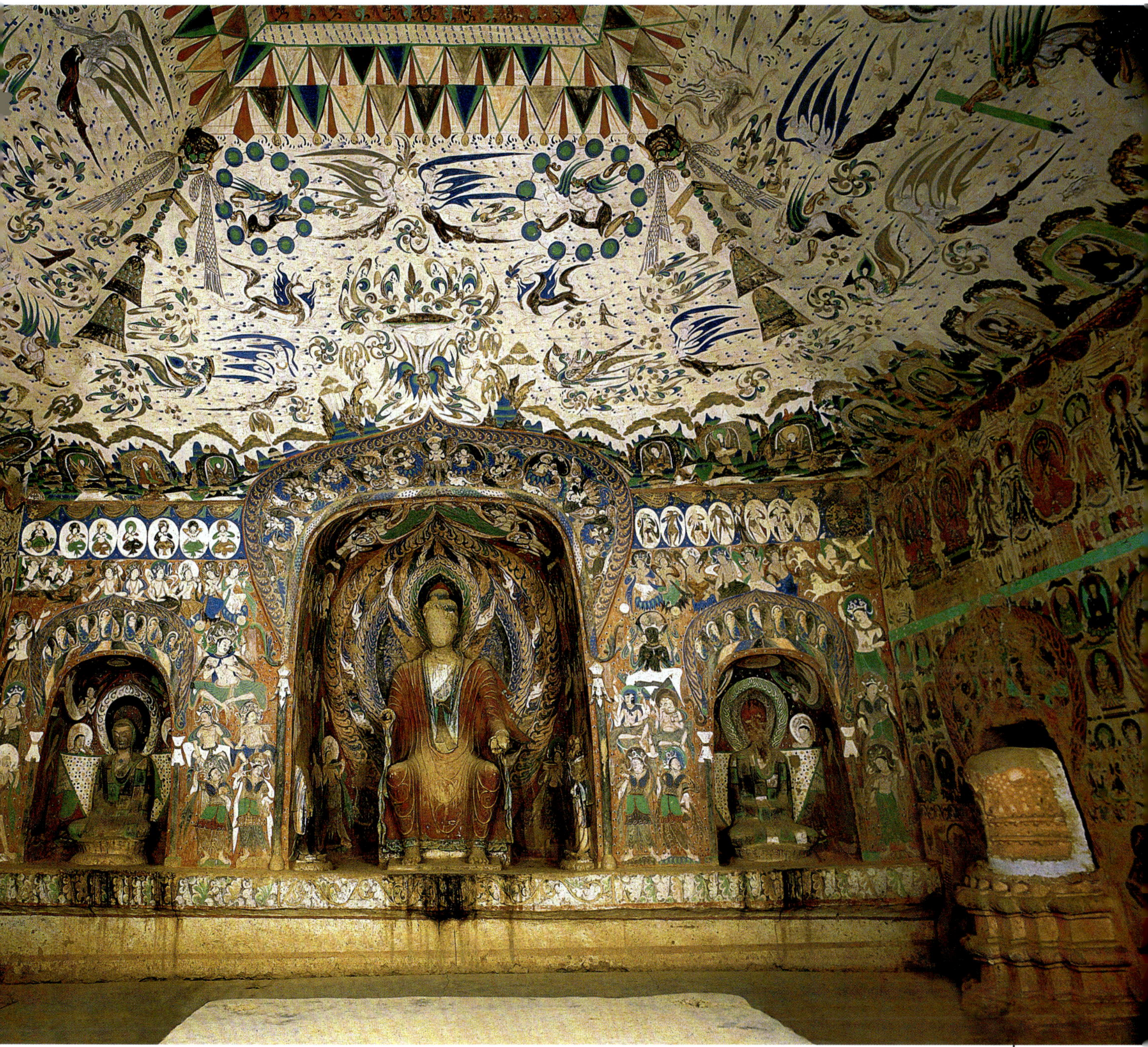

■ 第240页（上）在第217号石窟这幅巨幅画作的细节里，我们可以看到佛陀位于西方净土天堂的中心。这幅壁画创作于唐代艺术的鼎盛时期，反映出这一时期绘画的精致完美。

■ 第240页（下）莫高窟的墙壁上覆盖着约4.65万平方米的壁画。佛像和菩萨的形象不计其数：仅在270个石窟中，就有超过4500个阿帕莎拉（又名飞天）。

方文化和中国传统的相遇和融合，同时还有佛教习俗和其宗教信条的演变。在最初几个世纪，波斯，尤其是佛教发源地印度极大地影响了作品中的人物和服饰。随着西魏的出现，我们可以看到各种风格的融合：人物脸部更圆，鼻子更细，眼睛更长，衣服开始更具东方风格。随着汉人与生活在敦煌地区的中亚民族的汇聚渗透，两种风格在北周时期融合在一起，最终实现了唐代雕塑的日臻完美。

然而，莫高窟最伟大的艺术作品已在中国消失一百多年了。道士王圆箓，于19世纪末发现了这所在15世纪遭遗弃的石窟，他也看到了洞穴中保存的大量古代文献。这位道士明智地决定用围墙堵住通往石窟的通道，以免其惨遭劫掠，也避免干燥的沙漠空气将其迅速摧毁。尽管如此，英国收藏家奥莱尔·斯坦因还是迅速听闻了这一消息。他组织了一次探险，看到今天所说的17号石窟的收藏。斯坦因说服王道

■ 第240-241页 与其他朝代不同的是，莫高窟壁画中经常出现唐代高官的肖像。通常这些人物数量众多，占据了突出的位置。有时壁画赞助者会站在佛陀旁边。

■ 第241页（上）石窟的天花板上有着来自各种宗教的神秘人物：菩萨、阿帕莎拉和佛教的阿修罗国王毗摩智多罗（如图所示）、鸟王迦楼罗和印度教的毗湿奴。

■ 第241页（下）宽约17米、深约6.69米的158号窟（大般涅槃）是莫高窟最壮观的石窟之一。西墙上的这个细节显示了菩萨和弟子们正在观摩大佛像。

士交出这些纸质文献，以换取少量捐款修复石窟。他离开莫高窟时带走了24箱画在画布和亚麻上的手稿。他还设法获得了公元868年的木版印刷品《金刚经》（*Diamond Sutra*），这是已知最古老的印刷书籍。今天，在伦敦的大英博物馆我们还可以看到斯坦因当年掠夺的藏品。

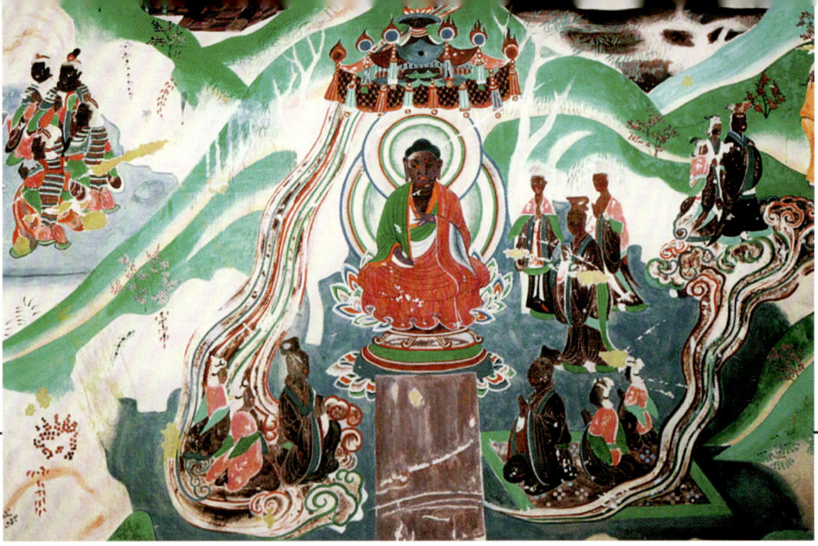

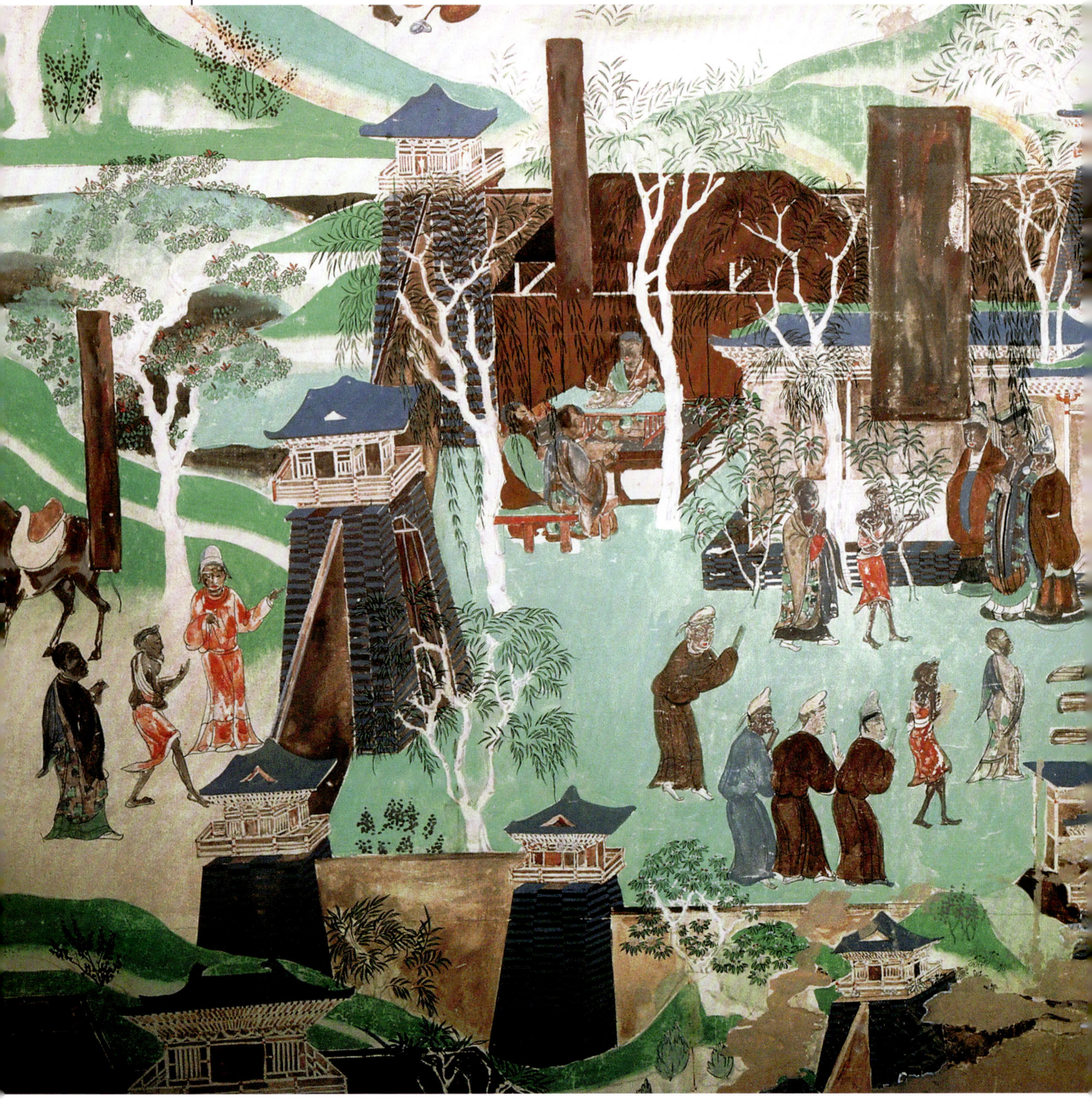

■ 第242页（上）壁画的灵感经常来自本生，即佛陀在通往超度和开悟的道路上历经550次生命的故事。

■ 第242-243页 这是第217窟中一幅壁画的细节，展示了《莲花经》中叙述的幻象之城。在这里佛祖教导其追随者只有苦练和持续修行才能获得永生。

■ 第243页（上）第249窟天花板上绘制的狩猎图，详细描绘了三只瞪羚逃离的场景。这幅画绘于公元386—634年中的北魏时期。这个洞穴里的壁画展示了中国西北游牧民族的日常生活。

■ 第243页（中）第419号石窟壁画细致展示了苏达拏王子慷慨赠予的场景，这是一则在《维善塔拉本生经》（*Visvantara Jataka*）的经文中讲述的神圣故事。石窟装饰源于隋朝，画中包括中国历史上一些最虔诚信奉佛教的皇帝。

■ 第243页（下）这幅壁画中是一群夜叉。在佛教神话中，夜叉是慈爱的精灵，他们的职责是守护隐藏在地下和树根中的宝藏。

秦始皇陵

中国 | 陕西省临潼区
入选年份：1987
遴选标准：C（Ⅰ）（Ⅲ）（Ⅳ）（Ⅵ）

- 第244页（上）西安博物馆的这一模型是根据西汉史学家、太史令司马迁的描述建造的。这是对皇帝仙逝后居住地的假想重建，尽管至今考古学家还没有发现秦始皇的墓室。

- 第244-245页 组成中国第一位皇帝秦始皇兵马俑的约8000尊雕塑都覆盖了一层保护层，以使其免受自然因素影响。

- 第245页（上）士兵们最初携带的武器是木柄的，但几个世纪以来这些木质结构已腐烂。然而其他配件仍存在：青铜箭头，短兵相接时的匕首刀片，以及信号铃。

- 第245页（中）这些雕像的含义存在争议。一些专家认为他们代表了真实的皇家卫士，而另一些专家则认为其为一种替代性殉葬品，以避免皇帝死后更多人牺牲。

- 第245页（下）除了雕像，人们还发现这个土堆里有建筑碎片、工具和一个金属项圈。项圈表明陵墓的建造者还有部分囚犯，这证实了公元前3世纪的说法——建造陵墓总共投入了70万名奴隶，工作了长达36年。

周的外出时间：这是所在机构为考古学家袁仲一估算的时间，他将出差一周前往距离西安约32千米的临潼。这位年轻学者的任务是去核实一个消息：一位农民在宴寨乡的集体农业用地上打井取水时发现了一尊兵马俑。那是1974年，没有人想到这座真人大小的士兵雕塑只是不可思议拼图中的一小块，这幅宏伟的拼图便是传说中的中国首位皇帝秦始皇（公元前259—前210年）的陵墓。

三十年过去了，秦始皇陵墓的挖掘工作闻名世界。袁仲一，现在是一位享誉世界的考古学家，是兵马俑博物馆的馆长。他的名字还将继续为中华人民共和国考古历史的一部分，与20世纪亚洲最重要的考古发现紧密联系在一起。

"墓葬"一词似乎不能恰当形容这一有巨大历史意义的遗迹。这座地宫依照"龙"的形态建造，2002年人们终于绘制出了其大致地图，地宫覆盖了大约259平方千米的平原，北接骊山，南连渭河。目前，游客只能进入三个坑，里面大约8000尊兵马俑，用于永久守卫秦始皇。雕像腰部以下均为实心，而躯干及头部为空心的；重约218千克，身高约1.75米到2米。有步兵、重骑兵、弓箭手、弓弩手、马兵、帝王护卫队的高级军官、马匹和战车，人像均装备着木制和金属武器，打造得极为逼真，细节也拿捏到位。虽然它们身上涂抹的许多矿物颜色已经褪去，但从每尊兵马俑的伤疤、嘴唇和割破的耳朵中，我们仍可清楚看到他们的面部特征和个人特色。

虽然兵马俑已有两千多年的历史，但他们仍栩栩如生，正如皇帝希望这座地宫（他国家的复制品）来世依旧存在。

秦始皇下葬的石基全部由青铜砌成，上面覆盖着一个含水层。它旁边有一处宫殿的微型复制品，复

制品四面为一堵约12千米长的围墙。宫殿庭院周围排列着一系列建筑，考古学家在其中的一些房间里发现了存放的黄金、宝石、精巧的器皿、食物和异域鸟类。此外，屋子里还有妃子、仆人、僧侣和园丁的尸骸，在皇帝去世后他们与其一同被活埋，跟随皇帝入土后的旅程。这个"地国"中还有一个巨大的墓地，按比例打造的长安城（Chang'an，秦朝都城，现名为西安），一个用珍珠模仿

▌第246-247页（上）2号坑发现的墓葬物品中包括这辆带篷战车，车中有皇家士兵的指挥官。除了兵马俑，在土丘西南部发现了大约400匹真马的遗骸，可能是秦始皇帝葬礼期间殉葬的马匹。

▌第246-247页（下）一位高官的带篷马车前拴着四匹马。图中显示马匹肌肉紧致，鼻孔张开，鬃毛飞扬。体现了中国古代工匠造马时的巅峰技艺。

星座的天象仪，和用机械操纵的水银流体来代表中国最重要的河流。

完成这项巨大工程花费了36年时间，投入了70万奴隶。根据传说，他们被活生生封死在了地宫中，以免泄露隐藏在地下宝藏的秘密。

公元前246年秦始皇亲自下令修建这座陵墓。当时他只有13岁，刚刚继承了秦国王位。尽管他年纪轻轻，但他常常受死亡的恐惧所扰。这场噩梦折磨着他，进而导致了一种疾病，让他周遭围满了巫师、占卜师、法师、炼金士和江湖骗子。若不是这一切，他本该作为一名勇士、政治家和领袖，以他毋庸置疑的能力被世人铭记，并且可与奥古斯都和亚历山大大帝等伟人相提并论。

秦始皇可以说是中国的缔造者。公元前221年，他艰难地摆脱了贪得无厌的老师吕不韦的控制后，征服了七位敌国领袖，在这之后他发现自己统治着一片广袤的领土，有不同民族的百姓在此居住。为了保护帝国，他开始修建非凡的防御工事长城。他摒弃了封建制度，用复杂的官僚制度来统治领土，通过修建大型灌溉渠来鼓励发展农业，并统一了度量单位，同时规定了标准手推车轮之间的距离以便规划道路。他将货币统一为圆形方口钱币（这一货币形式在中国一直沿用至20世纪），并创建了标准表意文字体系，以统一帝国各个方位的书面和口语用语。

另一方面，为建造他那座神话般的陵墓，他牺牲了国家。这项工程需要源源不断流入大量资金，导致人民课税愈发繁重。此外，狂妄自大的秦始皇帝自诩为神，他将圣人孔子视为敌人，想要民众摒弃孔子教义。因此，他下令焚烧所有儒家书籍，但将有关占卜、医药、药理、农业和园艺的著作保留了

■ 第248页（左）这些雕像特征古朴，同时也有一些比例错误（如手臂过短），但服装、发型以及最重要的面部细节处理非常真实，显示来自不同地域的士兵特征，相当震撼。

■ 第248页（右）这些雕像展示的人物类型多种多样，不同的姿势也凸显其个性特征，正如该图所示的跪着的弓箭手雕像（高约1.22米）。

下来。

随着年龄的增长，他完全沉迷于寻找永生的奇幻法则，进而变得越来越残暴。他听闻东方有长生不老的仙药，便派人东巡寻觅。最终，秦始皇没能承受身体和精神疾病的影响，于公元前210年便去世了。

送葬队伍横跨帝国大部分地区，场面十分壮观。当他的遗体到达陵墓时，陪葬的多达1000人。之后，"地下帝国"被泥土完全覆盖。这片平原自那时起便用来种植小麦。

▌第249页（左）残留的星星点点的油漆痕迹可以显示出曾经使用过的油漆颜色，有助于人们识别士兵的军衔。从后面看，跪着的弓箭手穿着绿色制服，而他盔甲上的军章的衔接处仍可看到一些红色。

▌第249页（右）尽管这一装甲步兵雕像细节丰富，但其并非为兵马俑。据分析，它们是从八个可能的模具之一中印刻出来的，但脸部特征经手工再次雕磨。

峨眉山与乐山大佛

中国 | 四川省
入选年份：1996
遴选标准：C（Ⅳ）（Ⅵ）

大佛是中国佛教用语，而乐山大佛确为世界上最大的圣者雕塑。他实际上并非佛陀，而是佛陀以救世主的身份重返人世的弟子弥勒（Maitreya）。这座庄严的雕像耸立在岷江、大渡河、青衣江交汇处的凌云山上，高约71米；头部长约14.7米，宽约10米，缠绕着1051个巨大的螺髻；耳朵符合传统的佛像特征，有约7米长。仅佛像一只脚上就可站立100个人，还有余下的空间。

然而巨大的尺寸只是这座雕像迷人魅力的一面，因为它有着一段古老又离奇的历史。这座雕像始建于唐玄宗元年即公元713年，在德宗皇帝执政时期803年完成。虽然君主们为这项事业提供了资金，但凌云寺的僧人海通仍为大佛的建设前后奔走，声称这一水域的巨龙盛怒下会将渔民船只吸入巨大的漩涡，只有大佛的保佑才能拯救当地渔民的性命。在为建造雕像募集资金的途中，海通遭遇强盗袭击，并被其中一名盗贼弄瞎了眼睛。海通在大佛完工前去世。幸运的是两代西川节度使章仇兼琼和韦皋监督完成了大佛的建设。而这条龙也奇迹般地不再索取当地人的性命。而真实原因可能是人们将建造这座巨型雕像产生的废料扔入河流的汇合处，从而改变了河床，消除了漩涡。

乐山大佛周围环绕着古老佛教信仰元素。大佛头部正上方为从岩石中突起的寺庙，山上点缀着2400尊可以追溯到汉代的佛像。佛像眼睛注视的方向是中国五大圣山之一的峨眉山。

从海拔约3076米的山顶上看，黎明是一道非凡的风景。朝阳从薄雾中升起，光芒万丈，这在传统意义上代表着奇迹的诞生，让朝圣者见证佛祖散发出的神圣光芒。这座山上覆盖着千年有余的森林，中国艺术家无数次在宣纸上复刻了这片风景如画的树林。自公元10世纪以来，这一迷人的景象便一直受到保护，当时始建于公元4世纪、海拔约1042米的万年寺被指定为峨眉山自然景观的守护者。万年寺中有一尊宏伟的青铜雕像，高约8.84米，重62吨，坐在大象身上的普贤菩萨，普贤是峨眉山的守护神。在四川的众多佛教圣地中，报国寺也值得一提：它矗立在峨眉山凤凰坪，有一尊高约3.51米的瓷塑佛像。

■ 第250页（上）万年寺建于公元397—401年。其中有一尊辉煌的青铜雕像，即峨眉山的守护神普贤菩萨，它可以追溯到980年，也就是北宋统治的第五年。

■ 第250页（下）及第251页 从游人与佛像脚下的比例（约1:30）可以看出，乐山佛像庞大无比，即使在细节上也是如此。佛像鼻子长约5.29米，眼睛和嘴巴宽超过3米，佛像头部有1051个螺髻，人们可以在多条小路和全景观景台看到完整的雕塑。

北京

●峨眉山

南海诸岛

龙门石窟

中国 | 河南省洛阳市
入选年份：2000
遴选标准：C（Ⅰ）（Ⅱ）（Ⅲ）

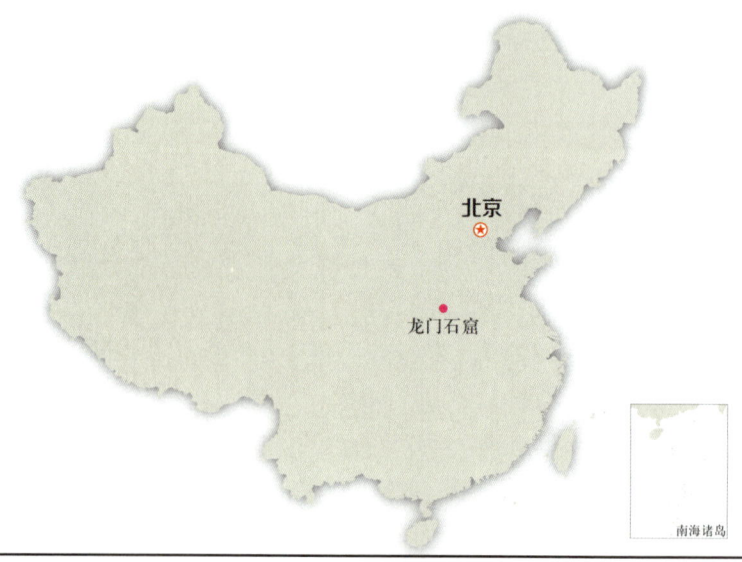

浏览全部龙门石窟就如阅读一份吉尼斯世界纪录清单。龙门石窟共有2345个；沿伊河两旁的山坡绵延近1.6千米，有些只是很小的壁龛，有些是大型石洞。石窟总共包含10万多个佛教造像，尺寸从小于3厘米到超过17米不等，还有43座宝塔和3600多块石碑，上面刻着与中国古代历史有关的珍贵铭文。

石窟中的造像为公认的北魏至唐朝时期最丰富的中国艺术收藏品，自公元493年北魏都城从大同迁至洛阳开始，石窟历时四个世纪雕刻而成。洛阳沿伊河而建，与河两岸相对的两座山脉相距约11千米，形成了一条巨大的"R"形自然通道，古代中国人称其为"伊河之门"。当洛阳成为都城时，它的名字改为"龙门"，即"龙之门（Gate of the Dragon）"。

这些石窟都是从石壁中挖掘出来的，在数以千计的龙门石窟中，最令人印象深刻的可能是建于公元672—675年的唐代凤仙寺中的一座。工匠在雕刻过程中，将它封闭在一个屋顶中，以保护最大的龙门佛像不受自然因素的影响。龙门佛像高约17.15米，两侧分别有两名弟子和两名菩萨。根据传统，这座巨大的雕像完美地将道德、优雅和宁静结合在了一起。更切实的解释是这座雕塑的特征是按照女皇武则天打造的，这也是其名为"东方的维纳斯"（Venus of the East）的原因。

古阳洞也同样趣味十足，其开凿于公元495—575年，为第一座

▎第252页 该图为伊河侵蚀的悬崖景观，这片悬崖也是2345个龙门石窟所在之处。石窟创作于北魏时期，开始于493年并持续约400年。

▎第252-253页 托塔天王手持神塔，击败了一个来自冥界生物。在他旁边的是金刚，一个外表凶神恶煞的妖怪。这是凤仙寺的两个人物，装饰以唐朝的肖像形态。该洞穴建于公元672—675年。

■ 第253页（左上）
龙门石窟中最不同寻常的雕像是奉先寺中的卢舍那佛。从图中我们可以看到其面容，为模仿武则天的五官而作。

■ 第253页（右上）
这尊雕塑戴着珍贵的王冠，是奉先寺内环绕卢舍那佛像的大型雕像之一。

挖掘于山脉两侧的石窟，其中有着北魏艺术的最高表现形式：一尊佛像在神龛上冥想，脚下有两只狮子；以及其他雕塑、绘画和19品魏碑精品（共20品）。

万佛洞建于公元690年，以其所含佛像的数量而闻名。虽名为"万佛洞"，其南北墙雕像实际有15000多尊，而后墙上雕刻了54朵莲花，每朵莲花上都有一尊菩萨。莲花洞的顶棚上只有一朵莲花，雕刻于北魏527年前后。

同样精美非凡的还有宾阳洞，

■ 第254页（上）万佛洞北墙上装饰着数千尊佛像。事实上洞内至少有15000尊佛像，最小的不到3厘米。

■ 第254-255页 公元690年，万佛洞中心的佛像坐在莲花之上，高宗皇帝和皇后武则天一起向佛陀为他们的子女祈福。

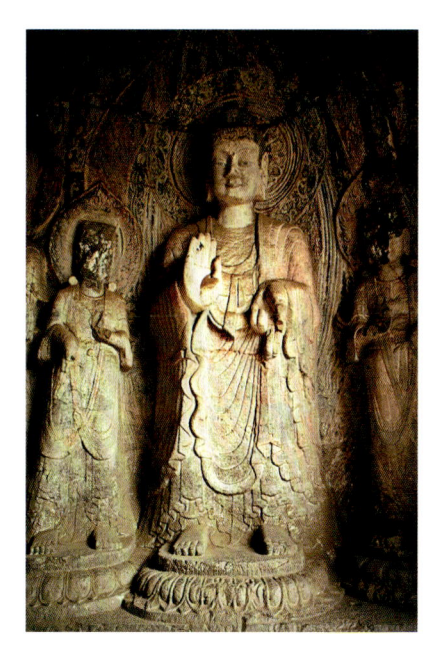

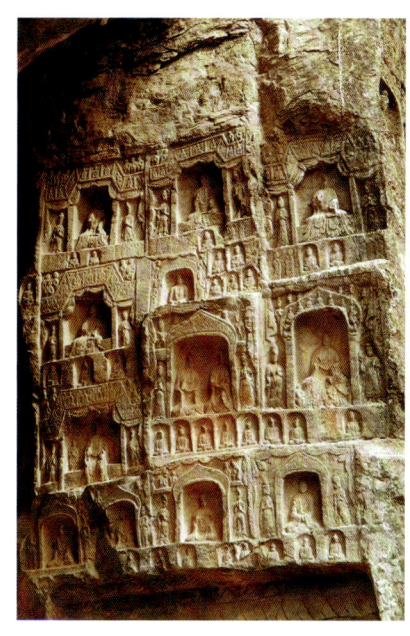

■ 第255页（左上）释迦牟尼手掌张开和手背朝下，两种手势分别表达了保佑和慈悲，佛陀两侧各有一尊菩萨。

■ 第255页（右上）龙门石窟中的雕塑不仅具有非凡的艺术价值，还为学者们提供了关于北魏、唐、隋、宋时期中国民间建筑、经济和服饰的宝贵信息。

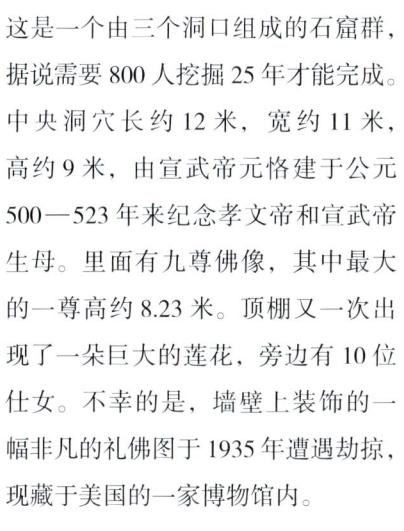

■ 第255页（下）龙门石窟雕像的大小千差万别。雕像平均体型略大于真人大小，而最小的仅约3厘米，最大的则超过17米。

这是一个由三个洞口组成的石窟群，据说需要800人挖掘25年才能完成。中央洞穴长约12米，宽约11米，高约9米，由宣武帝元恪建于公元500—523年来纪念孝文帝和宣武帝生母。里面有九尊佛像，其中最大的一尊高约8.23米。顶棚又一次出现了一朵巨大的莲花，旁边有10位仕女。不幸的是，墙壁上装饰的一幅非凡的礼佛图于1935年遭遇劫掠，现藏于美国的一家博物馆内。

虽然石窟总体状况良好，但由于风沙侵蚀等自然原因和人为破坏，龙门石窟遭遇了损坏。近期洛阳经济迅速发展，随之加剧了市区酸雨和汽车尾气的威胁。然而中国增强了艺术遗产的保护意识，中央和地方政府采取了彻底的保护措施：搬迁该地旅游设施，转移罗门村，并重建通道以最大限度地减少机动车产生的震动和灰尘等。

云冈石窟

中国 | 山西省大同市
入选年份：2001
遴选标准：C（Ⅰ）（Ⅱ）（Ⅲ）（Ⅳ）

在云冈石窟最大的19号石窟里，有一尊高约16米的佛像。佛像端坐在莲花上，面容平静，用传统的佛教姿势向参拜者伸出一只手的手掌，这一姿势的含义是平静和仁慈。这尊佛像乍一看似乎是释迦牟尼本尊，但事实并非如此。专家表示其为北魏太武帝，尽管他在公元446年开始下令全国性灭佛。在天师寇谦之的影响下，他弃佛入道，这一过程也让他的家属恐慌万分。他摧毁寺庙，迫使僧人们回归世俗生活。

据说太武帝的储君太子因此悲痛离世。452年，太武帝遭遇暗杀后，其侄子文成帝即位，耗尽国库试图复辟佛教，并以某种方式恢复太武帝形象。云冈石窟中约有5.1万个宗教形象雕刻在砂岩中，均为文成帝努力的恢宏结果。

这些石窟是中国最早、最杰出的佛教岩画典范。其位于距离北魏都城大同不远的武周山南坡，北魏于公元460—465以及494年将首都迁至今河南省洛阳，这期间分几个阶段建成了石窟。古代文献记载，这一杰作需要包括雕塑家和画家在内的1万多名工匠，才能完成人物雕刻并将它们涂上至今仍可见的鲜艳颜色。

53个石窟中包括约1000座小型岩石寺庙和祈愿圣祠，是考古遗址的重要部分。专家将石窟细分为三组，分别分布在宽约0.8千米的山坡上。最早的五个石窟（编号16到20）是在高僧昙曜的监督下雕刻的。

石窟呈椭圆形，来自印度（佛教的发源地）的犍陀罗艺术极大地影响了其建筑风格，而这种艺术在风格上和肖像上又受到了古希腊艺术的影响。在云冈，佛像和菩萨的形象带有高加索特色（有些甚至留着胡子），装饰元素包括藤芽、藤叶和三叉戟。第17窟格外美丽，弥勒大佛的身型周围环绕着许多微型佛像，有的还不到3厘米高。

在其他石窟中，5~13号窟在视觉上最令人惊叹——其中一些石窟

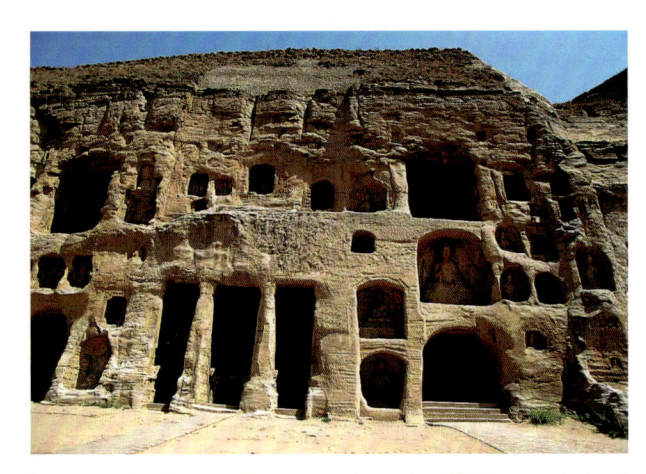

■ 第256页（上）这尊佛像中包含精心雕刻的面部特征和典型的中国装饰，是在云冈石窟建造最后阶段雕刻的，当时北魏朝廷试图让其子民理解佛教。

■ 第256页（左下）挖掘后石窟的墙面仿佛蜂巢。这项宏伟的工程投入了1万多名雕塑家和画家，历经30年才完成。

■ 第256页（右下）云冈53个石窟中约有5.1万个宗教形象，约1000个圣祠和小寺庙，是中国最古老、最具活力的石刻艺术典范。

■ 第257页（左）第16、17、18、19和20号石窟（图中为20号石窟）雕刻于公元460年，代表了云冈石窟艺术的本源内核。每一座石窟中都有一尊巨大的佛像，与北魏的每一位皇帝都有相似之处。

■ 第257页（右上）双开口使18号石窟的巨大佛像令人拍案叫绝。尽管做工相当粗糙，但最古老的雕像却渗透出无与伦比的权力感。

■ 第257页（右下）这座欧洲风格的佛像被认为是一位皇帝，其坐落于最古老的洞穴里。对于北魏（386年从中亚来到中国的鞑靼人）来说，石窟象征着王朝的神圣。

云冈● 北京

南海诸岛

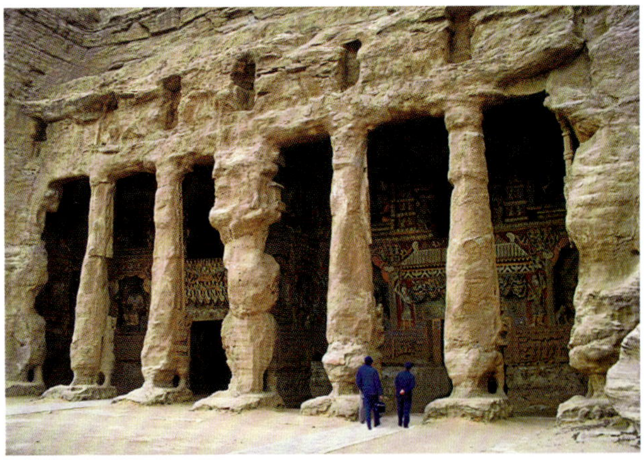

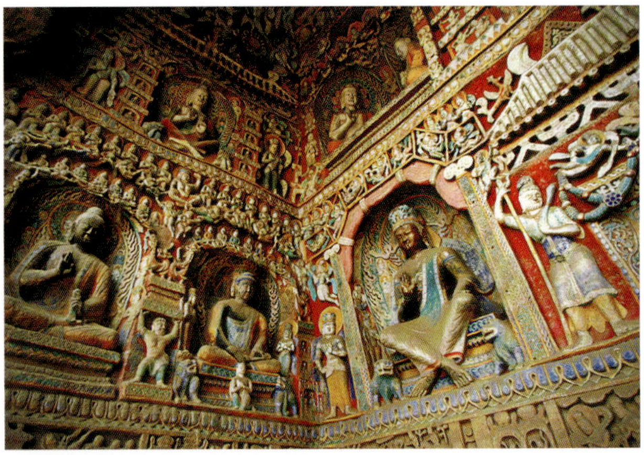

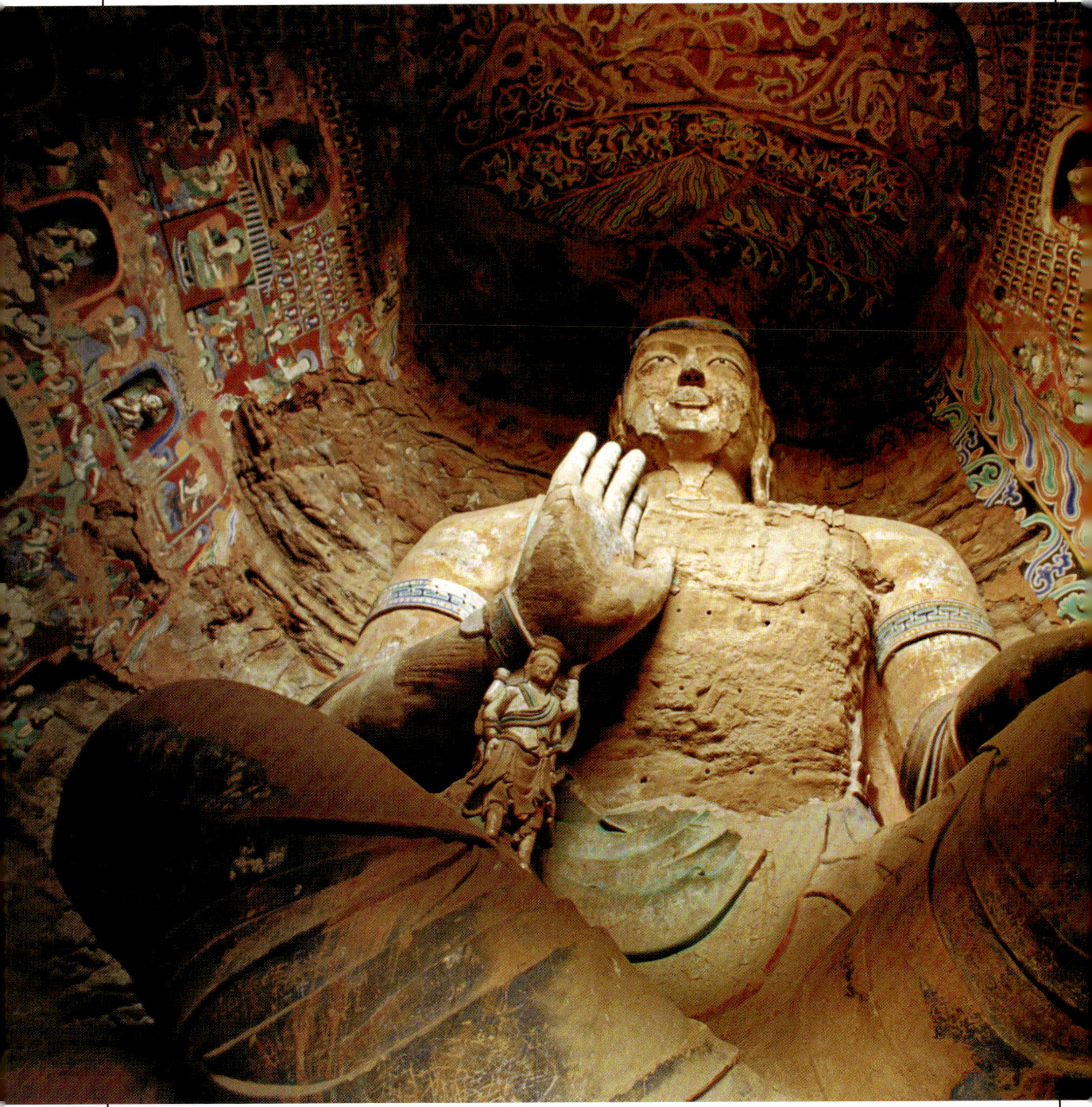

■ 第258页左（上）
通过一座雄伟的门廊可到达9号和10号石窟，柱子是从岩石中挖出来的。里面有一系列乐师的优雅雕塑，他们拿着乐器。

■ 第258页右（上）
佛像展示出无与伦比的多样性：一些具有高加索特色，其装饰反映了犍陀罗艺术的影响。

的入口被雕刻成类似木结构的形状。5号窟中有一尊高约17米，坐在莲花上的佛像，南墙上有一座由大象驮着的五层塔。6号窟里有一根高约15米装饰精美的柱子；窟中墙壁上挂满了图片，详细讲述了释迦牟尼从放弃尘世到实现涅槃一生的故事。9号石窟中人们发现了湿婆的形象，展示了佛教和印度教之间的融合。

每一个石窟都刻有建筑元素和人物，如飞天女神、乐师和身着华丽刺绣服饰的中国朝廷要官。这些图像为历史学家提供了有关中国古代风俗习惯的重要信息。

■ 第258-259页 5号石窟中有云冈最大的雕像。它高17米，描绘了释迦牟尼盘腿而坐的形象。比例的精确度和人物的整体协调性令人惊叹，因为这种大型雕塑很难做到这一点。

■ 第259页（上） 13号石窟是云冈五大石窟之一——五华洞的一部分。13号窟中有高约13米的弥勒佛坐像，其右手举着金刚菩萨。

■ 第259页（下） 这是13号石窟众多佛龛中的一个，其鲜艳的颜色保留了几个世纪。其中广泛使用蓝色和绿松石的装饰属于中亚风格，中亚为北魏的发源地。

石窟庵和佛国寺

韩国 | 庆州市
入选年份：1995
遴选标准：C(I)(IV)

石窟庵（Seokguram Grotto）的主雕像由一块花岗岩雕刻而成，高约3.51米，代表着启蒙之时的佛陀释迦牟尼。雕像脸庞是男性力量和女性美貌相结合的神秘产物，他有新月形状的眉毛，半闭的眼睛表明他正在沉思与冥想。他的头发卷成一团，头顶上有一种佛顶髻，象征着至高无上的智慧。他坐在莲花形状的平台上，双手朝外，摆出邀请大地见证他开悟的手印姿势（mudra）。他身着带缺口的优雅服装，这种南朝服饰让人联想起笈多王朝（Gupta dynasty）印度服装风格。佛陀周围是一个由三位菩萨、十位弟子和两位印度教神像组成的石窟，石窟的墙壁上雕刻着佛像；在他的眼睛水平的地方，有十个佛龛，每个里面都有一个佛教圣人的微型雕像。佛堂本身雕刻有四尊天王雕像和两尊浅浮雕，描绘了寺庙的守护者金刚菩萨和其他八位守护神。

尽管石窟尺寸不大，洞室直径只有约7米，比在印度和中国发现的同类石窟都要小——但石窟庵在古典时期的佛教艺术遗产中扮演着重要角色。室内空间体现出一种有形的哲学式美学，其技术结构在世界上是无与伦比的。印度阿旃陀石窟群（Indian caves at Ajanta）和中国龙门石窟均是从软岩中挖掘出来的，与这两者不同的是石窟庵是手工组装的，因为其所在的吐含山（Mount T'oham）花岗岩材质坚硬，所以只能使用这种方式。考虑到建设开始的742年朝鲜拥有的技术设备有限，考古学家们一直对这项非凡的技艺颇为惊讶。

742年时佛教在朝鲜半岛已经存在了400年，但直到7世纪中叶，随着新罗王朝一统半岛各国，佛教才在全国开始普及。石窟庵矗立在

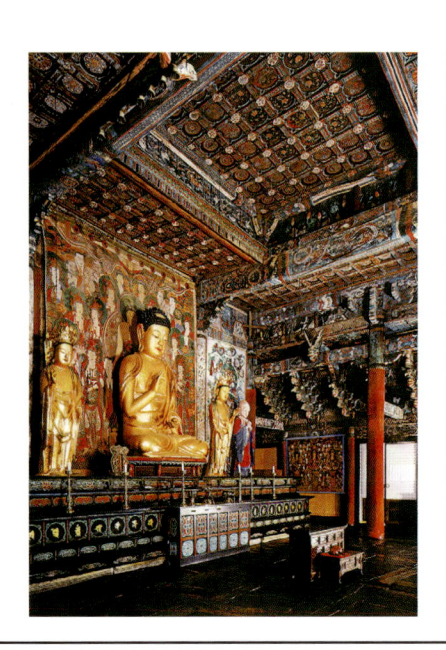

山顶上，其巨大的释迦牟尼佛像面朝大海，形成一座超自然的堡垒来保护王国。

《三国遗事》（Histories of the Three Kingdoms）创作于14世纪，其中的传说写到惠恭王国相金大成为纪念仙逝的父母建造了这个洞穴。传说金大成于751年在吐含山半山腰修建了佛国寺，并将其献给了他的皇室父母。虽然关于这两座纪念堂的建造和设计者仍未可知，但很明显石窟庵是为君主设计的私人祈福堂，而佛国寺是为臣民设计的一处石制寺庙和宝塔组成的巨大建筑群。

14世纪，朝鲜统治者打压佛教转而支持儒家思想，随着时间的推移，石窟庵和佛国寺逐渐被世人淡忘。这两座纪念堂于20世纪初重新发现，现已修复。在早期的一次失误中破坏了洞穴的稳定性，但石窟现已安装除湿系统和一扇保护玻璃窗。寺庙建筑群中的木制亭子均已重建。

1996年，在石窟庵主殿（佛国寺最大的纪念堂）的挖掘中发现了一批珍宝，其中包括《尊胜金佛经》纸质卷轴。这幅卷轴长约6.2米，宽约6.6厘米。

▌第261页 释迦牟尼（启蒙之时的佛陀）雕像高约3.51米，由一块白色花岗岩雕刻而成，是石窟庵的明珠瑰宝。

▌第260页（左）释迦牟尼佛大堂是万佛寺的一部分，里面满是宁静平和的氛围，释迦牟尼佛像旁围着他的弟子。

▌第260页（右）石窟庵的花岗岩壁板上陈列着守护天神的雕塑。他们均为天王，任务是从罗盘的基点观测宇宙。

▌第260-261页 神圣作品《大方广佛华严经》（Avatamskara Sutra）是建造万佛寺（始于751年）的神学基础。

古奈良历史遗迹

日本 | 奈良县
入选年份：1998
遴选标准：C（Ⅱ）（Ⅲ）（Ⅳ）（Ⅵ）

"商朝五次迁都实现了繁荣。周朝三次迁都实现了和平。今日我王在听闻占卜者预言，命奈良谷为新都，该地位于黑龟（Black Turtle）、天龙（Heavenly Dragon）、白虎（White Tiger）和赤鸟（Red Bird）四点的交汇处，三面环山而立。开工前将拟定和批准建筑材料列表，秋收后即刻开工。"

这是和铜元年二月十五（公元708年3月11日）公布的一份文件，其也记载在于8世纪日本官方编年史《续日本纪》（Shôku-Nihongi）中，从中人们可以看到平城京（Heijô-kyô）建立的信息。

平城京（后改名为奈良）710—784年为日本都城。在此期间，日本发生了深刻的变革，开始以中国古代社会为模式建立政府机构、官僚体制和集权立法。此外，在不到一个世纪的时间里，佛教被传入中国后，也被传入了日本。

平城京以唐朝都城长安（今西安）为范例，按照中国风水的原则进行城市规划。城市平面图为长方形，有一条名为朱雀大路的中轴线，中轴线以东为城市左京区，以西为右京区。这两个城区各有一个市场。整座城市呈网格状，九条街道横贯东西，四条跨越南北。皇宫坐落在北区的中心。宫殿以南的城区是宫廷贵族的居住地，其他则为工匠和商人居住的地方。

平城京东北角的一个区域名为外京，这里修建了大约50座佛教寺庙，属于"奈良六宗"（six Nara schools）的一部分，六宗包括成实宗（Jôijitsu）、三论宗（Sanron）、法相宗（Hossô）、俱舍宗（Kusha）、华严宗（Kegon）和律宗（Ritsu），每一派都由一名中国僧人管理。

这六个宗派以牺牲"本土"神道教（Shintoism）为代价，为日本各地传播佛教的主要力量。圣武天皇（724—749年）最为支持这一新式宗教，下令每省都修建一座国分寺（Kokubunji）和一座国分尼寺（Kokubunniji）。此外，他还在首都修建了东大寺（Tôdai-ji），所有的僧侣都在此任命。

东大寺于752年竣工。主厅（Daibusuden）内有一尊卢舍那佛（佛陀，宇宙之主）的青铜雕像，高约18米，重450吨。主厅本身高约48米，是世界上最大的木制建筑。

原来的寺庙和雕像都毁于一场大火，并在16世纪末进行了较小规模的重建，如今繁华依旧。"新的"东大寺是如今奈良的心脏，那里有许多平城京的佛教建筑群，如兴福寺（Kôfuku-ji）、元兴寺（Gangô-ji），以及日本最著名的春日大社（Kasuga-ji）。它们均由亭台楼阁和宝塔组成的，有些七层楼高，漆成

▎第262页（上）始建于8世纪的兴福寺是日本最著名的神道寺。它供奉着这座城市的守护神，也供奉着藤原氏的守护神，藤原是奈良地区和平安时代（Heian epochs）日本最强大的氏族。

■ 第262页（下）卢舍那佛的青铜雕像可追溯到16世纪。它高约16米，位于东大寺的主厅里。最初的雕塑可追溯到8世纪，体积更大。

■ 第262-263页 大佛殿是东大寺的主体建筑。它由圣武天皇建造于752年，是奈良最重要的寺庙，矗立于现代城市中心。

朱红色，与城市周围绿色的针叶林形成了奇妙的对比。

784年人们遗弃了平城京，只留下了皇宫来回忆这座城市，皇宫之外的地方则变成了稻田。今天，这座建筑只剩下地基（尽管一些部分已经重建并向公众开放），但在该地区的挖掘过程中发现了数千块木板，详细描述了8世纪日本宫廷的生活。

■ 第263页（左下）药师寺（Yakushi-ji）是日本最古老的寺庙之一，由天武天皇建于公元7世纪，来让佛陀治愈妻子。主殿（在一场严重火灾后于20世纪70年代修复）中有名为药师寺三佛（Yakushi Trinity）的三尊佛像，为日本佛教艺术的杰作。

■ 第263页（右下）室生寺（Muro-ji）只有约15.85米高，是日本最小的五层塔。周围三千株粉红色的杜鹃花为其赢得了"花塔"（Pagoda of the Flowers）的美称。

法隆寺地区的佛教古迹

日本 | 奈良县斑鸠町
入选年份：1993
遴选标准：C（Ⅱ）（Ⅳ）（Ⅵ）

药师如来坐像（Yakusi Nyorai Buddha，字面意思是"疗伤的佛祖"）光环上的铭文讲述了世界上最古老的木制建筑——法隆寺（Hôryu-ji）建立的故事。这里写着，患有重病的用明天皇建造了这座寺庙，以便在那里祈祷自己身体恢复健康。虽然他的目标没有实现，但临终前躺在病榻时，他的妻子推古皇后和儿子圣德太子承诺实现他的愿望。

这座寺庙的建造完成于公元607年。它的主殿金堂占地约18.62公顷，其中有200多座建筑。然而，法隆寺的第一块"拼图"也如那位仙逝的天皇般昙花一现，据日文王朝编年史的《续日本纪》记载，670年4月30日晚上，"一团大火席卷了寺

■ 第264页（下）这座青铜雕塑代表了历史上的释迦牟尼佛，两侧是两位菩萨——文殊菩萨和普贤菩萨。这座雕塑建于623年，用以纪念几年前将佛教引入日本的圣德太子。

■ 第265页（上）法隆寺中的金殿是世界上最古老的木制建筑，这座主殿最初建于607年，在670年的一场可怕的大火后重建。20世纪初，经过近50年的清理和加固工程，人们完全拆除了金殿并将其重新组装起来。

■ 第265页（中）东院的主建筑是八角形的梦殿。其于公元739年建在圣德太子宫殿的旧址上，原来的建筑和寺庙一起毁于670年那场大火。

■ 第265页（下）那罗延金刚是其中一尊矗立在中门两侧佛教守卫金刚力士的名字。中门是法隆寺中最能代表飞鸟时代的建筑之一。

■ 第264-265页 五重塔高耸入云，矗立于法隆寺建筑群的后面。该宝塔是日本最古老的此类建筑的代表；它典雅的五层楼上装饰着恶魔和龙的雕塑。

庙"，只有里面的雕像幸免于难。很快另一座更宏伟的建筑就将该建筑及其附属设施取代。

即使在当时，法隆寺对日本也具有重要的历史意义。这座寺庙建立时，佛教只在旭日之国存在了50年，然而圣德太子（574—622年）从中国带来了这门新哲学。这位传奇太子成为后人效仿的典范，为公认的日本有史以来最有能力的政治家之一。他创造了604年宪法，其中有17条包含了国家的基本原则。

今天的法隆寺位于斑鸠町，由两个由樟木制成的建筑群组成，见证了日本1400年的佛教历史。站在寺中西院伽蓝的（Sai-in Garan）中心，金殿不仅有辉煌的药师如来坐像，还包括一尊为纪念推古皇后安置的阿弥陀佛的青铜像，以及金堂释迦三尊（Triad of Shaka）。公元623年，人们为纪念一年前去世的圣德太子安放了这几尊雕像，这尊青铜雕塑的特点是衬里为金叶碎片。它描绘了有两尊菩萨相伴的释迦如来（历史之佛）。同样令人特别感兴趣的是雕像所站的木质平台，上面装饰着一块浮雕，刻有佛教传统中统领天国的四大天王形象。建筑群中另一座令人印象深刻的建筑是日本最古老的宝塔五重塔，它有五层楼高，体现出近乎女性的优雅，上面却装饰着恶魔和龙。

东院伽蓝（To-in Garan）中的梦殿（Yumedonô）是由高僧行信于739年在圣德王子宫殿遗址上建造的，该宫殿也在大火中被烧毁。这是一个八角形的建筑，里面有一尊镀金雕像，似乎是按照王子特征打造的。长期以来，僧侣们一直对这座雕像守口如瓶，今天，这座雕像在春秋两季向公众展出五天，旁边矗立着一尊行信的雕像，行信右手拿着一个脸上神情忧郁的赤色和尚陶俑。它代表了道诠法师，他于9世纪开展了对法隆寺的第一次修复工作。

几个世纪以来，这些精致的木结构建筑经历了多次修复。最密集的是16世纪和17世纪由幕府丰臣秀吉和德川家康发起的，但在20世纪初，在持续近50年的清理和巩固项目过程中，金殿经历了拆除并重新进行组装。

塔克特依巴依佛教遗址和萨尔依巴赫洛古遗址

巴基斯坦 | 西北部边防地区
入选年份：1980
遴选标准：C（Ⅰ）（Ⅲ）（Ⅳ）

■ 第266-267页 塔克特依巴依佛教建筑群矗立在高约152.4米的岩石山坡上，俯瞰白沙瓦平原。

■ 第266页（左下）一条隧道通向僧侣和朝圣者的小室。修道院最初有两层，如今只剩下一层。

白沙瓦（Peshawar）是巴基斯坦西北边境地区的首府。这里环境恶劣，居住着骄傲的普什图族（Pashtun）部落和军阀，他们的活动之一是巴基斯坦和饱受折磨的阿富汗之间的武器走私。这一地区唯一的法律是武力控制。

两千多年前，白沙瓦见证了印度河文明最伟大的帝国之一贵霜（Kushan）的兴盛，这座城市是由亚历山大大帝士兵的后代建立的，当时亚历山大大帝留在东方守卫他征服的土地。公元2世纪由于长期和平，白沙瓦成为中国和罗马之间贸易的中间城市，控制了今名为丝绸之路的上路，达到鼎盛。

从帝国早期开始，贵霜就信奉佛教，它的财富使城市、修道院和寺庙得以在建造过程中装饰以壮丽艺术品。贵霜的雕塑流派名为犍陀罗，在东方艺术史上是独一无二的，甚至可能与东方艺术本身是存在分歧的。该帝国拥有"古希腊"起源，同时还处于不同文化的交汇之处，致使这里的艺术家们以"西方"的方式诠释佛教肖像，描绘出一尊类似阿波罗的佛像，它周围环绕着特里同、仙女、半人马和藤蔓群。出现这些古希腊和古罗马艺术的典型元素在东方世界前无古人，后无来者。

贵霜帝国只有很少的城市遗迹，但在巴基斯坦和阿富汗的边境地区矗立着塔克特依巴依佛教遗址（Takht-i-Bahi），这是印度河流域最大、保存最完好的佛教寺院。

塔克特依巴依坐落在白沙瓦平原与斯瓦特山脉交汇处高约152.4米的岩石山坡上，这一名字的含义是"王位的起源（Throne of the Origins）"。该寺庙建于公元1世纪初，一直活跃至7世纪末。公元2世纪一位中国旅人留下了一份寺庙和萨尔依巴赫洛古遗址（Sahr-i-Bandol，附近的一个城市）的书面记录，其中描述了围着防御墙的宏伟建筑，和以金叶为边的雕像。

在萨尔依巴赫洛古遗址上后来建造了一个普什图村庄，现在只剩下一座佛塔（一座圆顶佛教圣物箱）的废墟，和一些用佉卢文（Kharoshthi，一种贵霜语言）写着宗教铭文的石头。塔克特依巴依中一定有一尊精美的雕像，关于其遭遇有以下几种极有可能的情况：在几个世纪以来印度教徒和穆斯林的袭击中遭遇移除或毁坏，或在19世纪下半叶英国军队重新发现这座修道院后将雕塑保存在白沙瓦博物馆（Peshawar Museum）。

尽管如此，塔克特依巴依仍是一个非同寻常的地方。修道院由带有绿色条纹的灰色花岗岩建成，与雕像材质相同。修道院有一处入口，旁边矗立着两根科林斯式廊柱，入口通向"佛塔大法庭"（Great Court of the Stupas）。这一广阔区域内有38座佛塔，里面有巨大的雕像。从这里走几步路就可到达修道院的庭院，尽管现在只有一楼提供给僧侣和朝圣者的小室保留了下来，这里三栋建筑均曾有两层。

一条通道通向厨房和餐厅，在宽阔的楼梯顶端是另一个庭院，里面有一座高约9.14米的佛塔的底座。庭院周围是会客厅、露台和小教堂，教堂内的灰泥拱顶仍完好无损。由于有天篷覆盖，露台上几尊精巧绝伦的雕像完好无损地保存了下来，这些佛像的脸为古希腊风格。

■ 第266页（右下）这一庭院中心是一个宽阔的平台，据公元2世纪造访塔克特依巴依的中国僧侣宋云说，上面曾经有一座高约10米的佛塔。

■ 第267页（上）这是为数不多仍在原地的佛像之一。库什雕塑家发明了犍陀罗风格，以古希腊风格诠释佛教肖像。

■ 第267页（下）这座雕像很可能在宗教袭击的过程中失去了头部。但我们仍可从其所披长袍的柔软线条中看出其古希腊风格。

佛祖诞生地兰毗尼

尼泊尔 | 特莱平原
入选年份：1997
遴选标准：C(Ⅲ)(Ⅵ)

玛娅·德维王后从怀孕第十个月开始了往返于迦毗罗卫城（Kapilavastu）和德瓦达哈（Devadaha）的旅程，前者是她与丈夫净发王（Suddhodana）的居住地，后者是她父母的家。旅途中她发现了一个郁郁葱葱花园中的小湖，便想停下来洗浴。她刚浮出水面阵痛就开始了，于是她抓住了一根树枝，生下了王子乔达摩·悉达多（Prince Siddhartha Gautama）。

公元前623年5月的一个早晨，在蓝毗尼（Lumbini），这位王子或许即将成为开悟之人——佛陀。庆祝孩子出生的图片塑造了一幅典型图景——母亲躺在树荫下，高兴地凝视着儿子。悉达多的头上已经戴上了光环，他站在梵天（Brahma）和因陀罗（Indra）之间的一朵莲花上，他们正用水和花瓣给佛陀洗澡。

母子俩回到了迦毗罗卫城的宫殿一周后，母亲玛娅·德维一周后去世，把她刚出生的儿子留给了她的妹妹波阇波提（Prajapati）照顾。悉达多一生中有29年是在宫殿里度过的，后来他放弃了尘世的一切，开始了开悟之旅。在他游历的途中他曾回到过一次他的出生地，这一次王国的500名臣民决定跟随他过苦行生活，包括他的儿子罗睺罗（Rahula），同父异母的兄弟难陀（Nanda），以及优婆离（Upali），这位理发师将成为他最重要的弟子。

兰毗尼是佛陀信徒的五大主要朝圣地点之一。公元前249年，印度阿育王（Ashoka）造访了蓝毗尼，这位君主对亚洲大部分地区的佛教传播发挥了重要作用。他在蓝毗尼竖起了一根柱子，上面刻有佛陀诞

▎第268页（上）公元前249年，阿育王为了纪念佛陀的诞生，并纪念自己前往蓝毗尼朝圣的日子而设立了这根柱子。该纪念柱高约6米，其中约3米在地下。

▎第268页（下）这口井标志着乔达摩·悉达多王子出生的确切地点——玛娅·德维寺庙的废墟中。悉达多是未来的佛陀，生于公元前623年。

第268-269页 僧侣们在神圣花园周围练习漫步仪式（deambulation），那里也是古代寺庙和佛塔遗迹的所在之处。

第269页（上）普什卡里尼湖（Pushkarni）是玛娅·德维在生下悉达多之前洗浴的小湖。它四周围着长方形的砖砌台。水中倒映着佛陀圣洁的长寿菩提树。

辰的纪念柱，柱顶为一尊马的雕像，后面紧随的是一座佛塔（圆顶的神庙）。

公元636年中国和尚唐玄奘曾前往蓝毗尼，从其记述中可知当时只剩下佛塔的地基。与此同时，围墙圈起了花园和湖泊，在阿育王的柱子旁边建造了一座纪念玛娅·德维的寺庙，寺庙遗址周围建造了一系列其他佛塔和修道院。直到15世纪蓝毗尼一直为佛教活跃的中心，但当莫卧儿的穆斯林军队摧毁了寺庙后，这个地方便消失在了人们的记忆中。

蓝毗尼的重建始于19世纪末。虽然阿育王搭建的柱子有几处已断裂，但其仍然存在，同时还有几处佛塔、花园和环绕着台阶的水池可见证其过去的神圣。此外，考古学家在20世纪中叶距此约19.31千米之外发现了迦毗罗卫城王宫的遗迹。

随着发掘工作的开展，蓝毗尼开始重新成为世界各地佛教徒的朝圣之地。1978年，在联合国教科文组织的大力投资下，日本著名建筑师丹下健三（Kenzo Tange）受托设计了一座"新蓝毗尼（New Lumbini）"，这是一座国际和平之城，其神圣的花园和阿育王之柱代表了其精神和考古中心地位。该项目包括建造一座礼堂、博物馆、图书馆、一块寺院飞地，以及两座包含寺庙和朝圣者住所的建筑群，分别供大乘佛教（Mahayana）或小乘佛教（Hinayana）的追随者使用。由于联合国教科文组织与蓝毗尼发展信托基金会（Lumbini Development Trust，管理该项目的非政府组织）之间存在分歧，到目前为止只有部分建筑完工。2003年5月16日，在尼泊尔国王贾南德拉（Gyanendra）的见证下，供奉玛娅·戴维的新寺庙落成，里面有阿育王放置的石碑注明了佛陀出生的确切地点。

卡杰拉霍

印度 | 中央邦
入选年份：1986
遴选标准：C（I）（III）

今天在中央邦仍能听到这样一个传说，昌德拉王朝（Chandella dynasty）的创始人是月亮之神和一位年轻美丽的婆罗门（Brahmin）女子结合的后代。一位占卜师告诉这位妇女去往卡杰拉霍的树林里生下孩子，并预言她的儿子将徒手击败一只老虎而成为国王，继而建立一个强大恢宏的帝国。

这类传说相当普遍，通常由某位古代统治者自己编撰传播以证明他们的神圣起源是合情合理的。印度北部的王朝统治者与月亮家族（Chandra Vamsha）或太阳家族（Surya Vumsha）说法一致，换言之氏族分别起源于月球或太阳。在卡杰拉霍发现的古代铭文写道，阿陀利（Atri）是一位机智聪慧的"月神"，而昌德拉是阿陀利的儿子昌德拉提亚（Chandrateya）的后代。虽然阿陀利这个名字从6世纪起就与笈多王朝影响下的许多氏族首领联系在一起，但直到9世纪，昌德拉才建立了一个独立的王国。该国于公元950—1050年蓬勃发展，并成功保持其霸主地位，直到13世纪才被德里苏丹的军队击败。昌德拉在帝国最辉煌的一个世纪里在卡杰拉霍建造了85座寺庙，其中20座幸存至今。它们是由砂岩雕刻而成的，是有史以来印度艺术最高超的表现形式之一。大约在1335年，阿拉伯旅行家伊本·白图泰（Ibn Battuta）首次将寺庙的非凡美丽记录下来，他来到了他称其为卡贾拉（Kajarra）的地方，在那里他与长发的印度教智者进行了哲

■ 第270页（左）拉克什曼神庙中一座非凡的雕塑，这位带着那伽（Naga，一种蛇）光环的女性形象是纳吉尼（Nagini），一位以分发精神和物质礼物为任务的仙女。

■ 第270-271页 在小马哈代瓦神庙的门廊上，有一尊华丽的沙德尔（shardula）雕像，是一头狮子与一名勇士正进行着激烈的搏斗。学者们认为狮子是建造卡杰拉霍的昌德拉王朝的象征。

■ 第271页（左上）坎坎达里亚·马哈代瓦神庙的地窖里有一个林伽，象征着湿婆的生殖器。纪念碑入口处的门槛陀兰那（torana）是一朵莲花的形状。

■ 第271页（右上）坎达里亚·马哈代瓦神庙（这里看到的是装饰细节）是西区中最精致雄伟的寺庙：这座建筑装饰以870尊雕像。

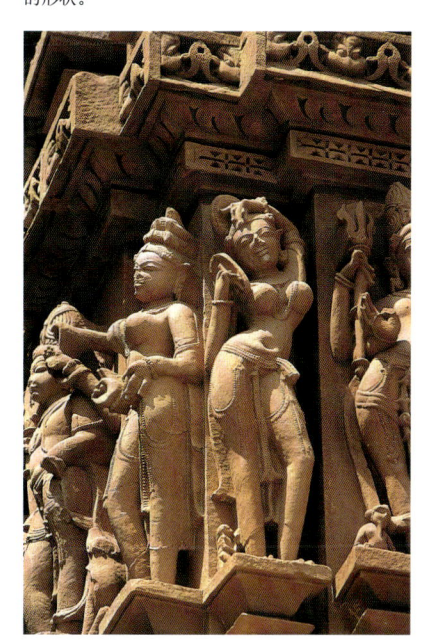

■ 第271页（左下）马哈代瓦神庙和坎达里亚·马哈代瓦神庙矗立的平台。后一座寺庙的主塔楼（湿卡哈拉，在印度的含义为"山峰"）呈圆锥形，高约33.53米。

■ 第271页（右下）坎达里亚·马哈代瓦神庙地窖的天花板上装饰着优雅的花环和树叶。这座寺庙是湿婆曾在神圣的凯勒斯山（Kailash）顶上冥想期间供奉的。

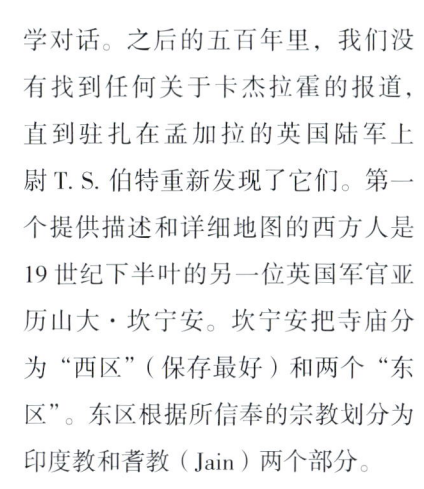

学对话。之后的五百年里，我们没有找到任何关于卡杰拉霍的报道，直到驻扎在孟加拉的英国陆军上尉T. S.伯特重新发现了它们。第一个提供描述和详细地图的西方人是19世纪下半叶的另一位英国军官亚历山大·坎宁安。坎宁安把寺庙分为"西区"（保存最好）和两个"东区"。东区根据所信奉的宗教划分为印度教和耆教（Jain）两个部分。

这些寺庙虽然大小不同但都有着相同的建筑方案——建立在印度教的宇宙概念之上，并根据耆教略有修改。寺庙建在一个平台上（象征着海洋和人类居住的地球），代表着众神的居住地，平台高度超过30米，塑造的名为"山峰"（Shikhara）的圆锥形尖顶雕刻精美。"山峰"上以及两座最壮观的神庙坎达里亚·马哈代瓦（Kandariya Mahadev）和拉克什曼神庙（Lakshman）的外墙上有900多座神像，每座至少高约0.91米。通向神殿的门廊雕刻精美，而神殿本身却朴实无华且部分位于阴影中，象征着宇宙核心的平静。每座寺庙都供奉着一位特定的神，但除了瓦拉哈·摩诃提婆神庙（Varaha Mandap）和神牛神殿（Nandi Mandap）分别有

■ 第272页（左上）拉克什曼神庙的入口处。这座寺庙是献给毗湿奴的，尽管拉克什曼是罗摩（Rama）弟弟的名字，他是史诗《罗摩衍那》（Ramayana）中的英雄和毗湿奴的化身［阿瓦达（avatar），意思为显现］。神庙建于954年，人们认为其是卡杰拉霍西部地区最古老的避难所。

■ 第272页（右上）拉克什曼神庙长方形平台的四角各有一座小庙宇。它们由一个门廊、一个塔楼和一排高大的装饰性雕塑组成。

■ 第272-273页 拉克什曼神庙的外墙上刻着神灵、武士、动物和女性形象组成的一个结婚队伍。请注意每个队伍都有其对应的地基。

■ 第273页（上）拉克什曼神庙东南部立面装饰的情欲场面之一。这种雕塑作品使维多利亚时代的英国考古学家认为卡杰拉霍的艺术是淫秽的。

■ 第273页（中）拉克什曼神庙的内殿前厅。房间里空荡荡一片，只有巨大圆形石柱和装饰着保护神的天花板。

■ 第273页（下）拉克什曼神庙内墙装饰的这一细节中描绘出年轻女性进行的一系列动作，比如"在闺中"对着镜子自我欣赏，沐浴净身或洗头发，以及用药膏擦拭自己。

庄严的瓦拉哈（Varaha）、毗湿奴化身的野猪和南迪（Nandi，湿婆的坐骑）的宏伟雕塑外，对于那些不太熟悉庞大的印度教万神殿的人来说，寺庙的归属并不清楚。

人们重新发现卡杰拉霍时正值刻板的维多利亚女王统治大英帝国时期，尽管人们认可了寺庙的建造技艺，但其装饰令人非常难为情，被冠以不道德、不雅、极具攻击性，甚至令人生厌的名号。究其原因是露骨的色情画面出现在了寺庙的两侧和后方显眼的位置上，任何部位都没有留给大家想象的余地。

维多利亚时代的学者们对这些色情画像的意义展开了激烈的争论。最偏激的说法是卡杰拉霍象征着印度历史上的一个颓废时期，当时的人们即使在礼拜场所也会颂扬人类最纯粹的本能，可见道德水准如此之低。其他人争辩说，一个怛特罗密教（Tantric）宗派为实践某一秘传仪式建造了这些寺庙，而另一些人则认为，它们是古代印度性爱手册《欲经》（Kamassua）的"视觉指南"。

然而，他们都错了。更大胆的雕塑（以西方标准衡量）不是展现出色情倾向，而是哲理。湿婆与女神帕尔瓦蒂（Parvati）的婚姻是最著名的印度教神话之一，湿婆是形态多变、冷酷无情的创造与毁灭之神，而帕尔瓦蒂是激情与性感女神。据说，梵天的想法促使二者的结合，为达成目的他派印度的丘比特向当时住在山上的苦行湿婆射出了他的爱之箭——伽摩（Kamadev）。然而，湿婆对这一干涉很反感，便睁开了他的第三只眼睛将伽摩化为灰烬。在那一刻，林伽（lingam，一种带有明显阳具象征意义的方尖碑）从山上出现，表明只有放弃尘世的欲望才有可能获得永生。

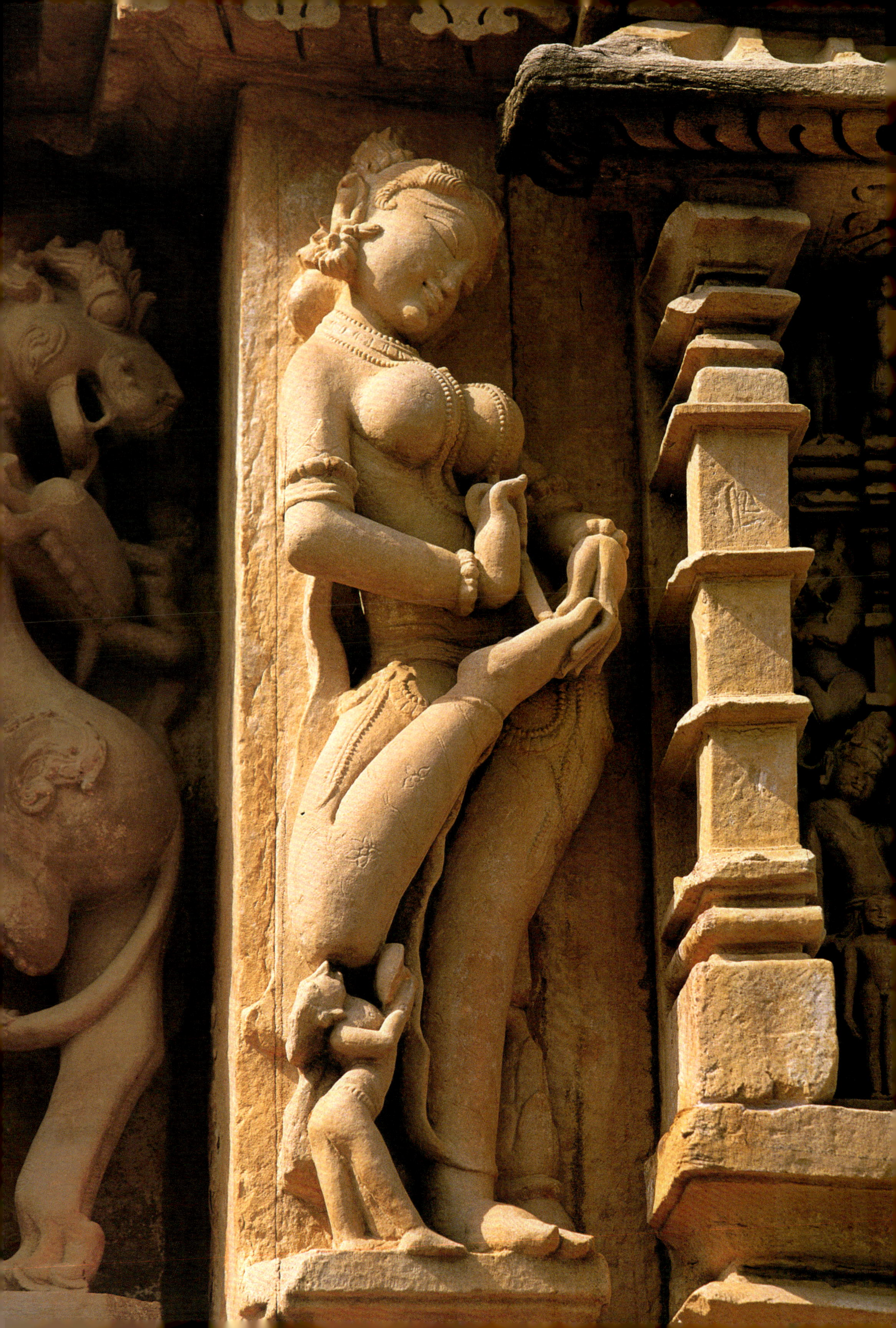

■ 第274页 雕刻在东区巴湿伐那陀神庙（Temple of Parshvanatha）的这位女性形象是一美貌倾城的女神苏拉桑达里（Surasundari），她是印度神话中是神圣夏克提（Shakti）的信使。

■ 第275页（右中） 巴湿伐那陀神庙的内堂中的著名场景是正在打坐的神明雕塑与带有光环的蛇放置在一起。虽然这座寺庙的历史可以追溯到950年，但是这座闪闪发光的黑色石头雕像是在1860年建造的。

■ 第275页（上） 这是巴湿伐那陀神庙中守护神毗湿奴的象征。神庙中装饰着印度教万神殿中的所有雕塑，周围环绕着一队仙女和乐师。

■ 第275页（左中） 三对爱人在巴湿伐那陀神庙的东墙旁亲密相拥。密荼那（mithuna）是"夫妻"的象征，代表着精神和物质的宇宙统一的法则。

然而，这个神话有一个圆满的结局：湿婆爱上了帕尔瓦蒂，并最终决定与她结婚，根据印度教的说法，他们的结合是一个改变宇宙的事件，使每个人的生死循环得以延续。昌德拉王朝建造了卡杰拉霍的寺庙，作为湿婆和帕尔瓦蒂结婚仪式的世俗展现，这一仪式也称为后来的湿婆节（Maha Shivatri）。

撇开色情人物不谈，这些奇妙的建筑里的雕塑展示了婚礼队伍中的人物和某些瞬间，一排排衣着华丽的大象、乐师、用鲜花花环装饰的手推车，以及数十个性感女郎，他们珠光宝气，才华横溢，似乎描绘的是这场活动让她们在平日生活中大吃一惊。她们用俏丽的目光打量着镜子中的自己，洗着秀发，用古老的眼线笔卡哈尔（Kajal）画眼睛，把软膏涂抹在彼此的肌肤上，或者将指甲花染料涂抹在脚底上。她们展现出女性美的无尽歌颂，卡杰拉霍妇女兴致勃勃，她们每年会花上整整一晚参观寺庙，用赞美诗、音乐和舞蹈重新唤起湿婆和帕尔瓦蒂的神圣结合。

■ 第275页（左下） 不同于卡杰拉霍其他矗立在高大平台上的寺庙，巴湿伐那陀神庙建在地面上的，属于耆教寺庙群中的一座。

■ 第275页（右下） 恰图尔伯胡吉神庙位于东南区，是唯一一个入口朝东的寺庙。寺庙中有一座高约2.43米的哈里哈尔（Hari-Hara）的巨型雕像，其为湿婆和毗湿奴的非常规结合的产物。

桑吉佛教古迹

印度 | 中央邦
入选年份：1989
遴选标准：C（Ⅰ）（Ⅱ）（Ⅲ）（Ⅳ）（Ⅵ）

■ 第276页（上）佛教宇宙中的神圣动物，这些在大佛塔西托拉纳的顶端的大象雕刻精美，图案中它们受到阳伞的保护。

乍一看，这里似乎只是一座在广阔的印度平原上拔地而起的小山，虽然仅高约91.44米，但此处苦行的庄严让人忘记了它的不起眼。桑奇有着印度次大陆最古老的宗教古迹，不断反映出从公元前3世纪—公元13世纪佛教在精神和画像表达上的进步，也是在13世纪，印度教重新成为印度的主要宗教。

没有证据表明在通往涅槃的路上悉达多王子曾驻足桑奇。圣坛的建立主要归功于孔雀王朝（Mauryan dynasty）国王阿育王，从公元前273—前236年大部分次大陆都是阿育王的领地。他和妻子皈依佛教，出生在桑吉附近的毗底沙（Vidisha），他下令建造各种佛塔（用砖头和灰泥制成的半球状纪念碑，象征着连接地球和天堂的圣山），以保存佛陀的遗物，如他的头发、牙齿和肩胛骨。

最雄伟的一座桑吉佛塔直径约36.78米，高约17.07米，顶端有一处伞盖（chattra），象征着佛教三宝（Three Jewels of Buddhism）：佛宝（佛陀本人）、法宝（佛教教义）和僧宝（僧侣团体）。它矗立在一个平台上，朝圣者们在这个平台上不断练习漫步仪式。四个陀兰那（torana，意思为大门）穿过佛塔周围的石栏，石栏上刻着的精美浮雕记录了佛祖生平、前世，以及阿育王在其帝国传播佛教的事迹的编年史。其中有两幅浮雕最为有趣，一幅描绘了佛陀对邪恶的恶魔马拉（Mara）施加给他的诱惑无动于衷，以及马卡皮·贾塔卡亲王（Makakapi Jataka）的传说，传说中他像一座横跨恒河的桥梁一样将自己伸展开来，来帮助8万只猴子逃脱敌人的追捕，成功拯救了它们。

冥想之佛的众多佛像吸引着信

▎第276页（左下）大佛塔北陀兰那上第二、第三顶梁细节展示。顶梁上部为狮子和木仙子雕塑。

▎第276页（右下）这个由菩萨支撑的法轮浅浮雕也来自北陀兰那。浮雕描绘了《须大拿本生》（Vessantara Jataka）中的情节，讲述佛陀在获得开悟前化身的故事。

▎第276-277页 北陀兰那是大佛塔（也称佛塔1）四个入口中最精致、保存最完好的。公元前1世纪百乘王朝（Satvahana dynasty）期间添加了这四个入口以完成古迹建设。

▎第277页（上）如今看来大佛塔可追溯到公元前2世纪，但人们认为孔雀王朝阿育王在整个次大陆传播佛教留下了其中一部分佛塔，这一部分更为古老。

▎第277页（下）图中这尊佛像是用砂岩雕刻，与西陀兰那佛像相照应，其与大佛塔中其他三尊佛像一样，均为对笈多王朝公元450年建立遗迹的补充。

■ 第278页（上）这是传统上常与印度教湿婆联系在一起的大腹便便的侏儒迦那（Gana），他支撑着佛塔3中唯一的陀兰那顶梁。

■ 第278页（左中）1851年人们在佛塔3发现了两件珍贵的遗物：它们是镶嵌着珍珠、水晶、紫晶和天青石的骨头碎片，骨头来自佛陀最重要的两位弟子。今天，这些物品收藏于大英博物馆。

■ 第278页（右中）2号塔只有一个陀兰那，矗立在一个台座（medhi）上，并被一个装饰着浅浮雕勋章的栏杆所包围。它可能建于公元前2世纪。

■ 第278页（左下）17号寺庙是笈多王朝建筑的杰出典范，也是后来发展于卡杰拉霍和奥里萨邦（Orissa）古典印度教风格的先驱。这座寺庙有一个平顶，支撑该平顶的为四根装饰着狮子的柱子。

徒来到这一平台。这些雕塑出现于公元前1世纪笈多王朝统治时期，当时国家关于人类的神圣形象的禁令变得不那么严格，而在阿育王的浅浮雕中，佛陀的形象有：一棵菩提树（佛祖在此树下获得启迪），法轮（象征佛祖布道），一匹马（象征佛祖放弃尘世的财富），一条线（象征通向涅槃的道路）。

在朝南的陀兰那旁，阿育王放置了一块石制方尖碑，上面刻着用印度最古老的语言巴利语（Pali）撰写的朝圣指南。在大佛塔（Great Stupa）周围建造了数十座其他佛塔，这些佛塔都较小，保护状态各异，印度许多不同佛教信仰阶段的寺庙和遗迹也是如此。18号神庙始建于公元7世纪，因其鲜明的希腊外观令人惊诧不已，这也是亚历山大大帝在印度探险期间留下文化遗产的见证。

山南侧的45和47号寺院展示了佛教禁欲主义与更具情节性和戏剧性的印度教教派的融合。在这里，精心制作的高浮雕描绘了环绕着恒河和亚穆纳河（Yamuna rivers）神灵的佛陀，性感的舞者，甚至还有情欲场景，这开启了一个新的精神和艺术时代，这一时代将在未来的卡杰拉霍神庙里达到巅峰。

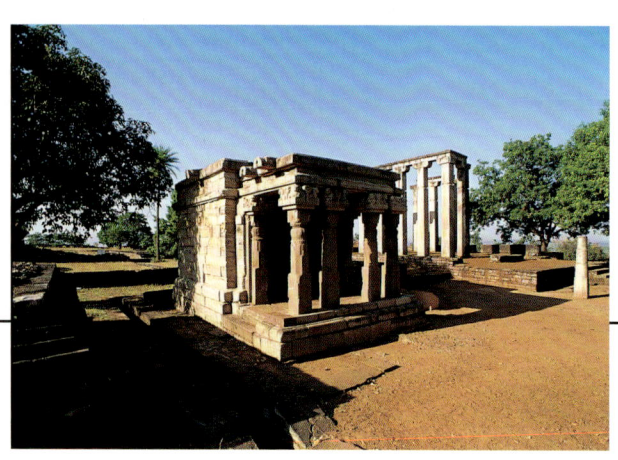

▌第278页（右下）45号寺院是桑吉寺庙中最宏伟、保存最完好的。请注意位于中心的寺庙；这座寺庙建于9—10世纪，当时印度的佛教正慢慢被印度教所取代。

▌第279页（上）这头大象是2号佛塔扶栏上雕刻描绘的动物之一。在其周围，朝圣者们以逆时针方向练习了一种名为内转经道（Pradakshinapatha）的漫步仪式。

▌第279页（下）这尊佛像位于45号寺院，头上佩戴的光环上装饰着精美花卉图案。寺院建筑群中还有印度教河神甘伽（Ganga）和亚穆纳的雕像。

阿旃陀石窟群

印度 | 马哈拉施特拉邦
入选年份：1983
遴选标准：C（Ⅰ）（Ⅱ）（Ⅲ）（Ⅵ）

▎第280-281页　26号窟雄伟的寺庙（拥有正殿的佛教圣地）显现出一些阿旃陀最精致的建筑和装饰特色。房间后面有一座佛塔，上面有一尊坐佛像，奇怪的是它却面朝西。

▎第280页（下）26号窟外景装饰华丽。这是7世纪阿旃陀马蹄形悬崖西南端挖掘的五个洞穴中的一部分，其中一些洞穴尚未完工。

在持莲观音（Padmapani）雕像中，佛陀优雅地在左手的大拇指和食指之间持着一朵蓝色的莲花。一顶沉重的王冠压在他的头上，他那双杏色的大眼睛微闭着，透露出一种崇高且平和的神情。在他的周围，有一群喜气洋洋的乐师、情侣、猴子和孔雀。然而在僧伽罗国（Simhala），其场景以残酷的色彩为特点，一群遇难之人正经历着一群性感和嗜血的女魔部落的屠戮，而一位菩萨将他们拯救出来。

这些作品都为《佛本生经》的精彩插图，这本神圣的经文讲述了佛陀在通往开悟的道路上经历了多次化身。人们将这些经历绘入阿旃陀的30个洞穴中，这一系列作品具有非凡的艺术价值和宗教特质。此外，它们还生动地描绘了笈多王朝时期印度的行为和风俗习惯。

在德干平原瓦格霍拉河（Waghora River）弯道上有一座引人注目的马蹄形小山，这些洞穴正坐落于此。它们自公元2世纪至6世纪一直是大量僧侣的居住地，也在季风季节为旅者提供了避难所。一些洞穴是支提（Chaitya）寺庙，另一些是精舍（Vihara）。在最早的石窟中，佛像遵循小乘佛教的规定，只能用符号来表示佛陀，而在后来的石窟中，更自由的大乘法派风格突出，将其中每一位佛陀化身的生活都生动地表述了出来。

这些场景非常美丽，绘有大量的人物，有时会有残酷、宁静和世俗的特点，甚至有色情的意味。女人、男人、恶魔、人面和鸟身怪物（夜叉）、乐师[乾闼婆（gandharva）]和天国舞者（阿帕莎拉）都在其中，背景则有鲜花、树木、水果和动物。这些洞穴建筑特色鲜明，其中立有与绘画完美地融合在一起的雕塑，营造出美丽绝伦的内饰特征。这些石窟主要是由印度教艺术家完成，所以这些绘画的肖像化特征的融合同样值得注意，特别是在公元4世

■ 第281页（右上）26号窟中有一尊巨大的涅槃（Parinirvana）雕像，描绘的是佛陀从人间转世到涅槃的那一刻侧躺一边的佛像。光线透过洞穴入口处时增加了雕像的超凡效果。

■ 第281页（中）这是19号窟的正面，它是在5世纪下半叶大乘佛教达到顶峰的时候雕刻的。

■ 第281页（下）19号窟是阿旃陀最壮观的洞穴。柱子上装饰着精致的菩萨和佛像。

■ 第281页（左上）26号洞穴高浮雕的细节。佛陀坐在莲花宝座上，他的右边矗立着金刚菩萨。他手持权杖（金刚），梵天学派因此得名。

■ 第282页（上）2号窟雕刻于6世纪，它是一座寺院。柱子和天花板上装饰着莲花勋章和一个有图案的桶形拱顶。这些很可能是亚历山大大帝带给印度的古希腊艺术的遗迹。

■ 第282-283页 17号窟门廊上壁画的细节，讲述的是佛陀前世的几次转世。在右边，两个皇室出身的人深情地拥抱在一起，享受最后一杯酒，然后把他们所有的东西都捐给了穷人。

纪和5世纪，当时阿旃陀中一直有200名僧侣。

当时使用的绘画技术是蛋彩壁画，洞穴的墙壁和天花板上覆盖着一种混合物，其中包括黏土、牛粪和约8厘米厚的植物纤维，然后再涂上一层薄薄的泥土。泥浆还没干，艺术家就用朱砂棒勾勒出这幅画。然后再用天然颜料上色，最后用一层麸质将其固定住。

公元650年前后，相比佛教更多人信奉印度教，同时附近埃洛拉（Ellora）宗教社区的作用日益重要，所以人们遗弃了阿旃陀石窟。几个世纪以来这个地方在植被的遮掩下一直被世人遗忘。1819年，一群英国军官在追捕老虎时寻着踪迹偶然重新发现了这里。然而与这一幸运的事件形成对比的是，这些杰作的研究人员遭遇了不幸的打击：1866年，英国艺术家罗伯特·吉尔

■ 第283页（上）2号窟其中一个佛龛的圣坛左侧，有两尊宏伟的夜叉雕像，他们是佛教守护神。

■ 第283页（下）17号窟的门廊中描绘的这两个人穿着以中亚裁剪风格的衣服。壁画中包含的"异国"元素证明了亚洲各国人民之间商业和文化交流频繁。

（Robert Gill）在阿旃陀花了26年时间将绘画临摹到纸上，却眼睁睁看着自己的作品在伦敦水晶宫的一场大火中化为灰烬。十年后，维多利亚和阿尔伯特博物馆的另一场大火使他的助手的努力化为乌有。此外，受阿旃陀的统治者资助，1920年由海得拉巴的尼扎姆（Nizam of Hyderabad）发起了第一次粗制滥造的修复尝试，结果弊大于利。

然而今天这一魔咒似乎已经消失了，印度考古调查所（Archaeological Survey of India）进行的保护工作已经有了可观的成果。

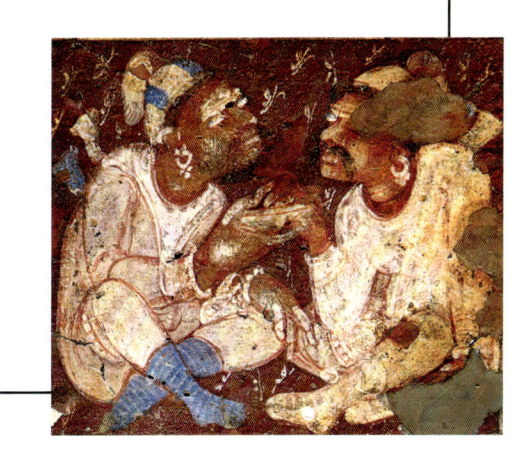

■ 第284页（上）10号窟壁画中的一幅。这座寺庙中的壁画绘于公元前2世纪，当时小乘派占统治地位，认为只能通过象征性手法描绘佛陀。

■ 第284页（中）在10号窟的桶形拱顶上，螺纹框住了关于佛陀冥想和莲花的绘画。就是在这些墙面上英国军官写下了他们发现阿旃陀的日期。

■ 第284页（下）9号窟（公元前1世纪）有一个长约13.72米的寺庙。只剩下了一些曾覆盖在墙壁上的壁画碎片；佛塔顶部有一个倒置的金字塔形状的圣物箱，保存状况良好。

■ 第284-285页 16号窟是一座寺院，主要雕塑是一尊佛陀，它也描绘了一位不同寻常（比例不完美）的佛像。这幅阿旃陀的杰作是一幅名为《垂死公主》（*The Dying Princess*）的壁画。

■ 第285页（下）9号窟壁画的细节；色彩鲜艳的佛像受到镶满宝石的阳伞保护，象征着世俗和精神的至高无上。

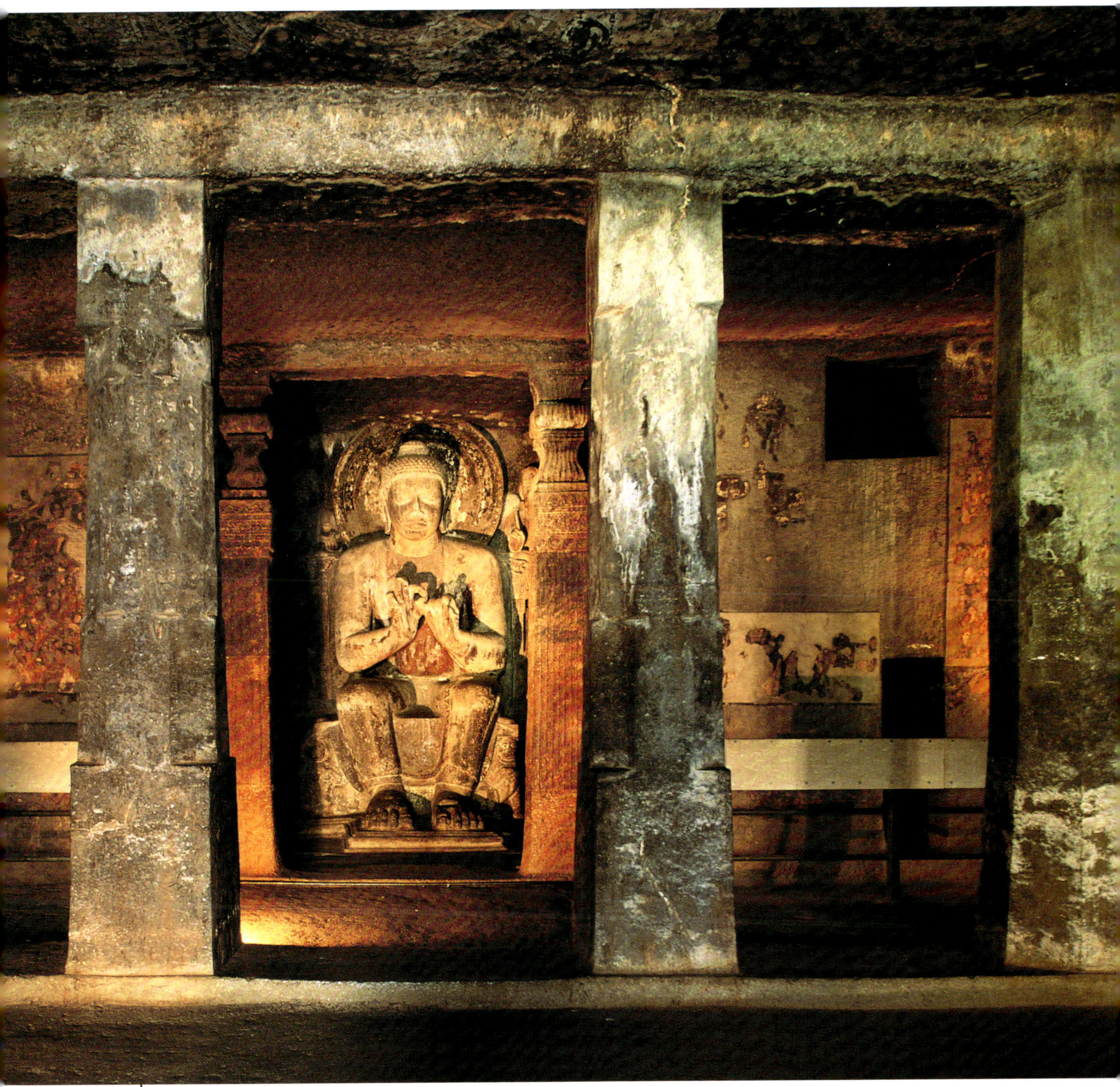

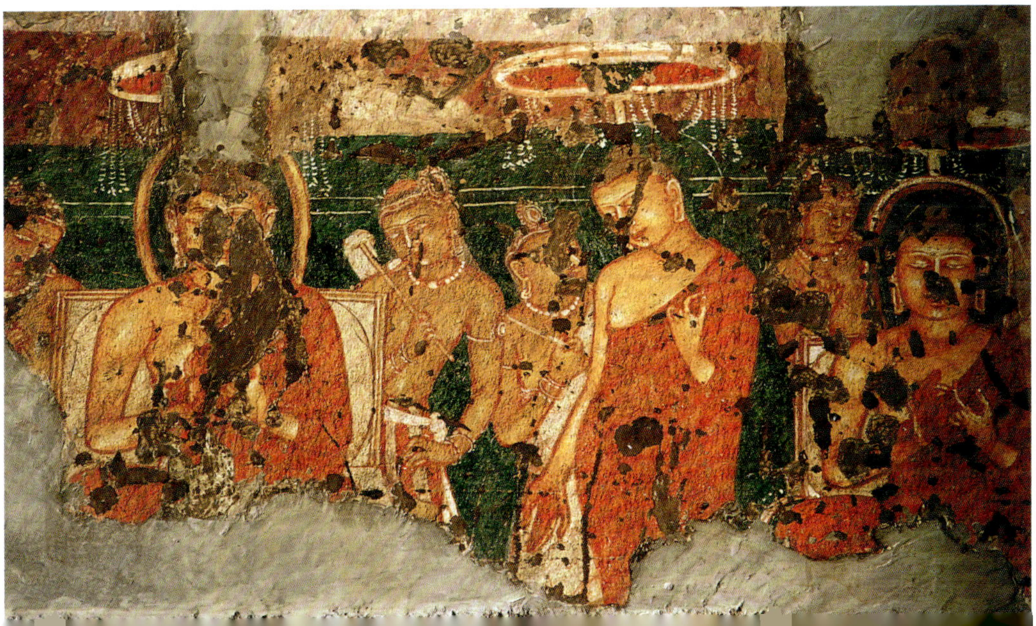

埃洛拉石窟群

印度 | 马哈拉施特拉邦
入选年份：1983
遴选标准：C（Ⅱ）（Ⅲ）（Ⅵ）

- 第286页 10号窟的寺庙有一个真人大小的欧式风格坐佛雕像，八角形柱子上耸立的是一个带有棱纹的天花板。
- 第287页（左上）栏杆是10号华丽的两层立面的一大特点，这一栏杆上面还有一扇宽大的窗户，由三部分组成且处于打开状态。
- 第287页（右上）21号窟建于6世纪，是埃洛拉最古老的印度教洞穴。  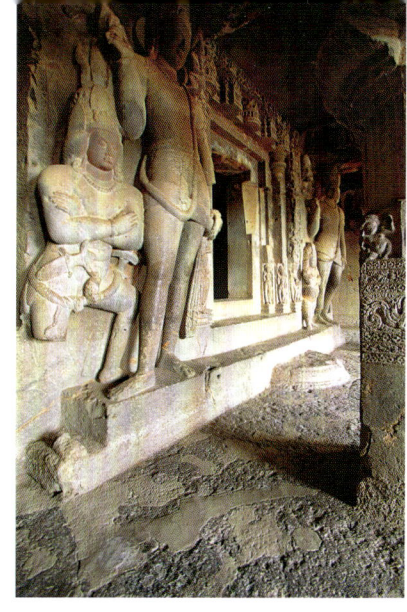
- 第287页（左下）21号窟的入口带有门廊，设计精美。入口正门前有一座矮墙，上面放着印度教徒认为是湿婆坐骑的白色公牛南迪。
- 第287页（右下）29号窟也是专门为湿婆而建的，它有一个不同寻常的十字形设计；中心有一个方形的地窖，两边各有一个入口。入口有引人注目的高浮雕守护神。

印度人将南亚次大陆上最重要的朝圣点的道路命名为南印王国（Dakshinapata）。商人驾着大篷车在路上川流不息，几个世纪以来，路上装点上了大量的古迹，它们象征着统治者的财富和朝圣者的热情。埃洛拉洞穴在这些景点中格外醒目，名为查拉纳达里的玄武岩山位于德干高原上并且靠近现代城市奥兰加巴德（Aurangabad），而埃洛拉就坐落在这一山脉中。

"洞穴"一词含义上有失偏颇，没有表达出对委托建造洞穴的笈多王朝统治者虔诚的致敬，也没有展现出洞穴杰出的文化、宗教和艺术价值。事实上，它们是从岩石中雕刻出来的一系列寺庙和寺院，并用一系列雕塑记录了佛教、印度教和耆那教在印度的顺序和重叠。

游客从南到北翻山越岭，首先来到佛教和年代最早的石窟（公元6世纪和公元7世纪）。这些石窟总共有12个，它们的制作风格反映了从严肃的小乘佛教（严禁人类体现神性）发展为大乘佛教的进程。大乘佛教扩大了宗教范畴，引入了菩萨崇拜的概念，崇敬悉达多王子在开悟之旅中的各种化身。佛教石窟中还出现了神秘的金刚乘学派（Vajrayana school），该学派兴起于佛教开始与印度教抗衡之时。佛教石窟中最宏伟的是5号窟，名为马哈拉施特拉（Maharwada）；它的主厅曾被用作餐室，长超过59米。然而最重要的雕塑发现于6号窟，其中一尊雕像是孔雀明王（Mahayamuri），他是坐在孔雀上的知识之神。人们后来将这只鸟等同于拥有相似神力的印度女神萨拉斯瓦蒂（Sarasvati）。名为丁塔拉（Tin Tala）的12号窟是一座高达三层的寺庙，从中人们可以清楚地看到佛教到印度教的转变。

然而在苦行的佛教洞穴中所见的一切，都无法与随后的17个非同寻常的洞穴相匹敌。它们挖掘于7世纪到9世纪，主要用于供奉湿婆，印度教万神殿中有非常多湿婆，他们也是其中最强大且令人琢磨不透的神。16号窟（灰色岩石覆盖着白色灰泥，象征着常年的积雪）是对冈仁波齐峰（Kailash）的惊人重建，冈仁波齐是印度神话中神圣山神的居住地。这个洞穴由克里希纳一世拉什特拉库尔塔国王（Krishna I Rashtrakurta，756—773年）下令建造，是世界上最大的整体式建筑。耗时100多年、耗费人力1000余人才移走了22万吨的岩石，但它巨大的尺寸（是帕特农神庙的两倍）只是这座建筑与众不同的特征之一。

288

■ 第 288 页（左上）
壮观的 16 号窟中有众多寺庙，南迪圣殿是其中一座。

■ 第 288 页（右上）
16 号窟一层北侧的门廊房间有一些高大的柱子，上面装饰着浮雕。

■ 第 288-289 页　16 号窟是埃洛拉的杰作，这一洞穴由国王克里希纳一世构思，来模仿神圣的冈仁波齐峰。

■ 第 289 页（上）　12 号窟名为丁塔拉（三层），标志着埃洛拉从佛教到印度教的转变。

■ 第 289 页（中上）
12 号窟的顶层装饰着五尊菩萨和七尊佛像，用于教学和冥想。

■ 第 289 页（中下）
正对着 32 号窟庭院的中心是一个优雅的亭子，顶端是一个精致的金字塔结构，灵感来自南印度的寺庙。

■ 第 289 页（下）　树精灵夜叉摩腾（Matanga，在图中间）装点着 32 号窟的洞顶。

雕刻家们必然会在雕塑作品的每一个细节上都采用"电影"手法，而每一幅浅浮雕本身就是一件杰作。最杰出作品属于可怕的恶魔罗波那（Ravana），他被囚禁在冈仁波齐山底并试图通过愤怒地摇晃山体来挣脱，但幽默又讽刺的是湿婆仅用他左脚的大脚趾便平息了地震。

山上的最后四个洞穴是在 9 世纪至 11 世纪之间挖掘出来的，当时耆那教开始在印度得以广泛的实践。尽管有人试图用其与印度教石窟竞争，但没有任何洞穴可与耆那教洞穴的壮丽相提并论。然而它们精致的装饰看起来像花边，最显著的特点是能让人沉浸在宁静感觉中，并且完全没有暴力的形象。耆那教还表现出一种"原教旨主义"的和平形式，它的僧侣们必须在嘴上绑上绷带，这样他们的存在，哪怕是呼吸，都不会让任何生物受到干扰。

汉皮古迹群

印度 | 卡纳卡特邦贝拉里县
入选年份：1986
收入《世界濒危遗产名录》时间：1999
遴选标准：C（I）（III）（IV）

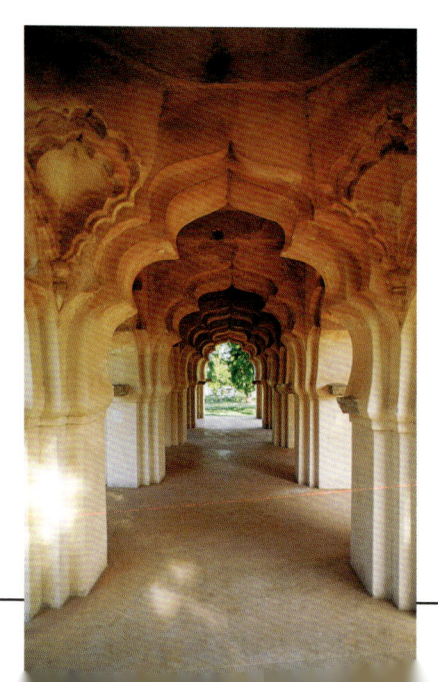

■ 第290-291页　与维塔拉神庙和汉皮集市的古迹建筑群相比，阿楚塔拉亚神庙（Temple of Acyutaraya）位于摩腾山（Matanga Hill）附近，略微远离城市喧嚣。神庙中的雕塑装饰非常漂亮。

■ 第290页（下）　莲花寺一楼灰泥内里的拱门细节。这座漂亮的建筑是克里希纳达伐拉亚国王送给他妻子的礼物；其设计包括一个高效的通风系统。

1443年，波斯大使阿卜杜勒·拉扎克（Abdu'r-Razzaq）访问了维贾亚纳加（Vijayanagar，胜利之城）首府汉皮（Hampi），这座城市给他留下了深刻的印象。他为此写下了详尽的描述。他写道，住在这座宏伟城市的居民日常每餐都少不了玫瑰。到处都是玫瑰，集市里花瓣装在大麻袋里出售。城中摊位的柜台上可以买到红宝石、蓝宝石、珍珠和钻石，这些与宫廷中女子所佩戴的别无二致。

这座城市以南亚次大陆最后一座伟大的印度教帝国而闻名。它所覆盖的区域在今天包括卡纳卡特邦（Karnataka）、安得拉邦（Andhra Pradesh）和马哈拉施特拉邦（Maharashtra）。它位于一个山谷中，三面环山，另一面是湍急的栋格珀德拉河（Tungabhadra River）。这座城市是由哈卡（Hakka）和布卡（Bukka）兄弟于1336年建立的，两兄弟本信仰印度教却在德里的苏丹人压迫下皈依伊斯兰教，之后背叛了伊斯兰教。选择这个地点是出于防御和宗教的原因，因为在史诗《罗摩衍那》中，猴子的王国基什钦达（Kishkinda）就位于那里，而且根据传说湿婆和帕尔瓦蒂的第一次风流韵事发生在栋格珀德拉河河岸。

维贾亚纳加后来的统治者修复和装饰了印度大部分地区的印度教寺庙，并复兴了因莫卧儿家族的到来而一定程度受到扼杀的艺术和文学。然而在首都，他们引入了一种带有伊斯兰面貌的建筑风格，并用一种近乎非传统的印度肖像形式令其愈发丰富。塔楼散布在汉皮古迹群中，其是为了让宫廷成员可从楼顶观赏十胜节（Dussehra）的庆祝活动修建的，这是一个宗教节日，声名远扬至印度以外的其他地方。

这座城市还拥有奇妙的建筑作品，比如国王的贞节牌坊（Pavilion of the King's Balance），统治者过去坐在一个盘子上，而另一个盘子上则装满了同等重量的给穷人的粮食和钱。皇后浴池（Queen's Bath）是一个环绕着走廊和莲花喷泉的泳池，芳香的水从莲花喷泉中流出。莲花

291

■ 第291页（上）这座曾为胜利之城首府的城墙长约30.58千米，有些地方高达10米。

■ 第291页（中）皇后浴池是一座方形建筑，其建筑设计和装饰表现出强烈的伊斯兰风格。图中精致优雅的阳台可以俯瞰露天游泳池。这座建筑专供宫廷中的女子使用。

■ 第291页（下）这是为躲避炎炎夏日建造的莲花亭，泽娜娜（zenana）是皇室女子居住的华贵区域，而莲花亭是该皇宫闺阁内最优雅的亭子。

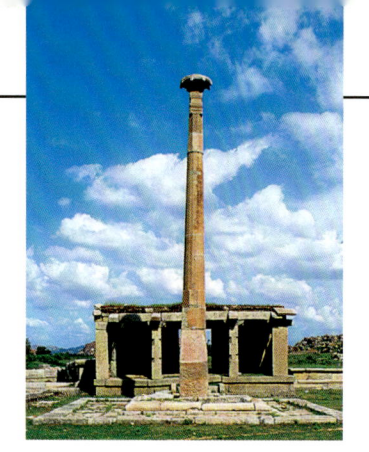

- 第292页（上）名为干尼杰特（Ganigitti）的小耆那教寺庙的一大特点是有一根高大光洁的柱子。这座寺庙位于汉皮东部，是该市（14世纪末）最古老的寺庙之一。

- 第292页（左中）维塔拉神庙最令人惊叹之处在于，神庙中的柱子仅由一块花岗岩雕刻成了S形。这座建筑本应献给毗湿奴，但传说神认为它过于豪华，因而不够虔诚。

- 第292页（右中）这辆花岗岩制成的游行敞篷马车名为拉西（rathi），它矗立在维塔拉神庙的东侧。这座非凡的雕塑也代表象征毗湿奴的迦楼罗。

- 第292页（左下）皇家平台连续的雕带上刻着舞者、大象争斗和各种人类和动物形象，站在平台上宫廷成员就可以很好地观看传统的十胜节的庆祝活动。

- 第292页（右下）这一系列顶部为圆顶的巨大房间是宏伟的象棚。请看顶部有柱廊的亭子：当大象离开棚子参加皇家仪式时，音乐家将在此演奏。

- 第293页 维塔拉神庙中一根柱子的细节展示。请看高浮雕上精美的拟人化和动物图案。

寺（Lotus Mahal）是一个精美的亭子，供宫廷中的女子们使用，它的旁边是宏伟的大象马厩，马厩上有十个高耸的圆顶。

集市是一条通向维卢巴克沙神庙（Temple of Virupaksha）的柱廊街道，庙里有一个庭院，其中支撑的柱子上雕刻着奇怪的海洋生物。然而胜利之城的"活"建筑的顶峰却体现在维塔拉神庙（Temple of Vithala）。看起来一系列蜿蜒的柱子、上面雕刻着花卉和动物性的图案的塔楼组成了这一神庙。它的前面矗立着一块充满想象力的花岗岩，代表着众神的战车，战车的车轮实际上绕着一个轴转。这一奇迹是由克里希纳达伐拉亚（Krishna Deva Raya）委托进行的，在他统治期间（1509—1529年）这座城市取得了最为辉煌的成就。

在他之后不久的1565年，莫卧儿军队气势汹汹地突袭了这一帝国。六个月里，汉皮的财宝被洗劫一空，宫殿化为灰烬，这座城市变成了一片废墟。汉皮这个神秘之地远离主要的旅游路线。该地寺庙里居住着印度教的"圣人"——苦行僧（sadhus）群体，同时这里的气氛也令人心驰神往。不幸的是，为提醒游客他们并没有漫步进一个幻想之地，两座现代化的桥梁俯瞰着这座城市，桥上的机动车也变得熙熙攘攘。联合国教科文组织长期以来一直反对修建桥梁，但卡纳卡特邦政府仍对联合国教科文组织的抗议置若罔闻，认为现代化的公路网络对经济发展至关重要。正因如此，汉皮在1999年被列入《世界濒危遗产名录》。

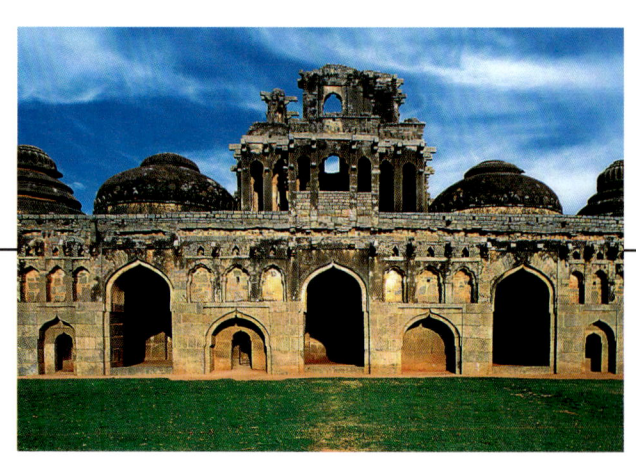

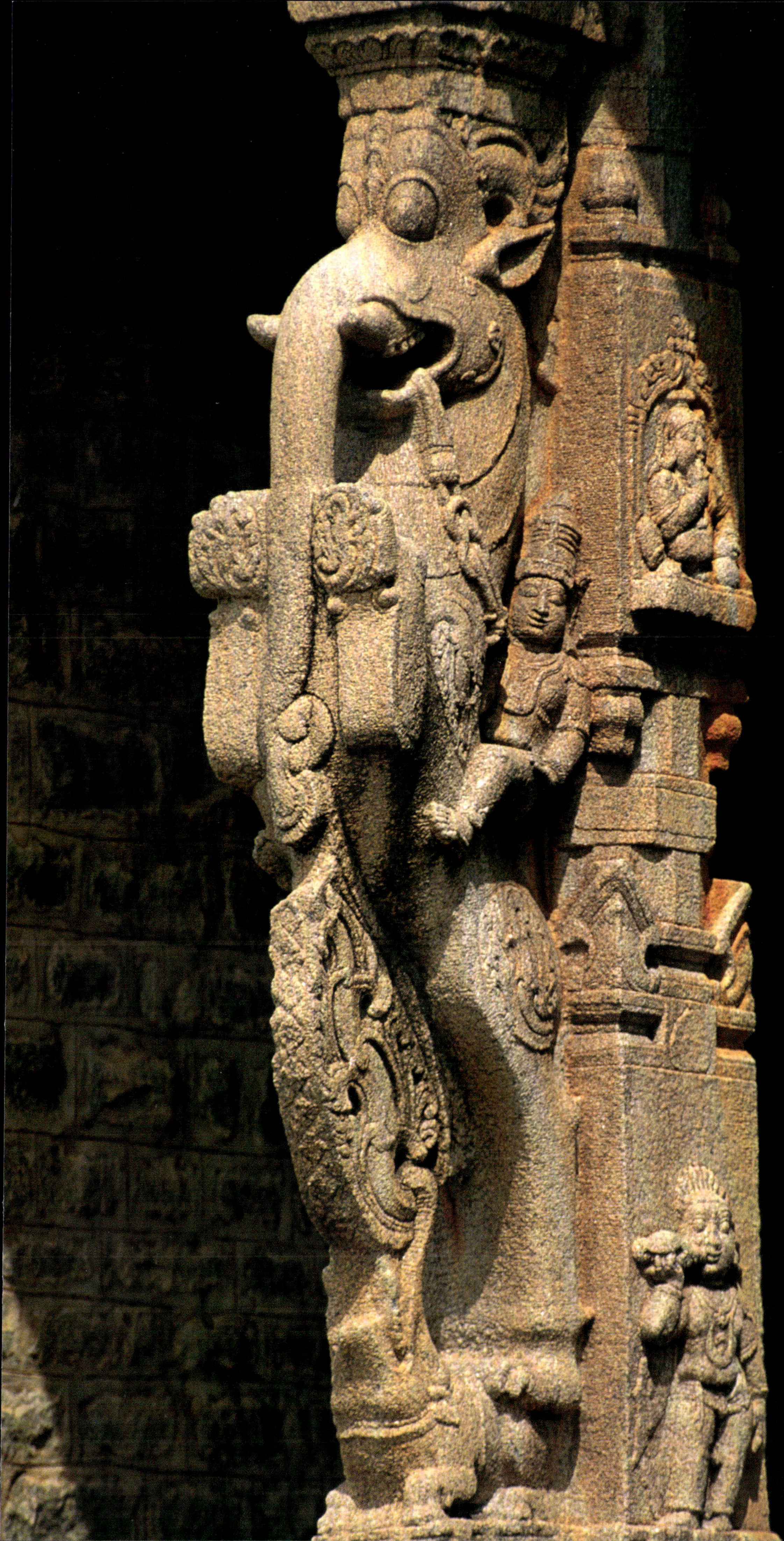

默哈伯利布勒姆古迹群

印度 | 泰米尔纳德邦
入选年份：1984
遴选标准：C（Ⅰ）（Ⅱ）（Ⅲ）（Ⅵ）

■ 第294页（上）及第295页（左下） 克里希纳曼达帕的巨大浅浮雕讲述了神用一根手指抬起牛增山（Mount Govardhana）来保护他的朋友牧羊人的故事。在这里克里希纳和他年轻时的伙伴戈帕一起挤奶。

■ 第294页（下） 迈索尔布勒姆洞穴（Mahishasuramardini Cave）和其他洞穴一样，是一座曼达帕或岩石寺庙。其是以一幅精美的浮雕命名的，这幅浮雕描绘了女神杜尔迦和水牛魔鬼迈索尔之间的斗争。

从清晨开始，默哈伯利布勒姆（Mahabalipuram）村就回响起数百个制作宗教雕像凿子的敲击声。制作雕塑是沿海地区泰米尔纳德邦的主要活动，这个位于古印度一角的区域距离钦奈（Chennai，今马德拉斯）仅约51.5千米。凿子的技艺世代相传。那拉辛哈瓦曼一世国王（Narasimha Varman I）于7世纪在默哈伯利布勒姆建立了一所雕塑学校。其所处的帕拉瓦王朝（Pallava）从1世纪到8世纪统治了印度南部的大部分地区。这一王朝的首府为建志补罗（Kanchipuram），城中的港口位于默哈伯利布勒姆。为了能让泛舟离开的旅者对这片土地有一个美好的回忆，那拉辛哈瓦曼一世希望可以装点这个村庄。今天，人们认为村里的遗迹是最为精致的印度雕塑艺术典范。

一块因裂缝分开的岩石上雕刻着一处29.87米×11.89米的浅浮雕。上面描绘着史诗《摩诃婆罗多》（The Mahabharata）中的一个插曲，主人公阿诸那（Arjuna）为赢得湿婆的好感而进行忏悔，并从神那里获得了一件法宝。浮雕的左侧，阿诸那单腿站立，通过双手形成的棱镜观看太阳。他的旁边是湿婆，再旁边是一座供奉毗湿奴的庙宇。场景的其余部分展示了正在冥想的智者，动物，以及代表恒河的裂缝，朝圣者正忙着进行桑迪亚·范德哈纳（Sandhya Vandhana）仪式以纪念这条神圣的河流。浮雕的右侧是大象和猴子，甚至还有一只正在模仿阿诸那的瘦骨嶙峋的猫，这只猫承诺忏悔，让它周围围满的老鼠变得大胆了起来。这种故事中的故事展现出一种印度艺术中罕见的幽默感。在拉辛哈瓦曼一世时期，浮雕上方的一个水箱让水从恒河的缝隙中滴落下来，让许多参观过该遗址的朝圣者惊叹不已。

同样令人感兴趣的还有被雕刻成为寺庙的洞穴曼达帕（mandapa）。阿迪瓦拉哈·曼达帕（Adivaraha Mandapa）中有几块板子：一块是毗湿奴的化身野猪瓦拉哈；一块是毗湿奴躺在蛇的床上；另一块

■ 第294-295页 这是印度最奇异的浅浮雕之一：它代表着阿诸那的忏悔，描述了史诗《摩诃婆罗多》中的关键情节之一。它雕刻于公元7世纪，俗称《恒河下凡》（Descent of the Ganges）。岩石上的宽阔裂缝代表了这条神圣的河流。

■ 第295页（上）柱子位于瓦拉哈二世曼达帕入口处，其底座上雕刻着有角的狮子。通往内殿的大门上雕刻了两位守门天（Dvarapala）。

■ 第295页（右下）瓦拉哈二世曼达帕中的浅浮雕讲述了守护神毗湿奴从泥泞中拯救地球女神的故事。神正躺在这里，从他佩戴的蛇冠那迦就能辨认出他。

▌第296页（上）达鲁马拉加拉和比哈构成了以《摩诃婆罗多》中的五位英雄命名的"五战车"结合体。这种建筑类型为印度南部德拉维德式风格（Dravidian style）的持续发展奠定了基础。

▌第296页（下）这座建于8世纪初的寺庙是全印度最古老的石头寺庙，其代表着宇宙山，矗立在默哈伯利布勒姆海滩上。

▌第296-297页 默哈伯利布勒姆的五座战车中的四座。它们是模仿寺庙雕刻而成的小型整体式建筑，但它们从未用于礼拜。这是象征湿婆的坐骑的公牛雕像，它是按真实尺寸打造的。

▌第297页（上）据专家介绍，这只大象雕塑位于纳库拉和萨哈德瓦这两座双胞胎战车前，是所有印度艺术中最逼真、最准确的。

第297页（中）达鲁马拉加拉战车上的人物包括半女主神（Ardhanarishvara，湿婆和他的配偶帕尔瓦蒂在同一身体中），梵天，纳拉西哈·瓦尔曼一世，以及哈里哈尔（Hari Hara，湿婆和毗湿奴的合体）。

第297页（下）比哈战车拥有遗址中最大的入口门廊。这座建筑未完工，可能的原因是纳拉西哈·瓦尔曼一世在建造过程中离世了。

上刻画着人类形象，人们认为他们是帕拉瓦王朝国王西蒙维希纳（Simhavishnu，574—600年）和他的儿子马恒达一世（Mahendra I，600—630年）。马赫什阿达哈尼·曼达帕（Mahishamardhani Mandapa）洞穴中有着默哈伯利布勒姆最优雅的雕塑；它描绘了可怖的女神杜尔迦用牛头击败恶魔的故事。另一个洞穴中后来增加了一个柱状入口，展示了克里希纳的功绩。

村子后面有五个拉萨斯（rathas）。虽然这一名称的含义是"战车"，但这里它们指的是早期巨型寺庙，这些寺庙代表着阿诸那（Arjuna）、比哈（Bhima）、达鲁马拉加拉（Dharmaraja）、纳库拉（Nakula）和萨哈德瓦（Sahadeva），他们是帕拉瓦五兄弟，是《摩诃婆罗多》中的英雄，同时还有他们共同的妻子杜帕迪（Draupadi）。浮雕美丽异常，但可能由于纳拉西哈·瓦尔曼一世去世，这里未能完工。

宏伟的"海滩神庙"（Temple of the Beach）俯瞰大海。这座献给湿婆的神庙装饰华丽，代表着帕拉瓦最后阶段的艺术形式，也在艺术方面影响了后来的朱罗王朝（Chola Dynasty）。这座寺庙建于7世纪，也就是纳拉西哈·瓦尔曼二世统治时期。几个世纪以来，由于海浪的侵蚀，这座寺庙的样貌变得更为诡谲。据传说其旁还有六座寺庙。2002年英国团队与印度考古调查所合作进行了一次水下调查，在距离海岸约695米的地方发现了覆盖着茂密海洋植被的石块和雕塑，证明了每个传说中都藏有一丝真相。

阿努拉德普勒圣城

斯里兰卡　阿努拉德普勒地区
入选年份：1982
遴选标准：C（Ⅱ）（Ⅲ）（Ⅵ）

在传说中斯里兰卡王国的历史起源扑朔迷离。公元前483年，该岛的第一批居民从印度西北部来到这里。他们是印度雅利安人，自此神话上演。领导这些雅利安人的是阿努拉达（Anuradha），他是带有天神血统的维贾亚国王（King Vijaya）的弟子。《大史》（Mahavansa）是最早记载关于僧伽罗历史的书目，其将该国首都阿努拉德普勒（Anuradhapura）的建立归功于阿努拉达的儿子盘陀迦阿巴耶（Pandukabhaya）。

对于斯里兰卡之后两个世纪的历史我们知之甚少，甚至一无所知。但之后传说再一次出现了——天爱帝须国王（Devanapiya Tissa，公元前260—前210年）经历了一次非同寻常的邂逅：有一天在他外出打猎时，偶然遇到了由印度伟大天皇阿育王的儿子摩哂陀（Mahinda）率领的队伍。天爱帝须国王热烈欢迎了他们的到来，摩哂陀拉来到首都的同时也带来了一种新的宗教：佛教。锡兰（Ceylonese）国王和他的宫廷立即皈依了佛教，摩哂陀因此将佛陀舍利赠予了这座城市，以认可他们的皈依。与此同时，摩哂陀的妹妹僧伽蜜多（Sanghamitta）种下了一根菩提树（Bodhi tree）的嫩芽，而这一菩提树正是乔达摩·悉达多在其下开悟进而成佛的那棵。

这棵名为阇耶室利摩诃（Sri Mahabodhi）的巨大菩提树，经查证是世界上历史上最悠久的树。它矗立在古代阿努拉达普拉中心的一个特殊的围栏里，由三层金属栅栏保护，数以千计的朝圣者在树上挂起传统的祈祷旗，并用牛奶为树洗澡。禁止采摘树叶，甚至不能拾起掉落的树叶。

自从奇迹般的相遇之日起，阿努拉德普勒便一直是该岛的宗教中心。这座城市长期以来一直是该国首都，直到10世纪（477—495年短暂中断）宫廷转移至波隆纳鲁沃（Polonnaruwa）。

《大史》和两部外国文本——一本为一位希腊水手在公元1世纪写的《厄立特利亚海航行记》（The Periplus of the Erythraean Sea），另一本为5世纪中国和尚法显的旅行日记——描述了古代阿努拉德普勒。这座城市规划细致，拥有精细的供水系统，雄伟的寺庙，医院，以及宫廷政要、商人和外国人单独的住

第298页（上）都波罗摩塔是斯里兰卡最古老的佛教建筑，由天爱帝须国王建造于公元前3世纪，用来存放佛陀舍利。这座塔为神圣大寺（Mahavihara）建筑群的一部分。

第298页（中）优雅的壁画和雕塑装饰着瓦哈达斯（wahalhadas），这是几座精致的小寺庙，分别坐落在罗盘的四个点上，以保护阿努拉德普勒的佛塔。

第298页（下）18世纪的曼达拉吉瑞寺（Mandalagiri Vihara）中有一尊佛像，佛像周围环绕着莲柱，柱子上的半浮雕装饰着摩伽罗（Makara），其为象征着恒河的神话生物。

■ 第298-299页 鲁梵维利萨亚佛塔上有一个平台，上面装饰着大象的浮雕。根据佛教宇宙学，大象支撑着宇宙。山顶上有一块从缅甸运来的约0.61米的水晶岩石。

■ 第299页（下） 高约120米的舍利塔矗立在阿努拉德普勒平原上，其几乎为埃及金字塔的两倍大小。它是以佛陀开悟的圣园命名的。

宅区域。由于这些房屋和民用祭拜场所都是由木头建造的，古代阿努拉德普勒遗迹只剩下一个巨大的石头宗教建筑群，还有几个收集雨水的池塘和一座皇宫的地基。

这座城市被打造成了"宇宙的模型"。由杜图吉米尼国王（King Dutugemini，公元前161—前137年）建造的罗哈帕萨德拉（Loha Pasadra）有1600根柱子，这里曾是一座居住着1000名僧侣的修道院，这些柱子证明了其曾经的壮丽景色。修道院最初有九层，有青铜打造的屋顶，以及黄金和宝石制成的装饰，这里像天堂一样美丽。它的几座佛骨堂（dagoba，圆顶形佛寺）都有深刻的佛教象征意义，建筑师将其设计为类似牛奶中气泡的形状，这些气泡像苦行僧的生活一样脆弱和纯净。最大的佛骨堂高约122米，它俯瞰着这座城市的舍利塔（Jetavanarama Dagoba，在联合国教科文组织的帮助下修复）；最古老的是都波罗摩塔（Thuparama Dagoba），其建于公元前3世纪，用来容纳佛陀舍利；最优雅的塔是鲁梵维利萨亚佛塔（Ruwanwell isseya Dagoba），墙壁上装饰着连续的大象浅浮雕。

人们可能会争辩说，三昧佛像（Samadhi Buddha）代表了阿努拉德普勒不朽的精神，这尊雕像的形象平静而富有同情心。朝圣者发誓说佛像脸上的表情会随着阳光角度的变化而改变。这座雕像于公元3世纪由砂岩雕刻而成，是斯里兰卡最受尊敬的形象。

锡吉里亚

斯里兰卡

锡吉里亚地区
入选年份：1982
遴选标准：C（Ⅱ）（Ⅲ）（Ⅳ）

她们拥有琥珀色的皮肤，薄薄的衣服几乎无法遮盖住她们丰满的乳房。她们不约而同地以同样方式微笑，在献上莲花时她们投射出充满渴望的眼神。她们中的一些人在跳舞，戴着皇冠的脑袋摆动自如，手臂上也带着手镯。

她们或许是一种神圣的生物——佛教和印度教传统的天国舞者阿帕莎拉，又或许是宫廷中的仕女，画在锡吉里亚岩石西墙上的迷人的女孩是一首爱的颂歌，对自然模仿的长期艺术实践衍生出她们令人震惊的现实主义形象。

根据《西希里维哈拉》（*Sihigiri Vihara*，一本古老的僧伽罗书，其中一些内容像是对锡吉里亚的"导游介绍"）的记载，一位艺术家（不幸的是匿名）在岩石上画了一个由500个女孩组成的宏伟队伍。她们是如此美丽，以至于无论谁看到了都会永远坠入爱河。

在国王卡沙帕一世统治期间，人们为这些女孩制作了陶俑，并将其作为纪念品赠予参观者。1500多年后的今天，队伍中只剩下22名女孩，但她们仍让人惊叹不已。

锡吉里亚堡是一座宏伟的君主之城，在斯里兰卡中心茂盛的热带雨林中有一处高约200米的砂岩巨石，这座城堡就在那里，看起来就像地球上的天堂。然而这座建于公元477—495年的僧伽罗王国却源起一次可怕的罪行：弑父。据最早有关僧伽罗历史的文献表明，卡沙帕一世在杀死自己的父亲达都舍那一世后建造了这座城市，他把还活着的父亲倒挂在坟墓里，然后从他同

■ 第300页（左）在这个热带平原上空约200米高的堡垒俯视航拍图。顶部的宫殿自公元477—495年曾是僧伽罗国王卡沙帕一世的官邸。

■ 第300-301页 画在城堡西面墙上的两个女孩可能是阿帕莎拉，也可能是仕女。画在左边的那个女孩递出的篮子里装着产自斯里兰卡的甜水果（类似于荔枝）。

■ 第301页（上）狮子雕塑所留下的全部遗迹只剩下两只巨大的前爪和两只威力无穷的后爪，这座雕塑是通往岩石顶端的陡峭台阶的入口。

■ 第301页（中）曼妙的姿势，优雅的形态，生动的神韵以及精致的服装和珠宝：这些特点使锡吉里亚绘制的女孩成为东方艺术的杰作。

■ 第301页（下）据历史记载，无论谁看到锡吉里亚的女孩（最初有500人），都会疯狂地爱上她们。

父异母的兄弟莫加拉纳（Mogallana）手中夺取了王位。

卡沙帕随后从当时王国的首都阿努拉德普勒逃到了锡吉里亚。他整齐地布置了花园和矮墙，在岩石基底建造了充满水的小堤坝，这些堤坝上装饰以水池、喷泉（其中一些现在在雨季仍然可以使用）和亭子，他还为卫队、宫廷要员和众多嫔妃建造了亭子。在岩石不远处他建造了一座岩石花园，这座花园过去狂野的外观（现在依旧）与下文对称风格的花园形成了鲜明的对比。在这座岩石花园的一个洞穴中，卡沙帕建造了一所会客厅，其中有一个约4.88米长的王座，多个雨水蓄水池，以及一个小剧院，锡兰岛历史上第一次音乐和诗歌表演就是在这里举行的。

凯特·比萨（Kat Bitha，镜墙）上有约1500幅涂鸦，上面写着简短的诗句和浪漫的诗歌。镜墙实际是一堵灰泥墙壁，却能像镜子一样闪闪发光，因此得名，其通向卡沙帕一世的宫殿入口处。这里的大门由砖头和木头砌成，里衬为灰泥，并在岩石上雕刻出了狮子的形状，如今只留下了狮子的四个爪子。从狮口而入，游客必须爬上几乎垂直的台阶才能到达绘有女孩游行队伍的岩石表面。今天因为更为安全的金属楼梯已经取代了曾经的古老梯道，人们只能看到过去的地基，但这一景色仍然值得人们为之攀爬。

卡沙帕一世在锡吉里亚的宫殿里生活了将近18年，而这正是莫加拉纳组建军队并向堡垒进军所需的时间。为了避免成为他同父异母的兄弟的俘虏，卡沙帕自己结束了生命，这也标志着锡吉里亚的终结。阿努拉德普勒重新成为首都，直到14世纪末苦行僧侣群体占据这个充满尘世欢愉的城市。

波隆纳鲁沃

斯里兰卡

波隆纳鲁沃地区
入选年份：1982
遴选标准：C（Ⅰ）(Ⅲ)（Ⅵ）

■ 第302-303页 佛殿坛是这座城市最有趣的纪念遗迹之一，这座圆形建筑里有一座小佛塔，其中保留着佛陀舍利。虽然木制屋顶已经消失，但三尊正在打坐的佛像（过去为四尊）仍然坐在罗盘的四个点上。

■ 第302页（下）这是加尔寺中雕像的脸部，这尊雕像高约7米。目前还不确定其为阿难陀（Ananda，佛陀最喜欢的弟子），还是开悟后第二周的佛陀本人。

伽尔婆塔（Galpota）或称"石书"，是一块棕榈叶形状的花岗岩块，其长约9.14米，宽约0.91米，重25吨。一队大象将其从名为米欣特莱（Minithale）的采石场拖了约95千米，来到锡兰岛的恢宏的首都波隆纳鲁沃。这本"书"上刻有一段关于尼桑卡玛拉一世国王生平的铭文，还有国王写给其继任者关于如何治理好国家的指示。

尼桑卡玛拉统治时期为1187—1196年，这九年见证了波隆纳鲁沃僧伽罗王国的顶峰。不幸的是他的继承人没有听从他的建议，继而这座城市如同当时创建的速度一样飞速衰落。也许这就是命运吧，当993年印度南部的朱罗王朝（Chola）登陆波隆纳鲁沃，僧伽罗国王维阇耶巴忽一世决定放弃阿努拉德普勒，前往波隆纳鲁沃。

当时，波隆纳鲁沃连个村庄都算不上。那里居住着一群僧侣，有一座寺庙和一些寓所，在寓所中有王室成员喜欢在其中隐居冥想。在宫廷搬来后的一段时间里，这一地区仍变化不大，因为继任的几任君主都忙于抵御印度外敌，而非装点这个因遗迹被奉为都城的地方。

1153年自波罗迦罗摩巴忽一世登基后，该地恢复了和平。在他统治的三十多年里，这座非凡之城蓬勃发展，名气远震南亚次大陆海岸至东南亚。这里修建了165座水库和3000条运河，以确保提供田间灌溉用水。帕勒克勒默水库（Parakrama Samadra）是该卓越工程项目的中心，其建于波隆纳鲁沃西南侧，占地约22平方千米，周围有一堵约12.19米高、12.87千米长的墙。

波隆纳鲁沃是一座环绕在三个同心圆墙内的花园之城，波罗迦罗摩巴忽建造了一座拥有一千个房间的皇家宫殿。这座宫殿本有七层楼，现仅保留下来三层，这三层是用砖头建造的，同时装饰以浅浮雕（比如旁边的会客厅和皇家浴室）。上面的四层楼是用木头做的，因此未能保留下来。这座城市的其他建筑——寺庙、修道院和舍利塔（圆顶状的圣物箱）——都具有复原锡兰

■ 第303页（上）尼桑卡·拉萨·曼达帕是一座优雅的小寺庙，尼桑卡马拉国王常常去那里听僧侣们吟诵护咒里的神圣经文。

■ 第303页（中）这尊佛像矗立在一个装饰着神话图案的平台上。加尔寺（Gal Vihara）是古城最壮观的建筑群，这尊佛像就是该寺四座大型花岗岩雕像之一。

■ 第303页（下）一对大象保护着图中坐着的雕像，他头上佩戴的是典型的东南亚尖顶帽，同时也是神圣或皇家尊严的象征。

第304-305页 两名僧侣正在参拜加尔寺中这尊长约14米的佛像。图中佛像躺在代表涅槃的位置上。他体态柔和,眼睛半闭,略微的笑意使其散发出一种崇高的平静感。

第304页(左下)背景中的奇瑞寺(Kiri Vihara)也被称为牛奶舍利塔(Milk Dagoba),因为它最初由白色灰泥砌成。佛殿坛(Vatadage)所在的建筑群为伐多达祇殿(Dalada Maluwa),这座奇瑞寺也矗立在该建筑群中一座寺庙的废墟上。

■ 第304页（右下）作为阿拉哈纳巴黎维纳（Alahana Parivena）大型修道院的一部分，奇瑞寺是一座大型佛塔，据传说它是由波罗迦罗摩巴忽一世的妻子苏巴达王后赠送给该地区的。

■ 第305页（上）哈塔达格寺庙（Hatadage）中装饰着优雅的浅浮雕和雕塑。其名字含义为"60小时内建成的寺庙"。由于古代僧伽罗人将一天分成60个部分，这个名字意味着寺庙是在一天内建成的。

■ 第305页（下）兰卡提拉卡寺的景色。这是一座庆祝波隆纳鲁沃荣耀的砖砌寺庙，其城墙高约16.75米，装饰着狮子、树木和王国的房屋，其中一些房屋楼高四层。

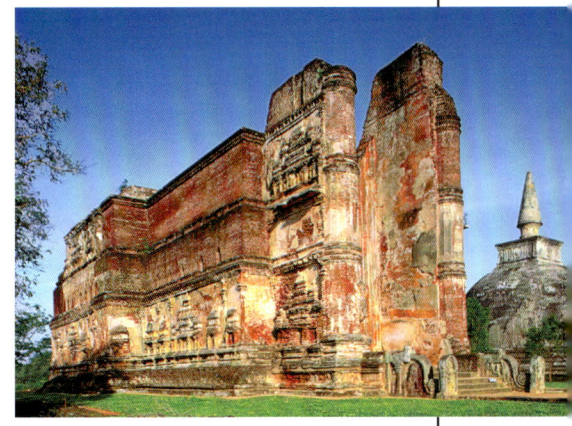

佛教的作用（侵略过程中传入的印度教破坏了锡兰佛教的发展）。最壮观的建筑是加尔寺（Gal Vihara），它由四座巨大的雕像（曾由砖块保护）组成。第一尊雕像为佛陀正坐在宝座上冥想，这一宝座上装饰有两尊狮子雕塑；第二尊雕像是身边围绕着弟子的佛陀；第三尊雕像高约6.71米，是一尊站立的佛像；第四尊雕像是躺在涅槃位置的佛陀，其长约14米，颇为壮观。兰卡提拉卡寺（Lankatilaka）中也矗立着一尊巨大的佛像，这所寺庙墙壁高约16.75米，上面装饰着庆祝波隆纳鲁沃荣耀的浮雕。

波罗迦罗摩巴忽建造的建筑以广泛点缀着雕像和浅浮雕为特点，比如寺庙入口处便有装饰着"月光石"的雕像和浮雕。他的继任者尼桑卡玛拉又建造了一座尼桑卡·拉萨·曼达帕寺庙（Nissanka Latha Mandapa），这座建筑由莲花花蕊形状的柱子支撑，僧侣们在里面吟唱护咒（Pirith）经文。最重要的是，他建造了一座佛殿坛（Vatadage），这是一座放有佛牙的巨大佛塔。

尼桑卡玛拉的继任者将这些遗迹带到了康提（Kandy），成功保护了它们免受侵害。但没有什么能阻挡印度人的新攻势。13世纪，僧伽罗王国解体，朱罗王朝占领了波隆纳鲁沃并在那里建造寺庙以纪念湿婆和毗湿奴。

大城（阿育他亚）

泰国

大城（阿育他亚）府
入选年份：1991
遴选标准：C（Ⅲ）

敌人自北而来，藏匿于素可泰府（Sukhothai）后的小山里。敌军人数众多，装备精良。国王拉玛铁菩提认为似乎任何抵抗都无济于事，所以在1350年的某天他做出一个艰难的决定，放弃建立了一百多年的都城暹罗（Siam），并号召他的军师和苦行僧提议新都城的选址。第一个人建议南下进入平原地区，因为在那里我军必能观察到远处进军的敌人。第二个人查阅了神圣的经文，建议前去有呈螺旋形流动"乃姆"（nam，泰语中"水"的前缀）的地方，因为水象征着泰国人民的根基。国王派使者根据以上条件前去侦察。使者回来后禀报了一处古老的高棉人定居点，该地位于华富里河（Mae nam Lopburi）、巴塞河（Pasak）和昭拍耶河（Chao Phraya）交汇处，水系结构复杂。拉玛铁菩提去了选定的地点，当他移走了第一铲土，土中露出了一只蜗牛——苦行者预言的螺旋形状。这便是大城的起源，其名称含义为"无人能敌"。它源于一个梵语（Sanskrit）单词——阿约提亚（Ayodhya），指的是印度史诗《罗摩衍那》（Ramayana）中罗摩神的住所。

这座新首都一直持续到1767年，成为废墟，矗立在壮丽的玛哈泰寺之间。

■ 第306页（左上）
拉布拉那寺在1967年的一场大火中烧毁，但之后的修复工作使得人们仍可欣赏到它曾经的塔楼。中央塔楼的地窖近期向公众开放，其中仍有少量壁画保留了下来。

■ 第306页（右上）
这尊覆盖着黄色的丝绸帘子的佛像矗立在佛塔脚下，这座高棉风格的砖砌佛塔现已

■ 第306页（左下）
玛哈泰寺建于1374年，这是其砖墙上排列着的一系列冥想姿势的佛像，这些佛像现在是无头的。

■ 第306页（右下）
这尊佛像摧毁于几个世纪之前，其脸上缠绕着菩提树的树根。

■ 第307页 拉布拉那寺是由大城府第七任国王包若玛拉嘉二世于15世纪建造的，用以纪念他的两位兄长。在其父拉查一世于1424年去世后，他们都死于争夺王位继承权的大象背决斗。

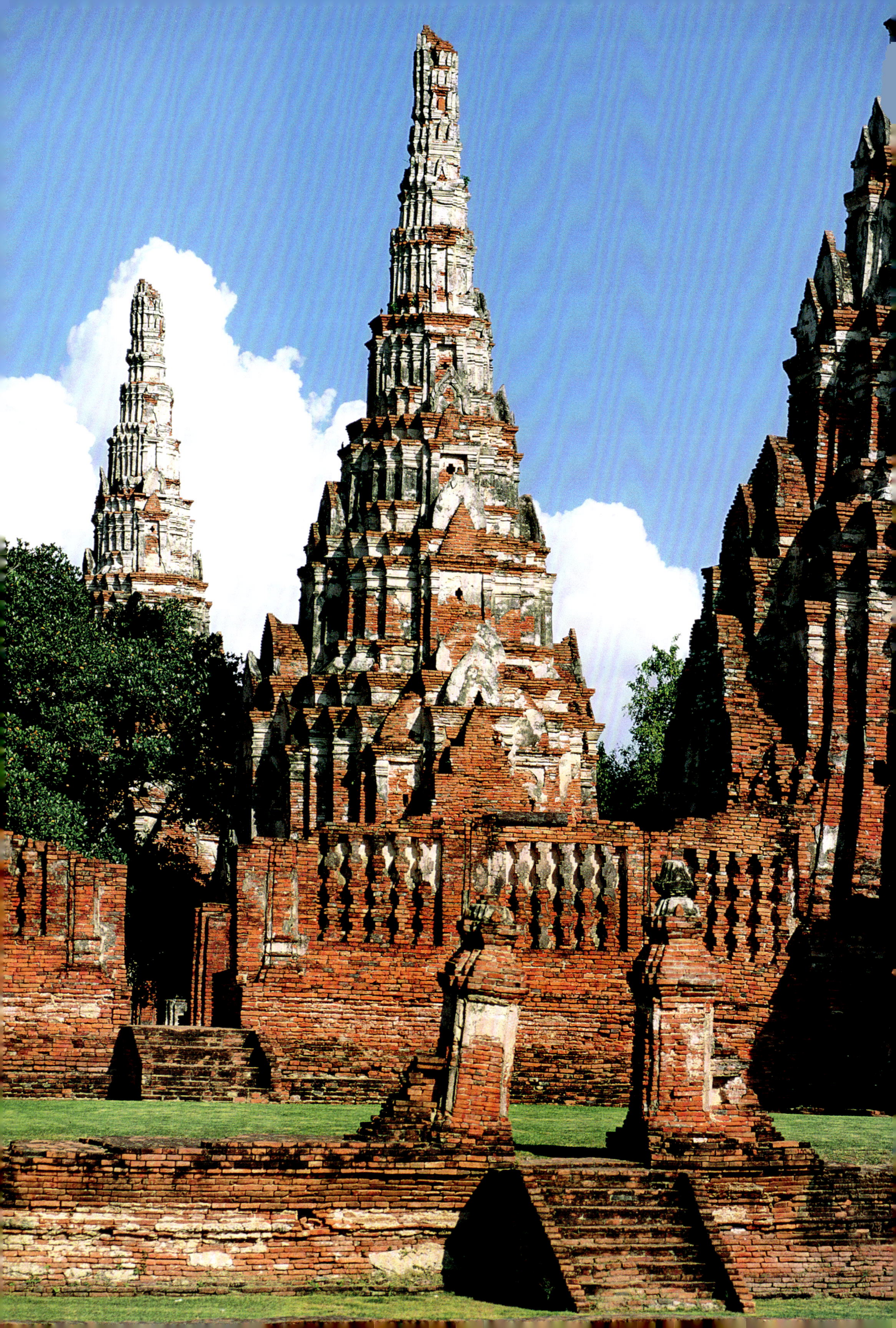

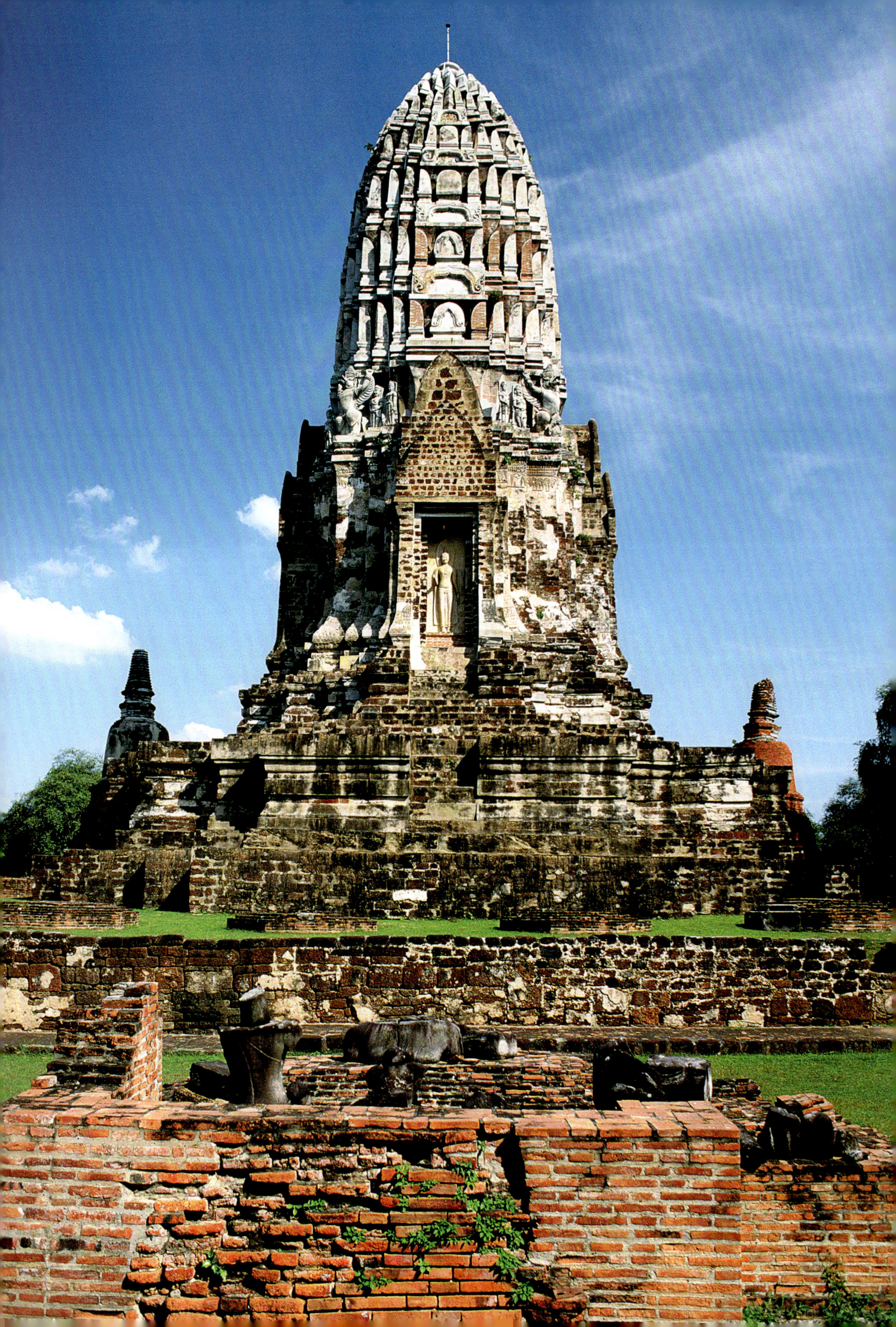

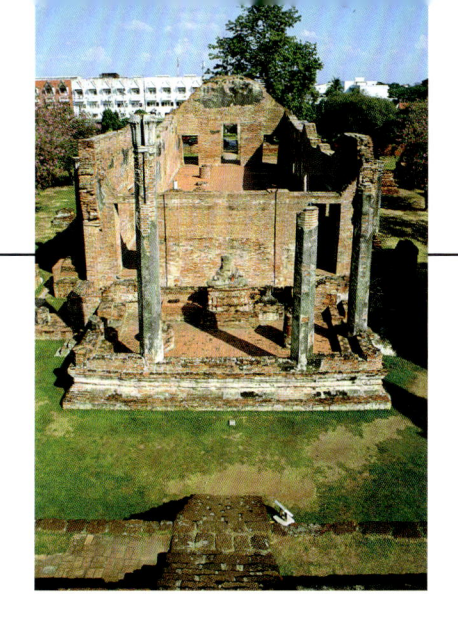

■ 第308页 两个契迪佛塔，在拉布拉那寺的中心佛塔的两侧有两个类似于佛教舍利塔的圣物匣尖塔。与佛塔地窖里同样的是，人们在尖塔内部也发现了各种价值连城的物品，如今它们构成了大城府昭萨帕拉雅国家博物馆（Chao Sam Phraya National Museum）的核心藏品。

■ 第309页（左上）位于拉布拉那寺中心塔楼前的大型长方形建筑藏经阁（Mondop）深受缅甸的影响。藏经阁是一个亭子，也是通往寺庙的入口。

■ 第309页（右上）帕兰寺（Wat Phra Ram）的立柱形态优雅，比例匀称，矗立在以契迪佛塔为标志的阶梯平台上。这座寺庙建于1369年，15世纪的修复让其保留了现在的状态，寺庙内仍残留着灰泥制的装饰。

这一年缅甸军队摧毁了这座城市。虽然在统治者眼中这里远不能与素可泰相提并论，但曾来到大城皇宫的欧洲、中国访客都对这里绝佳的珍宝赞不绝口。在"大城时期"，这座城市据说居民人数多达100万，此时恰逢暹罗王朝的巅峰时期，其领土慢慢扩展至现在的老挝、柬埔寨和缅甸。

季风时节，大城似乎漂浮在水面之上。因为石头只能用于建造宗教建筑，其他房屋和宫殿均为木制，下有支撑结构。这些寺庙建于象征着佛教神话中救赎之船的工程之上，也因此在这座神奇的城市中只有寺庙保留了下来。其中最大的寺庙名为菩斯理善佩寺（Wat Phra Si Sanpet），供皇室成员使用，里面有一尊约15.24米高的佛像，佛像上覆盖着约249.48千克的金叶，但缅甸人入侵时将其熔毁。

寺庙建筑群主要由三座契迪佛塔（chedi，座钟型圣物匣佛塔）构成，中心是一个长满莲花的长方形水池。稍有一段距离的远处是矗立着的玛哈泰寺（Wat Phra Mahato），寺中有一座高棉风格的塔楼（名为尖塔"prang"），塔楼下方的支撑物为圣鸟迦楼罗（Garuda）的雕像。砖块和灰泥粉刷的佛像围绕在塔的周围，佛像四周布满了茂密生长的枝丫。玛哈泰寺庙对面是拉布拉那寺（Wat Ratburana）的废墟，一些契迪佛塔上仍带有壁画的碎片。

雕像、契迪佛塔，修道院地基的遗迹星星点点散落在山谷中，它们中有一半埋没在植被中。幸运的是，这种天然的遮盖物也让这些宝藏几个世纪以来免受偷窃。由于联合国教科文组织认可了该遗迹的价值，泰国当局启动了一项修复计划，并安排专职人员保护遗址安全。今天大城再次成为宗教象征，僧侣们又回到了这里，佛像也覆盖上了橙色的丝绸。

■ 第309页（左下）雄伟的菩斯理善佩寺（建于1491年）中曾满是珍宝，该寺为大城府统治者宫殿建筑群的一部分。皇室成员将其用作祈祷大厅。

■ 第309页（右下）这尊覆着金叶的佛像是大城府博物馆的藏品。该遗址最著名的雕像保存在毗邻菩斯理善佩寺的帕蒙空寺碧寺（Viharn Phra Munkol Bopit），其深受泰国人民爱戴。

吴哥

柬埔寨 | 暹粒省
入选年份：1992
列入《世界濒危遗产名录》时间：1992
遴选标准：C（Ⅰ）（Ⅲ）（Ⅳ）

中国元代皇帝的使节周达观于1296年8月抵达吴哥，并在那里待了一年，他在日记（指元代周达观撰《真腊风土记》——编者注）中记录下了高棉帝国（Khmer Empire）的每一个秘密。他写道，"王国中心矗立着一座金塔……东侧有一座金桥，由两只金狮把守。这景象令人惊叹……"君主被视为半神，周围住着仆人、王后和妃子。在他的指挥下，王国等级森严，有着部长、将军和牧师。虽然高棉帝国此时已开始走向衰落，但周达观（在9世纪至14世纪东南亚文明统治时期唯一留下记录的人）笔下这里仍繁荣昌盛，其艺术的精湛程度在中世纪是无与伦比的。

欧洲人发现吴哥要归功于亨利·穆奥（Henry Mouhot），他在19世纪60年代访问了印度支那（Indochina）。"其中一座寺庙［指的是吴哥窟（Angkor Wat）］，"他说："比希腊或罗马人留下的任何建筑都要宏伟。"事实上，早在穆奥的《暹罗柬埔寨老挝安南游记》（*Voyage à Siam et dans le Cambodge*）出版10年前，传教士夏尔·艾米尔·布意孚（Charles Emile Bouillevaux）便写了相关记录，但却未得到认可。此外，早在16世纪葡萄牙游客便到达吴哥，并将其描述为一座包围在城墙中的城市。甚至在穆奥"发现"吴哥窟时，这里仍居住着约1000名僧侣。

1878年，高棉艺术作品展出于巴黎世界博览会，结果一下子吴哥便成为几个法国考古探险队的目的地。1901年，法国远东学院（Ecole Française d'extrême Orient）成立，其主要目的是研究高棉帝国的伟大遗迹。很快首批富有的欧洲游客开始来到这里，收藏家们将吴哥的石块视为珍宝，争先恐后、不择手段地想将其收入囊中。在这些寻宝者中，有一位年轻进取的法国作家安德烈·马尔罗（André Malraux）。

1924年，马尔罗乘船前往远东探险。考虑到自己囊中羞涩，当

■ 第310页（上）吴哥窟的中心宝塔代表了梅鲁山（Mount Meru）五峰中最重要的一座——陆海环绕的印度教完美之山。中心宝塔中曾有一尊挂于立柱的毗湿奴黄金雕像，这也是皇帝自封的神。

■ 第310页（中）吴哥窟的中心矩形围墙长约914.4米，宽约792.48米，两边各有一扇门，但主人口位于西侧，这一入口有长约235米的门廊，上面还装饰着雕像和雕刻作品。

■ 第310页（下）吴哥窟的三层有四个围在回廊中的院子。建造吴哥窟所需的红土和砂岩来自几千米外的采石场，人们需要将材料放于木筏并沿暹粒河顺流而下。

■ 第310-311页 吴哥窟需从外墙进入，走进一条约487.68米长的大道，道路两侧是装饰成印度神话中圣蛇那迦形态的栏杆。吴哥窟是为苏利耶跋摩二世（统治时间为1112—1152年）建造的灵堂。

第312页（上）除墙壁周围引人注目的浅浮雕外，吴哥窟还拥有大量的雕像和雕刻作品，这些雕刻作品拥有罕见的和谐比例，比如两位舞者。注意他们发型的细节，紧身的衣服，以及手臂和脖子上的珠宝。

第312页（下）以及第326-327页 吴哥窟东画廊南段的俱卢之野大战的三个细节。印度教史诗《摩诃婆罗多》中描述了这场战斗。俱卢族和般度族的军队分别从北部和南部抵达，在这幅画立柱的中央展开激烈交锋；战斗人员进攻、扭打、紧贴在一起，形成了一幅非常美丽的图景。

他到达吴哥时便从班迭斯雷神庙（Banteay Srei，又名女王宫）中偷走了几个雕像块，想将其卖到巴黎。然而计划落空了：他因被指控走私文物入狱，他的妻子赶回法国寻找有权势的朋友，通过外交协调才得以获救。基于这一经历马尔罗创作了一部自传体小说《王家大道》（The Royal Way，1930），取得了文坛上的首次成功。

从历史角度高棉人从802年开始定居于此，当时国王阇耶跋摩二世建都于荔枝山（Phnom Kulen），该地位于吴哥东北方向约29千米。公元9世纪末，高棉人开始在罗洛士建筑群（Roluos group）中建造大型长期使用的寺庙匹寇寺（Preah Ko），寺庙中有6座装饰以砂岩石雕和灰泥浮雕的石厅、供奉湿婆的巴孔寺（Bakong，包括一座方形金字塔，以及其旁的八座塔楼和一座次殿），以及建在大型水库中央小岛上的罗莱寺（Lolei）。

吴哥的建筑确实别具特色，而高棉首都规模庞大、错综复杂的水利系统也非常值得一提。这个占地约380平方千米遗址的中心有两个大型水库。它们名为巴赖（baray），位于吴哥城堡城墙的两侧。两个水库长约8千米，宽约2.41千米，附近洞里萨湖（Tonle Sap Lake）的洪水为其供水，据信其水用于灌溉城市所在的肥沃的冲积平原。

吴哥的中心景点是吴哥窟（也称小吴哥），这座宏伟的寺庙由国王苏利耶跋摩二世建造，其统治时间为1112—1152年。吴哥窟是一座由砂岩和红土（高棉人使用的两种石头）组成的三层楼高的巨大寺庙，第二层四角、第三层中心和四角处有尖顶宝塔。在吴哥窟周围还有一条呈矩形分布的巨型壕沟，宽约190米，东西长约1463米，南北长约1280米。从寺庙周围装饰着约823米的奇妙的浅浮雕可以看出，这是一座典型的印度教寺庙。漫步在走廊里，展现的一幕幕图景是俱卢族（Kaurava）和般度族（Pandava）间的俱卢之野大战（Battle of Kurukshetra），取材于印度教史诗《摩诃婆罗多》和《罗摩衍那》。一面墙上纪念着苏利耶跋摩二世的事

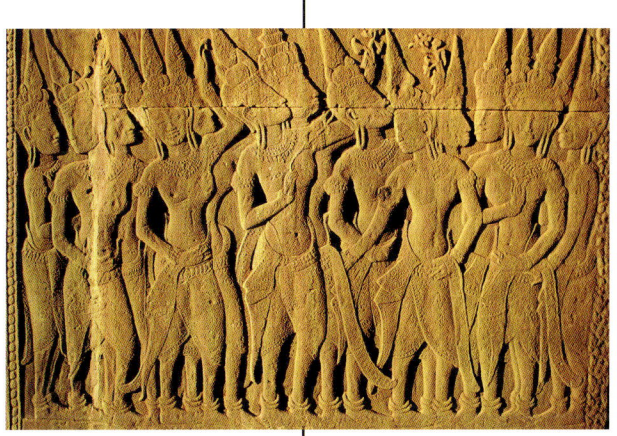

第313页（下）吴哥窟中也有日常生活的场景，尤其体现在门廊的角落中。另一方面，画廊里的大型展板专门展示战争场景，比如苏利耶跋摩二世军队和占族之战，还有代表印度教传统的神话场景。

■ 第314页（上）在巴戎寺的54座宝塔中，每座宝塔中都有观音菩萨神秘的笑脸，它们位于罗盘的基点上。这也代表了统治者正在思考如何治理王国，管理臣民。

■ 第314页（中）大吴哥的城墙长约12千米，高约8米，是阇耶跋摩七世在占族洗劫高棉首都后建造的。五个大门高约20米，两侧装饰着雕刻在石头上的象鼻。

迹，其中有一头大象庄重地横穿军队队伍，另一面墙则隐喻着印度教的地狱和天堂。最后还有一段记录了"波涛汹涌的牛奶海"，其中88个魔鬼（阿修罗）和92个神（提婆）为提取长生不老药，把大海变成了黄油。

阇耶跋摩七世的统治成就了高棉建筑的辉煌，其统治时间为1181—1201年。他建造了大吴哥（Angkor Thom，也称城堡）和高约8米，长约12千米的防御墙。城墙内有许多非凡的建筑，比如巴戎寺（Bayon temple）。这所寺庙中佛教取代了印度教，观世音菩萨被安放在144个巨大的君主面部石雕上，它们凝视着四面八方，而这尊菩萨雕塑本不应如此放置。巴戎寺的墙壁上雕刻着精美的浅浮雕，讲述着吴哥城中的日常生活，以及阇耶跋摩与高棉宿敌占族（Cham）进行的战争。

大吴哥中有许多壮丽的寺庙，如巴方寺（Baphuon）、圣琵丽寺（Preah Palilay）、提琶南寺（Tep Pranam），以及最重要的癞王台（Terrace of the Leprous King）。这一平台高约7米，上面按顺序装饰着五个精美雕塑，据传为高棉君主的火葬场。另一个令人瞩目的建筑是群象台（Terrace of the Elephants），其名称来源于墙上的厚皮动物装饰，这里为检阅军队的长廊。

在吴哥的100多座寺庙中，其他值得一提有：塔布隆寺（Ta Prohm），巨大的木棉树根压毁了它的墙壁；龙蟠水池（Preah Neak Pean），这座与众不同的小寺庙位于巨大水池的中央小岛上；以及班迭斯雷（Banteay Srei），该神庙也称女王宫，因其技

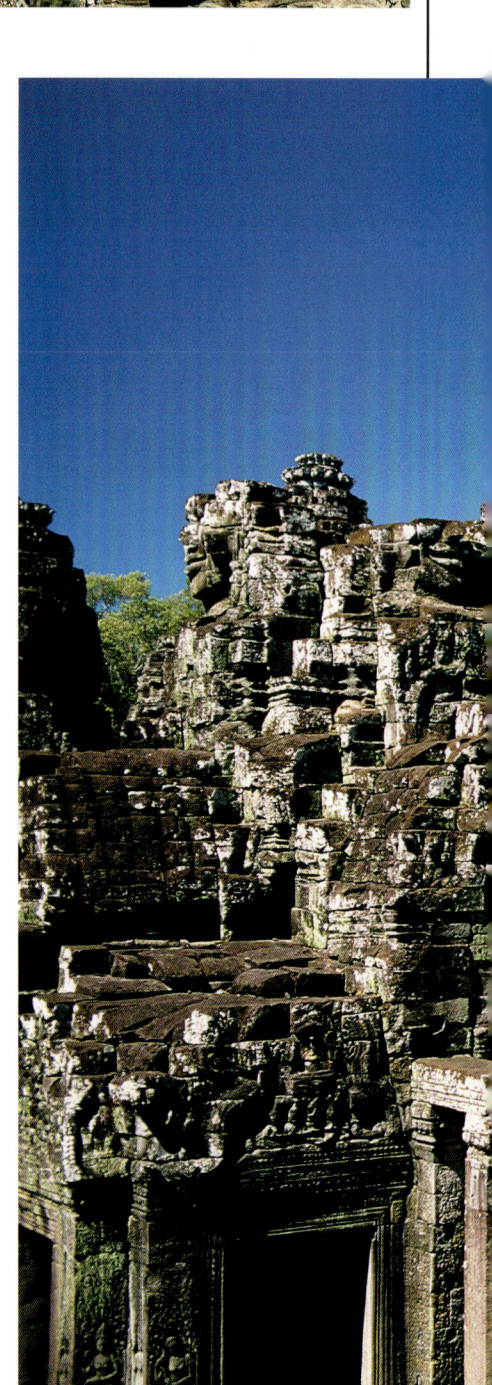

■ 第314页（下）群象台上的拥有三个脑袋的厚皮动物将它们的躯干伸展到地面，进而起到了柱子的支撑作用。

■ 第314-315页 阇耶跋摩七世于1181—1218年建造了巴戎寺，他也建立了其他许多吴哥令人印象深刻的壮丽遗迹。巴戎寺是第一座标志着印度教向佛教转变的寺庙，同时也是吴哥仅存的几座位于山上的寺庙之一。

■ 第315页（上）巴戎寺和吴哥窟一样，在其约1219米的围墙上都装饰以精美的浅浮雕，其中有11000多个人物。在这里我们看到了行进中的占军。

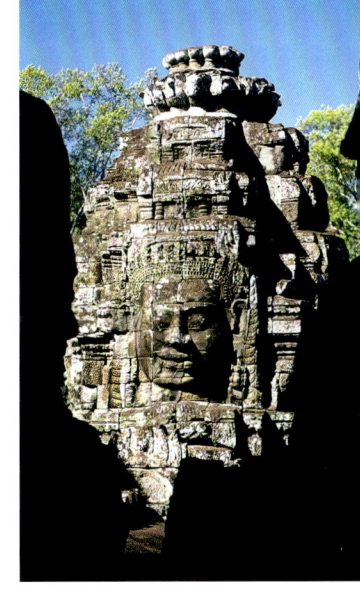

■ 第315页（下）研究吴哥的考古学家20世纪20年代以前一直认为巴戎寺是一座供奉湿婆的印度教寺庙。直到1928年法国居美东方博物馆（Musée Guimet）馆长菲利普·斯特恩（Philippe Stern）和碑铭研究家乔治·赛代斯（Georges Coedes）才揭示了它的佛教本质。

艺精湛的雕塑雕刻而被视为高棉古典艺术的明珠，或许它就是因此吸引了像马尔罗等审美家的注意。

然而这座伟大遗迹的保护情况自20世纪20年代以来一直没有好转。1992年，联合国教科文组织将吴哥列为世界遗产，同时将高棉首府列为濒危遗产地之一。柬埔寨和越南之间的战争刚爆发后，联合国就对柬埔寨进行了干预，但武装土匪在该地区仍然活跃。

在政局稳定的今天，艺术品偷窃是最令人担忧的问题。由于该遗址面积广阔，无法守卫，价值连城的雕塑和碎片常遭偷窃。柬埔寨人民生活窘迫，无力保护艺术珍宝。尽管人们在该地改放复制品，而将7000多尊真迹保存于远离公众的地方，但每年仍有东南亚最伟大文明艺术作品流向西方。

▌第316页（左）高棉传统艺术的明珠班迭斯雷（Banteay Srei，也名"粉色神庙"或"女王宫"）位于吴哥窟东北约19.31千米处。

▌第316-317页 尽管班迭斯雷已有1000多年的历史，但它在高棉寺庙群中保存最完好。在这幅无与伦比的美丽浮雕中，我们可以看到天空之神和雨水分配者因陀罗，他正骑在其三头象坐骑伊拉旺（Erawan）身上。

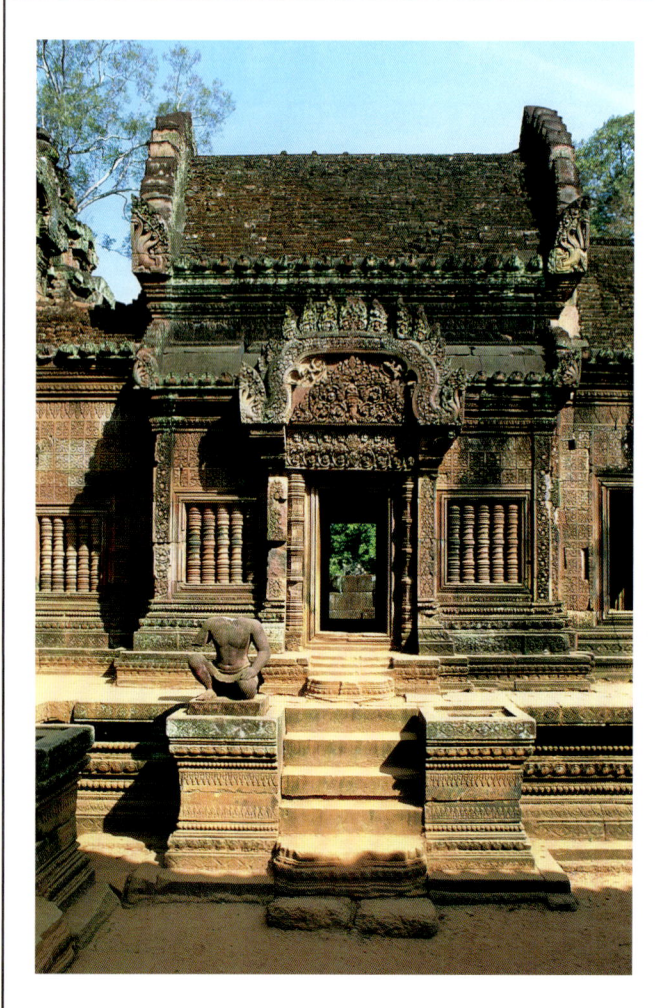

■ 第317页（上）班迭斯雷是于10世纪末专为湿婆而建的寺庙，其建筑特色是东西两侧都有入口的正方形布局。直到几年前该地才开放，因为战争期间该地区布满了地雷，战争结束前这里几乎不可能进入。

■ 第317页（中）与建筑群的其他部分不同，这三座中心圣殿塔里装饰着男神和女神，其雕刻或追溯到13世纪末，有很高的艺术价值。

■ 第317页（下）20岁的安德烈·马尔罗正是在法国居美东方博物馆读到了亨利·帕芒提耶（Henri Parmentier）对德瓦塔（Devata）的描述，这些神雕刻在班迭斯雷的角落里，启发马尔罗踏上了前往柬埔寨的悲惨旅程。

317

圣子修道院

越南 | 广南省维川县
入选年份：1999
遴选标准：C（Ⅱ）（Ⅲ）

圣子修道院是越南最重要的考古遗址，其与面积、人口、工业第三大现代化城市岘港（Da Nang）开车只有不到两个小时路程。一路上，两个小时似乎被无尽拉长，变成了一次穿越时间的旅行。开始时柏油路状况良好，两旁排列着房屋和工厂，但之后逐渐变窄、变简陋。交通变得愈发通畅，稻田和丘陵两旁都是咖啡种植园，使得风景中多了不少绿色。我们最终来到了一个寺庙林立的山谷，这里受到"猫牙山"（Hon Quap）保佑。

今天，圣子修道院四周一片寂静，从4世纪末到13世纪中叶，这里英才荟萃，是占族王朝的宗教之都。它的寺庙可能没有吴哥（柬埔寨）、蒲甘（Pagan，缅甸）或婆罗浮屠（印度尼西亚）的寺庙那么宏伟或精致，但这里重要的建筑证明了东南亚统治时间最久王国的存在。

占族分为两个部族——纳里克尔·瓦姆萨（Narikel Vamsa）和克拉穆克·瓦姆萨（Kramuk Vamsa），分别统治中部和南部。占族出现于大约公元200年并一直统治到1692年，后来顺化军阀将其推翻。他们从一开始便独立于中国文化之外，但与柬埔寨的高棉人和爪哇统治者保持着密切的联系。爪哇人吸取了一些印度习俗和信仰，在这个岛上占族人将其借用并加以改变，他们采用种姓制度管理国家，使用梵文字母，信奉印度教，并通过宣称与湿婆有共同血统使权力合法化。圣子修道院便为湿婆而建，是王国的政治和行政中心岛浦[Shimapura，今名为茶峤（Tra Kieu）]的精神代表。

圣子修道院分为十个宗教建筑群，由最先展开研究的法国考古学家用字母对其标注。这里每座建筑都是像船一样的方形或长方形的塔楼（象征着湿婆圣山）。每组建筑包括一个入口、一个主庙[称为圣塔（Kalan），其中有一个象征湿婆阳具的方尖碑]，一个朝圣者居住的建筑，一个安放仪式物品和圣文的储藏室，以及一系列供奉印度教万神殿其他小神的寺庙，这些寺庙均面

■ 第318页（右上）这是A组建筑群里浅浮雕上刻画的一处细节——一个正在祈祷的人。这一建筑群的装饰最为精致，但在越南战争期间遭到美军轰炸受到了严重破坏。

■ 第318-319页 C组建筑群的景观，其建于8世纪。湿婆的雕像被供奉在C1主庙圣塔，圣塔外部装饰以浅浮雕。

■ 第319页（上）圣子修道院是用砖块和砂岩砌成的，结构与柬埔寨吴哥的寺庙相似。

■ 第318页（左）圣子修道院中精美的雕塑已所剩无几。然而，D1内正在建造安置幸存建筑的博物馆。

向罗盘基点。这些建筑装饰以雕像（现存于岘港博物馆中）和与神灵崇拜相关的半浮雕（刻画有神灵、天国乐师、植物和动物）。

虽然寺庙的建筑和肖像显然都直接借鉴于印度、爪哇和高棉的著名古迹，但占族人却实现了技术创新。6世纪初的一场大火摧毁了木制寺庙，他们便用从当地植物中提取的树脂将砖块和砂岩黏合起来，对寺庙进行重建。据说他们在建造每座古迹时，均在上面覆盖了一层特殊的黏合剂，然后在进入装饰阶段之前对其进行了"烤制"。

在占族的鼎盛时期，圣子修道院有68座寺庙，但由于敌军袭击和频繁的洪水，到了20世纪只有25座完好无损。在越南战争期间，美国B52轰炸机投下的炸弹又摧毁了五座，其中一些寺庙是在遗迹最重要的建筑群A中。2003年，越南政府启动了一项工程，用以研究、修复和改善周边土地的排水系统。

普兰巴南寺庙群

印度尼西亚

中爪哇省雍亚卡他市
入选年份：1991
遴选标准：C（I）（IV）

作为印度教万神殿众多神灵的一员，杜尔迦是一位面目狰狞，手臂众多的女神。由于这位女神的暴躁和复仇之意，在印度恐惧之人会来此祭拜。然而在爪哇，人们对其的崇拜与更宁静的特征联系在一起，在该岛伊斯兰教取代印度教许多世纪后的今天，女神的雕像（普兰巴南寺庙建筑群中最繁复的作品）前供奉着妇女们摆放的鲜花，因为杜尔迦在心灵上保佑了人们。

这座雕像的特殊的意义与一个传说有关，是关于一位公主伪装成可怕女神的故事。这位公主名叫罗罗·琼格朗（Loro Jonggrang），为免于嫁给一位她不爱的国王，她宣称若国王在一夜之间能成功建造出一座拥有1000尊雕像的寺庙，她才会嫁给他。据说国王请求神灵相助，公主看到这项工作快要完成时试图点亮火堆假装那是黎明的微光。但国王看穿了这个把戏，他便把公主变成了一尊雕像作为报复，而讽刺的是这恰恰就是普兰巴南的第1000件作品。

如今这尊雕像代表的是公主还是杜尔迦似乎已不重要了。9世纪桑贾亚王朝（Sanjaya Dynasty）的国王拉开·皮卡丹聘请了一位雕塑家来重塑这些雕塑，他的技艺使这个人物的面貌变得柔和起来。人们认为国王皮卡丹建造了普兰巴南的建筑群。事实是在默拉皮（Merapi）火山喷发后，该地被火山灰覆盖，这一雄伟的寺庙建筑群也在人们的记忆中消失了，但这个传说保留了下来。1733年，正是这一妇女们口口相传的传说帮助荷兰探险家找到了这些古迹。

该地被发现一个多世纪后，英国人清理了这些看似覆盖在石头堆上的火山灰，然后开始了重建工作。如今在一堵约0.91米高的砖墙内，人们只修复了建筑群的核心结构，其组成部分共有8座圣殿，其中有三座主殿、三座次殿。有四座圣殿位于城墙两边的中心，形成城门；另外四座位于角落。然而据推测，普兰巴南寺庙群起初还有另外的224个寺庙，它们位于砖墙外部。

■ 第 320 页（右上）这个湿婆的高浮雕（可从右侧其象征三叉戟看出）装饰在供奉公牛南迪的小庙宇里。

■ 第 320 页（中）葛内舍（代表知识和好运的象神）装饰在湿婆摩诃提婆圣殿（Candi Shiva Mahadeva）西室里。

■ 第 320 页（下）湿婆摩诃提婆圣殿是建筑群中最重要的寺庙，也是印尼印度教艺术最卓越的范例。

■ 第 320-321 页 人们花费了 35 年的时间来修复普兰巴南的主要寺庙。该建筑群据估计至少有 224 座神圣建筑，但于 16 世纪被毁。

■ 第 321 页（上）该段装饰着动物形象的楼梯通向围绕着湿婆摩诃提婆神庙的走廊。楼梯对面矗立着湿婆山上的南迪庙。

虽然现在我们只能看到普兰巴南寺庙群的一部分，但其仍极其宏伟。湿婆殿（爪哇人尤其崇拜的对象）处于砖墙内部空间的中心，高约47.24米。殿内四个房间里分别放有湿婆的雕像，他化身为破坏者、投山仙人（Agastya，其众多化身之一）、杜尔迦和葛内舍（Ganesh）。圣殿的两边分别有两座较小的双子庙，供奉着梵天（造物主）和毗湿奴（保护者）的雕像。在双子庙对面是三个次殿，里面的雕塑有：湿婆的牛坐骑，代表着梵天的天鹅，代表着毗湿奴的凤凰迦楼罗（现也为印度尼西亚的象征）。所有的寺庙的浅浮雕上都装饰以《罗摩衍那》中的场景。

婆罗浮屠（Borobudur）是一座宏伟的佛教寺庙，普兰巴南仅相距其几千米远，与它有着或多或少的相似的历史和命运。专家们一致认为，它们相近的地理位置表明了一种密切的联系，这可能是信仰印度教的桑贾亚王朝和信仰佛教的沙兰德拉王朝（Sailendra）相互联姻的结果。这一权宜之计成功地实现了爪哇岛的和平分裂，并使得印度的两大宗教能够共存，尽管时间颇为短暂。

■ 第322页（上）一些浅浮雕装饰着人物，他们极具印度传统的宗教和肖像特点，比如这些正跳着优雅的巴厘卡恰舞（Kecak）的女性人物。

■ 第322页（中）在供奉湿婆的寺庙里，浮雕中的两位恋人正在深情拥抱。桑贾亚王朝的统治者拉开·皮卡丹于9世纪建造了普兰巴南寺庙群。

■ 第322页（左下）就像旁边供奉梵天的画版一样，湿婆摩诃提婆神庙走廊中的这些画版也以史诗《罗摩衍那》中的情节为特色，讲述了毗湿奴化身为罗摩王子的冒险经历。

■ 第322页（右下）普兰巴南与婆罗浮屠的浮雕有惊人的相似之处，其证明了印度策桑贾亚王朝和佛教沙兰德拉王朝之间的关系，两个王朝分别建造了这两座宗教场所。

■ 第322-323页 这是湿婆众多形象中的一个，圣殿供奉的湿婆在脸部、珠宝和发型的刻画上都特别精致详细。

■ 第 324 页（上）从上俯瞰可以很明显地看出，婆罗浮屠是为模仿曼陀罗而设计的，佛教徒、印度教徒和耆那教徒认为曼陀罗是一种"神圣的设计"，是怛特罗通向世净的路线图。

■ 第 324-325 页 图中的壮丽景色展示了寺庙的宏伟壮观，沙兰德拉王朝统治者萨马尔贡塔于 8 世纪建造了这所寺庙，这位君主统治爪哇的时期为 6—10 世纪。

雅加达 ● 婆罗浮屠

婆罗浮屠寺庙群

印度尼西亚

中爪哇省雍亚卡他市
入选年份：1991
遴选标准：C (I)(II)(IV)

托马斯·斯坦福德·莱佛士爵士（Sir Thomas Stamford Raffles）是一位多才多艺、魅力无穷的英国殖民地官员，他的名字一直与东南亚的自然和历史紧密相连。为了纪念他，人们将世界上最大的花命名为莱佛士花（Rafflesia），因为这是他在探索马来西亚森林时发现的。他还发现了世界上最吸引人、最神秘的佛教古迹之一。

爪哇人一直在讲述关于婆罗浮屠神庙［是"不可言喻的立德之山"（Bhumisan Brabadura）的简写］的神话故事。但当莱佛士爵士得知这片山谷为绝妙古迹的所在地，并于1814年到达此处时，他只发现了散落在森林周围、半掩在火山灰中的石块。200人齐心协力花了6个星期的时间清理废墟和植被，最终他们发现了黑色花岗岩块，其中许多上面装饰着复杂的浅浮雕和雕塑。人们对其进行编号和分类，最后只需按照正确的顺序将其重新组装起来。自莱佛士开始，该项工作在150多年后顺利完成，这要感谢联合国教科文组织的支持和帮助。

今天，婆罗浮屠神庙雄伟地矗立在山谷中，显现出它古老的辉煌。据说这座神庙是在公元8世纪由沙兰德拉王朝统治者萨马尔贡塔建造的，其于公元6世纪至10世纪统治着爪哇岛。沙兰德拉是印度昌德拉王朝（因在卡杰拉霍建造寺庙而闻名）的一个分支，他们在皈依佛教后离开了次大陆。因此关于这座寺庙人们所知的建筑技术和肖像都是"印度人"的。目前尚不确定该寺庙的建造原因，建筑内大量的象征内容和晦涩信息的含义也尚未可知。

婆罗浮屠佛塔是一座莲花状的圆锥体建筑，莲花是佛陀的圣花。这座寺庙下面六层为方形，上面三层为圆形，楼层之上冠以一座中央舍利塔。寺庙所在的平台上装饰着160块浅浮雕板，展示了欲望支配的人间场景；连续的五个故事刻在了1300块浮雕版上，讲述了佛陀和43位菩萨的生活，其中一些情节来自《佛本生经》。上面的环形平台没有浮雕，但装饰着带有方形或菱形开口的小佛塔，里面镶嵌着92尊金刚萨埵（Vajrasattva）或五方佛（Dhyani）。每尊雕像都有一个手印姿势，表示五个方向的其中之一：东面，手印代表召唤天下见证佛陀开悟；南面，表示祝福；西面，表示冥想；北面，表示从一切恐惧中解脱；最后是中心，手印代表了对真理的教导。高高耸立的佛塔象征着佛陀、开悟和无限。

第325页 婆罗浮屠的上层平台矗立着许多佛像（上图）；到达平台前最后一组浅浮雕（下图）讲述了佛陀最后阶段开悟之路中的故事。

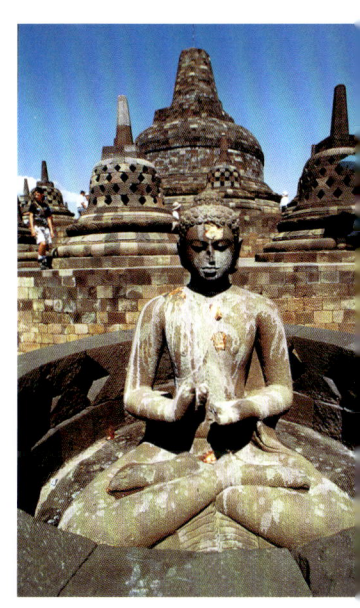

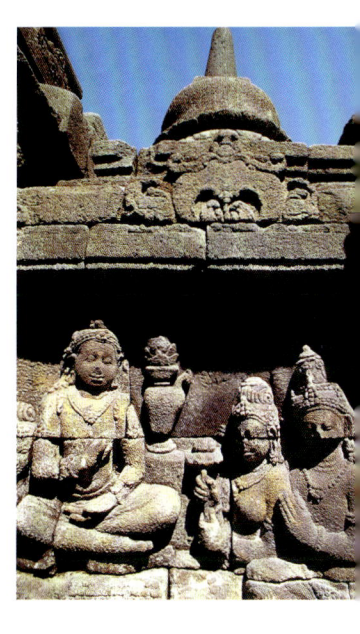

我们可以从婆罗浮屠的总体布局中很明显地看到，它是按照曼陀罗或"神圣模式"建造的，佛教、印度教和耆那教（印度的三个主要信仰）认为这种"神圣模式"是通往怛特罗密宗世净之路的地图。因此除了宏伟的古迹和精致的浮雕外，这座寺庙还是一部哲学作品，沙兰德拉王朝的统治者希望通过它来告诫自己，只有通过正当行为人类才能渴望永生。

■ 第326页（下）这一细节描绘了《佛本生经》(T Jataka)中的一个片段，《佛本生经》是一篇神圣的经文，讲述了佛陀开悟前的生活。朝圣者沿着顺时针方向朝婆罗浮屠山顶行进，大约要走4.83千米。在朝圣者对浮雕的瞻仰研究过程中，他们也逐渐得到了净化。

■ 第 326 页（上）人们总是将婆罗浮屠佛像刻画成有别于普通人的样子，这些特征包括：头上的螺髻（Ushinisha），半闭的眼睛，浅浅的微笑，廊长的耳垂，顺时螺旋状的卷发。

■ 第 326-327 页 图中所示的非凡浮雕中，我们可以看到植被间优雅的女性形象，它们提供了关于 8 世纪爪哇建筑、日常生活、兵法、道德观、服装、舞蹈和商业的基本信息。

■ 第 327 页（上）该婆罗浮屠的中间露台的浅浮雕描绘了鼓手们正跟随婚礼队伍行进。它展示了人类世界中，我们的感官仍受到善与恶斗争的支配。

■ 第 327 页（下）就像古迹中的其他浅浮雕一样（总占地面积约 8231 平方米），这组刻有乐师的浮雕板最初是用鲜艳的颜色绘制的。

美洲遗产地列表

美国 – 梅萨维德印第安遗址 –330 页
墨西哥 – 圣城特奥蒂瓦坎 –332 页
墨西哥 – 阿尔班山考古遗址 –336 页
墨西哥 – 帕伦克古城和国家公园 –340 页
墨西哥 – 乌斯马尔古镇 –344 页
墨西哥 – 奇琴伊察古城 –348 页
危地马拉共和国 – 蒂卡尔国家公园 354 页
危地马拉共和国 – 基里瓜考古公园 –358 页
洪都拉斯 – 科潘玛雅遗址 –360 页
秘鲁 – 查文·德万塔尔考古遗址 –364 页

秘鲁 – 昌昌城考古地区 –366 页
秘鲁 – 马丘比丘古神庙 –370 页
秘鲁 – 库斯科古城 –374 页
秘鲁 – 纳斯卡的线条图和地理符号，朱马纳草原的潘帕斯 –376 页
玻利维亚 – 蒂亚瓦纳科文化的精神和政治中心 – 378 页
巴西 – 卡皮瓦拉山国家公园 –380 页
智利 – 拉帕努伊（复活节岛）国家公园 –382 页
阿根廷 – 平图拉斯河谷的洛斯马诺斯岩画 –384 页

美洲

根据格陵兰人的传说，早在 1001 年，利夫·埃里克松（Leif Erikson）——名扬四海的红发埃里克（Erik the Red）的儿子——和他的同伴们踏上了一片福地。在这里，溪流中满是鲑鱼，森林广袤无垠。但直到 1960 年人们才在位于纽芬兰岛的兰塞奥兹牧草地（L'Anse aux Meadows，北大半岛顶端的一处村庄）发现维京人曾在此定居的证据。（像利夫·埃里克松）这些先驱者们并未成功殖民新大陆。因此，对于欧洲人来说，发现美洲新大陆的时间仍为 1492 年 10 月 12 日，当时克里斯托弗·哥伦布（Christopher Columbus）率领的船队到达了圣萨尔瓦多河岸（San Salvador）。

实际上，至少在 3 万年前，智人就穿过长约 1448 千米、横跨在西伯利亚和阿拉斯加间的白令海峡的陆地桥到达了美洲。根据目前最为可信的论断，智人来到美洲后，美洲又迎来两次移民浪潮，由此建立起高度多样化的民族。但近期，在可追溯至 5 万年前的巴西卡皮瓦拉山遗址（Serra da Capivara）的发现却彻底改变了有关美洲人口时间线的论断。

公元纪年初期和 15 世纪哥伦布前文明在墨西哥和秘鲁地区蓬勃发展，除卡皮瓦拉山（Serra da Capivara）和阿根廷近期发现的洛斯马诺斯岩画（Cueva de las Manos）外，在联合国教科文组织的大力支持下，美洲大陆保留了大部分哥伦布前文明的考古遗址。阿兹特克人（Aztec）、玛雅人（Maya）和印加人（Inca）都留下了生活的痕迹。这些遗迹展现了一个复杂且组织良好社会的进化过程，这一进程中他们发展出了宗教信仰体系，产出了高质量的艺术作品，甚至在天文学研究中取得了卓越的成果。这些民族建造的宏伟城市有：玛雅人建造的蒂卡尔（Tikal）、奇琴伊察（Chichén-Itzá）和帕伦克（Palenque），阿兹特克人的圣城特奥蒂瓦坎（Teotihuacan），以及印加人建造的袖珍但美丽的仪式中心马丘比丘古神庙（Machu Picchu）。此外，拉丁美洲还以其神秘遗产著称，比如极为古老的文明蒂亚瓦纳科（Tiwanaku），查文·德万塔尔（Chavín de Huántar）文化以及美洲人民创造的名为纳斯卡线条图的巨大图像。

曾经的北美居民留下的遗迹所剩无几。几乎所有北美部落中的印第安人都是半游牧民族，他们每日与自然接触，用易腐烂的材料搭建临时住所。少数人的口耳相传让北美部落的知识与文化流传至今，并在欧洲人到来后幸免于难，只有两处建于 9—12 世纪的遗产地保留下了相关历史依据：梅萨维德印第安遗址（Mesa Verde）和查科文化国家历史公园（Chaco Culture National Historic Park）。

梅萨维德印第安遗址

美国 | 科罗拉多
入选年份：1978
遴选标准：C（Ⅲ）

约翰·斯特朗·纽伯瑞教授（J. S. Newberry）是第一个提到梅萨维德（Mesa Verde）的人。那是1859年，地质学家根据纽伯瑞的美国远征报告绘制出草图。纽伯瑞在这份报告中描述了一座科罗拉多州东南部的巨大高原，其高度达约2590米。他描述的这个地方便是梅萨维德，在西班牙语中其含义为"绿色桌面"（Green Table）。

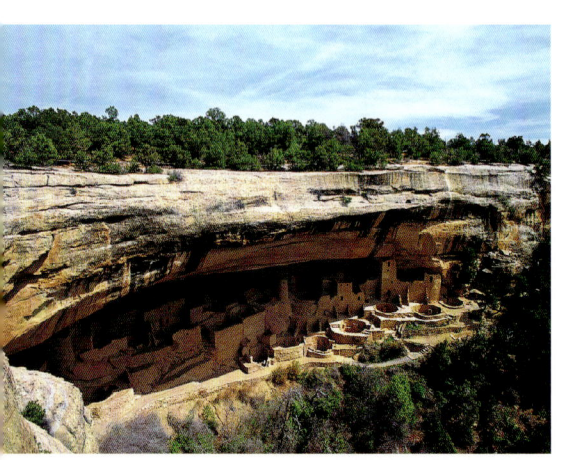

美国地质调查局的摄影师W. H. 杰克逊（W. H. Jackson）花了15年时间才发现，在这一自然奇观的岩壁下竟隐藏着一处岩石房舍。采矿行业对科罗拉多州的该区域颇有兴趣，几名勘探工程师跟随杰克逊进入了曼科斯峡谷（Mancos Canyon），在那里杰克逊向他们展示了一处名副其实的悬崖住宅，它自此命名为两层崖居（Two-Story Cliff House），人们从此对该地区充满了兴趣。一年后，政府派出的另一位探险家发现了十六窗民居（Sixteen Windows House），之后不久又发现了阳台屋（Balcony House）。

1888年12月18日，理查德·韦瑟里尔（Richard Wetherill）和妹夫查尔斯·梅森（Charles Mason）在寻找与牛群走散的牛时，到达了今天名为太阳点（Sun Point）的地方，在那里他们发现了一些房舍，其中一处就是"悬崖宫殿"（Cliff Palace）。悬崖宫殿是哥伦布开辟新航路前建筑的杰作，由悬崖背风处的原始砂岩砖和泥土建造，是该地200多处住宅之一。其他还包括23座宗教建筑［称为基瓦（kiva）］、卧室和放置收获庄稼的储藏室。据1959年至1972年发掘该遗址的梅萨维德考古项目的专家称，悬崖宫殿建于12世纪末，可容纳200人至250人。

原住民阿纳萨齐人［系纳瓦霍（Navajo）语，意为"古人"］于公元6世纪定居于此，他们有些住在垂直陡峭的峡谷中，有些住在岩壁旁高原中低矮的屋舍里。他们在梅萨维德（1906年成为国家公园）的平顶上种植玉米和豆类，并猎杀野生火鸡。社区里有几千名居民，由于他

■ 第330页（上）这只赤陶花瓶的特点为拥有优雅的几何图案，其制作者为新墨西哥州阿科马普耶布罗的原住民。他们是众多认为阿纳萨齐人是其祖先的部落之一。

■ 第330页（中）悬崖宫殿顶部俯视图，该处为梅萨维德建筑中最宏大、最令人惊叹的建筑。居住在该地区的人是阿纳萨齐人，从那里至少有23个居住在科罗拉多州、亚利桑那州和新墨西哥州的原住民部落。

■ 第330页（下）照片中的是云杉树屋，其名称来自曾藜立在屋前高大的道格拉斯冷杉。该屋舍建于1200—1276年，有140个房间和9个基瓦（或称宗教仪式建筑）。

■ 第330-331页 位于纳瓦霍峡谷（Navajo Canyon）东端的方塔之屋（Square Tower House）可容纳80人。这处房舍的核心是由土坯制成的三层塔楼，其完好无损地保存到了今天。

人很难进入其领土，这些居民因而免受入侵者威胁，受到了很好的保护。直到11世纪，他们才开始建造不止一层的石头建筑，起名为普耶布罗（pueblos），这个术语也可用来形容住在该房屋中的人，以区别于生活在帐篷里的原住民。

一百多年后不知为何，这里的居民放弃了梅萨维德，在格兰德（Rio Grande）以南地区建造了新的普耶布罗村落。

人们在梅萨维德已发现约3900处具有考古价值的遗址，其中600多处住所位于悬垂岩石之下。除了上述房屋外，最宏伟的是长屋（Long House，第二大）和云杉之屋（Spruce Tree House，第三大），云杉之屋的发现者于1888年将其命名，第一批探险家中的一位砍伐了该遗址前的一棵大型道格拉斯冷杉（Douglas fir，杉树的一种），其名称便来源于此。阶梯屋（Step House）也值得关注，因为人们发现了该处同一地点被连续占领两次的证据，这种情况并不多见。第一个常规屋舍建造于7世纪，而其所在的洞穴也于13世纪初被普耶布罗人占据。近期当局决定不再使用阿纳萨齐一词来描述居住在梅萨维德地区的人民，而是用更通用的术语"普耶布罗的古代民族"来称呼他们。因为除了纳瓦霍人外，另有23个部落称其祖先为梅萨维德地区建筑的建造者，他们包括犹特人（Ute）、亚利桑那州的霍皮人（Hopi of Arizona），以及祖先生活在新墨西哥州、与普耶布罗相似的所有民族。然而，所有这些都无法掩盖梅萨维德地区建筑的宏伟。

圣城特奥蒂瓦坎

墨西哥 | 墨西哥城
入选年份：1987
遴选标准：C（I）（II）（III）（IV）（VI）

第332页（下）建于特奥蒂瓦坎一世末期（公元前3世纪至公元1世纪）的月亮金字塔面朝同名广场。这座优雅的建筑由四级倾斜的楼层和一段宏伟的阶梯组成。

第332-333页 特奥蒂瓦坎的仪式中心的鸟瞰图。该图前面为月亮金字塔。注意城市主街道死亡大道的直线长度，其约有0.8千米长。

第333页（左上）蝴蝶宫矗立在月亮广场的左侧，是墨西哥唯一一座带顶的古代建筑。

第333页（右上）蝴蝶宫过去可能为君主或城市精英的住所，其名称来自立柱上的圣蛇和风格化蝴蝶的镶嵌装饰物，这些立柱位于房间正对的露台之上。

1999年10月，日本考古学家杉山三郎（Saburo Sugiyama）在忙于挖掘特奥蒂瓦坎遗迹时，偶然发现了一座不同寻常的墓葬。在月亮金字塔（Pyramid of the Moon）附近的一处地窖里，他发现了一具成年男性的骨架，周围环绕着约150件随葬品，包括玉器、黑曜石雕像和工具、黄铁矿镜子、贝壳，以及八只鹰和两只美洲豹的遗骸，这些遗骸可能是被活埋的。考虑到如此丰富的墓地陈设，杉山得出结论，这是一位统治者的坟墓，这是该市迄今发现的1200处该类坟墓之一。

即使今天已经发现了国王的遗骸，专家们仍然只能对特奥蒂瓦坎（Teotihuacan）的诞生、发展和灭亡做出猜测。人们认为其是中美洲最大和最重要的城市，于公元前3世纪由一些小型农业社区联合起来建立。在公元1世纪到7世纪该地区迅速发展，在其最辉煌的时期约有20万居民。然而公元750年这座城市已经消失不见，其原因可能是来自卡卡斯特拉市（Cacaxtla）的入侵者将其摧毁，也可能是受流行病影响，或者只是人们在其周围土地的快速侵蚀后遗弃了它。在被遗忘了六个世纪后，阿兹特克人（Aztecs）重新发现了这座城市，并为其宏伟的废墟着迷，将这里称为"众神诞生之地"，用纳瓦特（náhua）语音译为特奥蒂瓦坎。

在这座城市约147.63平方千米的土地上，仍有约2000座建筑。这一不朽的区域沿死亡大道（Calle de los Muertos）延伸，这是一条宽阔的带有坡度的街道（实际上是一系列由台阶衔接而成的城市广场），两旁是低矮而宽阔的建筑，旨在凸显主要宗教建筑太阳、月亮金字塔的视

第333页（下） 美洲豹宫（Temple of the Jaguar）壁画中的细节。如图所示，这只猫科动物的羽毛头饰被吸入一个贝壳之中并露出卷曲的毛发。这一场景可能象征着音乐，或人们向特拉洛克神（Tlaloc）祈祷。

第334页（上、下）戴着羽毛项链的长牙蛇头装饰着羽蛇庙。这些装饰品后来常常出现在墨西哥各地的许多阿兹特克人和玛雅人的遗址中。

第334页（中）在后来的金字塔下面发现了羽蛇庙，该神庙有四层，上面装饰着羽毛蛇头和有些抽象的特拉洛克神面具，从面具中突出的眼睛就能辨认出来这位神的身份。

觉效果。

通往居民区的街道以及圣胡安河（San Juan）将这条大道直角切割，圣胡安河流经城市中心，河流上修建了水渠以避免打乱城市完美对称的布局。

在死亡大道的一端矗立着特奥蒂瓦坎的行政中心——城堡（Ciudadela）。这是一处凹陷的广场，对面是羽蛇庙（Temple of Quetzacoatl，因其雕刻的浮雕有神圣的羽蛇头而得名）和可能住有牧师的建筑。大道的另一端矗立着月亮金字塔，其左边是蝴蝶宫（Palace of Quetzalpapalotl），宫殿里装饰着丰富的浮雕和蝶翅鸟身的壁画，这里很可能是统治者的官邸。

特奥蒂瓦坎最非凡的古迹是矗立在大道中段的太阳金字塔。它是一个正方形建筑，两边长约215米，高约63米；据估计建造这座金字塔花费了250万吨石头，这些石头在没有汽车或畜力拉载的情况下运达现场。太阳金字塔的中心是一个三叶草形状的洞穴，此处为特奥蒂瓦坎的圣地。人们认为这也是这座城市建于该遗址的原因，因为按照中美洲的宗教，人们认为洞穴是众神和人类祖先出生的地方，也是通往坟墓以外世界的门户。

然而这只是纯粹的猜想。今天我们看到的也只是重建后的金字塔，并不保证完全忠实于原样。就像人们总是时不时想要肆无忌惮地寻求古迹里的珍宝一样，1908年考古学家利奥波多·巴特雷斯（Leopoldo Batres）毫无顾忌地拆除这座建筑。他这一饱受诟病的做法让他的继任者非常困惑。

■ 第334-335页 太阳金字塔始建于公元100年前后,是特奥蒂瓦坎最宏伟的建筑。建造它所需的250万吨石头和泥土在没有使用车轮或动物运载的情况下被运达施工场所。

■ 第335页（左下）太阳金字塔有五个陡峭的阶梯,金字塔里面有一个三叶草形状的洞穴,该洞穴很可能形成于地下水冲击。这座金字塔常与对特拉洛克神的崇拜联系在一起。

■ 第335页（右下）堡垒是一个巨大的广场,周围有阶梯平台,中心有一个宏伟的祭坛。城堡为城市的行政中心。

阿尔班山考古遗址

墨西哥 | 瓦哈卡州
入选年份：1987
遴选标准：C（I）（II）（III）（IV）

瓦哈卡州是墨西哥原住民比例最高的州之一，该州的居民称自己是"云中人"（people of the clouds）的后裔。这是一个浪漫的名字，但它却有章可循，因为统治该地区一千多年的古代萨巴特克人（Zapotecs）将他们的城市建在了一座海拔1356米高的山顶上，这座山在西班牙征服时期名为阿尔班山（Monte Alban）。

如今这座城市似乎稀松平常，但它所在的平台（长约741米，宽约247米）是人工将其夷为平地的。公元前500年如此规模庞大的工程只能靠大量劳动力完成。此外由于山上没有泉水，工人们不得不自行备水，他们从山下很远的地方背着装满水的山羊皮容器上山，随后将水存放在巨大的陶瓮中。在如此不便的位置建造一座城市并不是明智之举，其合理性或许只能从萨巴特克人对自然的统治意志中找到答案。

然而，这座城市的名字迄今仍不为人知。一些象形文字提到了一个叫道亚克（Dauyacach）的地方，含义是"圣石之山"（Mountain of the Sacred Stones），而在约公元750年占领该地的米斯特克人（Mixtecs）则称其为玉翠（Yucucui），即"绿山"（Green Mountain）。这座城市的历史、建筑和社会发展分为五个阶段。第一阶段（公元前500—前200年），阿尔班山是一座首府，它汇聚了山谷中的其他定居点。第二阶段（公元前200年—公元300年），这里呈现出至今仍可见的不朽面貌，并参与到军事行动和与附近居民的贸易中。

第三阶段（300—750年），该城人口达3万，并与中美洲最重要

▌第336页（左）考古学家认为北平台上拥有这座城市最重要的仪式性建筑群。据说只有以萨巴特克牧师和贵族为代表的神权阶层才能经常光顾山顶平坦部分的建筑。

▌第336页（右）四号楼的一处细节展示。萨巴特克人设计仪式中心的灵感来自特奥蒂瓦坎，这座城市与他们关系密切，他们甚至在那里建立了自己的社区。

▌第336-337页 建于公元3世纪的建筑J的用途很神秘。这座建筑看上去像一个箭头，向北倾斜45°。按照这座城市严格的南北向布局，这个建筑显然偏离了中心，这一切似乎显示它与天文学观测有关。

▌第337页（上）北平台上两排六根巨大柱子的遗迹。其有趣之处在于，在最早中美洲文化的建筑中柱子非常罕见。

▌第337页（左下）1400米高空阿尔班山的鸟瞰图。让人们对此处赞叹的并不是个别建筑，而是因为萨巴特克人在施工开始前将山顶夷为平地，创造了一个约741米×247米的平台。

▌第337页（右下）与阿尔班山的其他金字塔一样，建筑M也使用了塔拉德·塔普罗技术（talud tablero），这种技术结合了灰泥衬砌成的垂直平台与斜墙结构。

的城市特奥蒂瓦坎保持着密切的联系。在第四和第五阶段（750—1520年），或许由于特奥蒂瓦坎沦陷，萨巴特克人抛弃了这座城市，进而逐渐被米斯特克人占领并用作墓地。

对于今天的游客来说，阿尔班山更引人注目的是其整体、而非单个建筑。尽管近期开展了修复项目，但人们能想象到的在这座城市的鼎盛时期，这里的建筑物一定覆盖着色彩鲜艳的粉饰，因此修复工作还要再接再厉。大广场的边界是球场（似乎在萨波特克文化中，球赛之后没有祭祀仪式）和各种本质上大多为仪式性的建筑。北平台（North Platform）是主要宗教建筑群的所在地，需要爬一段台阶才能到达。在

■ 第339页（左上）和（右上）阿尔班山的石碑上雕刻着人物、雕纹、象形文字、名字以及数字，同时还有美洲豹（这一猫科动物象征着萨巴特克王室）和科奇乔（jaguars，萨巴特克文明中的雨神）。

■ 第339页（下）这一著名的面具（约公元100年）由25块玉石制成，上面镶嵌着代表着蝙蝠的珍珠母，该面具象征着黑夜和死神。

■ 第338-339页 自凹陷前庭（Hundido Patio）俯瞰北平台的景象。凹陷前庭是一个下沉式的庭院，中心是一处祭坛，这是一种只存于萨波特克文化中的宗教建筑。

■ 第338页（下）阿尔班山的球场没有计分系统，但球场中间有一块石头，比赛开始时球就放在那里。

广场的中心有一座寺庙（通过一个秘密迷宫连接到其他寺庙，让牧师们在人们料想不到的情况下奇迹般地出现），尽管没有证据表明萨巴特克人有天文学知识，人们在这里发现了一座名为天文台的建筑。然而最有趣的是西班牙人命名为舞蹈人（Los Danzantes）的建筑。其名称来源于沿画廊排列的石碑：其装饰的浅浮雕上刻画着姿势扭曲或被砍掉了四肢的人物。有专家称这些图案是萨巴特克人统治城市的象征；另有专家认为它们是一种"可视的"医学论文，因为这些图像中有一个分娩的场景。

从空地往下走是一些米斯特克人的坟墓。其中有着许多价值连城的物品，如一个不可思议的玉质丧葬面具和一个描绘死神米特兰特乌特利（Mictllanteuhtli）的金色吊坠。今天，这些都可以在瓦哈卡博物馆看到，它所在的这座美丽的巴洛克城市与阿尔班山同被列为世界遗产。

帕伦克古城和国家公园

墨西哥

恰帕斯州
注册日期：1987
遴选标准：CC（Ⅰ）（Ⅱ）（Ⅲ）（Ⅳ）

■ 第340页（左）一段陡峭的阶梯通向铭文神庙的墓室，那里有覆盖着巴加尔石棺的石板。

■ 第340页（右）帕伦克国王巴加尔（615—683年）的脸上带着这一非凡的镶嵌玉质面具。

■ 第340-341页 美丽的帕伦克古城遗址周围是茂密的热带森林。优雅的建筑，美丽的风景，被阳光横穿的薄雾以及流淌的溪水赋予了这座古老的玛雅城市一种神秘气质。

这里高温难耐，暴雨不断，昆虫成群。研究人员手上唯一的保护措施是手套，几个月来他们每天连续工作数小时，挖掘工作非常困难。这里还有蛇，玛雅人将其中最危险的一种称为纳维卡（nawiaka），被其咬伤后一个小时便会死于非命。然而根据墨西哥考古学家艾伯托·鲁兹（Alberto Ruz）所言，当人们在一条狭窄的楼梯尽头发现了一扇三角门时，终于将一切危险与辛苦遗忘。这扇门通往的房间几个世纪以来一直是个谜，它笼罩在一层薄雾中，看起来就像一个覆盖着冰的洞穴，其中石笋和钟乳石宛如水晶般闪闪发亮。鲁兹眼睛适应黑暗的那一刻，便在地板上发现了精雕细琢的石棺盖子。

看起来这仿佛电影《夺宝奇兵》（Lost Ark）中的场景，但这的确是真实发生的事。经过四年的挖掘，1952年鲁兹在美洲发现了第一座金字塔形的坟墓，它是帕伦克（Palenque）传奇统治者巴加尔的长眠之地。今天，墨西哥国家人类学博物馆中可以看到他墓葬中陈设的精美物品，其中包括一个价值连城的玉制面具。但宏伟的墓碑仍位于铭文神庙（Temple of the Inscriptions，帕伦克最壮观的金字塔）的中心地

■ 第341页（上）神庙高约25米，有八层斜坡和雄伟的台阶，铭文神庙的名字来源于其华丽的象形文字讲述帕伦克的故事。

下室里。

古代玛雅人消失很久后，人们才将此处考古遗址命名为帕伦克，这个名字可能缘起于废墟边上一个名为巴赫拉姆金（Bahlam Kin）的村庄。然而，玛雅人称其为拉卡姆哈（Lakam Ha）或"大水"，后者恰当地描述了它的起源。乌苏马辛塔河山谷（Valley of the Río Usumacinta）是墨西哥降雨量最大的地区，帕伦克便坐落在这里的一片茂密的森林中，林中瀑布广布。这里丰富的水资源和肥沃的土壤正是使这座城市得以发展和致富的原因。虽然这座城市的历史横跨公元300—900年，包含了整个古典时期，但今天看到的废墟只能追溯到这座城市最辉煌的7世纪，此时正值巴加尔和他的儿子强·巴鲁姆统治时期。

墨西哥城

帕伦克古城和国家公园

巴加尔 12 岁掌权，80 岁去世，是中美洲的查旦曼大帝。他凭借极强的政治敏锐性和管理能力，推动了城市的建筑和艺术的发展。

除了铭文神庙（一座高约 25 米的陡峭金字塔，其有八层，顶部是一座神殿，神殿上装饰的玛雅神话人物的雕像十分精美）外，宫殿也保存完好。这组建筑用于住宅和行政，几乎所有地方都覆盖了精致的浅浮雕。同样令人兴致十足的还有太阳神庙（Temple of the Sun）和十字架神庙（Temple of the Cross），它们几乎都埋在藤蔓之下。两座神庙呈金字塔状，顶部有一个砂岩神殿，上面装饰着用于宗教仪式的浮雕，里面是精美壁画的碎片。

十三号神庙（Temple XIII）位于铭文神庙不远处，几年前这里发现了一个与巴加尔坟墓类似的墓葬。其中有一系列玉石、黑曜石和托盘，这些物品和托盘本用于承装逝者前往希泊巴（Xibalba，玛雅人死后的另一个世界）之旅所需的食物和饮料。

坟墓中还有一对男女的骨骸，一个已为老年，另一个正值青春期。考古学家倾向于这是巴加尔的继承人强·巴鲁姆的坟墓。两位统治者之间推定的家庭关系还有待确认，实验室的生物考古学研究尚需要更多的生物学证据。

▎第 342 页（上）十字架建筑群（Group of the Cross）的总图，其中包括十字架神庙和太阳神庙；后者离三叶草十字架神庙稍远。这三座金字塔上有着与玛雅神话有关的装饰：例如，十字架象征着生者世界与死者世界的相遇。

▎第 342 页（下）北部建筑群（North Group）有五座仪式性建筑，它们建在一个阶梯露台上。其中一座建筑上，有一种奇特的塔形屋顶，它们都装饰着粉饰碎片。

▎第 342-343 页 日落时宫殿的顶部满是阳光。这套用于行政和住宅的宫殿是帕伦克最重要的建筑。宫殿中央塔楼的用途尚有争议：它可能是瞭望塔，也可能是天文台。

■ 第 343 页（左下）
太阳神庙的里面有几块浅浮雕，用来歌颂强·巴鲁姆的权力。作为巴加尔的儿子和继承人，他于 684 年继承了王位，统治了 18 年。人们认为他是建造十字架建筑群中寺庙的功臣。

■ 第 343 页（右下）
巨幅的精美浮雕。浮雕描绘了身着优雅服装、头戴羽毛头饰的朝臣。其装饰着宫殿底部的石板。

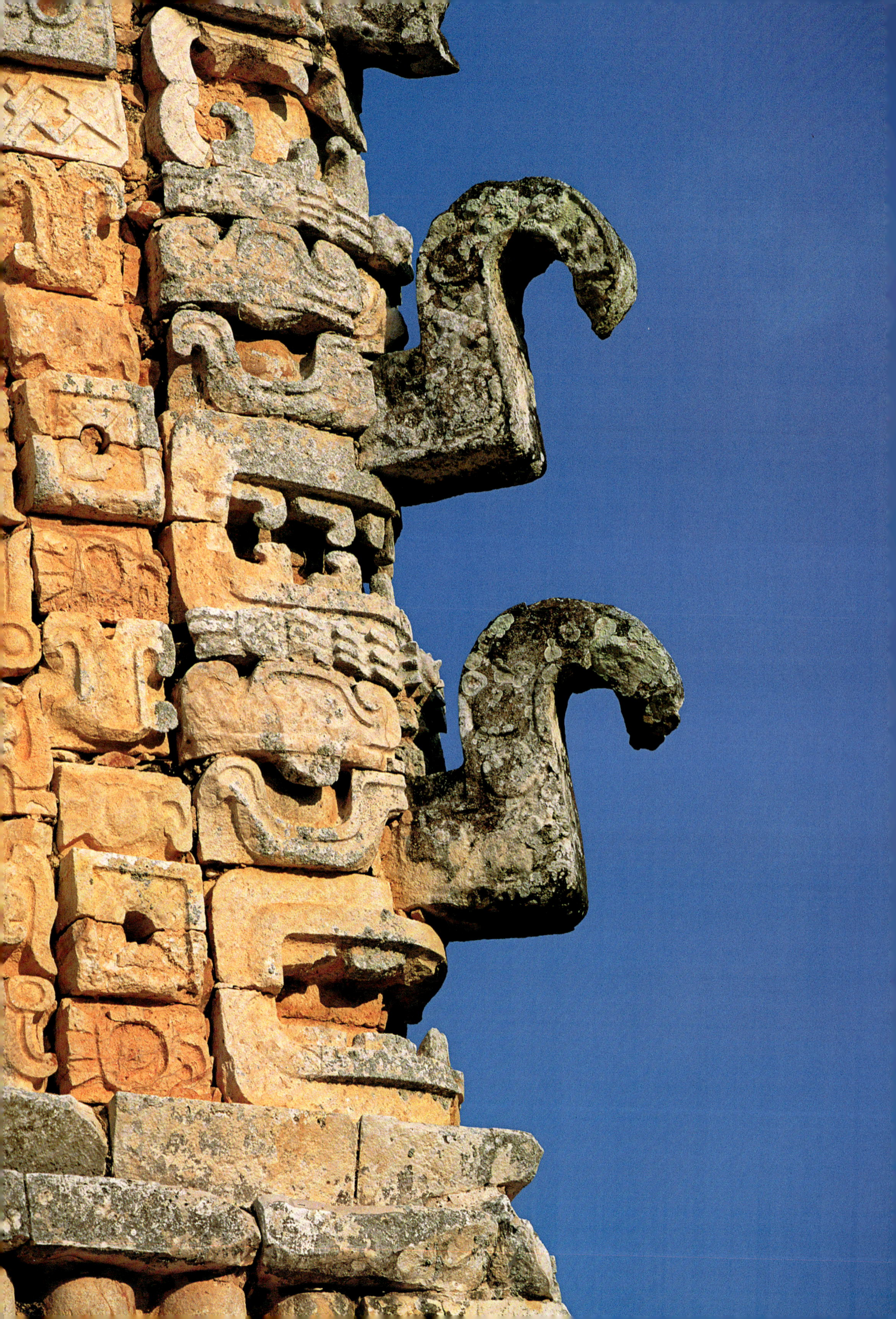

乌斯马尔古镇

墨西哥

尤卡坦州
入选年份：1996
遴选标准：遗产遴选标准（Ⅰ）（Ⅱ）（Ⅲ）

■ 第344页 雨神恰克的几个面具。它俯瞰着四方女修道院的一扇门。雨神的形象在这里随处可见，仅总督宫就有230处，估计总数有4370个。

■ 第345页（上）墨西哥最非凡的金字塔——占卜金字塔，是椭圆形的，高30米，顶部建有一座寺庙。传说它是由一个矮人在一夜之间建造的。

1843年出版的《尤卡坦旅行》（Incidents of Travel in Yucatán）被乔治·拜伦（George Byron）誉为"有史以来最好的旅行书籍"。美国作者约翰·劳埃德·斯蒂芬斯（John Lloyd Stephens）在这个阳光明媚的加勒比海（Caribbean）半岛上居住了两年，疯狂地记录了他所看到的一切。玛雅文明的废墟简直迷住了他，乌斯马尔（Uxmal）古城给他留下的印象比其他任何城市都要深刻。他把它比作埃及人的底比斯宫殿（Thebes），并在西班牙人命名为总督宫（Palacio del Gobernador）的建筑内露营住宿了一段时间。

事实上，第一位住在总督宫里的国王詹泽纳尔·阿豪不仅仅是一位统治者。根据玛雅编年史，他是众神的直系后裔。他的肖像被雕刻在王宫的正门上，其中他坐在王座上，由两条蛇守卫，头上戴着圣鸟奎扎尔（Quetzal）的羽毛。

总督宫有20个房间，长约301.75米，宽约35.66米，高约8.53米。它矗立在一个由50万吨石头组成的平台上，其中三分之二的石头上雕刻着象征神圣王权的装饰品。其中230个装饰品上有着雨神恰克（Chac）的面孔，每一个装饰品都是由19块精雕细刻的石头组成的。这座王宫建于公元900—915年，是乌斯马尔最杰出的古迹。考古学家一致认为，尽管奇琴伊察（Chichén Itzá）规模更大，但乌斯马尔才是玛雅建筑中的精致典范。

乌斯马尔于8世纪到14世纪是一处繁荣的中心，城中有2.5万居民。尽管10世纪时这座城市已建成普克风格（Puuc style）的建筑，而且没有不同建筑阶段的迹象，但在玛雅人的古语中，乌斯马尔的名字意味着"重建三次之地"。只有古迹占卜金字塔（Pyramid of the Magician）历经五次重建，根据一个传统（尽管

■ 第345页（左下）从总督宫的顶部，可以看到乌斯马尔平原、海龟宫、四方女修道院和占卜金字塔。

■ 第345页（右下）最原始的部分建筑物类似四方女修道院。如今，这座被称为"埃尔帕洛马尔"（El Palomar）的建筑只剩下巨大的外墙，顶部是一些起伏的峰顶。

▌第346页（上）总督宫前立有一个代表美洲虎的祭坛。尽管总督宫的名字是西班牙人起的，但该建筑群建于约1000年前，是乌斯马尔统治者的住所。

▌第346页（左下）四方女修道院（类似女修道院的建筑）东侧建筑上的门，其特点是门上装饰的玛雅小屋风格的几何图案。

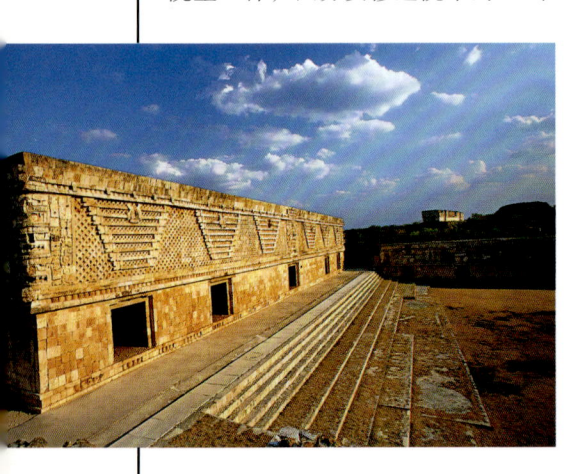

▌第346页（右下）海龟宫是献给与创世神话有关的动物的。玛雅人用这种动物的外壳辨认出猎户座，他们相信中美洲饮食之基玉米神就是由恰克创造出来的。

▌第346-347页 四方女修道院在整个古典晚期（公元600—900年）的几个阶段建造。专家认为殉葬者在这里度过其生命的最后岁月。

对玛雅世界的所有金字塔都适用），在每52年的"宇宙周期"结束时，应该在现有的神庙基础上建造一座新神庙。与其他玛雅金字塔不同，占卜金字塔是椭圆形的。顶部的神庙有一个装饰华丽的立面，入口代表着恰克张开的嘴。

在金字塔对面矗立着另一件杰作：四方女修道院（Cuadrángulo de las Monjas）。西班牙人从建筑的外观联想到了这个名字。就像在女修道院里一样，四方女修道院中的78个房间分布在组成它的四座独立建筑之间，并且通向一个庭院。院子里还装饰着丰富多彩的风格化花卉图案、动物形象和恰克的形象。它可能是乌斯马尔的行政权力中心，或者根据一些专家的说法，那些被选为人类祭品的人在这里度过最后的几个月。这一假设有事实支持，"女修道院"旁边就是球场，这是一项传统的仪式活动，最终失败的球队将献祭牺牲。

乌斯马尔的其他值得关注的建筑有：老妇人金字塔（Pyramid of the Old Woman，很可能是该市年代最久远的古迹）、公墓群（Grupo del Cementerio）和海龟宫（Casa de las Tortugas），公墓群是用可怕的人类头骨雕刻的一系列祭坛，海龟宫是用来纪念与玛雅创世神话有关的动物的。这座建筑有一个石雕立面，看起来就像是由一排封闭的窄柱子组成的。在某种程度上，海龟宫代表了将古代玛雅人和他们的现代后代联系在一起的纽带。它的建筑与今天在尤卡坦看到的简陋的竹屋有着惊人的相似之处。

第347页（上）球场上的铭文表明这座建筑要追溯到649年。专家认为球是由橡胶制成的，但在《波波尔·乌》(*The Popol Vuh*)中写道：在特殊情况下，人们会使用了一个由石头制成的球，并用一层骨粉使它变得光滑。

奇琴伊察古城

墨西哥

尤卡坦州
入选年份：1988
遴选标准：C（Ⅰ）（Ⅱ）（Ⅲ）

托尔特克人（Toltecs）和阿兹特克人称这里为克查尔科亚特尔（Quetzalcoatl），但对玛雅人来说，这里名为库库尔坎（Kukulcán），其含义为"长着凤尾绿咬鹃羽毛的蛇"，是祭司和君主的保护者，掌管着知识和风。在玛雅万神殿，居住着嗜血的神灵，克查尔科亚特尔·库库尔坎（Quetzalcoatl-Kukulcán）只要求信徒献祭蛇、鸟和蝴蝶，人们认为有一天他会回来把地球作为他的天堂。秉持着这一理念，阿兹特克国王蒙特祖马二世欢迎埃尔南·科尔特斯（Hernán Cortéz）的到来，相信他就是那位神灵。

公元9世纪，远在西班牙人到来之前，神圣的托尔特克国王克查尔科亚特尔特征服了尤卡坦地区最富有的玛雅城市，至少在某一涉及奇琴伊察（Chichén Itzá）的传说中是如此描述的。奇琴伊察建于5世纪，在整个古典时期得到了蓬勃发展，然后在850年前后托尔特克人将其夺走，有一些专家则称与托尔特克人有血缘关系的伊察人占据了这座城市。这座城市的名字支持了这一假设，其含义为"在伊察的水井口"。尽管如此，在它的建筑、雕塑和绘画中可以看到，奇琴伊察的特殊之处在于其完美融合了玛雅文化和托尔特克文化，在我们对它的习俗的了解中也是如此。这种融合一直延续到1400年，直到人们不知为何抛弃了这座城市。

就像今天看起来的那样，这

▎第348页（上） 骷髅头神庙（Tzompantli）平台上的头骨。其用以恐吓任何胆敢攻击这座城市的人。该地用以纪念军事荣耀，同时也展示了被斩首的敌人的头颅。

▎第348-349页 从勇士神庙的平台上俯瞰的埃尔卡斯蒂约堡［或库库尔坎金字塔（Pyramid of Kukulkán）］。注意神庙台阶底部的羽蛇雕塑。

座城市分为两个部分。老奇琴（Chichén Viejo）主要由古典时期的建筑组成。另一部分为新奇琴（Chichén Nuevo），由纪念性建筑组成。这座高约55米的金字塔矗立在平原上，供奉着克查尔科亚特尔·库库尔坎神。西班牙人称其为埃尔卡斯蒂约堡（El Castillo），两边由91级陡峭的台阶组成。如果算到入口台上，台阶总共365个，因此可以作为一种日历。埃尔卡拉科尔（El Caracol）是一座贝壳形状的建筑，起到了一个天文台的作用，这也是居民具备天文知识的证据。另一个迹象是，在埃尔卡斯蒂约主要台阶开始时，石头上雕刻的蛇头，在日落时将它们的影子投射到寺庙的顶部，创造出

■ 第349页（上） 位于埃尔卡斯蒂约山顶的神庙高达55米。这座不朽的金字塔有许多玛雅宇宙的象征。它的九层阶梯代表了冥界的九个层级。

■ 第349页（中） 美洲豹神庙的内部。前面是神秘的查克·穆尔（Chaak Mool）肖像；背景是一个很可能是留给君主的美洲豹形状的红色仪式王座。

■ 第349页（下） 所谓的大市场（Market，尽管没有商业活动的证据）的柱子是托尔特克大广场的一部分。柱子上起初覆盖着稻草屋顶。

■ 第350页（上）勇士神庙和千柱神庙建于公元900年至1200年，共同构成了托尔特克奇琴伊察的心脏。这些排列着的柱子上面曾经喷涂着色彩鲜艳的灰泥，它们代表着武装战士。

■ 第350-351页 勇士神庙上部神殿的入口，由查克·穆尔守卫。祭品被放在神像的肚子上，因为人们认为这会传达奉献者对神的请求。

■ 第351页（左上）美洲豹神庙和球场的景色。虽然几乎可以肯定，这场比赛的残酷仪式起源于特奥蒂瓦坎，但奇琴伊察的球场是最华丽和令人印象深刻的。

■ 第351页（右上）位于勇士神庙顶端的至圣所。入口处两侧是精美的羽蛇头雕刻。

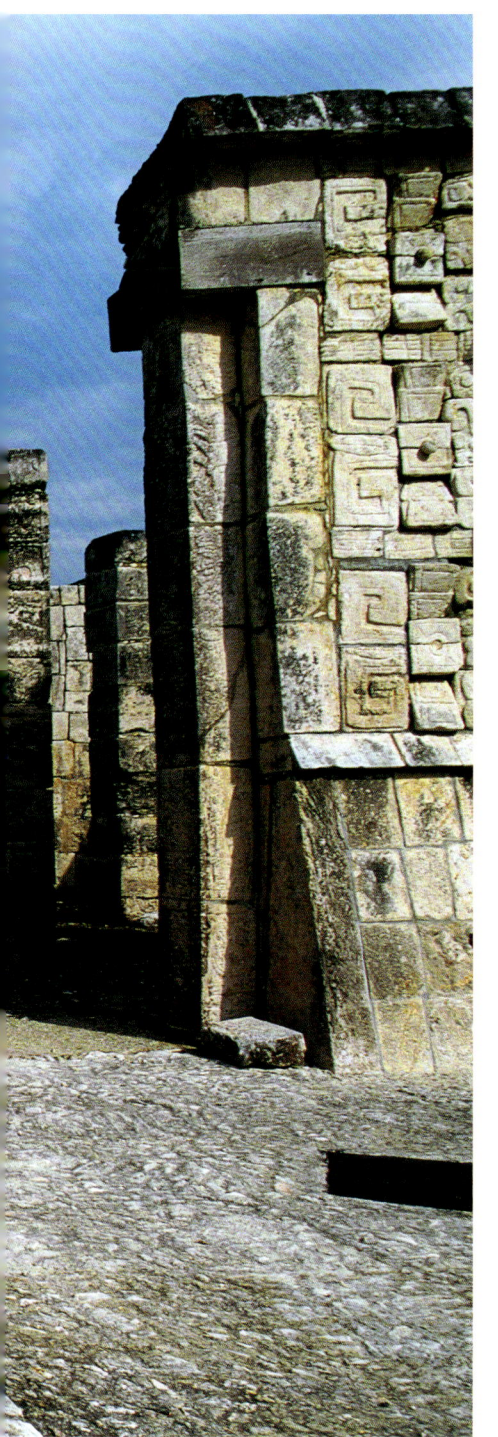

象征神的蜿蜒图案。

克查尔科亚特尔·库库尔坎金字塔环绕着一座神庙，神庙内有一个镶有玉块的美洲豹形状的石头宝座。这只美洲豹是托尔特克勇士阶级的象征，它的象征也可以在武士神庙（Temple of the Warriors）、千柱神庙（Thousand Columns，这两座神庙都矗立在托尔特克大广场）和美洲豹神庙（Temple of the Jaguars）中看到。所有这些建筑都装饰着细致的浅浮雕，其中包括战士、牧师、雨神恰克的面具、鹰、羽蛇和以人的心脏为食的美洲豹雕塑。

奇琴伊察拥有中美洲最大、最精致的球场。它长不到92米，旁边围绕着装饰以浅浮雕的墙壁，这些浮雕是玛雅艺术最非凡的典范之一。其中一个浮雕展示了一名球员在他的队友面前被斩首的场景。在球场的两端仍然可以找到蛇形的石环，球员们必须通过它才能传球。人们对这场比赛知之甚少，在比赛结束时被斩首的是失败者还是胜利队的队长，目前仍存在争议。无论如何，很明显这场比赛是宗教仪式中最重要的时刻。在玛雅人的创世神话《波波尔·乌》中，神圣的英雄们在球类比赛中挑战恶魔。在那一时刻，整个民族的未来都岌岌可危。

351

■ 第351页（中）从头骨的嘴中吐出的曲线可能代表着火或诸神的召唤。这是球场石壁上许多浅浮雕人物之一。

■ 第351页（下）球场周围巨大的浅浮雕细节。它显示了比赛的场景以及随后牺牲的瞬间。选手的恐惧和比赛的神圣以有力的表达方式呈现出来。

352

- 第352页（上）天文台的上部，因其贝壳状的形状也名为椭圆形天文台。玛雅人对天文学有着浓厚的兴趣，他们编撰了一部历法，确立了农业生产周期，并记录了这座城市的社会和经济事件。

- 第352-353页 修道院位于奇琴伊察南部（也是最古老的部分）。建筑和装饰（包括雨神恰克和其他象征性人物）使其成为普克风格的杰作。

- 第353页（上）这一平台建于1100—1300年，是纯托尔特克风格的，用来纪念库库尔坎神。金星是玛雅人天文知识和神秘主义中一颗重要的行星，这一平台便以金星命名。

- 第353页（下）这是饰有老鹰和美洲豹平台上的巨大蛇头，其上方还长着羽毛。这可能是向在奇琴伊察组成军事精英的战士们的致敬。

353

蒂卡尔国家公园

危地马拉共和国

埃尔佩滕省
入选年份：1979
遴选标准：C(Ⅰ)(Ⅲ)(Ⅳ); N(Ⅱ)(Ⅳ)

在策划电影《星球大战》(Star Wars)的过程中，布景设计师们必须调动天马行空的想象力打造这部电影中举世闻名的壮观场面。然而没有多少人知道，故事发生地银河系的大部分景观都取景于真实的地点，莱拉公主领导的叛军基地就是蒂卡尔(Tikal)的再现。

不得不说，这个位于危地马拉森林深处的令人惊叹的玛雅遗址是"一个截然不同的世界"。人们甚至将其一处不朽的建筑群命名为蒙杜佩尔迪杜(Mundo Perdido，意思为失落的世界)，因为这里地形极为错综复杂，周围丛林的包围使它与外部世界相隔绝。

曾几何时，古城的许多砂岩金字塔（这条山脉代表着玛雅人神圣食物玉米的起源）上覆盖着灰泥，

■ 第354页（左）
这个由玉石、珍珠母、黑铁矿和蛇纹石制成的宏伟面具要追溯到公元527年。当人们在160号墓内发现它时，其已碎成174片躺在那里。通过观察蒂卡尔石碑上雕刻的类似图像，考古学家将其拼凑起来。

■ 第355页（中）危地马拉的植被中的四号神庙。在19世纪末第一座摩天大楼建成之前，这座金字塔（高约61米）一直是美洲最高的建筑。

■ 第355页（下）蒙杜佩尔迪杜建筑群中的一座金字塔，它是在很长一段时间内分阶段建造的。新建筑实际上是在原有建筑的基础上建造的。最早的可以追溯到公元前400年。

人们将其粉刷成令人眼花缭乱的颜色，甚至刷成纯红色以呈现出宗教仪式的场景。例如，大广场（Great Plaza）上的石碑是红色的，上面雕刻着统治蒂卡尔的26位国王的肖像。几个世纪以来，雨水已经将这些颜色冲走，但今天神庙裂缝中有着筑巢的鹦鹉、巨嘴鸟和蜂鸟，它们羽毛的颜色与墙壁上的颜色一模一样。

蒂卡尔是中美洲最重要的城市之一，现在人们将其保护在一个占地约1587.2公顷的国家公园里。公元前6世纪该城建在一片高地上，这里盛产水果与优质木材，如人心果树木适合建造房屋，同时这里的大火石可帮助人们制造武器和工具。公元230年，亚克斯莫克奥克继承王位并建立王朝，此时蒂卡尔已经是一座重要的城市。这个王朝陆陆续续统治着这里，直到10世纪人们不知为何遗弃了它。在其漫长的辉煌时期，蒂卡尔有多达10万居民，与墨西哥特奥蒂瓦坎等遥远的城市进行贸易，并将其统治范围扩大到今天的伯利兹（Belize）。它大约有3000座宫殿、金字塔、棒球场，甚至温泉浴场，这些建筑证明了其缔造者拥有卓越的建筑和艺术才能，同时为这些建筑的首创者。

这座城市中最令人惊叹的宗教建筑可追溯到8世纪，其名为一号神庙（Temple I），或大美洲虎神殿（Temple of the Great Jaguar）。它是为了纪念蒂卡尔的第二十六位领主阿卡考（Ah Cacau，682—734年）而建造的。这是一座约43.89米高的金字塔，顶部的神殿中曾有一座雕像，上面雕刻着玛雅天堂中的13个王国。在古迹内发现了君主的坟墓，坟墓中有由玉石、黄金、珍珠装饰的陈设，刻有图案和象形文字的骨头，以及用于放血仪式的防风草刺。

同样令人感兴趣的还有金字塔

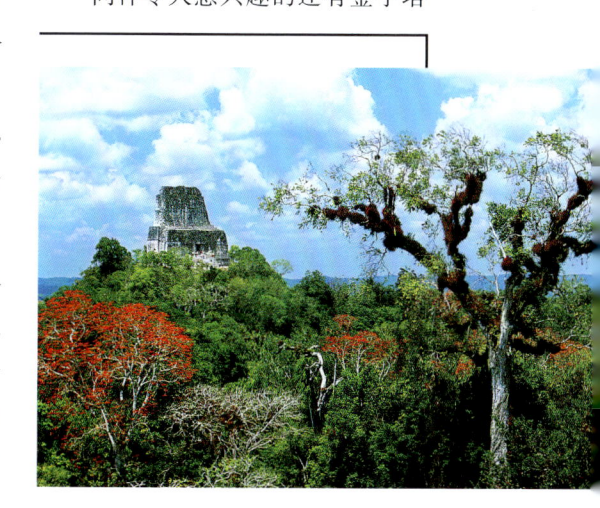

■ 第354-355页 蒂卡尔不朽的心脏——大广场的景色。左边的建筑是中央卫城，这是一座迷宫般的建筑，可能是皇室的住所。右边矗立着高约38.1米的二号神庙，或称面具神庙（Temple of the Masks）。

■ 第355页（上）蒂卡尔考古遗址位于玛雅生物圈保护区的中部，这是一个原始热带森林区域，红木、木棉和果酱树高达50米。在背景中，分别位于右侧和左侧的一号神庙和五号神庙拔地而起。

■ 第356页（上）如今保存在遗址博物馆的非凡的红陶神像，是一套墓葬品的一部分，通过石棺上的铭文可以确认这是这座城市的君主之一呼昌马吉纳 [Huh Chaan Mah K'ina，即蜷鼻王（king Curved Nose）] 的坟墓。

■ 第356页（中）学者们认为，二号神庙（左）很可能是阿卡考国王为了纪念他的妻子而建造的，尽管里面没有发现墓室来证明这一观点。

■ 第356页（左下）Q建筑群是由蒂卡尔的第三代领主亚克斯·艾因二世建造的。在它前面的空地上矗立着几块石碑，上面装饰着浅浮雕。就像这座城市所有最重要的古迹一样，它们曾经被漆成红色。

■ 第356页（右下）这一精美的陶俑香炉来自呼昌马吉纳墓前的物品，可追溯到6世纪。

■ 第356-357页 阿卡考国王的墓地——一号神庙面朝大广场。背景中的中央卫城由一系列仪式露台和房间组成，房间里装饰着描绘神灵和蒂卡尔历史上主要事件的绘画。

■ 第357页（左上）北卫城作为蒂卡尔勋爵的墓地长达五个多世纪，直到公元550年。然而在其表面结构以下，有可追溯到公元前800年的早期定居点的痕迹。

■ 第357页（右上）这组建筑中的各种金字塔组成了蒙杜佩尔迪杜建筑群，它们是按照太阳的位置建造的。最大的金字塔名为大金字塔，高约30.48米。

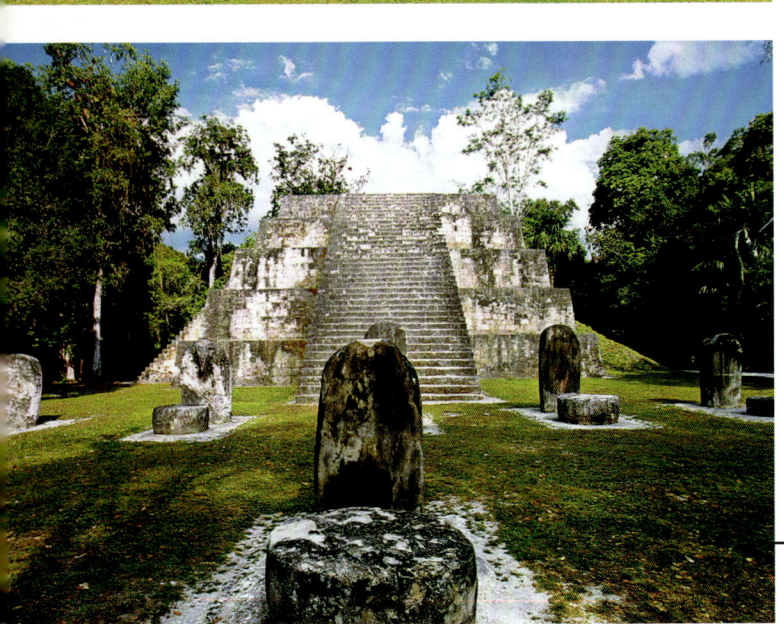

和内殿对面的广场，以及名为卫城（Acropolis）的一组建筑。目前还不确定这是一个王室住宅建筑群，还是一个行政或仪式中心。由于玛雅人习惯于在现有结构上打造建筑，这一建筑群中有100个左右的房间，排列方式非常随意。部分最古老的卫城可以追溯到公元前400年，俯瞰着这一建筑群的巨大阶梯上装饰着美洲虎、羽蛇和其他玛雅神圣动物的面具，这一阶梯来自阿卡考时代，这位统治者对塑造这座城市的不朽风貌做出了巨大贡献。

有趣的是，这个君主名字翻译过来为"巧克力领主"（King Chocolate）。而玛雅人的确发明了世界上最受欢迎的糖果。此外他们最先尝试咀嚼了乳胶树的提取物，它是今天口香糖的前身。

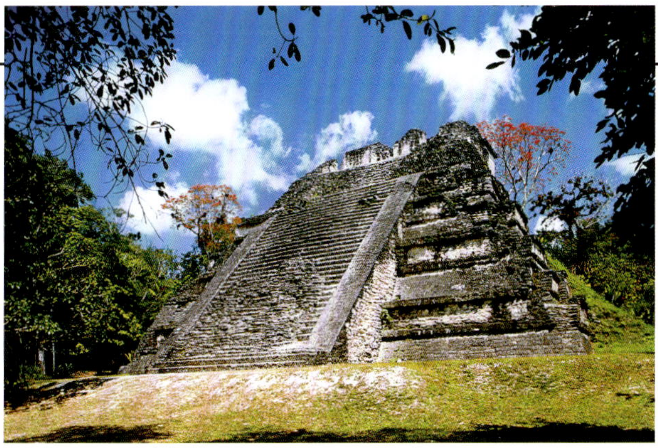

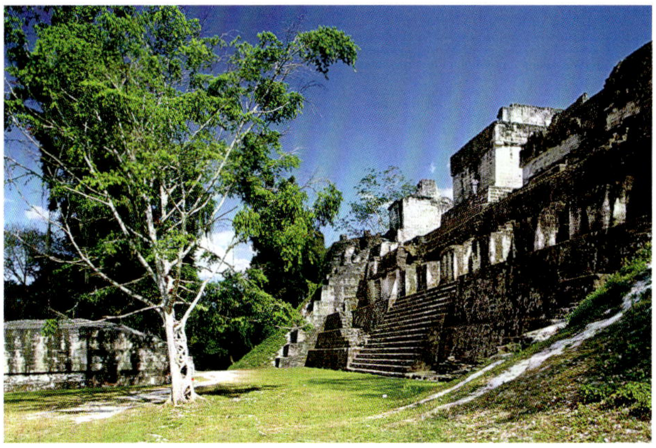

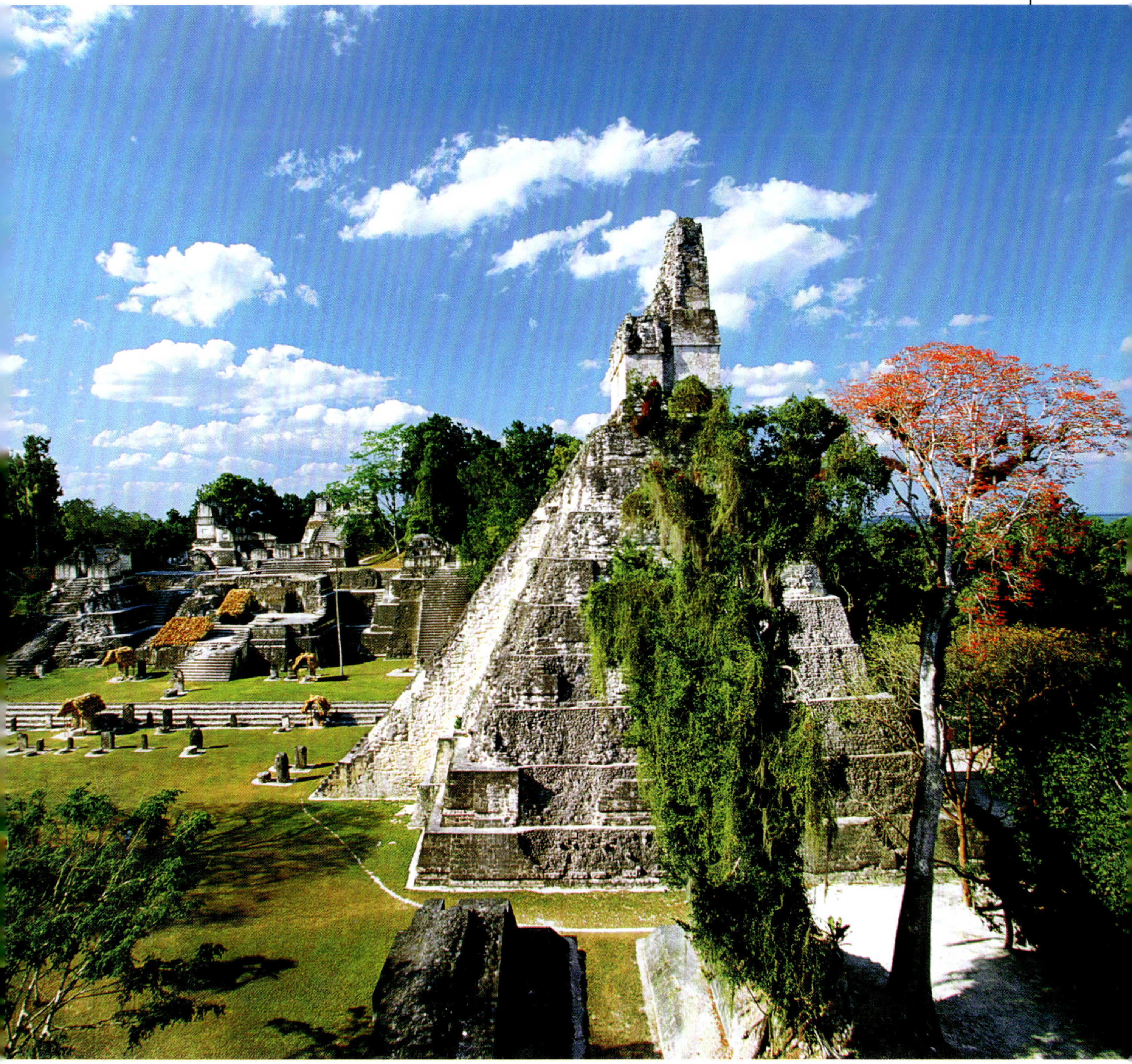

基里瓜考古公园

危地马拉共和国

伊萨巴尔省
入选年份：1981
遴选标准：C（Ⅰ）（Ⅱ）（Ⅳ）

基里瓜（Quiriguá）位于肥沃的基里奥莫塔瓜（Río Motagua）山谷，自公元前2世纪以来一直有人居住，是一座较为重要的玛雅城市。该城以贸易为生，在政治上依赖其强大的邻城科潘（Copán）。然而在公元737年，雄心勃勃的统治者斯凯夸阿克（Sky Cauac，723—784年）决定结束这座城市令人不安的依附状态，亲自监督周围山区玉石和黑曜石的开采与运输，并以高额利润出售给沿海玛雅城市。在武装了军队后，他去了科潘，俘虏了国王十八兔（Eighteen Jog，也称Eighteen Rabbits），并将他斩首。独立之后，基里瓜享受着巨大的繁荣，斯凯夸阿克建立了一个王朝，他的儿子斯凯许乐和孙子伊姆克斯道格在810年被亚德斯凯（Jade Sky）夺去了王位。基里瓜一直保留至9世纪中叶，它可能在一场强烈的地震之后遭遗弃。

深色的砂岩石碑帮助我们了解了基里瓜黄金时期，斯凯夸阿克和他的继任者在754年开始每隔五年竖立一座这种石碑［称为霍顿（hotun）］。石碑的侧面和背面刻有象形文字，记录了相关时期发生的政治和军事事件。这些石碑是基里瓜文明和科潘文明的特色元素，是国王们的一种宣传画。石头的正面装饰着宗教符号，周围环绕着神和神圣动物的形象，这一图像象征着国王神圣权力的合法化。

除了它们承载的历史内容，基里瓜的石碑还因其大小和雕刻的精确度而令人钦佩。最大的是石碑E，它重达60吨，高约10.67米，其中有三个巨大的石块位于地下，上面装饰着高约7.92米的宏伟的浅浮雕。今天，石碑D上的一些高度精密的雕刻图案再次出现在面值为10分的危地马拉硬币上。

为了减缓丰富降雨的侵蚀作用，九座石碑已被用顶篷保护起来，像哨兵一样有序地站立着，守卫着曾经的城市大广场。这个广场的大小约100.58米×79.55米，在其中心有一块岩石名为动物石G（将人类联想成非人类的动物），这很可能是斯凯夸阿克举行葬礼的遗迹，因为它的浅浮雕展示了国王有着美洲豹的特征，其嘴里叼着国王十八兔的头。广场的北端，也就是卫城矗立的地方，点缀着其他带有动物形象的石头（玛雅世界中一些最令人不安的形象）。卫城现在是一片废墟，但它仍然是一个非常优雅的建筑群，有着曾经包围着斯凯夸阿克和亚德斯凯的宫殿，甚至还有一系列的浴缸。紧挨着卫城的是球场，球场的边界是一堵墙，墙上装饰着玛雅太阳神基尼奇·阿豪（Kinich Ahau）的形象。

人们几乎将古城基里瓜遗忘在森林中，直到1841年，经过几天精疲力竭的长途跋涉，美国外交官约翰·劳埃德·斯蒂芬斯和英国人弗雷德里克·卡瑟伍德抵达那里。作为玛雅文化的爱好者，斯蒂芬斯试图从一位农民手中买下这片废墟，这样他就可以移走石碑，然后把它们运回纽约。然而，卖主要价过高，交易失败。1910年，美国联合果业公司（American United Fruit Company）成功地购买了这块土地，并开始砍伐森林以种植香蕉树。它还资助了宾夕法尼亚州立大学的考古学家对该遗址进行挖掘。在20世纪70年代这块土地回归危地马拉后，今天的基里瓜已成为一个国家公园。

■ 第358页（上）基里瓜权力中心卫城的台阶。在斯凯夸阿克统治时期（723—784年），这座城市正处于鼎盛时期，后来这座城市时运不济，直到9世纪中叶可能由于地震或人口过剩引发的土壤贫瘠而不复存在。

■ 第358页（下）基里瓜的卫城充满了迷人的雕塑和古迹，它们分几个阶段建造。在最后一个阶段，国王斯凯夸阿克用他的宫殿点缀了这座城市，并建造了一个棒球场，这里汇聚了所有玛雅宗教中心的特色。

■ 第359页（左）石碑J上刻着斯凯夸阿克戴着精心制作的羽毛冠冕的形象。背面的铭文说明石碑竖立于756年4月10日，并讲述了科潘的君主国王十八兔在738年5月1日被斩首的故事。

■ 第359页（右）像其他都是玛雅雕塑艺术的杰作石碑一样，石碑F矗立在稻草顶篷下，以保护它免受雨水的侵袭。这些石碑的建造者是斯凯夸阿克，他每五年竖立一座石碑。

基里瓜考古公园

危地马拉

科潘玛雅遗址

洪都拉斯

洪都拉斯
入选年份：1980
遴选标准：C（Ⅳ）（Ⅵ）

第360页（上）石碑M（这里可看到细节）是在公元709—755年雕刻的。背景中的石阶上刻象形文字，讲述遗址的朝代历史。

1576年3月8日，危地马拉皇家法庭法官唐·迭戈·加西亚·德·帕拉西奥致信西班牙国王菲利普二世，告知他在如今的洪都拉斯发现了一处奇妙的废墟，当地人称之为科潘。这个名字可能来源于纳瓦特尔单词"copántl"，意思是"桥"。

然而，帕拉西奥的消息在当时没有引起轰动。直到1839年，美国外交官约翰·劳埃德·斯蒂芬斯和他的英国旅伴弗雷德里克·卡瑟伍德开始探索这座城市，在这之前外界一直对这座城市一无所知。几年后，斯蒂芬斯出版了《尤卡坦旅行记》（Incidents of Travel in the Yucatán），其中描述了科潘的废墟，卡瑟伍德绘制的清晰的插图进一步论证了这一点。

一些最伟大的前哥伦布文明专家对这座城市进行了系统的研究，使得人们能够进一步了解玛雅文明。

与蒂卡尔、帕伦克和玛雅帝国的其他主要城市不同，科潘闻名的原因更多的是因其大量的艺术成就而非建筑。遗址上的雕塑和石碑的数量令人惊叹：在已统计的4509座建筑中，3450座位于遗址核心周围仅约23.31平方千米的范围内。这个中央考古群有五个主要的考古区域，占地约40.47公顷，是一个使用超过76.5万立方米泥土建造的开放区域。

首先是卫城，分为两大空间：西广场和东广场。该地区有两座神庙

第360页（上）11号神庙中众多雕塑之一，又称碑刻神庙（Temple of the Inscriptions）。这座宏伟的建筑矗立在卫城，以东西广场为界。

第360页（左下）卫城东广场的台阶。在这里，考古学家发现了15只美洲豹和各种鹦鹉的遗骸，它们很可能是因科潘神化的君主荣耀而牺牲的。

第360页（右下）卫城最壮观的雕塑之一是祭坛Q。它矗立在东广场，上面雕刻着这座富裕城市的16位统治者的面孔。

第361页 大广场西端的石碑F的细节。一些使用朱砂创造的红色痕迹仍然留在人物身上。原本所有的石碑上都涂有朱砂。

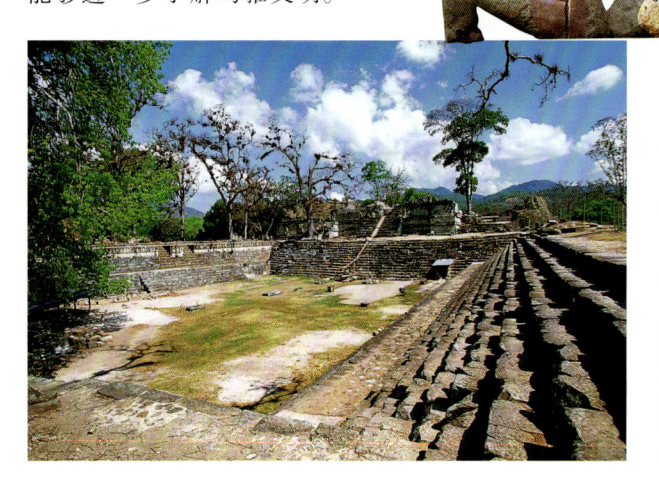

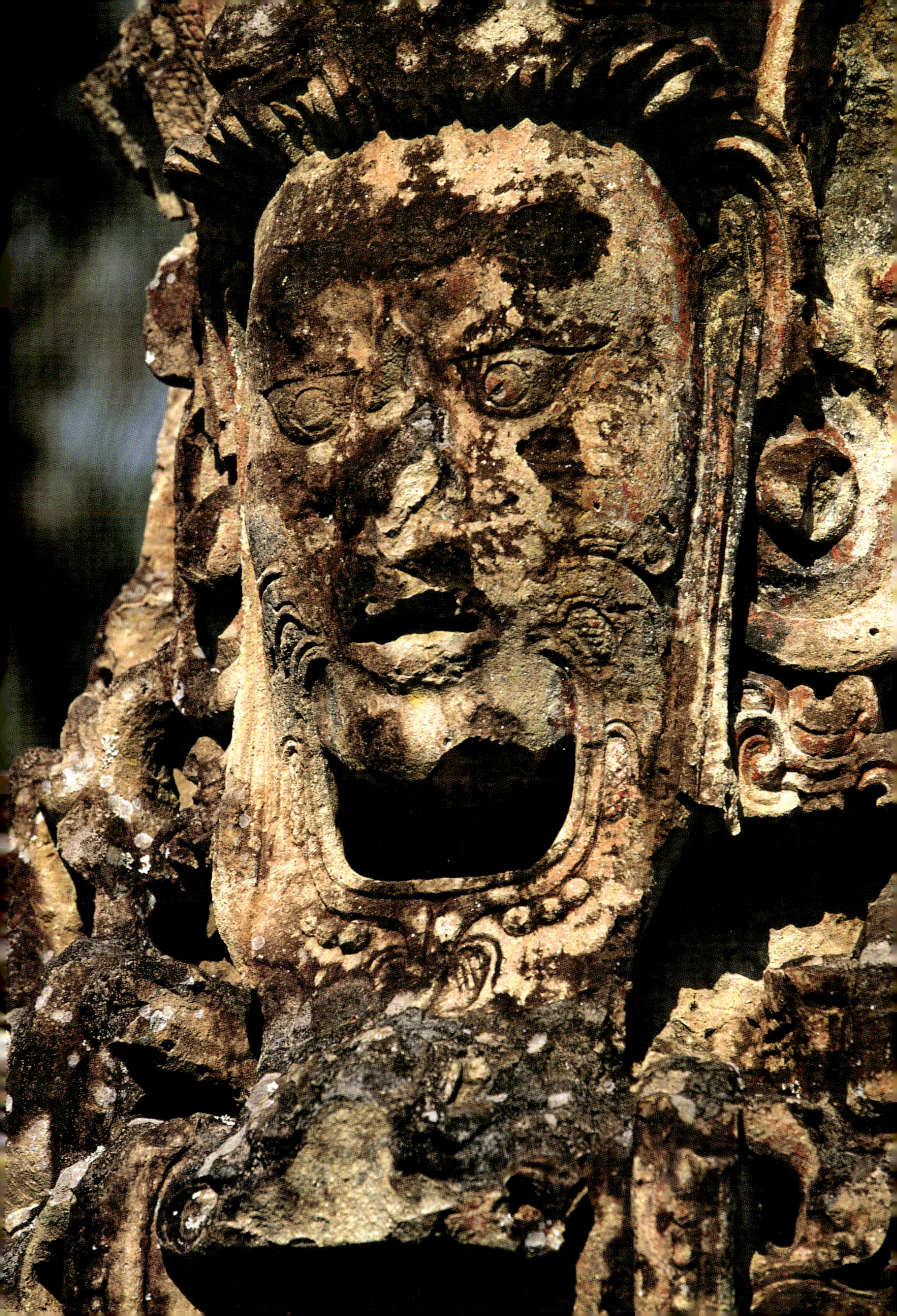

▌第362页（左上）这个面具是神庙11雕塑装饰的一部分，它是玛雅神话中支撑宇宙四角天空的人物之一巴卡布（Bacab）的面具。

▌第362页（左下）石碑B是献给科潘的第十三任统治者十八兔的，他在战斗中被基里瓜国王俘虏并斩首。石碑B用以纪念国王十八兔登基。

▌第362页（右）石碑A建于731年，用于纪念国王十八兔，上面装饰着一系列身着精致服装的人物。有些人戴着百合花的头饰，这是水和君主神化的象征。人们认为这位统治者能为宗教仪式祈求雨水。

▌第363页（左上）石碑H刻于公元730年，是献给一位名字不详的女性人物的。她很可能是十八兔家族中的女王或者公主之一。

▌第363页（右上）
石碑F是科潘最优雅的雕塑之一。这座石碑以及其他石碑雕刻技艺精湛，其形状类似于象征玛雅人的宗教和世俗权力的树干，人们因而戏称这座大广场为"国王的森林"（Forest of the Kings）。

▌第363页（左下）
祭坛G1的全浮雕雕塑由两条蛇组成。依照铭文记载，祭坛可追溯至公元800年。

▌第363页（右下）
这座祭坛位于大广场以北的石碑D旁，上面雕刻着玛雅雨神恰克的面具。

（11号和16号神庙）和一个祭坛。11号神庙代表着通往来世的大门，而16号神庙位于两个广场之间，建在一座早期建筑的废墟上。祭坛是献给科潘的统治者的，上面有他们的肖像。在卫城下还有总长超过3.21千米的隧道，可以追溯到该地区建设的早期阶段。事实上，科潘建于古典时期（Classical Period），兴盛于公元3—9世纪。然而，该地区更早的农民定居点可以追溯到公元前一千年，他们享有科潘河沿岸的有利位置，土地肥沃。

另一个有趣的地方是城市北侧的大广场，这是一片巨大且开阔的草地，零星分布着石碑和祭坛。这座城市的石碑和第一座建筑用于天文观测的参照点。然而，科潘最壮观的景点无疑是中美洲第二大球场和象形文字覆盖的石阶。石阶位于卫城脚下，有63级台阶，上面装饰着2500个文字，长期以来一直吸引着专家的关注。这是现存的最长的玛雅文明书面记录，它讲述了科潘王朝的故事。不幸的是，因为石阶的一部分已经坍塌，无法辨认完整的信息，因此科潘王朝的故事仍然是一个无法解开的谜团。

大约在公元5世纪，科潘社会达到了最高的发展水平。这座城市由国王统治，最重要的公民住在砖房里，同时工具和陶器的制造达到了很高的技术水平。到了7世纪初，这座城市在建筑和雕塑方面取得了进一步的发展，达到了全盛时期，其可能已成为玛雅帝国最重要的城市。然而，不久之后，人们突然抛弃了科潘。最后一个石雕符号是在公元800年雕刻的，在这之后它的统治者、牧师和公民离开了这里，告别了玛雅文明有史以来达到的最高艺术表现。

查文·德万塔尔考古遗址

秘鲁 | 安卡什省
入选年份：1985
遴选标准：C（Ⅲ）

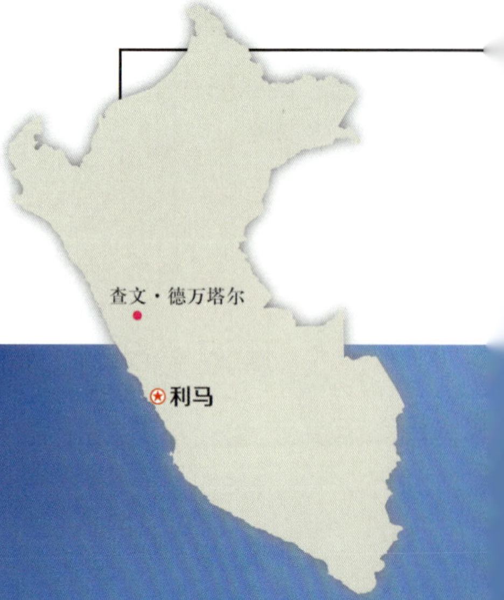

蒂莫特奥·埃斯皮诺萨（Timoteo Espinoza）在田里辛苦地刨土时，他的锄头被一块巨大的岩石卡住了。在其他农民的帮助下，他在这块岩石的周围挖掘，发现它有约2.13米长，上面雕刻着一个巨大的猫头。几年后，也就是1873年，蒂莫特奥邀请了一个路过利马的外国人吃午饭，当他用手擦厨房桌子的下部时，发现桌子上刻着浮雕。农夫骄傲地把那块岩石立起来，向参观者展示。今天，在秘鲁首都的国家人类学和考古学博物馆（National Museum of Anthropology and Archaeology）可以欣赏到"雷蒙迪碑"[Raimondi stele，以外国人安东尼奥·雷蒙迪（Antonio Raimondi）的名字命名，他一生都在利马大学探索秘鲁]。石碑上雕刻的是"查文文化"（Chavín culture）的代表作。

查文·德万塔尔（Chavín de Huántar）现在只是一个小村庄，位于科迪勒拉布兰卡山脉（Cordillera Blanca）东侧的狭窄山谷卡列季恩德孔丘科斯（Callejòn de Conchuco）中。这里海拔约3139米，处在亚马孙雨林和沿海平原之间，公元前1500年至公元前300年，它是繁荣文明的发源地，对历代秘鲁文明（包括印加文化）都产生了影响。作为一个人口相当密集的农业城市，查文控制着从海岸到内陆的贸易路线，以及那些从北到南横穿科迪勒拉的贸易路线。这座老神庙（Old Temple）很可能建造于公元前1200年至前1000年，它是宗教权力的中心。

老神庙是一处向东开放的U形平台，中间有一个庭院。它最重要的部分是一个错综复杂的房间和地下通道，被用作储藏室，这里可用于进行宗教仪式，甚至可能过去有一小群照看神庙的人居住于此。在老神庙的中心两条狭窄隧道的交界处，人们发现了兰桑（Lanzón）的人身猫脸雕像。根据那个时期的信仰，牧师们能够通过吞下致幻物质而变身为美洲豹。人们发现了许多用于制造乐器的研钵、杵、工具和带孔贝壳，所有这些都与宗教仪式有关。

新神庙（New Temple）与老神庙在功能上保持了连续性，拥有相同的通道，并用于举行相同的仪式，当地人称它为埃尔卡斯蒂约（el Castillo）。虽然新神庙更大，但它的建筑并不值得关注，这里只是一个巨大的矩形街区，两翼都指向东方。位于新神庙前面下三级台阶的是亨迪达广

- 第364页（上）埃尔卡斯蒂约墙壁装饰精美，高约10.06米这一高度使其成为隐藏在秘鲁科迪勒拉·布兰卡山脉（Cordillera Blanca）中最雄伟和壮观的遗迹。

- 第364页（中）埃尔卡斯蒂约西墙上的一个巨大的浅浮雕板。查文艺术拥有高度的抽象性，定义明确、风格化的动物和人物形象，让巴勃罗·毕加索很是着迷。

- 第364页（下）在埃尔卡斯蒂约的黑白内门（Black and White Portal）上描绘的半浮雕男神，其一半是人，一半是猫科动物。查文文化中的礼拜仪式对中美洲的其他民族产生了很大的影响。

- 第364-365页 亨迪达广场位于埃尔卡斯蒂约脚下，是该市的仪式中心。它占地约234平方米，两边都是长方形的平台。

- 第365页（上）该面具名为卡贝萨·克拉沃斯（Cabeza Clavos），多次出现在查文建筑中，可以看出人们对其非常痴迷。该面具结合了猫科动物和鸟的特征，代表神庙的守护神之一。

- 第365页（中）其中的一处走廊双层门斯拉（Galeria de la Doble Mensula）。该走廊与楼梯和通道一起构成了新神庙下的多层迷宫，新神庙因其宏伟的建筑而被重新命名为埃尔卡斯蒂约金字塔。

- 第365页（下）旧神庙下一条狭窄通道的尽头矗立着兰桑石碑，这是一座白色花岗岩石碑，供奉查文至高无上的半人半猫神。

场（Plaza Hundida），面积约234平方米，两边各有一个长方形的平台。这是朝圣者聚集的地方，据推测，这些朝圣者前往查文举行宗教仪式。亨迪达广场也是发现泰洛方尖碑（Tello Obelisk）的地方，以第一位研究该遗址的考古学家的名字命名。这一方尖碑是花岗岩具象艺术的杰作，在利马的博物馆里也能看到。

考古学家从查文的肖像中了解到这座古老的万神殿由三个神组成：鱼代表的月亮，猎鹰代表的太阳和美洲豹代表的造物主之神。在查文的宇宙学中，每个神都与一个不同的层次联系在一起：鱼与地球表面下的大地，鹰与天上的力量，美洲豹与地球的力量。无论如何，查文的艺术以非凡的抽象水平为代表，动物和人类的形象被清晰、定义明确的线条风格化，1945年一场山体滑坡掩埋了这座城市，1970年的一场强烈地震使其再次受损。谈到这座城市，巴勃罗·毕加索（Pablo Picasso）说："在我钦佩的所有古老文化中，查文是最令我惊讶的一种。说实话，这是我很多作品的灵感来源。"

昌昌城考古地区

秘鲁 | 拉利伯塔德大区特鲁希略市万查科区
入选年份：1986
列入《世界濒危遗产名录》时间：1986
遴选标准：(I)(III)

■ 第366-367页 从空中俯瞰，可以欣赏到该遗址的宏伟壮观。昌昌城占地约18平方千米，其所在的莫切河谷（Moche Valley）将安第斯山脉与太平洋隔开。

■ 第367页（上）昌昌城中一处城堡的精美墙壁。1450年正值奇穆王国权力和财富鼎盛时期，此时该市约有6万居民。

太阳和月亮的缔造者创造了昌昌的神话。这位缔造者是一条龙，过去人们认为它是生命和宇宙的能量——彩虹，如今这一神话还出现在特鲁希略的课堂里。虽然这座非凡的土坯城（是吉尼斯世界纪录中世界上最大的土坯城）是奇穆的首府，但这里居民的起源尚不清楚。奇穆于1100—1470年取代了莫切文明，并在此阶段蓬勃发展，在技术和科学方面奇穆是秘鲁最先进的文明。一些专家甚至认为奇穆人是来自墨西哥的玛雅殖民者。

尽管如此，奇穆的政治和社会组织非常复杂，分级明显。奇穆人都是熟练的工程师，他们设计出了复杂的灌溉系统，并对冶金学有深入的了解。奇穆似乎不是艺术上完美的唯美主义者，他们更喜欢功利务实的方法。因此，他们生产的物品主要是功能性的，包括黑色陶瓷、机织物和黄金制品。昌昌似乎也是一个功能齐全的首都，它统治着一个王国，范围从北部的瓜亚基尔湾一直延伸到与今天的智利接壤的南部边界。

昌昌城分几个阶段建造，占地约18平方千米，在15世纪初，居民人数为6万人。在其绵长的围墙内，至少有十座城堡，每一座都建在梯形平面上，两座城堡间有长达7.62米宽的道路相隔，同时城堡由高约10米、厚达3.96米的墙壁保护。这些建筑是用土坯（由稻草和泥土混合物制成的未烧砖）建造的，然后在上面覆盖了泥土。

城中建筑的墙壁颜色鲜艳，昌昌城最重要的建筑墙壁上甚至排列着金色的叶子。有传说称，奇穆统治者的花园里有着珍贵金属打造的动物和植物。

丘迪堡（Tschudi Citadel）是保存最完好，也是开展修复工作最多

▎第367页（中）丘迪堡，此处为北门）仍完好无损。由奴隶建造的围墙高达10米，用来保护城堡免受太平洋潮湿的风的侵袭。

▎第367页（下）奇穆是一个务实的民族，他们不沉迷于美学。但如照片所示，他们的土坯建筑位于丘迪堡中心广场的边缘，装饰着几何形状和动物的图案。

的城堡。19世纪中叶一位维也纳的旅行者率先对其展开研究，丘迪堡的名字便来源于这位旅行者。就像它的九个"双胞胎城堡"一样，城堡内有一个举办仪式的庭院，庭院两旁排列着无数用于民事和宗教目的的房间，庭院和房间之间有走廊相连。走廊也通向第二个庭院，庭院旁是一个曾用于蓄水的巨大水池。水池后还有士兵的营房、皇家陵墓和政要住宅。除了城市错综复杂的布局外，墙壁的一大部分都装饰着引人注目的浮雕。虽然这些浮雕抽象化且非写实的形象，但人们还是有可能辨认出大海的波浪、鱼以及河狸鼠，这展示出奇穆盛行的海洋文明。

虽然奇穆人的起源迷雾重重，但他们的结局却有章可循。1465—1470年，图帕克·尤潘基（Tupac Yupanqui）率领的印加人攻占这片土地，奇穆人实行不抵抗政策，屈服于印加人统治，这一举措使昌昌免于抢掠。在西班牙人到来之前，这座城市一直空无一人，但完好无损。然而之后欧洲人掠夺了它所有令人赞叹的珍宝，昌昌城变为一个土坯壳。几个世纪以来，昌昌城一直处于这种状态——暴露在自然环境中慢慢崩塌。

尽管秘鲁政府和联合国教科文组织做出了努力，并已将该遗址列入《世界濒危遗产名录》，但昌昌城的状态恶化得相当严重，天气对其的破坏速度大于修复工作的开展速度。昌昌城还面临另一个危险：正在探寻皮泽洛（Pizarro）军队遗漏的黄金的"华奎罗"（huaquero，位于智利、秘鲁、玻利维亚的盗墓人）。

■ 第368页（上）丘迪堡广场墙上装饰的细节。这一装饰的特点是风格化，表明奇穆盛行海洋文明。

■ 第368-369页（上）龙庙（Huaca of the Dragon），也称彩虹庙（Huaca Arco Iris），其为该地区最壮观的建筑物。庙中非凡的装饰描绘了爬行动物、人类、龙和彩虹，这些图案象征着富饶、肥沃。

■ 第368-369页（下）这种水生河狸鼠经常用以装饰丘迪堡。为了制作它们，人们在土坯砖上覆盖了一层薄而光滑的泥土，然后将砖块进行"切割"。

马丘比丘古神庙

秘鲁

库斯科省，乌鲁班巴镇
入选年份：1983
遴选标准：C(I)(III); N(II)(III)

1988年夏天，一场大火掠过马丘比丘废墟的边缘，并席卷了其周围的森林，摧毁了约0.4万公顷的植被，危及许多当地物种的生存。这场大火被认为是秘鲁历史上最严重的生态灾难，由于马丘比丘地区旅游业发达，该地生态保护压力日益增加，加之秘鲁政府缺乏资金和管控措施，壮丽的乌鲁班巴山谷（Urubamba Valley）的生态状况本已岌岌可危，这场大火更是加剧了这一境况。

认为马丘比丘考古遗址是生态系统的基本要素似乎有些言过其实，但雨林上方矗立的美丽废墟的确是景观的一部分。事实上，正是该地的山脉、乌鲁班巴河的河流，以及动物的存在成就了这座神奇的城市。印加人相信帕查母亲（Pacha Mama，即地球母亲）是具有超自然力量的生灵，而马丘比丘对印加人来说是一处世界起源的圣地。

在国王帕查库特克·印加·尤潘基的领导下，马丘比丘的仪式中心建于1460—1470年，约有1200人居住于此。居住者中大多为被选为太阳神修女的女性（发现的175具木乃伊证明了这一点，其中80%是女性），剩下的20%是牧师和儿童。

考古区由200座建筑物组成，其中大部分是房屋或仓库，它们建在花岗岩块上，以"紧靠"岩石并利用所处地形。这些房屋的门口呈梯形，拥有稻草制成的屋顶。这些两层楼的房屋围绕着正方形的庭院建造，每组10座，由狭窄的街道和上方的栈道连接起来。沿遗址的边界铺设的是家畜区和印加人种植玉米和土豆的梯田。

最重要的宗教建筑建在宽阔的仪式广场周围：这些圆形结构是太阳神庙，它们的形态像是带有精美的浅浮雕的塔楼；三窗神庙（Temple of the Three Windows），也就是所谓的主庙和皇家神庙。尽管最后一栋建筑的确是用于祭拜的，但在其中没有发现任何坟墓，神庙的名字来源于它凹陷的位置，人们认为神庙代表了通往大山中心的"精神"通道。引人入胜的栓日

▌第370页 马丘比丘的一个住宅区的景色。这些房屋总共有十座，为稻草顶的两层石屋，它们围绕在庭院周围，由狭窄的街道和上方栈道相连。

▌第370-371页 马丘比丘的绝佳景色。马丘比丘北部俯瞰着一座名为瓦伊纳皮克丘的锥形山脉，月亮神庙依附于山墙，坐落在这座山一侧的一处天然洞穴中，对于居住在乌鲁班巴山谷的印第安人来说，它仍然是一处圣地。

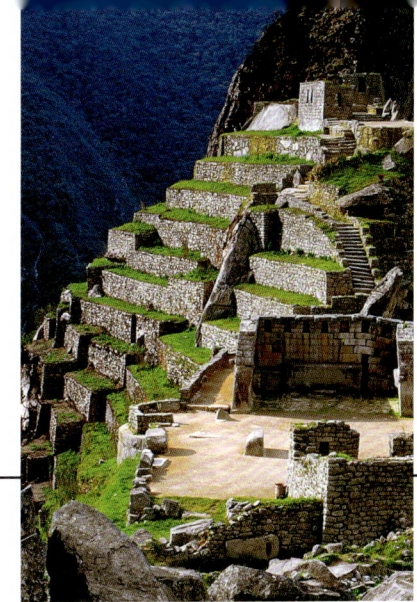

■ 第371页（左上）
巨大的梯形大门是马丘比丘的典型特征，建造这一大门的石头呈完美的正方形，彼此相互交错。这一大门是所谓的"双门"，表示圣地的入口。

■ 第371页（右上）
印加人凭借高超的技艺，在这座山上挖出了一系列梯田，以便种植赖以生存的玉米和土豆。古城的务农和居住区占地约20.23公顷，是仪式区的两倍。

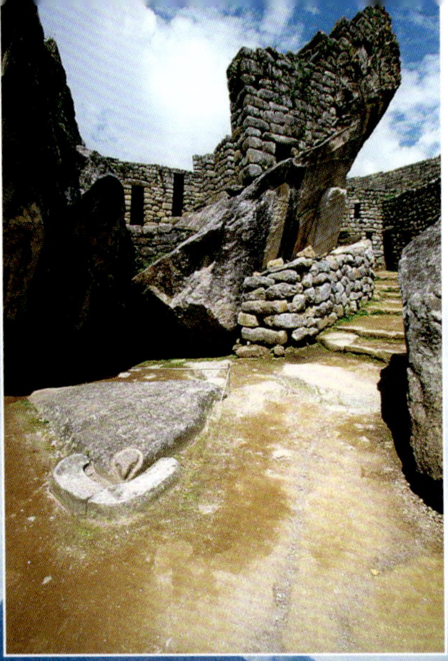

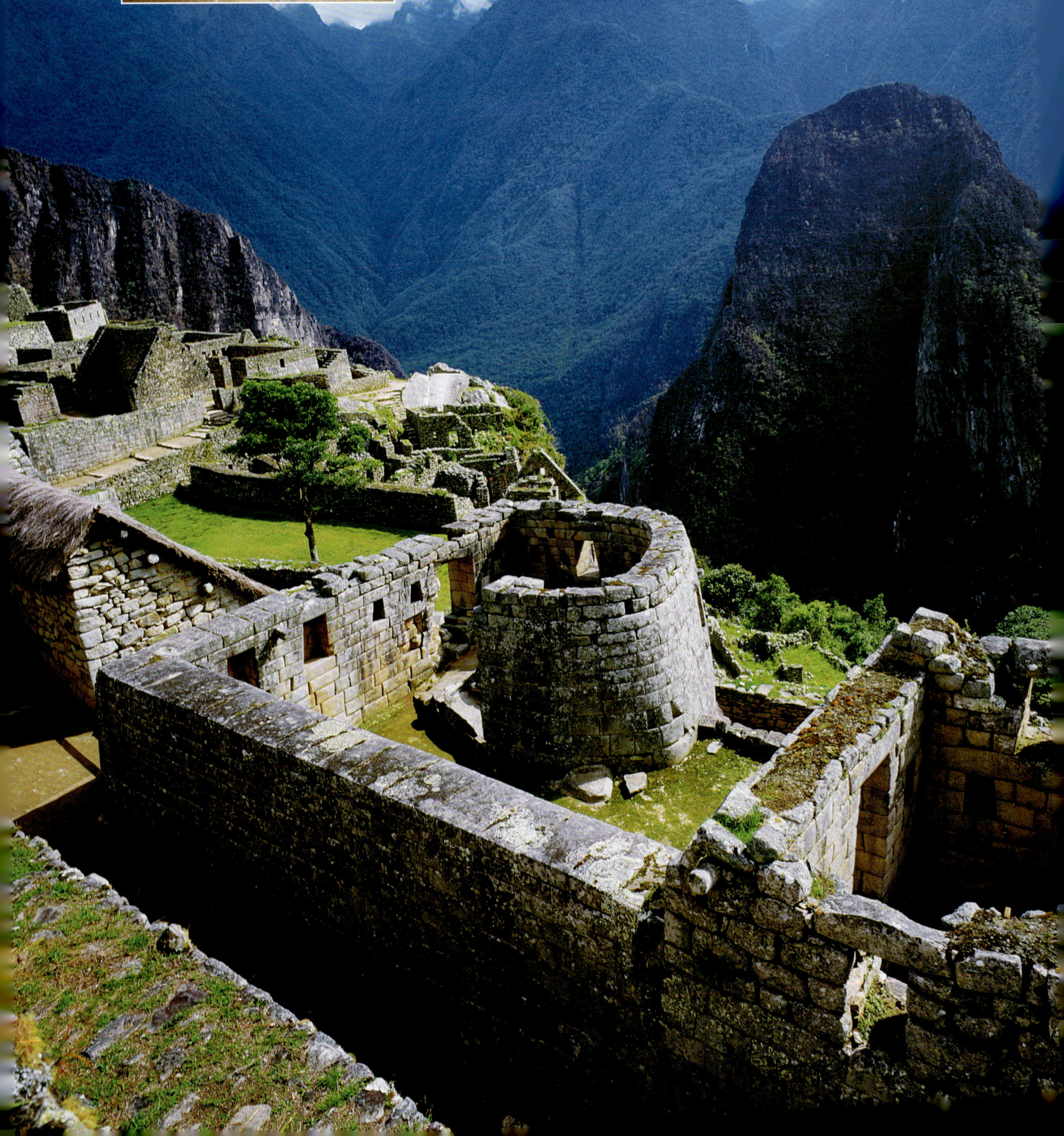

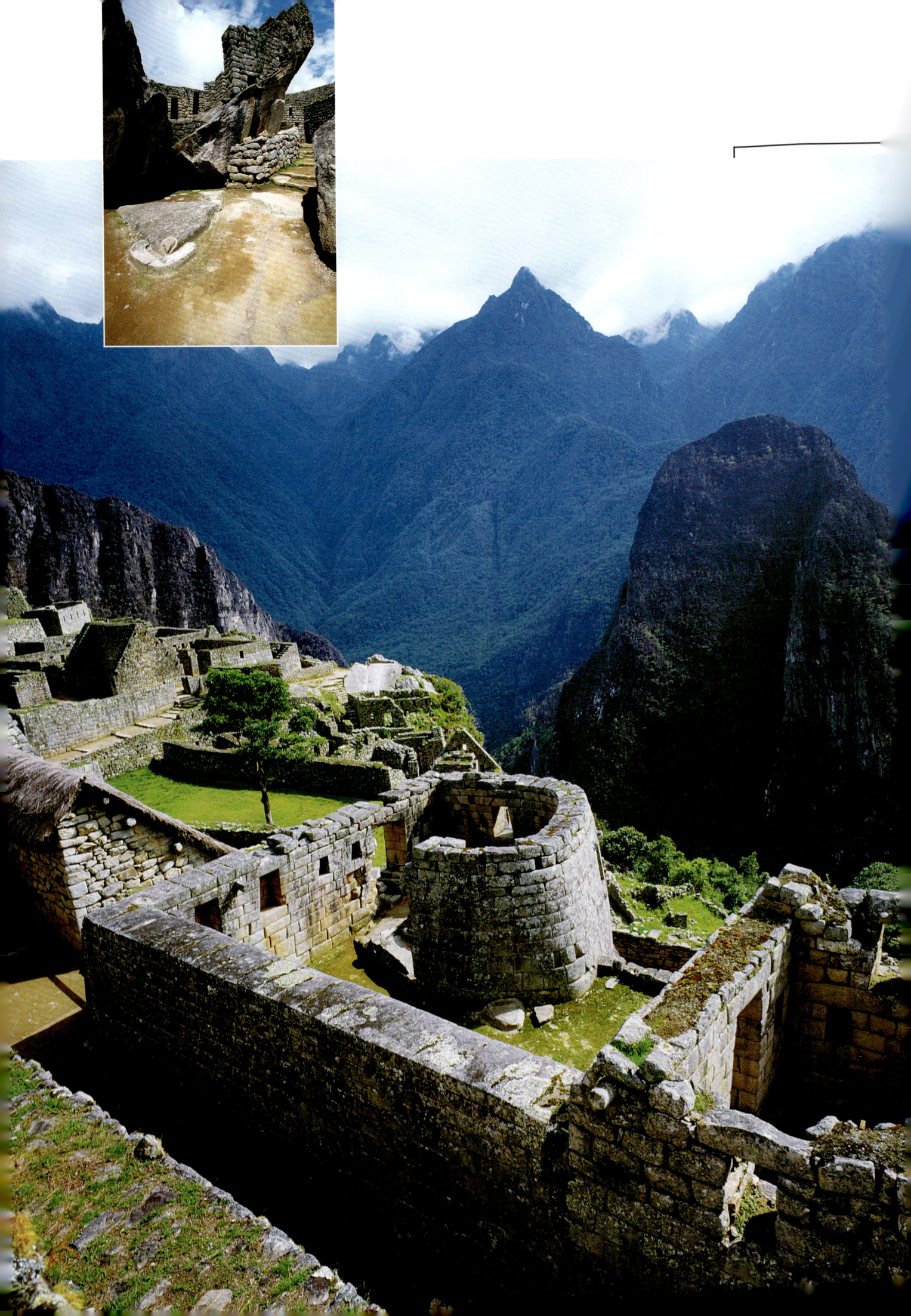

第372页（上） 神鹰庙（Temple of the Condor）的废墟，其形状暗示着这只鹰即将起飞。它建在一块岩石的背风处，印加人在这个壁龛里放置了他们的木乃伊。人们认为秃鹰能将死者的灵魂运送到坟墓之外的世界。

石（Intihuatana）是一个带有雕刻的巨石，祭司们在冬至日（对于赤道以南的地区来说，此时是夏天）时会在这块石头前祭祀太阳。月亮神庙矗立在瓦伊纳皮克丘山（Huayna Picchu）上，这是一座俯瞰遗址的壮丽的圆锥形山峰。月亮神庙坐落在一个天然的洞穴里，里面挖出了五个壁龛；神庙装饰以浅浮雕，在中间有一个巨大的石头王座。直到今天，当地居民仍将玉米、烟草和古柯叶等祭品带到寺庙供奉山神。

1532年，当皮泽洛率领的西班牙人抵达库斯科时，他们彻底摧毁了印加帝国，但从未听说过马丘比丘的存在。因为在西班牙人来到这里的五年前，一场鼠疫导致50%的印加人死亡，人们因此遗弃这座圣山。几个世纪以来，只有乌鲁班巴山谷的少数居民知道这个遗址的存在，直到1911年7月24日，美国考古学家海勒姆·宾厄姆（Hiram Bingham）重新发现了这座遗址。此时，它已经完全融入森林了。

第372-373页 根据考古学家的说法，太阳神庙中有一座曾用作天文台的圆形塔楼。12月21日冬至日当天，太阳沿庙宇的中央窗户升起。

第373页 1460—1470年，库特克·印加·尤潘基国王建造了马丘比丘，有1200人居住于此。在名为"监狱"的中央建筑右侧可以看到该地的农作梯田。

库斯科古城

秘鲁 | 库斯科城
入选年份：1983
遴选标准：C（Ⅲ）（Ⅳ）

根据印加神话，曼科·卡帕克（Manco Capac）和他的妹妹马玛·奥克洛（Mama Ocllo）是从日月岛附近的的的喀喀湖（Lake Titicaca）深处出现的神圣人物，他们于1200年建立了库斯科城。这对兄妹想要寻找建都地点，据说在这里曼科·卡帕克把他的黄金拐杖挖进地下时，拐杖被土地奇迹般地吞没了，因此他们在这里建都，库斯科成了当时世界上已知的最壮丽的首都。这座新城市的第一块石头就安放在曼科·卡帕克拐杖挖进的地方。这座城市也因此名为库斯科，在盖丘亚语中写作"Qosq'o"，意思是"宇宙的肚脐"。

事实上，研究人员已经发现证据，证明存在比印加神话中更早的定居点。早在8世纪就有人定居于此，基尔基人（Killki）是一个农业民族，他们在加工坚硬的火山岩和安山岩方面有着非凡的技能。在两个多世纪后，库斯科才成为传说中宏伟强大的首都。1438年起，曼科·卡帕克王朝的第八代后裔库特克开始扩张印加帝国。他负责建造了这座雄伟且不朽的城市，在那之前，这座城市只是一个村庄。他疏通了萨皮河（Saphi）和图卢马约河（Tullumayo），并在这两条河之间的狭长地带修建了库斯科。

这座新城市的布局是美洲狮的形状，这是印加文明中神圣的动物。萨克萨曼（Sacsayhuaman）

■ 第374-375页 市中心狭窄的洛雷托街（Calle Loreto）是库斯科最古老且最著名的印加长城。在西班牙人将其并入修道院的建设前，它是太阳贞女宫（Acllahuasi）的一部分，也就是"被选中的妇女"的住所。

■ 第374页（下） 有一段时间，科里坎查河两旁排列着金色的叶子。今天，西班牙人在圣多明戈的城墙上修建了圣多明戈大教堂，这座建筑的遗迹所剩无几。

代表着美洲狮的头颅,是主要的宗教中心,必要时还会有设防堡垒;普马楚潘(Pumacchupan)代表着尾巴,是两条河流流出人工河床的地方;科里坎查(太阳神殿)是腰部;而仪式广场万卡帕塔[与后来的西班牙武器广场(Plaza de Armas)的周长大致相同],象征着动物的心脏。这座广场上,道路呈扇形展开,通向帝国的每一个角落。最后,库特克在山谷周围的斜坡上建造了梯田以发展农业。

在接下来的一个世纪里,库斯科及其财富呈指数级增长,当弗朗西斯科·皮泽洛于1535年11月8日到达这里时,他被这座城市迷住了。科里坎查庭院墙壁的两旁排列着金叶,庭院中间有一个花园,特别之处是花园中的玉米植株用金银打造并镶嵌以宝石。当时印加帝国受困于王朝争斗,皮泽洛利用这点精明地夺取了这座城市的宝藏,并让他军队中的88名军官留在此处定居,这些人至少在表面上是受新的傀儡统治者曼科·印加支配的。这一伪装持续了三年,直到曼科·印加组织了一支军队将西班牙人赶走。虽然曼科·印加的计划几乎成功,但最终还是失败了,他被迫逃到森林中的偏远的维尔卡班巴城(Vilcabamba)。西班牙人为所欲为,洗劫了这座城市的古迹,并用当地的黄金建造了令人眼花缭乱的巴洛克教堂,使库斯科成为今天拉丁美洲最可爱的城市之一。

圣多明戈教堂(Iglesia de Santo Domingo)轻蔑地矗立在科里坎查的上空。只剩下一面由安山岩(每块重约160吨)砌成的圆形干墙,仍作为太阳神殿的一部分保留了下来。在萨克萨曼,唯一保留下来的是由祭坛、寺庙和防御工事组成的建筑群中的一小部分,其中象征着美洲狮下颚的锯齿形墙代表着仍然宏伟的城墙的废墟。

然而,西班牙人无法做到的是铲除祖先的印加文化。印加文化可以在名为殖民绘画的独特风格中[名为梅斯蒂索(mestizo)]和库斯科人的面孔中再现,库斯科人中90%是安第斯后裔。

▍第375页(上)萨克萨曼的主要入口由完美光滑的砖块建造。在镇压了曼科·印加领导的叛乱后,这座可容纳5000名士兵的建筑群中的大多数建筑,都被皮泽洛的军队摧毁了。

▍第375页(中)这个庭院最初用于祭祀仪式,今天是科里坎查为数不多的可以参观的部分。这座纪念性建筑容纳着印加统治者的木乃伊。它有不同的房间用来祭祀不同的神,还有一个天文台。

▍第375页(下)萨克萨曼的三层城墙,这组建筑既是宗教中心,必要时还是一座设防堡垒。锯齿形的墙壁让人联想到美洲狮的牙齿,这是印加人的圣物。

纳斯卡的线条图和地理符号，朱马纳草原的潘帕斯

秘鲁 | 乌鲁班巴省，库斯科市
入选年份：1994
遴选标准：C（I）（III）（IV）

第376-377页 人们称这一好奇的人物为"宇航员"，也常将这一人物视作"证据（尽管总受到整个科学界断然驳斥）"，来阐明纳斯卡的地理符号是由外星生物创造的理论。

第 376 页（左下）这只蜂鸟是朱马纳草原上找到的 18 种不同鸟类之一。此外，纳斯卡人在这片沙漠地区设计了各种动物，包括蜥蜴、鱼、鲸、猴子和蜘蛛。

第 376 页（右下）手和树的设计图案。所有的雕像都是由一种简单的技术制作的，包括移走沙漠地面上的石头和巨石，以显露出下面浅色的土壤。

在秘鲁的沿海沙漠中，可以发现当地人民在古代修建的灌溉系统的废墟。1941 年，哥伦布前拉丁美洲文明专家保罗·科索克（Paul Kosok）在纳斯卡河谷［Rio Nazca valley，格兰德河（Rio Grande）支流之一］考察时，偶然在地上发现了一个非写实的图案，仿佛一只巨大的鸟，其长度超过 30 米。这个设计似乎是人为勾勒出来的，以便从空中看到。

在向利马大学的同事询问后，科索克了解到还有几个这样的图案。三年前一位秘鲁学者发表了一篇文章，他在文章中假设这些人物是由一种未知的前哥伦布文明创造的仪式形象。在那之前，一直没有人对这些图案展开研究，只有西班牙编年史工作者在 1600 年前后偶尔做了一些笔记，以及考古学家胡里奥·特洛（Julio Tello）在 1926 年绘制的草图。

在一次空中侦察任务中，科索克成功地辨认出了一些数字。在离开秘鲁前，他认为这些数字是与天文观测有关的古代观测线，并向居住在利马的德国天文学家兼数学家玛丽亚·雷施（Maria Reiche）解释了他的理论。从那时起，雷施花了 40 年的时间研究纳斯卡线条，为考察线条年代和设计做出了贡献，也为它们的存在提供了合理的解释。

半个世纪后，在科罗拉达草原（Colorada pampas）或朱马纳草原（pampas of Jumana）上发现了约 30 幅图像，这些面积为 480 多平方千米的高地，俯瞰着纳斯卡河谷。图案中有些以人类或动物的特征为特色，而另一些则是风格化的植物。其中有著名的鸟类、猴子、蜘蛛和虎鲸的图像，也有几何图案，特别是一些超过 1.6 千米的长梯形和矩形，它们显然没有任何直接意义。制作图案的方法非常简单：仅需移除覆盖在潘帕斯沙漠表面的棕色石头，从而使下面较浅的石头显露出来。尽管方法很简单，但所用的技术是高超的，执行这项任务必须付出巨大的努力，因为没有证据表明古代人使用了工具，因此学者认为所做的工作都是手工完成的。

多年来，关于这些图案的含义，人们提出了各种各样的假设，由于这些地理符号与机场跑道，以及令人惊叹的古代文明先进技术都有着模糊的相似性，它们甚至引发了人们有关外星人的离奇猜想，但纳斯卡的图案绝不是一个谜。朱马纳草原上以及秘鲁北部海岸上的许多其他线条，虽然不那么壮观，但它们起源于所谓的"纳斯卡文明"，这是一种在公元前 2 世纪至公元 6 世纪之间繁荣起来的前哥伦布文明。

在该地区更潮湿的位置发现了纳斯卡文明中人们使用的陶器，同时研究人员还在纳斯卡河谷地区发现了瓷器碎片，这些都证明了纳斯卡文明的繁荣。其中一部分发现的物品装饰着与遗迹线条极为相似的图案。通过玛丽亚·雷施的不懈努力，她证实了几何图形可用以记录日历上的重要事件，如二至点和季节循环。由于朱马纳草原气候极为干旱，土壤未经风蚀，纳斯卡线条一直完好无损地保存至今。

第 377 页（左）这只有着巨大螺旋状尾巴的猴子可能是纳斯卡最知名的形象。纳斯卡文明于公元前 2 世纪至公元 6 世纪在秘鲁海岸蓬勃发展，在所谓的"纳斯卡文明"的陶器上可以看到与该图相同的图案。

第 377 页（右）蜘蛛符号长约 45.72 米。虽然许多考古学家驳斥了纳斯卡图案的天文意义，但杰拉尔德·霍金斯教授（Gerald Hawkins）发现，该蜘蛛脚的位置恰好与猎户座一致。

蒂亚瓦纳科文化的精神和政治中心

玻利维亚 因加维省拉巴斯
入选年份：2000
遴选标准：C（Ⅲ）（Ⅳ）

太阳门（Gate of the Sun）是通往蒂亚瓦纳科城（Tiwanaku）的不朽入口，它是由一块重达100吨的安山岩雕刻而成的。上部为浅浮雕，有三排48尊带有翅膀的雕像，其中人脸32尊，秃鹰、大象、幻兽头像16尊。中心为一位神，他的脸向四面八方放射出太阳的光线，脸颊上布满了象征着雨的泪水，手中拿着两个风格化的物体，分别象征着雷鸣和闪电。对于的的喀喀湖岸边的主要民族艾马拉印第安人（Aymara Indians）来说，这一形象代表了维拉科查（Viracocha），这位神从湖中诞生，创造了太阳、天空、星星、雨水和人类。然后，他以乞丐的身份在地球上游荡，教导人类孕育了文明，最后消失在浩瀚的太平洋中。

艾马拉人确信蒂亚瓦纳科是"宇宙的肚脐"，是他们的祖先几千年前出生的地方。然而除了所有的传说外，就此最神秘的前印加文明出现的年代而言，考古学家们还没有达成一致的结论。有人说蒂亚瓦纳科在一万年前是一处湖边的港口，证据是该地附近的岩石上一直存在白色和黄色沉积物，这些沉积物表明当时的的喀喀湖的水位。其他人倾向于公元前2000—前1600年。另一些人则根据实物证据推测，该城于公元前400年建于蒂亚瓦纳科河的河岸上，该河流入下游约14.5千米的湖中。虽然众说纷纭，但学者对于蒂亚瓦纳科文明在公元500—900年达到顶峰这一说法达成了一致看法，1100年印加人到达时，这座城市已处于被遗弃的状态。学者们认为，这座城市在其最辉煌的时期占地约15.54平方千米，是一座拥有3万至4万居民社区的首府。然而，由于缺乏资金，挖掘工作主要针对城市的政治、行政和仪式中心展开。

卡拉萨萨亚神庙（Kalasasaya）矗立在太阳门附近，是一个神圣的围栏，四周环绕着装饰着浅浮雕的方尖碑。再往前走，就是"蒂亚瓦纳科的圣山"阿卡帕纳（Akapana），它是一座金字塔，高约15.24米，有边长约114.3米的正方形底座。金字塔是由至少100吨重的安山岩砌成的，很有可能围绕着一座地下庙宇。金字塔紧邻的地方是一处T形的仪式露台，在那里研究人员发现了由黑曜石、铜和银制成的物品，用于

第378页（上）卡拉萨萨亚神庙周围一块巨大的"图腾"。这一图腾上的人物形象，有些具有高加索人、黑人、亚洲人或闪族人的特征。

第378页（中）太阳门由重达100吨的安山岩整体雕刻而成，形成蒂亚瓦纳科的入口。

第378页（下）公元500—900年，蒂亚瓦纳科文明达到了顶峰。卡拉萨亚神圣的围墙矗立在太阳门附近。今天对那里举行的仪式一无所知。

第378-379页及第379页（下）所谓的"下沉庭院"的墙壁上有神秘的人面雕塑，并划定了一块约899.30平方米的区域，蒂亚瓦纳科的人们在其中心放置了一系列装饰着浅浮雕的砂岩石碑。

祭祀的无峰驼的遗骸，以及代表着政治和宗教精英成员的陶瓷人像。

最有趣的发现是蒂亚瓦纳科人采用的先进农业形式。他们在田里挖了很深的壕沟，壕沟相距约15.24米，里面装满了水，用来盛放鱼和水生植物，分别用作食物和肥料。此外，海水帮助形成了一层温暖的湿气，保护种植土豆的田地不会结冰，这种情况在海拔超过3992.8米的的的喀喀湖就经常发生。

最近，居住在玻利维亚湖岸的艾马拉人启动了一个模仿蒂亚瓦纳科方法的农业项目，并取得了惊人的成果。马铃薯的收成是原来的五倍，并且由于河道内和河道附近养了鱼和鹅，人们的饮食得到了很大的改善。营养不良的相关疾病今天折磨着整整一半的玻利维亚儿童，因此多亏了人们重新发现了古代农业技术，这或许可以帮助艾马拉人克服相关疾病。

卡皮瓦拉山国家公园

巴西 | 皮奥伊州
入选年份：1991
遴选标准：C（Ⅲ）

20世纪50年代中期，巴西考古学家尼埃德·圭顿（Nièd Guidon）来到了一处处女地，这里是东北部小州皮奥伊（Piauí）南部荒野地区，这次旅行原本只不过是一次愉快的短途旅行。圭顿听说卡皮瓦拉山（Serra da Capivara）的植物和岩石结构非常令人惊异，为满足自己的好奇心而前往这里。植被是卡廷加（Caatinga）的一部分，卡廷加是一片干燥的原始森林，仅剩的几片绿洲位于名为塞尔唐（Sertão）的广阔干旱地带。

虽然她的期望值已经很高了，但圭顿并不知道这次旅行即将改变她以后的人生。在探索卡皮瓦拉山峡谷时，她偶然发现了非凡的岩画。正如她从一开始感觉的那样，这些岩画之所以如此杰出，不仅仅是因为它们的绘制技巧与对大量矿物颜色的使用，而是因为在一个久远的神秘时期，有一个神秘的民族打造了它们。

在接下来的20年里，圭顿和她的同事们对该区域的每一寸地方展开了搜索，编目了345个具有考古价值的遗址，其中240个遗址总共包含了约2.5万幅岩画。与美洲和欧洲的类似遗址不同，卡皮瓦拉山的这些遗址主要绘制了人物而非动物，即使有动物，也总是人作为主角，动物只是狩猎或战斗场景的一部分。最常见的是那些描绘舞蹈的场景，还有大量描述各种性行为的场景，包括名为"圆房子"（of the round chamber）的活动，这一活动是许多人围着一个圈子在狂欢，可能具有某种仪式意义。

动物的展现虽不太常见，但正是这些动物图案让圭顿能够详细阐述美洲人类起源的革命性理论。除了鹿和大型猫科动物外，这些图画还展示了自远古以来就已经灭绝的物种：无峰驼、犰狳、美洲蝙蝠、

■ 第380页（上）以风格化方式绘制的一头大奶牛。虽然不像人类形象那样频繁出现，但这些动物很有趣，并且有一些物种早已灭绝。

■ 第380-381页 史前绘画中的这一细节是一个极好的"样本"，展现了卡皮瓦拉山岩石遗址描绘的主题。这里的岩画以男人狩猎、动物和仪式用途的性场景为特色，所有这些场景都刻在卡马·雷东达（Cama Redonda）的围栏里。

巨型鸟类和巨大的食草动物。它们是在史前人类想象中诞生的神奇动物吗？或者，就像考古学家认为的那样，画这些画的人实际上和他们生活在同一时期吗？如果第二种情况属实，那么人们普遍接受的理论（约2万年前人类从西伯利亚穿过大陆桥越过白令海峡来到美洲大陆）将被推翻。当时，卡皮瓦拉山岩画中描绘的动物已经灭绝，因为气候条件的变化使塞尔唐森林从潮湿变为干燥。此外，在它们消失的时候，最后一个冰河时代还没有到来，北极航线（Arctic bridge）还没有形成。

碳定年法（Carbon dating）在20世纪70年代给出了一个明确的答案。这些画作可以追溯到4.8万年前，因此，卡皮瓦拉山为自己赢得了一份殊荣——美洲大陆最有趣和最令人惊叹的考古遗址。

1979年一个占地约12.43万平方千米的国家公园建成。今天，游客只有在导游的陪同下才可进入。人们可以同时参观有趣的岩层、卡廷加地区，以及三十多个以岩画为特色的景点。其中包括皮德拉·芙拉达（Toca da Boqueirão da Piedra Furada），这是一块约61米高的岩石，中心有一个直径约15.24米的洞穴，它已经成了公园的"明信片"。

保护区入口处靠近圣雷蒙多·诺纳托村（São Raimundo Nonato），美洲人博物馆（Museu do Homem Americano）也位于入口处，其中的展品既有支持白令海峡迁徙理论的证据，也有尼埃德·圭顿发现的结果，并将二者进行了比较。

■ 第380页（下）在巴西这个荒凉的角落，人们发现的岩画可追溯到4.8万年前，这推翻了传说人类在2万年前穿越白令海峡首次抵达美洲的理论。

■ 第381页（上）皮德拉·芙拉达的一堵墙。因其具有古民族学的研究意义和美丽的外表，这一墙面成为卡皮瓦拉山公园中最具戏剧性的景点。

■ 第381页（下）狩猎大型动物的岩画。在公园中人们发现了345处具有考古价值的遗址，其中240处包含了约2.5万幅岩画。

拉帕努伊（复活节岛）国家公园

智利 | 复活节岛（拉帕努伊）
注册日期：1995
遴选标准：C（Ⅱ）（Ⅲ）（Ⅴ）

1947年，挪威探险家和考古学家托尔·海尔达尔（Thor Heyerdahl）组织了一次大胆的探险。海尔达尔确信波利尼西亚居住着来自南美的航海家，他们富有冒险精神，能够乘坐原始的船只到达太平洋上遥远的岛屿，是他登上了与波利尼西亚人相同的巴尔沙木制成的船康奇基号（Kon Tiki），从秘鲁海岸出发，前往位于土阿莫土群岛（Tuamotu Archipelago）的拉罗亚（Raroia）的环状珊瑚岛，这段路程大约8047千米。

这次探险大获成功，受其鼓舞，八年后海尔达尔想证明同样的事情也发生在复活节岛上，这座孤零零的火山岛距离最近的人类居住地约3862千米。海尔达尔和他的团队开始了对该岛的考古勘探，他们发现这座岛屿曾有森林覆盖，但如今森林已被当地居民砍光了。研究人员对岛上一些著名雕像进行了碳定年法测试，结果表明约在公元380年前就有人居住于此，比人们想象中至少早了一千年。然而根据当地居民过去的说法，他们的祖先是从远东来到这里的。随着时间的推移，考古学、人类学和遗传学的详细分析证实海尔达尔错了。这个岛的名字是由水手雅各布·罗格文（Jacob Roggeveen）命名的，因为他第一次看到它是在1722年的复活节。直到许多年后，也就是1863年，一群大溪地（Tahitian）水手称它为拉帕努伊（Rapa Nui），他们认为它看起来像法属波利尼西亚的一个小岛拉帕伊蒂（Rapa Iti）。对当地人来说，这个岛是"特皮托·库拉（Te Pito O Te Henua）"，意思是"世界之船（Vessel of the World）"。

波利尼西亚人也是复活节岛的殖民者。公元5世纪，一种复杂而神秘的文化开始在这个岛屿上发展起来，产生了大洋洲唯一的书面语言——朗格朗格（Rongorongo）。在岛上发现了一些石刻和房屋遗迹、礼拜场所、木雕、树皮制成的衣服［塔帕（tapa）］和手工艺品。然而，拉帕努伊最著名的是莫埃石像（Moai），这是由岩石雕刻而成的巨大头颅。至少有288人曾经站立在名为阿胡（ahu）的石像的地基上，这在波利尼西亚文化中也有相应的说法。大约250个莫埃石像围在该岛的边缘，另有600个不同制造时期的石像散布在海岸和拉诺拉拉库火山（Rano Raraku Volcano）附近，那里正是用以雕刻这些石像的采石场的所在地。它们大多创作于公元1000—1650年，最高的石像高约10米，重约80吨。然而，它们其中的一些部分地由岩床雕刻而成的，大小是它的两倍，如果完工，重量将达到160吨左右。为什么人们会建造这些石像呢？最受认可的理论是，按照波利尼西亚的传统这些石像具有宗教价值，因为他们将祖先玛那（Mana）的精神人格化。然而，有一些专家认为，它们既是宗教权威的象征，也是政治权威的象征。拉帕努伊社会繁荣了几个世纪，但随着人口的增长，衰落势不可挡。在鼎盛时期，该岛可以确定有约1万名居民，对于其约114平方千米的土地来说，这个数字太大了。到了15世纪，脆弱的生态系统遭到破坏，以至于没有更多的树来造船，因为就连最后一棵树都已遭砍伐，以便为农作物腾出空间。部族之间爆发了竞争，导致了社会结构的崩溃，进而他们展开了全面的战斗，最终导致自相残杀。欧洲人的到来让情况变得更糟。他们带来了疾病，同时拉帕努伊的许多居民被驱逐出境，贩卖为奴。1877年，人口减少到111人（今天又增加到2000多名居民，其中许多人来自美洲大陆）。尽管最糟糕的时期已经过去，但人们仍因岛上历史性的暴力和不可逆转的灾祸将拉帕努伊认为是生态灾难的象征。

● 拉帕努伊

☆ 圣地亚哥

▌第382页（上）阿胡克德列库（Ahu To Ko Te Riku）的莫埃石像，它头部有别具特色的熔岩块普卡奥（pukao）。

▌第382页（中和下）岛屿东南部成群的莫埃石像。这些雕像的高度从1.83米到10米不等，每个雕像的重量可达80吨。

▌第383页 这些莫埃石像矗立在阿纳凯（Anakena）海滩，根据传说这里是拉帕努伊的第一位统治者登陆该岛的地方。

平图拉斯河谷的洛斯马诺斯岩画

阿根廷　圣克鲁斯省巴塔哥尼亚地区
入选年份：1999
遴选标准：C(Ⅲ)

19世纪初，当第一批欧洲殖民者来到巴塔哥尼亚定居时，特维尔切（Tehuelche）原住民的游牧社区便定居在世界南端的这片土地上。对他们来说，欧洲殖民者到来的影响是致命的。那些在大屠杀中幸存下来的人无法忍受"文明"的入侵。那些幸免于欧洲疾病的人眼睁睁地看着他们居住了1万多年的土地被夺走，只能用酒精毁掉了自己。

他们的祖先是原始的智人，当大陆桥在更新世（Pleistocene）末期和全新世（Holocene）开始的最后一个冰河时代建成时，他们从亚洲穿越白令海峡到达火地岛（Tierra del Fuego）和巴塔哥尼亚北部。他们分成两组，分别在岛屿和大陆定居，前者在那里捕鱼和捕捞软体动物，后者在那里狩猎。特维尔切的祖先一直居住在这里直到欧洲人到来。

几千年来，大陆的特维尔切人一直是狩猎采集者，他们给白人"留下"了一片广阔而原始的土地，乍一看，这里没有任何人类存在的迹象。他们的祖灵"居住"在神圣的洞穴中，隐藏在几乎无法到达的峡谷里，只有在强烈的好奇心驱使下才能找到这些洞穴。弗朗西斯科·帕斯卡西奥·莫雷诺（Francisco Pascasio Moreno）就有这样的好奇心，人们为纪念他将巴塔哥尼亚最杰出的自然地貌命名为佩里托·莫雷诺冰川（Perito Moreno glacier），在此之后他名扬天下。1877年，莫雷诺描述了他在河流沿岸的岩石峡谷和阿根廷湖（Lago Argentina）周围地区发现的岩画。其中最不同寻常的一处位于洛斯马诺斯（Cueva de las Manos），这是平图拉斯河谷（Río Pinturas）中的一处洞穴。

在这个相当小的空间（洞穴尺寸约23.77米×14.94米，高约10米，与入口高度相同）约有890幅岩画。顾名思义，这些岩画大多数都是手印（洛斯马诺斯也称"手洞"），既有手本身也有手的轮廓，它们颜色各异，包括红色、赭色、黄色、紫色、白色、黑色和绿色。它们中大多为左手的手印，其中一些包括前臂的一部分。这些手的主人有男人和女人，有成年人、青少年，甚至儿童。除此之外，还有几何图案和场景描绘了狩猎骆马群（Lama guanicoe）的情形，这种骆马群的肉构成特维尔切人及其祖先饮食的基础。

至20世纪中叶，人们才确定洛斯马诺斯洞里的指纹可追溯到史前。阿根廷的古民族学家进行了碳定年法测试，确定了地层序列，使他们能够将巴塔哥尼亚史前分为六个不同的时期（或文明水平），这些时期发生在1.3万年至2.5万年前。人们对绘画中使用的不同颜料层进行的隔膜研究，揭示了颜色是如何制备的。这些颜料中含有白垩粉，人们有时将其与不同氧化亚铁含量的黏土混合，有时与碳或锰粉混合，来制成各种颜色。如此得到的颜料在火上煅烧，便能附着在岩石上。

即使现在已经知道手之洞的画作是在什么时候以及如何制作的，人们仍不确定为什么特维尔切的史前祖先想在岩壁上留下他们的手印。这可能是入会仪式的一部分，但最有趣的理论与手在人类物种进化中的深远象征意义有关。因为有了手，人类才能锻造工具，并巩固他对事物和其他生物的权力，从而使人类拥有"控制"自身意识的能力。

▎第384页（上、下）在洛斯马诺斯岩画中，两栖动物、鳄鱼和人类的手是最常见的主题。最早的绘画可以追溯到13000年前。

▎第384-385页 这是手印密度最大的岩壁。它们大多是左手的，由男人、女人、青少年和儿童的手印组成。

大洋洲遗产地列表

澳大利亚 – 卡卡杜国家公园 –388 页

大洋洲

在澳大利亚的原住民文化中，有一种名为雨之梦的仪式（Ceremony of the Dream of the Rain），这一仪式在迪吉里杜管（didgeridoo）的伴奏下进行。这件管乐器由一根长长的桉树树干制成，白蚁已将树干内部挖空，人们将树干剥去树皮，清理干净，并在表面装饰上原住民神话中的图案，最后在吹嘴处添加蜂蜡。

西方人将原住民的词汇念错了50个左右，而迪吉里杜就是其中之一。根据刻在澳大利亚北部卡卡杜国家公园岩石上的图像记载，人们已经使用该乐器超过1.5万年了。联合国教科文组织正在制作世界各地的传统音乐选集，并将原住民音乐纳入其中。据其称迪吉里杜神秘而独特的声音已流传了4万年，这代表着该音乐形式从澳大利亚大陆出现人类后便产生了。

在更新世（Pleistocene Epoch），海平面较目前低几十英尺（1英尺约为0.3米）。此时一片低矮的地峡可能将澳大利亚与新几内亚（New Guinea）相连，正如东南亚诸岛与大陆相连形成了一个巨大的半岛一样。同时亚洲和澳大利亚之间的狭窄海域宽度低于65千米，亚洲人很容易横穿该海域，成为澳大利亚新大陆的第一批居民。

一些考古学家称，7万年甚至10万年前可能就有人类来到澳大利亚，但不同的计时标准针对这一远古时期的计算存在很大的差异。然而可以确定的是，智人在4万多年前就开始开拓这块大陆，以前他们的定居地非常分散，居住时间极为短暂，所以没有留下任何可用于考古记录的痕迹。

无论如何原住民文化不同于其他大陆，他们未能发展出文化进而建造古迹，也未有建筑存活千年保留下来。在18世纪欧洲人到来之前，这些民族的习俗基本未发生变化。游牧民族在狩猎聚集地组建成小社区，原住民一直住在临时屋舍或简陋的房屋（搭建材料易腐烂）中。他们既不懂农业，也没有书面语言。

从考古学的角度来看，除了世代口头流传下来的绝佳文化剧目外，澳大利亚人民只留下了以卡卡杜国家公园中岩画为代表的历史记录，然而这些记录作用有限，并无法揭开笼罩着这块大陆的人类历史的神秘面纱。

卡卡杜国家公园

澳大利亚

北领地
注册年份：1981
扩大范围时间：1987，1992
遴选标准：C（I）（VI）；N（II）（III）（IV）

最早在岩石上作画的造物祖先是米米（Mimi），她是"大地之母"瓦拉莫仑甘地（Warramurrungundji）派来的精灵。原住民宇宙中的基本人物起源于梦创时代（Creation），米米向一部分人传授绘画艺术，而其余的人则通过观察来学习。在一些造物祖先旅程的终点，他们在岩壁上画出了自己的肖像，进而创造了"梦境之地"（djang）和"神圣而危险的梦境之地"（djang andjun），只有长者才能接触到后者。

这大致就是卡卡杜（Kakadu）中伽古度（Gagudju）原住民岩画的起源，"卡卡杜"很可能是对人名的误读。这些画作遍布该区各地，尤

第 388 页（上）诺兰基岩艺术遗址（Nourlangie Rock）中大多数动态人物都绘制于 2 万到 8000 年前。

第 388 页（下）南古鲁沃岩画遗址（Nanguluwur Gallery）包含了几种风格的原住民岩画艺术，它们分别对应着不同时期。

第 388-389 页 诺兰基岩艺术遗址安班刚画廊（Anbanghang Gallery）的这幅岩画描绘了造物的祖先纳蒙捷克（Namondjok），他僭越了乱伦的雷池，与他的妹妹发生了关系。

第 389 页（上）许多动物的图片可追溯到 8000 年至 1500 年前的河口时期。现已灭绝的动物画作有助于确定绘制它们的时间界限。

第 389 页（下）图中一名猎人手持长矛和投枪器（atlatl，旧石器时代的狩猎工具）进行捕猎。

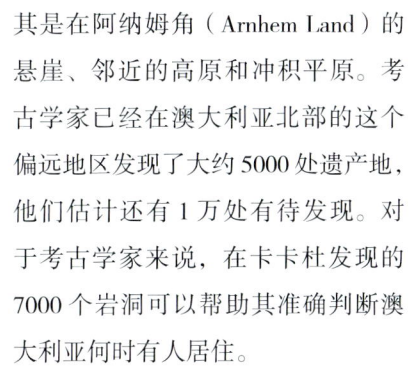

其是在阿纳姆角（Arnhem Land）的悬崖、邻近的高原和冲积平原。考古学家已经在澳大利亚北部的这个偏远地区发现了大约 5000 处遗产地，他们估计还有 1 万处有待发现。对于考古学家来说，在卡卡杜发现的 7000 个岩洞可以帮助其准确判断澳大利亚何时有人居住。

曾经通过碳测年技术，人们还估计 2.5 万年前可能有人占领了该区域。1990 年，威尔士考古学家里斯·琼斯（Rhys Jones）利用热释光方法，在瑙瓦拉比拉遗址（Nauwalabila）发现了过去人们使用的工具，尤其是其中用于作画的赭石碎片可追溯到 5.3 万年到 5.9 万年前。

在卡卡杜的岩石艺术中，研究人员非常确定的是画中的主体有助于限定画作的年代，因为许多画作中描绘了大陆上已灭绝的动物，因此人们应该是最晚在它们消失后很短一段时间里将其绘制在画中。

这些画作正如任何其他艺术形式一样，可以帮助我们发现原住民绘画在形式和题材上的发展。在北方有许多自然主义题材，而在南方广为流行的是宗教主题，并与造物祖先联系在一起。5 万年至 8000 年前为淡水时期（pre-Estuarine），此时卡卡杜海平面极低，气候更为干燥，绘画特征为"客观绘画"（object prints），岩壁上刻画的主要为身体部位的正面印记，以及活动的动物和人物［如"动态（dynamic）"人物］；8000 年至 1500 年前为河口时期（Estuarine period），此时海水开始上涨并漫过山谷，人们开始描绘海鱼，并引入了蜂蜡来设计简单的图案和人物形象。

从 1500 年前开始，所谓的"X 射线风格"（X-ray style）就形成了。这种风格的画作将人和动物的形态显现出来，可以看见其内部结构。在使用蜂蜡前，最常见的颜色都来自矿物，例如一种富含铁的岩石赤铁矿（hematite），它提供了一种红色的颜料。其他可使用的有褐铁矿（limonite）和针铁矿（goethite），分别提供黄色、橙色；赭石（ocher）可用于不同色调的红色、橙色和黄色；高岭土（kaolin）用于白色；氧化锰（manganese oxide）或煤用于黑色。

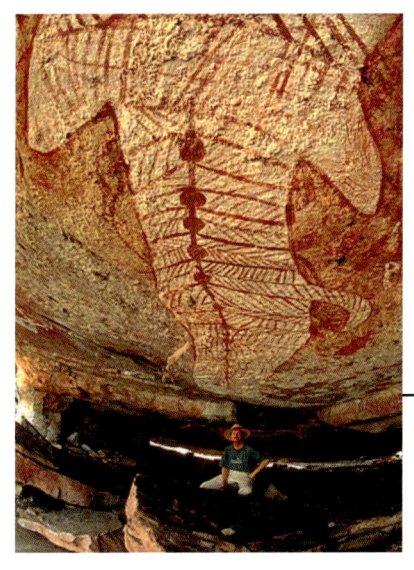

即使在欧洲人来到这里后，岩画仍是澳大利亚原住民最重要的艺术形式。卡卡杜最重要的绘画收藏品之一存放于乌比尔（Ubirr）的岩石层中。在这幅画中，一名白人男子，身着裤子、衬衫和靴子，双手插兜；而另一名白人男子嘴里叼着烟斗，双手置于臀部，正"向我们这些原住民发号施令"。

《世界遗产名录》

加粗部分属于《濒危世界遗产名录》。

阿富汗
查姆回教寺院尖塔和考古遗址（2002）
巴米扬山谷的文化景观和考古遗迹（2003）

阿尔巴尼亚
布特林特（1992，1999）

阿尔及利亚
贝尼·哈玛德的卡拉城（1980）
阿杰尔的塔西利（1982）
姆扎卜山谷（1982）
杰米拉（1982）
提帕萨（1982）
提姆加德（1982）
阿尔及尔城堡（1992）

安道尔
马德留—配拉菲塔—克拉罗尔大峡谷（2004）

安哥拉
姆班扎刚果历史中心

安提瓜和巴布达
安提瓜海军造船厂及其相关考古遗址

阿根廷
冰川国家公园（1981）
瓜拉尼人聚居地的耶稣会传教区：阿根廷的圣伊格纳西奥米尼、圣安娜、罗雷托圣母村和圣母玛利亚艾尔马约尔村遗迹以及巴西的圣米格尔杜索米索纳斯遗迹（1983，1984）
伊瓜苏国家公园（1984）
洛斯马诺斯岩画（1999）
瓦尔德斯半岛（1999）
伊沙瓜拉斯托—塔拉姆佩雅自然公园（2000）
科尔多巴耶稣会牧场和街区（2000）
塔夫拉达·德乌玛瓦卡（2003）
印加路网（2014）
勒·柯布西耶的建筑作品，对现代运动的杰出贡献（2016）
卢斯阿莱尔塞斯国家公园（2017）

亚美尼亚
哈格帕特修道院和萨那欣修道院（1996，2000）
埃奇米河津教堂与兹瓦尔特诺茨考古遗址（2000）
格加尔德修道院和上阿扎特山谷（2000）

澳大利亚
卡卡杜国家公园（1981，1987，1992）
大堡礁（1981）
威兰德拉湖区（1981）
塔斯马尼亚荒原（1982，1989）
豪勋爵群岛（1982）
澳大利亚冈瓦纳雨林（1986，1994）
乌卢鲁—卡塔曲塔国家公园（1987，1994）
昆士兰湿热带地区（1988）
西澳大利亚沙克湾（1991）
弗雷泽岛（1992）
澳大利亚哺乳动物化石地（里弗斯利/纳拉库特）（1994）
赫德岛和麦克唐纳群岛（1997）
麦夸里岛（1997）
大蓝山山脉地区（2000）
波奴鲁鲁国家公园（2003）
皇家展览馆和卡尔顿园林（2004）
悉尼歌剧院（2007）
澳大利亚监狱遗址（2010）
宁格罗海岸（2011）
布吉必姆文化景观（2019）

奥地利
萨尔茨堡市历史中心（1996）
申布伦宫殿和花园（1996）
哈尔施塔特—达赫斯泰因/萨尔茨卡默古特文化景观（1997）
塞默灵铁路（1998）
格拉茨城历史中心（1999）
瓦豪文化景观（2000）
维也纳历史中心（2001，2017）
新锡德尔湖与费尔特湖地区文化景观（2001）
喀尔巴阡山脉与欧洲其他地区的原始山毛榉林（2011，2017）
阿尔卑斯地区史前湖岸木桩建筑（2011）

阿塞拜疆
巴库城及其希尔凡王宫和少女塔（2000）
戈布斯坦岩石艺术文化景观（2007）
舍基历史中心及汗王宫殿（2019）

巴林
巴林堡—古代港口和迪尔蒙首都（2005）
采珠业—岛屿经济的见证（2012）
迪尔穆恩古墓葬群（2019）

孟加拉国
巴凯尔哈特清真寺历史名城（1985）
帕哈尔普尔的佛教毗诃罗遗址（1985）
孙德尔本斯国家公园（1997）

巴巴多斯
布里奇顿及其军事要塞（2011）

白俄罗斯
比亚沃韦扎国家森林公园（1979，1992）
米尔城堡群（2000）
涅斯维日的拉济维乌家族城堡建筑群（2005）
斯特鲁维地理探测弧线（2005）

比利时
佛兰德的比津社区（1998）
拉卢维耶尔和勒罗尔克斯中央运河上的四座船舶吊车（艾诺）（1998）
布鲁塞尔大广场（1998）
比利时和法国钟楼（1999）
建筑师维克多·奥尔塔设计的主要城市建筑（布鲁塞尔）（2000）
斯皮耶纳新石器时代的燧石矿（蒙斯）（2000）
图尔奈圣母大教堂（2000）
布鲁日历史中心（2000）
帕拉丁莫瑞图斯工场—博物馆建筑群（2005）
斯托克雷特宫（2009）
喀尔巴阡山脉与欧洲其他地区的原始山毛榉林（2011，2017）
瓦隆尼亚采矿遗迹群（2012）
柯布西耶建筑作品，对现代主义运动的杰出贡献（2016）

伯利兹
伯利兹堡礁保护区（1996）

贝宁
阿波美皇宫（1985）
W—阿尔利—彭嘉里联合遗址（1996，2017）

玻利维亚
波托西城（1987）
奇基托斯耶稣传教区（1990）
苏克雷古城（1991）
萨迈帕塔考古遗址（1998）
蒂瓦纳科：蒂瓦纳科文化的精神和政治中心（2000）
挪尔·肯普夫墨卡多国家公园（2000）
印加路网（2014）

波斯尼亚和黑塞哥维那
莫斯塔尔旧城和旧桥地区（2005）
维舍格勒的穆罕默德—帕夏·索科洛维奇古桥（2007）
斯特茨奇中世纪墓葬群（2016）

博茨瓦纳
措迪洛山（2001）
奥卡万戈三角洲（2014）

巴西
欧鲁普雷图历史名镇（1980）
奥林达历史中心（1982）
瓜拉尼人聚居地的耶稣会传教区：阿根廷的圣伊格纳西奥米尼、圣安娜、罗雷托圣母村、圣母玛利亚艾尔马约尔村遗迹以及巴西的圣米格尔·杜索米索纳斯遗迹（1983，1984）
巴伊亚州的萨尔瓦多历史中心（1985）
孔戈尼亚斯的仁慈耶稣圣殿（1985）
伊瓜苏国家公园（1986）
巴西利亚（1987）
卡皮瓦拉山国家公园（1991）
圣路易斯历史中心（1997）
迪亚曼蒂纳城历史中心（1999）
大西洋沿岸热带雨林保护区（1999）
大西洋东南热带雨林保护区（1999）
中部亚马逊自然保护区（2000，2003）
潘塔奈尔保护区（2000）
巴西的大西洋群岛：费尔南多·迪诺罗尼亚群岛和罗卡斯保护区（2001）
塞拉多保护区：查帕达—多斯—维阿迪罗斯和艾玛斯国家公园（2001）
戈亚斯城历史中心（2001）
圣弗朗西斯科广场（2010）
里约热内卢：山海之间的卡里奥克景观（2012）
潘普利亚现代建筑（2016）
瓦隆古码头考古遗址（2017）
帕拉蒂和格兰德岛—文化与生物多样性（2019）

保加利亚
博亚纳教堂（1979）
马达腊骑士崖雕（1979）
卡赞利克的色雷斯古墓（1979）
伊凡诺沃岩洞教堂（1979）
里拉修道院（1983）
内塞巴尔古城（1983）
斯雷伯尔纳自然保护区（1983）
皮林国家公园（1983）
斯韦什塔里的色雷斯人墓（1985）
喀尔巴阡山脉与欧洲其他地区的原始山毛榉林（2011，2017）

布基纳法索
W—阿尔利—彭贾里保护区（2017）
洛罗派尼遗址（2009）
布基纳法索古冶铁遗址（2019）

佛得角
大里贝拉历史中心旧城（2009）

柬埔寨
吴哥窟遗址公园（1992）
柏威夏寺（2008）
古伊奢那补罗考古遗址的三波坡雷古寺庙区（2017）

喀麦隆
德贾动物保护区（1987）
流经三国的桑哈河（2012）

加拿大
纳汉尼国家公园（1978）
拉安斯欧克斯梅多国家历史遗址（1978）
艾伯塔省立恐龙公园（1979）
克卢恩/兰格尔—圣伊莱亚斯/冰川湾/塔

琴希尼—阿尔塞克（1979，1992，1994）
安东尼岛（1981）
美洲野牛洞地带（1981）
伍德布法罗国家公园（1983）
加拿大落基山公园（1984，1990）
魁北克古城区（1985）
格罗莫讷国家公园（1987）
沃特顿冰川国际和平公园（1995）
卢嫩堡旧城（1995）
米瓜莎公园（1999）
丽都运河（2007）
乔金斯化石崖壁（2008）
格朗普雷景观（2012）
红湾巴斯克捕鲸站（2013）
迷斯塔肯角（2016）
皮玛希旺·阿奇（2018）
阿伊斯奈皮石刻（2019）

中非共和国
马诺沃贡达圣绅罗里斯国家公园（1988）
桑加河（2012）

乍得
乌尼昂加湖泊群（2012）
Ennedi 高地：自然和文化景观（2016）

智利
拉帕努伊国家公园（1995）
奇洛埃教堂（2000）
瓦尔帕莱索港口城市历史区（2003）
亨伯斯通和圣劳拉硝石采石场（2005）
塞维尔铜矿区（2006）
印加路网（2014）

中国
泰山（1987）
长城（1987）
明清故宫（北京故宫、沈阳故宫）（1987，2004）
莫高窟（1987）
秦始皇陵及兵马俑坑（1987）
周口店北京人遗址（1987）
黄山（1990）
九寨沟风景名胜区（1992）
黄龙风景名胜区（1992）
武陵源风景名胜区（1992）
承德避暑山庄及其周围寺庙（1994）
曲阜孔庙、孔林和孔府（1994）
武当山古建筑群（1994）
拉萨布达拉宫历史建筑群（1994，2000，2001）
庐山国家公园（1996）
峨眉山—乐山大佛（1996）
丽江古城（1997）
平遥古城（1997）
苏州古典园林（1997，2000）
北京皇家园林—颐和园（1998）
北京皇家祭坛—天坛（1998）
武夷山（1999）
大足石刻（1999）
青城山—都江堰（2000）
皖南古村落—西递、宏村（2000）
龙门石窟（2000）
明清皇家陵寝（2000，2003，2004）
云冈石窟（2001）
云南三江并流保护区（2003）
高句丽王城、王陵及贵族墓葬（2004）
澳门历史城区（2005）
四川大熊猫栖息地（2006）
殷墟（2006）
开平碉楼与村落（2007）
中国南方喀斯特（2007，2014）
福建土楼（2008）
三清山国家公园（2008）
五台山（2009）
中国丹霞（2010）
登封"天地之中"历史古迹（2010）
杭州西湖文化景观（2011）
澄江化石遗址（2012）
元上都遗址（2012）
红河哈尼梯田文化景观（2013）
新疆天山（2013）
丝绸之路：长安—天山廊道的路网（2014）
大运河（2014）
土司遗址（2015）
湖北神农架（2016）
左江花山岩画文化景观（2016）
鼓浪屿：国际历史社区（2017）
青海可可西里（2017）
梵净山（2018）
良渚古城遗址（2019）
中国黄（渤）海候鸟栖息地（第一期）（2019）

哥伦比亚
港口、要塞和古迹群，卡塔·赫纳（1984）
洛斯卡蒂奥斯国家公园（1994）
圣克鲁斯历史中心（1995）
蒂尔拉特罗国家考古公园（1995）
圣阿古斯丁考古公园（1995）
马尔佩洛动植物保护区（2006）
哥伦比亚咖啡文化景观（2011）
美丽的道路，安第斯山脉的道路系统（2014）
奇里比克特国家公园—美洲豹的居所（2018）

刚果（布）
桑加跨三国保护区（2012）

哥斯达黎加
塔拉曼卡仰芝—拉阿米斯泰德保护区/拉阿米斯泰德国家公园（1983，1990）
科科斯岛国家公园（1997，2002）
瓜纳卡斯特保护区（1999，2004）
迪奎斯三角洲石球以及前哥伦比亚人酋长居住地（2014）

科特迪瓦
宁巴山自然保护区（1981，1982）
塔伊国家公园（1982）
科莫埃国家公园（1983）
历史城镇大巴萨姆（2012）

克罗地亚
杜布罗夫尼克古城（1979，1994）
斯普利特古建筑群及戴克里先宫殿（1979）
布里特威斯湖国家公园（1979，2000）
波雷奇历史中心的尤弗拉西苏斯大教堂建筑群（1997）
历史名城特罗吉尔（1997）
西贝尼克的圣詹姆斯大教堂（2000）
喀尔巴阡山脉与欧洲其他地区的原始山毛榉林（2011，2017）
斯塔里格勒平原（2008）
斯特茨奇中世纪墓葬群（2016）
15—17世纪威尼斯共和国的防御工事：陆地之国到西方的海洋之国（2017）

古巴
哈瓦那旧城及其工事体系（1982）
特立尼达和洛斯因赫尼奥斯山谷（1988）
古巴圣地亚哥的圣佩德罗德拉罗卡堡（1997）
比尼亚莱斯山谷（1999）
格朗玛的德桑巴尔科国家公园（1999）
古巴东南第一个咖啡种植园考古风景区（2000）
阿里杰罗德胡姆波尔德国家公园（2001）
西恩富戈斯古城（2005）
卡马圭古城（2008）

塞浦路斯
帕福斯（1980）
特罗多斯地区的彩绘教堂（1985，2001）
乔伊鲁科蒂亚（1998）

捷克
布拉格历史中心
克鲁姆洛夫历史中心（1992）
泰尔奇历史中心（1992）
泽莱纳山的内波穆克圣约翰朝圣教堂（1994）
库特纳霍拉历史名城中心的圣巴拉巴教堂及塞德莱茨的圣母玛利亚大教堂（1995）
莱德尼采—瓦尔季采文化景观（1996）
克罗麦里兹花园和城堡（1998）
霍拉索维采古村保护区（1998）
利托米什尔城堡（1999）
奥洛穆茨三位一体圣柱（2000）
布尔诺的图根哈特别墅（2001）
特热比奇犹太社区及圣普罗科皮乌斯大教堂（2003）
厄尔士/克鲁什内山脉矿区（2019）
拉贝河畔克拉德鲁比的仪式马车用马繁育与训练景观（2019）

朝鲜
高句丽古墓群（2004）
开城历史建筑与遗迹（2013）

刚果（金）
维龙加国家公园（1979）
加兰巴国家公园（1980）
卡胡兹—别加国家公园（1980）
萨隆加国家公园（1984）
俄卡皮鹿野生动物保护地（1996）

丹麦
耶灵墓地、古北欧石刻和教堂（1994）
罗斯基勒大教堂（1995）
科隆博格城堡（2000）
伊路利萨特冰湾（2004）
瓦登海（2009）
斯泰温斯—克林特（2014）
克里斯汀斯菲尔德，摩拉维亚居留区（2015）
北西兰岛狩猎园林（2015）
格陵兰岛库加塔：冰盖边缘的北欧及因纽特农业（2017）
冰与海之间的因纽特人狩猎场阿瓦斯尤特—尼皮萨特（2018）

多米尼克
三峰山国家公园（1997）

多米尼加
圣多明各殖民城市（1990）

厄瓜多尔
加拉帕戈斯群岛（1978，2001）
基多旧城（1978）
桑盖国家公园（1983）
昆卡的洛斯—里奥斯的圣安娜历史中心（1999）
印加路网（2014）

埃及
孟菲斯及其墓地金字塔—从吉萨到代赫舒尔的金字塔场地群（1979）
底比斯古城及其墓地（1979）
阿布辛拜勒至菲莱的努比亚遗址（1979）
开罗古城（1979）
阿布米那基督教遗址（1979）
圣卡特琳娜地区（2002）
鲸鱼峡谷（2005）

萨尔瓦多
霍亚—德赛伦考古遗址（1993）

厄立特里亚
阿斯马拉：非洲现代主义城市（2017）

爱沙尼亚
塔林历史中心（老城）（1997）
斯特鲁维地理探测弧线（2005）

埃塞俄比亚
拉利贝拉岩石教堂（1978）
塞米恩国家公园（1978）
贡德尔地区的法西尔盖比城堡及古建筑（1979）
阿瓦什低谷（1980）
蒂亚（1980）
阿克苏姆考古遗址（1980）
奥莫低谷（1980）
历史要塞城市哈勒尔（2006）
孔索文化景观（2011）

斐济
历史海港城镇莱武卡（2013）

芬兰
劳马古城（1991）
苏奥曼斯纳城堡（1991）
佩泰耶韦西老教堂（1994）
韦尔拉磨木纸板厂（1996）
塞姆奥拉德恩青铜时代墓地遗址（1999）
高海岸/克瓦尔肯群岛（2000）
斯特鲁维地理探测弧线（2005）

法国
圣米歇尔山及其海湾（1979）
沙特尔大教堂（1979）

凡尔赛宫及其园林（1979）
韦兹莱教堂和山丘（1979）
韦泽尔峡谷洞穴群与史前遗迹（1979）
枫丹白露宫（1981）
亚眠大教堂（1981）
奥朗日古罗马剧场和凯旋门（1981）
阿尔勒城的古罗马建筑（1981）
丰特莱的西斯特斯教团修道院（1981）
从萨兰莱的大盐场到阿尔克—瑟南的皇家盐场——开放式锅炉制盐（1982）
南锡的斯坦尼斯拉斯广场、卡里埃勒广场和阿莱昂斯广场（1983）
圣塞文—梭尔—加尔坦佩教堂（1983）
波尔托湾：皮亚纳—卡兰切断、基罗拉塔湾、斯康多拉保护区（1983）
加德桥（罗马式水渠）（1985）
斯特拉斯堡：大岛和新城（1988）
巴黎塞纳河畔（1991）
兰斯的圣母主教座堂，原圣勒弥隐修院和塔乌宫（1991）
布尔日大教堂（1992）
阿维尼翁历史中心：教皇宫、主教圣堂和阿维尼翁桥（1995）
米迪运河（1996）
卡尔卡松历史城墙要塞（1997）
比利牛斯—珀杜山（1997，1999）
法国圣地亚哥——德孔波斯特拉朝圣之路（1998）
里昂历史遗迹（1998）
圣艾米伦区（1999）
比利时和法国钟楼（1999）
卢瓦尔河畔叙利与沙洛纳间的卢瓦尔河谷（2000）
普罗万城中世纪集市（2001）
勒阿弗尔，奥古斯特·佩雷重建之城（2005）
波尔多月亮港（2007）
沃邦防御工事堡垒建筑（2008）
新喀里多尼亚潟湖：珊瑚礁多样性和相关的生态系统（2008）
阿尔比市的主教旧城（2010）
留尼汪岛的山峰、冰斗和峭壁（2010）
阿尔卑斯地区史前湖岸木桩建筑（2011）
喀斯和塞文—地中海农牧文化景观（2011）
北加莱海峡采矿盆地（2012）
肖维－蓬达尔克彩绘洞穴（2015）
香槟地区山坡、房屋和酒窖（2015）
勃艮第风土和气候（2015）
勒·柯布西耶的建筑作品——对现代运动的杰出贡献（2016）
塔普塔普阿泰（2017）
多姆山链－利马涅断层构造区（2018）
法属南部领地和领海（2019）

加蓬
洛佩－奥坎德生态系统与文化遗迹景观（2007）

冈比亚
詹姆斯岛及附近区域（2003）
塞内冈比亚石圈（2006）

格鲁吉亚
姆茨赫塔古城（1994）
格拉特修道院（1994）
上斯瓦涅季（1996）

德国
亚琛大教堂（1978）
施佩耶尔大教堂（1981）
维尔茨堡宫及宫廷花园和广场（1981）
维斯教堂（1983）
布吕尔的奥古斯塔斯堡古堡和法尔肯拉斯特古堡（1984）
希尔德斯海姆的圣玛丽大教堂和圣米迦尔教堂（1985）
特里尔的古罗马建筑、圣彼得大教堂和圣玛利亚教堂（1986）
罗马帝国的边界（1987，2005，2008）
吕贝克的汉梯克城（1987）
波兹坦与柏林的宫殿与园囿（1990，1992，1999）
洛什修道院（1991）
拉默尔斯贝格矿区、戈斯拉尔历史城镇和上哈茨水资源管理系统（1992）
莫尔布龙修道院（1993）

班贝格城（1993）
奎德林堡神学院、城堡和古城（1994）
弗尔克林根钢铁厂（1994）
麦塞尔化石遗址（1995）
科隆主教座堂（1996）
魏玛、德绍和贝尔瑙的包豪斯建筑及其遗址（1996）
埃斯莱本和维滕贝格的路德纪念馆建筑群（1996）
古典魏玛（1998）
柏林的博物馆岛（1999）
瓦尔特堡城堡（1999）
德绍－沃利茨园林王国（2000）
赖谢瑙修道院之岛（2000）
埃森的关税同盟煤矿工业区（2001）
莱茵河中上游河谷（2002）
施特拉松德与维斯马历史中心（2002）
不来梅市市场的市政厅和罗兰城（2004）
穆斯考尔公园（2004）
雷根斯堡老城（2006）
喀尔巴阡山脉与欧洲其他地区的原始山毛榉林（2011，2017）
柏林现代住宅群落（2008）
瓦登海（2009）
阿尔费尔德的法古斯工厂（2011）
阿尔卑斯地区史前湖岸木桩建筑（2011）
拜罗伊特侯爵歌剧院（2012）
威廉丘山地公园（2013）
卡洛林时期面西建筑和科尔维城（2014）
仓库城，康托尔豪斯区及智利屋（2015）
勒·柯布西耶的建筑作品（2016）
位于施瓦本侏罗山的冰河时期最古老的艺术洞穴（2017）
海泽比与丹尼弗克考古边境遗迹群（2018）
瑙姆堡大教堂（2018）
厄尔士/克鲁什内山脉矿区（2019）
奥格斯堡水利管理系统（2019）

加纳
沃尔特大阿克拉中西部地区的要塞和城堡（1979）
阿散蒂传统建筑（1980）

希腊
巴赛的阿波罗·伊壁鸠鲁神庙（1986）
德尔斐考古遗迹（1987）
雅典卫城（1987）
阿索斯山（1988）
曼得奥林（1988）
塞萨洛尼基的古基督教和拜占庭遗址（1988）
埃皮达鲁斯考古遗址（1988）
罗得中世纪古城（1988）
米斯特拉斯考古遗迹（1989）
奥林匹亚考古遗址（1989）
提洛岛（1990）
达夫尼修道院、俄西俄斯罗卡斯修道院和希俄斯新修道院（1990）
萨摩斯岛的毕达哥利翁及赫拉神殿（1992）
韦尔吉纳考古遗迹（1996）
迈锡尼和提那雅斯的考古遗址（1999）
帕特莫斯岛的历史中心（霍拉）、神学家圣约翰修道院和启示录洞（1999）
科孚古城（2007）
腓立比考古遗迹（2016）

危地马拉
蒂卡尔国家公园（1979）
旧危地马拉城（1979）
基里瓜考古公园及遗址（1981）

几内亚
宁巴山自然保护区（1981，1982）

海地
国家历史公园：城堡、圣苏西宫、拉米尔斯堡垒（1982）

梵蒂冈
罗马历史中心，享受法外治权的罗马教廷建筑和缪拉圣保罗弗利（1980，1990）
梵蒂冈城（1984）

洪都拉斯
科潘玛雅古迹遗址（1980）

雷奥普拉塔诺生物圈保留地（1982）

匈牙利
布达佩斯（多瑙河两岸、布达城堡区和安德拉什大街）（1987，2002）
霍洛克古村落及其周边（1987）
奥格泰莱克洞穴和斯洛伐克喀斯特地貌（1995，2000）
潘诺恩哈尔姆千年修道院及其自然环境（1996）
霍尔托巴吉国家公园（1999）
佩奇的早期基督教陵墓（2000）
新锡德尔湖与费尔特湖地区文化景观（2001）
托卡伊葡萄酒产地历史文化景观（2002）

冰岛
平位利尔国家公园（2004）
叙尔特塞（2008）
瓦特纳冰川国家公园——火与冰的动态（2019）

印度
阿旃陀石窟群（1983）
埃洛拉石窟群（1983）
阿格拉古堡（1983）
泰姬陵（1983）
科纳拉克太阳神庙（1984）
默哈伯利布勒姆古迹群（1984）
卡齐兰加国家公园（1985）
马纳斯国家野生动植物保护区（1985）
凯奥拉德奥国家公园（1985）
果阿的教堂和修道院（1986）
卡杰拉霍建筑群（1986）
汉皮古迹群（1986）
法塔赫布尔西格里（1986）
帕坦达卡尔建筑群（1987）
埃勒凡塔石窟（象岛石窟）（1987）
朱罗王朝现存的神庙（1987，2014）
孙德尔本斯国家公园（1987）
楠达戴维山国家公园和花谷国家公园（1988，2005）
桑吉佛教古迹（1989）
德里的胡马雍陵（1993）
德里的顾特卜塔及其古建筑（1993）
印度山地铁路（1999）
菩提伽耶的摩诃菩提寺（2002）
温迪亚山脉的比莫贝卡特石窟（2003）
尚庞－巴瓦加德考古公园（2004）
贾特拉帕蒂·希瓦吉终点站（前维多利亚终点站）（2004）
德里红堡群（2007）
简塔·曼塔天文台（2010）
西高止山脉（2012）
拉贾斯坦邦的高地要塞（2013）
大喜马拉雅国家公园（2014）
古吉拉特邦帕坦县皇后阶梯井（2014）
那烂陀寺考古遗址（那烂陀大学），比哈尔邦那烂陀（2016）
勒柯布西耶的建筑作品——对现代建筑运动的突出贡献（2016）
艾哈迈达巴德历史城区（2017）
孟买维多利亚的哥特式和艺术装饰合奏（2018）
拉贾斯坦邦斋浦尔城（2019）

印度尼西亚
婆罗浮屠寺庙群（1991）
乌戎库隆国家公园（1991）
科莫多国家公园（1991）
普兰巴南寺庙群（1991）
桑义兰早期人类遗址（1996）
洛伦茨国家公园（1996）
苏门答腊热带雨林（2004）
巴厘省文化景观：体现"幸福三要素"哲学的苏巴克灌溉系统（2012）
翁比林煤矿遗产（2019）

伊朗
恰高·占比尔（1979）
波斯波利斯（1979）
伊斯法罕伊玛姆广场（1979）
塔赫特苏莱曼（2003）
帕萨尔加德（2004）
巴姆城及其文化景观（2004）

苏丹尼叶城（2005）
比索通古迹（2006）
亚美尼亚庙宇群（2008）
苏西塔古代水利系统（2009）
阿尔达比勒市的谢赫萨菲·丁（Sheikh Safi al-Din）圣殿与哈内加（Khānegāh）建筑群（2010）
大不里士的历史集市区（2010）
波斯园林（2011）
拱巴德卡布斯塔（2012）
伊斯法罕的聚礼清真寺（2012）
戈勒斯坦宫（2013）
塔赫特苏莱曼（2014）
梅满德文化景观（2015）
苏萨（2015）
卢特沙漠（2016）
波斯坎儿井（2016）
亚兹德历史城区（2017）
法尔斯地区的萨珊王朝考古遗址（2018）
希尔卡尼亚森林（2019）

伊拉克
哈特拉（1985）
亚述古城（2003）
萨马拉考古区（2007）
埃尔比勒城堡（2014）
伊拉克南部艾赫沃尔：生态多样性避难所和美索不达米亚城市遗迹景观（2016）
巴比伦（2019）

爱尔兰
博恩河曲考古遗址群（1993）
斯凯利格·迈克尔岛（1996）

以色列
马萨达（2001）
阿克古城（2001）
特拉维夫白城——现代运动（2003）
米吉多、夏琐和基色圣地（2005）
熏香之路——内盖夫的沙漠城镇（2005）
海法和西加利利的巴海圣地（2008）
迦密山人类进化遗址：梅尔瓦特沟谷 - 瓦迪·艾玛哈尔洞穴群（2012）
犹大低地的马沙 - 巴塔·古夫林洞穴，洞穴之乡的缩影（2014）
贝特沙瑞姆大型公墓—犹太复兴中心（2015）

意大利
梵尔卡莫尼卡谷地岩画（1979）
罗马历史中心，享受治外法权的罗马教廷建筑与缪拉圣保罗弗利（1980, 1990）
绘有达·芬奇《最后的晚餐》的圣玛丽亚感恩教堂和多明各会修道院（1980）
佛罗伦萨历史中心（1982）
威尼斯与潟湖（1987）
比萨大教堂广场（1987）
圣吉米尼亚诺历史中心（1990）
马泰拉的石窟居民和石头教堂花园（1993）
维琴察城和威尼托的帕拉迪恩别墅（1994, 1996）
锡耶纳历史中心（1995）
那不勒斯历史中心（1995）
阿达的克里斯匹（1995）
文艺复兴城市费拉拉以及波河三角洲（1995, 1999）
蒙特堡（1996）
阿尔贝罗贝洛的圆顶石屋（1996）
拉文纳早期基督教名胜（1996）
皮恩扎历史中心（1996）
卡塞塔的18世纪皇宫以及园林、万维泰利水道和圣莱乌西建筑群（1997）
萨沃王宫住宅（1997）
帕多瓦植物园（1997）
韦内雷港，五村镇及沿海群岛（帕尔玛利亚群岛，蒂诺岛，提内托岛）（1997）
摩德纳的大教堂、市民塔和大广场（1997）
庞培、赫库兰尼姆和托雷安农齐亚塔考古区（1997）
阿马尔菲海岸（1997）
阿格里真托考古区（1997）
卡萨尔的古罗马别墅（1997）
巴鲁米尼的努拉格（1997）
阿奎拉遗迹区及长方形主教教堂（1998）
乌尔比诺历史中心（1998）
奇伦托和迪亚诺河谷国家公园，帕埃斯图姆和韦利亚考古遗址（1998）

提沃利的阿德利亚纳村庄（1999）
维罗纳城（2000）
伊索莱约里（伊奥利亚群岛）（2000）
亚西西的圣方济各圣殿和其他方济各会建筑（2000）
提沃利的伊斯特别墅（2001）
诺托壁垒的晚期巴洛克风格城镇（西西里岛东南部）（2002）
皮埃蒙特和伦巴第的圣山（2003）
圣乔治治山（2003）
奥尔恰谷（2004）
塞尔维托里和塔尔奎尼亚的伊特鲁立亚人公墓（2004）
锡拉库扎和潘塔立克石墓群（2005）
热那亚的新街和罗利宫殿体系（2006）
喀尔巴阡山脉及欧洲其他地区的古代原始山毛榉林（2011, 2017）
曼托瓦和萨比奥内塔（2008）
雷蒂亚铁路在阿布拉/伯尔尼纳景观（2008）
多洛米蒂山脉（2009）
意大利伦巴第人遗址（568—774 AD）（2011）
阿尔卑斯地区史前湖岸木桩建筑（2011）
托斯卡纳的美第奇别墅和花园（2013）
埃特纳火山（2013）
皮埃蒙特的葡萄园景观：朗格罗埃洛和蒙菲拉托（2014）
巴勒莫的阿拉伯—诺曼风格建筑群以及切法卢和蒙雷阿莱大教堂（2015）
15世纪至17世纪威尼斯共和国防御工事：海洋状态—西泛海之土（2017）
20世纪工业城市伊夫雷亚（2018）
科内利亚诺和瓦尔多比亚德尼的普罗塞克起泡酒产地（2019）

牙买加
蓝山与约翰·克罗山脉（2015）

日本
法隆寺地域的佛教建筑物（1993）
姬路城（1993）
屋久岛（1993）
白神山地（1993）
古京都遗址（京都、宇治和大津城）（1994）
白川乡和五屹山历史村座（1995）
广岛和平纪念公园（原爆遗址）（1996）
严岛神殿（1996）
古奈良的历史遗迹（1998）
日光神殿和庙宇（1999）
琉球王国时期的遗迹（2000）
纪伊山地的圣地与参拜道（2004）
知床半岛（2005）
石见银山遗迹及其文化景观（2010）
平泉——象征着佛教净土的庙宇、园林与考古遗址（2011）
小笠原群岛（2011）
富士山——信仰的对象与艺术的源泉（2013）
富冈制丝场（群马县）以及近代绢丝产业遗迹群（2014）
明治工业革命遗迹：钢铁、造船和煤矿（2015）
勒·柯布西耶的建筑作品，对现代主义运动的杰出贡献（2016）
"神宿之岛"冲之岛·宗像及相关遗产群（2017）
长崎地区隐藏的基督教遗址（2018）
百舌鸟和古市古坟群：古日本墓葬群（2019）

耶路撒冷（由约旦申报）
耶路撒冷古城及其城墙（1981）

约旦
佩特拉（1985）
库塞尔阿姆拉（1985）
乌姆赖萨斯考古遗址（2004）
瓦迪拉姆保护区（2011）
耶稣受洗处 - 约旦河外伯大尼（2015）

哈萨克斯坦
霍贾·艾哈迈德·亚萨维陵墓（2003）
泰姆格里考古景观岩刻（2004）
萨雅克—北哈萨克干草原与湖群（2008）
丝绸之路：长安—天山廊道的路网（2014）
西部天山（2016）

肯尼亚
肯尼亚山国家公园及自然森林（1997）
图尔卡纳湖国家公园（1997, 2001）

拉穆古镇（2001）
米吉肯达卡亚圣林（2008）
蒙巴萨的耶稣堡（2011）
肯尼亚东非大裂谷的湖泊系统（2011）
西穆里奇定居点考古遗址（2018）

基里巴斯
菲尼克斯群岛保护区（2010）

吉尔吉斯斯坦
苏莱曼—至圣之山（2009）
丝绸之路：长安—天山廊道的路网（2014）
西部天山（2016）

老挝
琅勃拉邦的古城（1995）
占巴塞文化景观内的瓦普庙和相关古民居（2001）
川圹巨石缸遗址—石缸平原（2019）

拉脱维亚
里加历史中心（1997）
斯特鲁维地理探测弧线（2005）

黎巴嫩
安杰尔（1984）
巴勒贝克（1984）
比布鲁斯（1984）
提尔城（1984）
夸底·夸底沙（圣谷）和神杉林（1998）

莱索托
马罗提 – 德拉肯斯堡公园（2000）

利比亚
莱波蒂斯考古遗址（1982）
萨布拉塔考古遗址（1982）
昔兰尼考古遗址（1982）
塔德拉尔特·阿卡库斯石窟（1985）
加达梅斯古镇（1986）

立陶宛
维尔纽斯历史中心（1994）
库尔斯沙嘴（2000）
克拿维考古遗址（克拿维文化保护区）（2004）
斯特鲁维地理探测弧线（2005）

卢森堡
卢森堡市、要塞及老城区（1994）

马达加斯加
黥基·德·贝马拉哈自然保护区（1990）
安布希曼加的皇家蓝山行宫（2001）
阿钦安阿纳雨林（2007）

马拉维
马拉维湖国家公园（1984）
琼戈尼岩石艺术区（2006）

马来西亚
基纳巴卢山公园（2000）
穆鲁山国家公园（2000）
马六甲和乔治城，马六甲海峡历史城市（2011）
玲珑谷地的考古遗址（2012）

马里
杰内古城（1988）
廷巴克图（1988）
邦贾加拉悬崖（多贡斯土地）（1989）
阿斯基亚王陵（2004）

马耳他
哈尔·萨夫列尼地下宫殿（1980）
瓦莱塔古城（1980）
马耳他巨石庙（1980, 1992）

[大洋洲]马绍尔群岛
比基尼环礁核试验场（2010）

毛里塔尼亚
阿尔金岩石礁国家公园（1989）
古苏尔的瓦丹、欣盖提、提希特和瓦拉塔古镇（1996）

毛里求斯
阿普拉瓦西·加特地区（2006）
莫纳山文化景观（2011）

墨西哥
圣卡安（1987）
帕伦克的前西班牙城和国家公园（1987）
墨西哥城与赫霍奇米尔科历史中心（1987）
特奥蒂瓦坎古城（1987）
瓦哈卡历史中心与阿尔班山考古遗址（1987）
普埃布拉历史中心（1987）
瓜纳华托历史名城及周围矿藏（1988）
奇琴伊察古城（1988）
莫雷利亚城历史中心（1991）
埃尔塔津古城（1992）
埃尔维采诺鲸鱼保护区（1993）
萨卡特卡斯历史中心（1993）
圣弗兰西斯科山脉岩画（1993）
波波卡特佩特火山坡上的最早的16世纪修道院（1994）
乌斯马尔古镇（1994）
克雷塔罗历史遗迹区（1996）
卡瓦尼亚斯救济所（1997）
大卡萨斯的帕魁梅考古区（1998）
塔拉科塔潘历史遗迹区（1998）
坎佩切历史要塞城（1999）
霍奇卡尔科考古遗址区（1999）
玛雅古城和卡拉克穆尔，坎佩切的热带森林坎佩切州的卡拉克穆尔古玛雅城与热带森林保护区（2002）
克雷塔罗的谢拉戈达圣方济会修道院（2003）
路易斯·巴拉干故居和工作室（2004）
加利福尼亚湾群岛和保护区（2005）
特基拉的龙舌兰景观和古代工业设施（2006）
墨西哥国立自治大学大学城中央校区（2007）
黑脉金斑蝶生态保护区（2008）
圣米格尔卫星城和阿托托尼尔科的拿撒勒人耶稣圣殿（2008）
皇家内陆大干线（2010）
瓦哈卡州中央谷地的亚古尔与米特拉史前洞穴（2010）
皮纳卡特和德阿尔塔大沙漠生物圈保护区（2013）
腾布里克神父水道桥水利设施（2015）
雷维利亚希赫多群岛（2016）
特瓦坎–奎卡特兰山谷：中部美洲的原始栖息地（2018）

密克罗尼西亚联邦
南马都尔：东密克罗尼西亚庆典中心（2016）

蒙古
乌布苏盆地（2003）
鄂尔浑河谷文化地貌（2004）
提瓦坎–奎卡特兰谷地：中美洲的原始栖息地（2011）
大不儿罕合勒敦山及其周围的神圣景观（2015）
外贝加尔山脉景观（2017）

黑山共和国
科托尔自然和文化历史区域（1979，2012，2015）
杜米托尔国家公园（1980，2005）
中世纪墓葬群（2016）
16—17世纪威尼斯共和国的防御工事：海洋状态—西泛海之土（2017）

摩洛哥
非斯老城（1981）
马拉喀什老城（1985）
阿伊特·本·哈杜筑垒村（1987）
梅克内斯古城（1996）
瓦卢比利斯考古遗址（1997）
得土安古城（原名缔头万城）（1997）
索维拉旧城（原名莫加多尔）（2001）
马扎甘葡萄牙城（杰迪代）（2004）
拉巴特，现代都市与历史古城——一份共享的遗产（2012）

莫桑比克
莫桑比克岛（1991）

缅甸
蒲甘古城（2014）
蒲甘（2019）

纳米比亚
推菲尔泉岩画（2007）
纳米布沙海（2013）

尼泊尔
加德满都谷地（1979）
萨加玛塔国家公园（1979）
奇特旺皇家国家公园（1984）
佛祖诞生地兰毗尼（1997）

荷兰
斯霍克兰及其周围地区（1995）
阿姆斯特丹的防御线（1996）
金德代克–埃尔斯豪特的风车（1997）
荷属安的列斯群岛的威廉斯塔德、内城及港口古迹区（1997）
迪·弗·伍达蒸汽泵站（1998）
比姆斯特迂田（1999）
里特维德–施罗德住宅（2000）
瓦登海（2009）
辛格尔运河以内的阿姆斯特丹17世纪同心圆型运河区（2010）
范内勒工厂（2014）

新西兰
汤加里罗国家公园（1990，1993）
蒂瓦希普纳穆–新西兰西南部地区（1990）
新西兰次南极区群岛（1998）

尼加拉瓜
莱昂·别霍遗址（2000）
莱昂大教堂（2011）

尼日尔
阿德尔和泰内雷自然保护区（1991）
彭贾里国家公园（1996，2017）
阿加德兹历史中心（2013）

尼日利亚
宿库卢文化景观（1999）
奥孙–奥索博神树林（2005）

北马其顿
奥赫里德地区自然与文化遗产（1979，2019，1980）

挪威
奥尔内斯木构教堂（1979）
卑尔根市布吕根区（1979）
勒罗斯（1980）
阿尔塔岩画（1985）
维嘎群岛文化景观（2004）
斯特鲁维地理探测弧线（2005）
挪威西峡湾—盖朗厄尔峡湾和纳柔依峡湾（2005）
尤坎–诺托登工业遗产（2015）

阿曼
巴赫莱要塞（1987）
巴特·库特姆和艾因考古遗址（1988）
乳香之路（2000）
阿曼的阿夫拉贾灌溉体系（2006）
卡尔哈特古城（2018）

巴基斯坦
摩亨佐达罗考古遗迹（1980）
塔克西拉（1980）
塔克特依巴依佛教遗址和萨尔依巴赫洛古遗址（1980）
塔塔城的历史建筑（1981）
拉合尔古堡和夏利玛尔公园（1981）
罗赫达斯要塞（1997）

帕劳
南部潟湖石岛群（2012）

巴勒斯坦
耶稣诞生地：伯利恒主诞堂和朝圣线路（2012）
巴勒斯坦：巴蒂尔，橄榄与葡萄酒之地——南耶路撒冷文化景观（2014）
希伯伦/哈利勒老城区（2017）

巴拿马
巴拿马加勒比海岸的防御工事：波托韦洛–圣洛伦索（1980）
达连国家公园（1981）

塔拉曼卡山保护区/拉阿米斯塔德国家公园（1983，1990）
巴拿马城考古遗址及巴拿马历史名区（1997，2003）
柯义巴岛国家公园及其海洋特别保护区（2005）

巴布亚新几内亚
库克早期农业遗址（2008）

巴拉圭
塔瓦兰格的耶稣和巴拉那的桑蒂西莫——特立尼达耶稣会传教区（1993）

秘鲁
库斯科古城（1983）
马丘比丘历史圣地（1983）
夏文考古遗址（1985）
瓦斯卡兰国家公园（1985）
昌昌城考古地区（1986）
马努国家公园（1987）
利马的历史中心（1988，1991）
里奥阿比塞奥国家公园（1990，1992）
纳斯卡和朱马纳草原的线条图（1994）
阿雷基帕城历史中心（2000）
卡拉尔–苏佩圣城（2009）
印加路网（2014）

菲律宾
图巴塔哈群礁海洋公园（1993）
菲律宾的巴洛克教堂（1993）
菲律宾科迪勒拉山水稻梯田（1995）
美岸历史古城（1999）
普林塞萨港地下河国家公园（1999）
汉密吉伊坦山野生动物保护区（2014）

波兰
克拉科夫历史中心（1978）
维利奇卡与博赫尼亚皇家盐矿（1978）
前纳粹德国奥斯维辛–比克瑙集中营（1940-1945，1979）
比亚沃维耶扎森林（1979，1992）
华沙历史中心（1980）
扎莫希奇古城（1992）
中世纪古镇托伦（1997）
马尔堡的条顿骑士团城堡（1997）
卡瓦利–泽布日多夫斯津：风格主义建筑、园林景观建筑群和朝圣园（1999）
扎沃尔和希维德尼察的和平教堂（2001）
南部小波兰的木造教堂群（2003）
穆斯考尔公园/穆扎科夫斯基公园（2004）
弗罗茨瓦夫百年厅（2006）
波兰和乌克兰在喀尔巴阡山脉地区的木造正教堂（2013）
塔尔诺夫斯克山铅银锌矿及其地下水管理系统（2017）
科舍米翁奇的史前条纹燧石矿区（2019）

葡萄牙
亚速尔群岛英雄港中心区（1983）
哲罗姆派修道院和里斯本贝莱姆塔（1983）
巴塔利亚修道院（1983）
托马尔的女修道院（1983）
埃武拉历史中心（1986）
阿尔科巴萨修道院（1989）
辛特拉文化景观（1995）
波尔图历史中心（1996）
席尔加·维德（Siega Verde）岩石艺术考古区（1998，2010）
马德拉月桂树林（1999）
吉马良历史中心（2001年）
葡萄酒产区上杜罗（2001）
皮库岛葡萄园文化景观（2004）
带驻防的边境城镇埃尔瓦斯及其防御工事（2013）
科英布拉大学—阿尔塔城和索菲亚街（2013）
马夫拉皇室建筑—宫殿、大教堂、修道院、塞尔科花园及塔帕达狩猎公园（2019）
布拉加山上仁慈耶稣朝圣所（2019）

卡塔尔
祖巴拉考古遗址（2013）

韩国
石窟庵和佛国寺（1995年）
海印寺及八万大藏经藏经处（1995）

宗庙（1995）
昌德宫建筑群（1997）
华松古堡（1997）
庆州历史区（2000）
高昌、华森和江华的史前墓遗址（2000）
济州火山岛和熔岩洞（2007）
朝鲜王陵（2009）
韩国历史村落：河回村和良洞村（2010）
南汉山城（2014）
百济遗址区（2015）
山寺，韩国佛教名山寺庙（2018）
韩国新儒学书院（2019）

摩尔多瓦共和国
斯特鲁维地理探测弧线（2005）

罗马尼亚
多瑙河三角洲（1991）
特兰西瓦尼亚村落及其设防的教堂（1993，1999）
霍雷祖修道院（1993）
摩尔达维亚的教堂（1993）
锡吉什瓦拉历史中心（1999）
马拉暮莱斯的木结构教堂（1999）
奥拉斯迪山的达亚恩城堡（1999）
喀尔巴阡山脉和欧洲其他地区的原生山毛榉森林（2011，2017）

俄罗斯联邦
圣彼得堡历史中心及其相关古迹群（1990）
基日岛的木结构教堂（1990）
莫斯科克里姆林宫和红场（1990）
诺夫哥罗德及其周围的历史古迹（1992）
索洛维茨基群岛的历史建筑群（1992）
弗拉基米尔和苏兹达尔历史遗迹（1992）
谢尔吉圣三一大修道院（1993）
科罗缅斯克的耶稣升天教堂（1994）
科米原始森林（1995）
贝加尔湖（1996）
堪察加火山（1996，2001）
金山—阿尔泰山（1998）
西高加索山（1999）
喀山克里姆林宫（2000）
费拉邦多夫修道院遗址群（2000）
库尔斯沙嘴（2000）
中希霍特—阿林山脉（2001）
德尔本特城堡、古城及要塞（2003）
乌布苏盆地（2003）
弗兰格尔岛自然保护区（2004）
新圣女修道院（2004）
雅罗斯拉尔城的历史中心（2005）
斯特鲁维地理探测弧线（2005）
普托拉纳高原（2010）
博尔加尔历史建筑及考古遗址（2014）
勒那河柱状岩自然公园（2015）
斯维亚日斯克岛的圣母升天大教堂和修道院（2017）
达斡尔景观（2017）
普斯科夫学派教堂建筑（2019）

圣基茨和尼维斯
硫黄石山要塞国家公园（1999）
皮通山保护区（2004）

圣马力诺
圣马力诺历史中心和蒂塔诺山（2008）

沙特阿拉伯
石谷考古遗址（玛甸沙勒）
德拉伊耶遗址的阿图赖夫区
吉达古城，通向麦加之门
沙特阿拉伯哈伊勒省岩画艺术
哈萨绿洲，变迁的文化景观

塞内加尔
戈雷岛（1978）
尼奥科罗—科巴国家公园（1981）
朱贾国家鸟类保护区（1981）
圣路易斯岛（2000）
塞内冈比亚石圈（2006）
萨卢姆三角洲（2011年）
巴萨里乡村：巴萨里，福拉和贝迪克文化景观（2012）

塞尔维亚
斯塔里斯和索泼查尼修道院（1979）

斯图德尼察修道院（1986）
科索沃中世纪古迹（2004，2006）
贾姆济格勒—罗慕利亚纳的加莱里乌斯宫（2007）
斯特茨奇中世纪墓葬群（2016）

塞舌尔
阿尔达布拉环礁（1982）
马埃谷地自然保护区（1983）

新加坡
新加坡植物园（2015）

斯洛伐克
历史名城班斯卡—什佳夫尼察及其工程建筑区（1993）
莱沃恰，斯皮什城堡及相关文化古迹群（1993，2009）
伏尔考林耐克（1993）
奥格泰莱克洞穴和斯洛伐克喀斯特地貌（1995，2000）
巴尔代约夫镇保护区（2000）
喀尔巴阡山脉原始山毛榉森林和欧洲其他地区古山毛榉森林（2011，2017）
斯洛伐克喀尔巴阡山区木制教堂群（2008年）

斯洛文尼亚
斯科契扬溶洞（1986）
喀尔巴阡山脉原始山毛榉森林和欧洲其他地区古山毛榉森林（2011，2017）
阿尔卑斯地区史前湖岸木桩建筑（2011）
水银的遗产：阿尔马登和伊德里亚（2012年）

所罗门群岛
东伦内尔岛（1998）

南非
南非化石遗址（1999）
大圣卢西亚湿地公园（1999）
罗布恩岛（1999）
马罗提－德拉肯斯堡公园（2000）
马蓬古布韦文化景观（2003）
开普植物保护区（2004）
弗里德堡陨石坑（2005）
理查德斯维德文化植物景观（2007）
蔻玛尼文化景观（2017）
巴伯顿·玛空瓦山脉（2018）

西班牙
格拉纳达的艾勒汉卜拉、赫内拉利费和阿尔巴济（1984，1994）
布尔戈斯大教堂（1984）
科尔多瓦历史中心（1984，1994）
马德里埃斯科里亚尔修道院和遗址（1984）
安东尼·高迪的建筑作品（1984，2005）
阿尔塔米拉洞和西班牙北部旧石器时代洞窟艺术（1985）
奥维耶多古建筑和阿斯图里亚斯王国（1985，1998）
阿维拉古城及城外教堂（1985）
塞哥维亚古城及其输水道（1985）
圣地亚哥—德孔波斯特拉古城（1985）
阿拉贡的穆德哈尔式建筑（1986，2001）
加拉霍艾国家公园（1986）
历史名城托莱多（1986）
卡塞雷斯古城（1986）
塞维利亚的大教堂、城堡及西印度档案馆（1987）
萨拉曼卡古城（1988）
波夫莱特修道院（1991）
梅里达考古群（1993）
瓜达卢佩的圣玛利皇家修道院（1993）
圣地亚哥康波斯特拉之路：法兰西之路和北西班牙之路（1993）
多南那国家公园（1994）
城墙围绕的历史名城昆卡（1996）
瓦伦西亚丝绸交易厅（1996）
拉斯梅德拉斯（1997）
巴塞罗那的帕劳音乐厅及圣保罗医院（1997）
比利牛斯—珀杜山（1997，1999）
圣米伦尤索和素索修道院（1997）
席尔加·维德岩石艺术考古区（1998，2010）
伊比利亚半岛地中海盆地的石壁画艺术（1998）

埃纳雷斯堡大学城及历史区（1998）
伊维萨岛的生物多样性和特有文化（1999）
拉古纳的圣克里斯托尔（1999）
塔拉科考古遗址（2000）
埃尔切的帕梅拉尔（2000）
卢戈的罗马城墙（2000）
博伊谷地的罗马式教堂建筑（2000）
阿塔皮尔卡考古遗址（2000）
阿兰胡埃斯文化景观（2001）
乌韦达和巴埃萨城文艺复兴时期的建筑群（2003）
维斯盖亚桥（2006）
喀尔巴阡山脉和欧洲其他地区的原生山毛榉森林（2011，2017）
泰德国家公园（2007）
埃库雷斯灯塔（2009）
特拉蒙塔那山区文化景观（2011）
水银遗产：阿尔马登与伊德里亚（2012）
安特克拉石冢遗址（2016）
哈里发的阿尔扎哈拉古城（2018）
大加那利岛文化景观：里斯科卡伊多考古和圣山（2019）

斯里兰卡
阿努拉德普勒圣城（1982）
波隆纳鲁沃古城（1982）
锡吉里亚古城（1982）
辛哈莱加森林保护区（1988）
康提圣城（1988）
加勒老城及其堡垒（1988）
丹布勒金寺（1991）
斯里兰卡中央高地（2010）

苏丹
博尔戈尔山和纳巴塔地区（2003）
麦罗埃岛考古遗址（2011）
桑加奈卜国家海洋公园和敦戈奈卜海湾－姆卡瓦岛国家海洋公园（2016）

苏里南
苏里南中心自然保护区（2000）
帕拉马里博的古内城（2002）

瑞典
德罗特宁霍尔摩皇宫（1991）
比尔卡和霍夫加登（1993）
恩格尔斯堡铁矿工场（1993）
塔努姆的岩刻画（1994）
斯科斯累格加登公墓（1994）
汉萨同盟城市维斯比（1995）
吕勒欧的格默尔斯达德教堂村（1996）
拉普人区域（1996）
卡尔斯克鲁纳军港（1998）
高海岸／瓦尔肯群岛（2000，2006）
南厄兰岛的农业风景区（2000）
法伦的大铜山采矿区（2001）
威堡广播站（2004）
斯特鲁维地理探测弧线（2005）
赫尔辛兰带装饰的农舍（2012）

瑞士
圣加尔修道院（1983）
米兹泰尔的木笃会圣约翰女修道院（1983）
伯尔尼古城（1983）
贝林佐纳三座要塞及防卫墙和集镇（2000）
阿尔卑斯少女峰阿莱奇峰（2001，2007）
圣乔治山（2003）
拉沃葡萄园梯田（2007）
雷蒂亚铁路阿尔布拉／贝尔尼纳段（2008）
瑞士撒尔多纳地质构造区（2008）
钟表制作城镇拉绍德封和力洛克的城市规划（2009）
阿尔卑斯地区史前湖岸木桩建筑（2011）
勒·柯布西耶的建筑作品，对现代主义运动有杰出贡献（2016）

叙利亚
大马士革古城（1979）
布斯拉古城（1980）
帕尔米拉古城遗址（1980）
阿勒颇古城（1986）
武士堡和萨拉丁堡（2006）
叙利亚北部古村落群（2011）

塔吉克斯坦
萨拉子目古城的原型城市遗址（2010）

塔吉克国家公园（帕米尔山脉）(2013)

泰国
阿育他亚（大城）历史城及相关城镇 (1991)
素可泰历史城镇及相关历史城镇 (1991)
童·艾·纳雷松野生生物保护区 (1991)
班清考古遗址 (1992)
东巴耶延山—考爱山森林保护区 (2005)

多哥
古帕玛库景观 (2004)

突尼斯
杰姆的圆形竞技场 (1979)
迦太基遗址 (1979)
突尼斯的阿拉伯人聚居区 (1979)
伊其克乌尔国家公园 (1980)
科克瓦尼布尼克城及其陵园 (1985, 1986)
凯鲁万 (1988)
苏塞古城麦地那 (1988)
沙格镇 (1997)

土耳其
希拉波利斯和帕姆卡莱 (1985)
迪夫里伊的大清真寺和医院 (1985)
伊斯坦布尔历史区域 (1985)
哈图莎：希泰首都 (1986)
内姆鲁特达格 (1987)
赫拉波利斯和帕穆克卡莱 (1988)
桑索斯和莱顿 (1988)
萨夫兰博卢城 (1994)
特洛伊考古遗址 (1998)
赛利米耶清真寺 (2011)
查塔夫耶克的新石器时代遗址 (2012)
布尔萨和库马利吉兹克：奥斯曼帝国的诞生 (2014)
帕加马卫城及其多层次文化景观 (2014)
迪亚巴克要塞和哈乌塞尔花园文化景观 (2015)
以弗所 (2015)
阿尼考古遗址 (2016)
阿芙洛迪西亚斯古城 (2017)
哥贝克力石阵 (2018)

土库曼斯坦
梅尔夫历史与文化公园 (1999)
库尼亚—乌尔根奇 (2005)
尼莎帕提亚要塞 (2007)

乌干达
布恩迪难以穿越的国家公园 (1994)
鲁文佐里山国家公园 (1994)
巴干达国王们的卡苏比陵 (2001)

乌克兰
基辅：圣·索菲娅教堂和佩乔尔斯克修道院 (1990)
里沃夫历史中心 (1998)
斯特鲁维地理探测弧线 (2005)
喀尔巴阡山脉的原始山毛榉林和欧洲其他地区 (2011, 2017)
布科维纳与达尔马提亚的城市民居 (2011)
陶里克切索内斯古城及农地 (2013)
波兰和乌克兰的喀尔巴阡地区木质教堂 (2013)

阿拉伯联合酋长国
艾恩文化遗址：哈菲特、西里、比达—宾特—沙特以及绿洲 (2011)

英国
"巨人之路"及其海岸 (1986)
达勒姆大教堂和城堡 (1986)
乔治铁桥区 (1986)
斯塔德利皇家公园和喷泉修道院遗址 (1986)
"巨石阵"、埃夫伯里及周围的巨石遗迹 (1986)
圭内斯郡爱德华国王城堡和城墙 (1986)
圣基尔达 (1986年, 2004年扩展范围)
布莱尼姆宫 (1987)
维斯特敏斯特宫、西敏寺和圣玛格丽特教堂 (1987)
巴斯城 (1987)
罗马帝国的边界 (1987)
亨德森岛 (1988)
伦敦塔 (1988)
坎特伯雷大教堂、圣奥古斯丁修道院和圣马丁教堂 (1988)
爱丁堡的老城和新城 (1995)
戈夫岛和伊纳克塞瑟布尔岛 (1995, 2004)
格林威治海岸区 (1997)
奥克尼的新石器时代遗址 (1999)
百慕大圣乔治古镇及相关要塞 (2000)
布莱纳文工业景观 (2000)
索尔泰尔 (2001)
多塞特和东德文海岸 (2001)
德文特河谷工厂群 (2001)
新拉纳克 (2001)
基尤皇家植物园，邱园 (2003)
海上商城利物浦 (2004)
康沃尔和西德文矿业景观 (2006)
庞特卡萨鲁岩水道 (2009)
福斯桥 (2015)
尼安德罗岩洞及周边环境 (2016)
英格兰湖区 (2017)
卓瑞尔河岸天文台 (2019)

坦桑尼亚
恩戈罗恩戈罗自然保护区（1979年被列入世界遗产名录，2010年成为自然文化双遗产。）
基尔瓦基斯瓦尼遗址和松戈马拉遗址 (1981)
塞伦盖蒂国家公园 (1981)
塞卢斯禁猎区 (1982)
乞力马扎罗国家公园 (1987)
桑给巴尔石头城 (2000)
孔多阿岩画遗址 (2006)

美国
梅萨维德国家公园 (1978)
黄石国家公园 (1978)
克卢恩／兰格尔—圣伊莱亚斯／冰川湾／塔琴希尼—阿尔塞克 (1979, 1992, 1994)
大峡谷国家公园 (1979)
大沼泽国家公园 (1979)
独立大厅 (1979)
红杉国家公园 (1980)
猛犸洞穴国家公园 (1981)
奥林匹克国家公园 (1981)
卡俄基亚土丘历史遗址 (1982)
大烟雾山国家公园 (1983)
波多黎各的古堡与圣胡安历史遗址 (1983)
自由女神像 (1984)
约塞米特国家公园 (1984)
查科文化国家历史公园 (1987)
夏威夷火山山国家公园 (1987)
夏洛茨维尔的蒙蒂塞洛和弗吉尼亚大学 (1987)
陶斯印第安村 (1992)
沃特顿冰川国际和平公园 (1995)
卡尔斯巴德洞穴国家公园 (1995)
帕帕哈瑙莫夸基亚国家海洋保护区 (2010)
圣安东尼奥奥布道会 (2015)
弗兰克·劳埃德·赖特的20世纪建筑作品 (2019)

乌拉圭
萨拉门多移民镇的历史区 (1995)
弗莱本托斯文化工业景区 (2015)

乌兹别克斯坦
伊钦·卡拉内城 (1990)
布哈拉历史中心 (1993)
沙赫利苏伯兹历史中心 (2000)
处在文化十字路口的撒马尔罕城 (2001)
西部天山 (2016)

瓦努阿图
马塔王酋长领地 (2008)

委内瑞拉
科罗及其港口 (1993)
卡奈依马国家公园 (1994)
加拉加斯大学城 (2000)

越南
顺化历史建筑群 (1993)
下龙湾 (1994, 2000)
会安古镇 (1999)
圣子修道院 (1999)
丰芽—格邦国家公园 (2003)
河内升龙皇城 (2010)
胡朝时期的城堡 (2011)
长安名胜群 (2014)

也门
城墙环绕的希巴姆古城 (1982)
萨那古城 (1986)
乍比得历史古城 (1993)
索科特拉群岛 (2008)

赞比亚
莫西奥图尼亚瀑布（维多利亚瀑布）(1989)

津巴布韦
马纳波尔斯国家公园、萨比和切俄雷自然保护区 (1984)
大津巴布韦国家纪念地 (1986)
卡米国家遗址纪念地 (1986)
莫西奥图尼亚瀑布（维多利亚瀑布）(1989)
马托博山 (2003)

（截至2019年12月）

图片来源

Page 2 Henri et Anne Stierlin
Page 5 Araldo De Luca/Archivio White Star
Pages 3-6 Elisabetta Ferrero/Archivio White Star

Preface
Page 6 Massimo Borchi/Archivio White Star

Introduction
Page 9 Livio Bourbon/Archivio White Star
Pages 10-11 Araldo De Luca/Archivio White Star

EUROPE
Page 12 Elisabetta Ferrero/Archivio White Star

Sweden
Page 14 AISA
Pages 14-15 AISA
Page 15 top AISA
Page 15 right AISA
Page 15 bottom left AISA
Page 15 bottom right Cristiano Luparia/Archivio White Star

Ireland
Page 16 top AISA
Page 16 bottom AISA
Pages 16-17 Antonio Attini/Archivio White Star
Page 17 top Sandro Vannini/Corbis/Contrasto
Page 17 bottom Cristiano Luparia/Archivio White Star

United Kingdom
Page 18 top Sandro Vannini/Corbis/Contrasto
Page 18 center Massimo Borchi/Archivio White Star
Page 18 bottom Sandro Vannini/Corbis/Contrasto
Page 19 Jason Hawkes/Corbis/Contrasto
Page 19 right Cristiano Luparia/Archivio White Star
Page 20 Jason Hawkes/Corbis/Contrasto
Page 20 bottom Cristiano Luparia/Archivio White Star
Page 21 top AISA
Page 21 bottom AISA
Page 22 Angelo Hornak/Corbis/Contrasto
Pages 22-23 Adam Woolfitt/Corbis/Contrasto
Page 23 left AISA
Page 23 right AISA

Germany
Page 24 top Giulio Veggi/Archivio White Star
Page 24 bottom Vanni Archive/Corbis/Contrasto
Pages 24-25 AISA
Page 25 top Cristiano Luparia/Archivio White Star
Page 25 bottom left Giulio Veggi/Archivio White Star
Page 25 bottom right Adam Woolfitt/Corbis/Contrasto

France
Page 26 top Jerome Chatin/Gamma Presse/Contrasto
Page 26 bottom Jerome Chatin/Gamma Presse/Contrasto
Pages 26-27 Jerome Chatin/Gamma Presse/Contrasto
Page 27 top Alamy Images
Page 27 bottom Bettmann/Corbis/Contrasto
Page 28 left Cristiano Luparia/Archivio White Star
Page 28 right Nik Wheeler/Corbis/Contrasto
Pages 28-29 Antonio Attini/Archivio White Star
Page 29 top Antonio Attini/Archivio White Star
Page 29 bottom Antonio Attini/Archivio White Star
Page 30 Antonio Attini/Archivio White Star
Pages 30-31 Wojtek Buss
Page 31 top Cristiano Luparia/Archivio White Star
Page 31 bottom Jason Hawkes
Page 32 top Antonio Attini/Archivio White Star
Page 32 bottom Antonio Attini/Archivio White Star
Pages 32-33 Luciano Ramires/Archivio White Star
Page 33 left Bo Zaunders/Corbis/Contrasto
Page 33 right Cristiano Luparia/Archivio White Star

Spain
Page 34 top Cristiano Luparia/Archivio White Star
Page 34 left AISA
Page 34 right AISA
Pages 34-35 AISA
Page 35 AISA
Page 36 left Cristiano Luparia/Archivio White Star
Page 36 right Patrick Ward/Corbis/Contrasto
Pages 36-37 Antonio Attini/Archivio White Star
Page 37 Antonio Attini/Archivio White Star
Page 38 Antonio Attini/Archivio White Star
Pages 38-39 Oscar Garcia Bayerri/Agefotostock/Contrasto
Page 39 top Cristiano Luparia/Archivio White Star
Page 39 left Antonio Attini/Archivio White Star
Page 39 right Antonio Attini/Archivio White Star
Page 40 top Antonio Attini/Archivio White Star
Page 40 center Antonio Attini/Archivio White Star
Page 40 bottom Antonio Attini/Archivio White Star
Pages 40-41 Angelo Tondini/Focus Team
Page 41 AISA

Italy
Page 42 top Cristiano Luparia/Archivio White Star
Page 42 left Giulio Veggi/Archivio White Star
Page 42 right Giulio Veggi/Archivio White Star
Pages 42-43 Marcello Bertinetti/Archivio White Star
Page 43 top Marcello Bertinetti/Archivio White Star
Page 43 bottom Giulio Veggi/Archivio White Star
Page 44 Wojtek Buss
Page 45 top left Giulio Veggi/Archivio White Star
Page 45 top right Giulio Veggi/Archivio White Star
Page 45 bottom Henri et Anne Stierlin
Page 46 top Archivio Alinari
Page 46 bottom left Giulio Veggi/Archivio White Star
Page 46 bottom right Marcello Bertinetti/Archivio White Star
Page 47 Marcello Bertinetti/Archivio White Star
Page 47 bottom Cristiano Luparia/Archivio White Star
Page 48 top left Giulio Veggi/Archivio White Star
Page 48 top right Massimo Borchi/Archivio White Star
Page 48-49 Marcello Bertinetti/Archivio White Star
Page 49 top Giulio Veggi/Archivio White Star
Page 49 center Marcello Bertinetti/Archivio White Star
Page 49 bottom Massimo Borchi/Archivio White Star
Page 50 top Massimo Borchi/Archivio White Star
Page 50 bottom Giulio Veggi/Archivio White Star
Pages 50-51 Marcello Bertinetti/Archivio White Star
Page 51 left Giulio Veggi/Archivio White Star
Page 51 right Marcello Bertinetti/Archivio White Star
Page 52 top left Giulio Veggi/Archivio White Star
Page 52 top right Nimatallah/AGK Images
Page 52 center Marcello Bertinetti/Archivio White Star
Page 52 bottom Alberto Pizzoli/Corbis/Contrasto
Pages 52-53 Marcello Bertinetti/Archivio White Star
Page 53 bottom Alberto Pizzoli/Corbis/Contrasto
Page 54 Araldo De Luca/Archivio White Star
Pages 54-55 Antonio Attini/Archivio White Star
Page 55 top left Giulio Veggi/Archivio White Star
Page 55 top right Giulio Veggi/Archivio White Star
Page 55 center Antonio Attini/Archivio White Star
Page 55 bottom left Giulio Veggi/Archivio White Star
Page 55 bottom right Cristiano Luparia/Archivio White Star
Page 56 top Anne Conway/Archivio White Star
Page 56 bottom Giulio Veggi/Archivio White Star
Pages 56-57 Erich Lessing/Contrasto
Page 57 Giulio Veggi/Archivio White Star
Page 58 Antonio Attini/Archivio White Star
Pages 58-59 Araldo De Luca/Archivio White Star
Page 59 Antonio Attini/Archivio White Star
Page 60 left Livio Bourbon/Archivio White Star
Page 60 right Giulio Veggi/Archivio White Star
Pages 60-61 Jonathan Blair/Corbis/Contrasto
Page 61 top Livio Bourbon/Archivio White Star
Page 61 bottom Giulio Veggi/Archivio White Star
Page 62 top Antonio Attini/Archivio White Star
Page 62 center left Araldo De Luca/Archivio White Star
Page 62 center right Araldo De Luca/Archivio White Star
Page 62 bottom Araldo De Luca/Archivio White Star
Page 63 Araldo De Luca/Archivio White Star
Page 64 Giulio Veggi/Archivio White Star
Pages 64-65 Basilio Rodella/BAMS photo

Page 65 top Livio Bourbon/Archivio White Star
Page 65 center Basilio Robella/BAMS photo
Page 65 bottom Cristiano Luparia/Archivio White Star
Page 66 Giovanni Dagli Orti
Pages 66-67 Giovanni Dagli Orti
Page 67 Giovanni Dagli Orti
Page 68 left Alfio Garozzo/Archivio White Star
Page 68 right Alfio Garozzo/Archivio White Star
Pages 68-69 Alfio Garozzo/Archivio White Star
Page 69 top left Alfio Garozzo/Archivio White Star
Page 69 top right Cristiano Luparia/Archivio White Star
Page 69 bottom right Alfio Garozzo/Archivio White Star
Page 69 bottom left Alfio Garozzo/Archivio White Star
Page 70 Alfio Garozzo/Archivio White Star
Pages 70-71 Erich Lessing/Contrasto
Page 71 left Alfio Garozzo/Archivio White Star
Page 71 right Erich Lessing/Contrasto
Page 72 Giulio Veggi/Archivio White Star
Pages 72-73 Alfio Garozzo/Archivio White Star
Page 73 top Alfio Garozzo/Archivio White Star
Page 73 center Alfio Garozzo/Archivio White Star
Page 73 bottom left Alfio Garozzo/Archivio White Star
Page 73 bottom right Cristiano Luparia/Archivio White Star

Croatia
Page 74 top Jonathan Blair/Corbis/Contrasto
Page 74 bottom Jonathan Blair/Corbis/Contrasto
Pages 74-75 Antonio Attini/Archivio White Star
Page 76 top AISA
Page 76 bottom right Cristiano Luparia/Archivio White Star
Page 76 bottom left Marcello Libra/Archivio White Star

Bulgaria
Page 76 AISA
Page 77 top AISA
Page 77 center AISA
Page 77 bottom Cristiano Luparia/Archivio White Star

Greece
Page 78 top Giovanni Dagli Orti/ Corbis/Contrasto
Page 78 center Giovanni Dagli Orti
Page 78 bottom left Cristiano Luparia/Archivio White Star
Page 78 bottom right Alfio Garozzo/Archivio White Star
Pages 78-79 Alfio Garozzo/Archivio White Star
Page 79 Studio Kontos/Photostock
Page 80 left Cristiano Luparia/Archivio White Star
Page 80 right Araldo De Luca
Pages 80-81 Yann Arthus-Bertrand/Corbis/Contrasto
Page 81 left Alfio Garozzo/Archivio White Star
Page 81 top right Giulio Veggi/Archivio White Star
Page 81 bottom right Giulio Veggi/Archivio White Star

397

Page 82 Araldo De Luca
Pages 82-83 Yann Arthus-Bertrand/Corbis/Contrasto
Page 83 left Giulio Veggi/Archivio White Star
Page 83 right Giulio Veggi/Archivio White Star
Page 84 Erich Lessing/Contrasto
Pages 84-85 Giovanni Dagli Orti
Page 85 left Erich Lessing/Contrasto
Page 85 right Erich Lessing/Contrasto
Page 86 Marcello Bertinetti/Archivio White Star
Pages 86-87 Alfio Garozzo/Archivio White Star
Page 87 left Cristiano Luparia/Archivio White Star
Page 87 right The British Museum
Page 88 top Alfio Garozzo/Archivio White Star
Page 88 center Giulio Veggi/Archivio White Star
Page 88 bottom Gerard Clyde/Barnaby's Picture Library
Pages 88-89 Alfio Garozzo/Archivio White Star
Page 89 Alfio Garozzo/Archivio White Star
Page 90 top Alfio Garozzo/Archivio White Star
Page 90 bottom Alfio Garozzo/Archivio White Star
Pages 90-91 Giulio Veggi/Archivio White Star
Page 91 top Alfio Garozzo/Archivio White Star
Page 91 center Livio Bourbon/Archivio White Star
Page 91 bottom left Alfio Garozzo/Archivio White Star
Page 91 bottom right Alfio Garozzo/Archivio White Star
Page 92 top Cristiano Luparia/Archivio White Star
Page 92 left Ruggero Vanni/Corbis/Contrasto
Pages 92-93 Yann Arthus-Bertrand/Corbis/Contrasto
Page 93 left Alfio Garozzo/Archivio White Star
Page 93 right Alfio Garozzo/Archivio White Star
Page 94 Erich Lessing/Contrasto
Pages 94-95 Alfio Garozzo/Archivio White Star
Page 95 left Alfio Garozzo/Archivio White Star
Page 95 right Alfio Garozzo/Archivio White Star
Page 96 top Cristiano Luparia/Archivio White Star
Page 96 Kevin Fleming/Corbis/Contrasto
Page 97 top AKG Images
Page 97 bottom Archivio Scala
Page 98 top Giulio Veggi/Archivio White Star
Page 98 center left Livio Bourbon/Archivio White Star
Page 98 center right Livio Bourbon/Archivio White Star
Page 98 bottom left Giulio Veggi/Archivio White Star
Page 98 bottom right Livio Bourbon/Archivio White Star
Page 99 Alfio Garozzo/Archivio White Star
Page 100 left Giovanni Dagli Orti
Page 100 right Giovanni Dagli Orti
Pages 100-101 Giulio Veggi/Archivio White Star
Page 101 left Agenzia Luisa Ricciarini
Page 101 right Giovanni Dagli Orti
Page 102 Cristiano Luparia/Archivio White Star
Pages 102-103 Yann Arthus-Bertrand/Corbis/Contrasto
Page 103 top Marcello Bertinetti/Archivio White Star

Page 103 center Archivio Scala
Page 103 in bassso left Marcello Bertinetti/Archivio White Star
Page 103 bottom right Alfio Garozzo/Archivio White Star
Page 104 Cristiano Luparia/Archivio White Star
Pages 104-105 Yann Arthus-Bertrand/Corbis/Contrasto
Page 105 top left Alfio Garozzo/Archivio White Star
Page 105 top right Alfio Garozzo/Archivio White Star
Page 105 bottom Giovanni Dagli Orti
Page 106 left Antonio Attini/Archivio White Star
Page 106 right Alfio Garozzo/Archivio White Star
Pages 106-107 Antonio Attini/Archivio White Star
Page 107 top Antonio Attini/Archivio White Star
Page 107 bottom Alfio Garozzo/Archivio White Star
Page 108 top left Antonio Attini/Archivio White Star
Page 108 top right Alfio Garozzo/Archivio White Star
Page 108 bottom left Antonio Attini/Archivio White Star
Page 108 bottom right Alfio Garozzo/Archivio White Star
Pages 108-109 Antonio Attini/Archivio White Star
Page 109 left Antonio Attini/Archivio White Star
Page 109 right Antonio Attini/Archivio White Star
Page 110 top Cristiano Luparia/Archivio White Star
Page 110 left Antonio Attini/Archivio White Star
Page 110 right Alfio Garozzo/Archivio White Star
Pages 110-111 Yann Arthus-Bertrand/Corbis/Contrasto
Page 111 top Alfio Garozzo/Archivio White Star
Page 111 bottom Antonio Attini/Archivio White Star

Malta
Page 112 top right Erich Lessing/Contrasto
Page 112 center Paul Almasy/Corbis/Contrasto
Page 112 bottom Paul Almasy/Corbis/Contrasto
Pages 112-113 Adam Woolfitt/Corbis/Contrasto
Page 113 top left Wojtek Buss
Page 113 top right Henri et Anne Stierlin
Page 113 bottom Cristiano Luparia/Archivio White Star
Page 114 top Hans Georg Roth/Corbis/Contrasto
Page 114 bottom left Roger Wood/Corbis/Contrasto
Page 114 bottom right Erich Lessing/Contrasto
Pages 114-115 Henri et Anne Stierlin
Page 115 top Marka
Page 115 center Adam Woolfitt/Corbis/Contrasto
Page 115 bottom Henri et Anne Stierlin

Cyprus
Page 116 top Cristiano Luparia/Archivio White Star
Page 116 bottom Laura Ronchi
Pages 116-117 Laura Ronchi
Page 117 top left Michael Nicholson/Corbis/Contrasto
Page 117 top right Stephanie Colasanti/Corbis/Contrasto
Page 117 bottom Laura Ronchi
Page 118 AISA

Pages 118-119 AISA
Page 119 top Dave Bartruff/Corbis/Contrasto
Page 119 bottom left Richard List/Corbis/Contrasto
Page 119 bottom right Massimo Mastrorillo/Sie

AFRICA
Page 120 Elisabetta Ferrero/Archivio White Star

Morocco
Page 122 Antonio Attini/Archivio White Star
Pages 122-123 Antonio Attini/Archivio White Star
Page 123 left Antonio Attini/Archivio White Star
Page 123 right Cristiano Luparia/Archivio White Star
Page 124 top Antonio Attini/Archivio White Star
Page 124 center Antonio Attini/Archivio White Star
Page 124 bottom Antonio Attini/Archivio White Star
Pages 124-125 Antonio Attini/Archivio White Star
Page 125 Antonio Attini/Archivio White Star

Algeria
Page 126 top Roger Wood/Corbis/Contrasto
Page 126 center Roger Wood/Corbis/Contrasto
Page 126 bottom MIT Collection/Corbis/Contrasto
Pages 126-127 Charles et Josette Lenars
Page 127 top Cristiano Luparia/Archivio White Star
Page 127 bottom AISA

Tunisia
Page 128 top Cristiano Luparia/Archivio White Star
Page 128 bottom Marcello Bertinetti/Archivio White Star
Pages 128-129 Alfio Garozzo/Archivio White Star
Page 129 top left Alfio Garozzo/Archivio White Star
Page 129 top right Alfio Garozzo/Archivio White Star
Page 129 center Marcello Bertinetti/Archivio White Star
Page 129 bottom Marcello Bertinetti/Archivio White Star
Page 130 top Alfio Garozzo/Archivio White Star
Page 129 center left Marcello Bertinetti/Archivio White Star
Page 129 center right Marcello Bertinetti/Archivio White Star
Page 130 bottom left Alfio Garozzo/Archivio White Star
Page 130 bottom right Alfio Garozzo/Archivio White Star
Page 131 Alfio Garozzo/Archivio White Star
Page 132 top Alfio Garozzo/Archivio White Star
Page 132 bottom Alfio Garozzo/Archivio White Star
Pages 132-133 Yann Arthus-Bertrand/Corbis/Contrasto
Page 133 top left Marcello Bertinetti/Archivio White Star
Page 133 top right Cristiano Luparia/Archivio White Star
Page 133 bottom left Marcello Bertinetti/Archivio White Star
Page 133 bottom right Marcello Bertinetti/Archivio White Star
Page 134 Giovanni Dagli Orti
Pages 134-135 Alfio Garozzo/Archivio White Star
Page 135 top Alfio Garozzo/Archivio White Star

Page 135 bottom left Alfio Garozzo/Archivio White Star
Page 135 bottom right Alfio Garozzo/Archivio White Star
Page 136 top Marcello Bertinetti/Archivio White Star
Page 136 bottom Alfio Garozzo/Archivio White Star
Pages 136-137 Yann Arthus-Bertrand/Corbis/Contrasto
Page 137 bottom left Cristiano Luparia/Archivio White Star
Page 137 bottom right Alfio Garozzo/Archivio White Star

Libya
Page 138 top Araldo De Luca/Archivio White Star
Page 138 center Araldo De Luca/Archivio White Star
Page 138 bottom Araldo De Luca/Archivio White Star
Pages 138-139 Araldo De Luca/Archivio White Star
Page 139 Cristiano Luparia/Archivio White Star
Page 140 top Araldo De Luca/Archivio White Star
Page 140 bottom left Araldo De Luca/Archivio White Star
Page 140 bottom right Araldo De Luca/Archivio White Star
Pages 140-141 Araldo De Luca/Archivio White Star
Page 141 left Marcello Bertinetti/Archivio White Star
Page 141 right Araldo De Luca/Archivio White Star
Page 142 top left Araldo De Luca/Archivio White Star
Page 142 top right Araldo De Luca/Archivio White Star
Page 142 center Araldo De Luca/Archivio White Star
Page 142 bottom Araldo De Luca/Archivio White Star
Pages 142-143 Araldo De Luca/Archivio White Star
Page 143 Araldo De Luca/Archivio White Star
Page 144 top Cristiano Luparia/Archivio White Star
Page 144 bottom Marcello Bertinetti/Archivio White Star
Pages 144-145 Araldo De Luca/Archivio White Star
Page 145 top Araldo De Luca/Archivio White Star
Page 145 center Araldo De Luca/Archivio White Star
Page 145 bottom Araldo De Luca/Archivio White Star
Page 146 top Araldo De Luca/Archivio White Star
Page 146 center Araldo De Luca/Archivio White Star
Page 146 bottom Marcello Bertinetti/Archivio White Star
Pages 146-147 Araldo De Luca/Archivio White Star
Page 147 bottom left Araldo De Luca/Archivio White Star
Page 147 bottom right Araldo De Luca/Archivio White Star
Page 148 top Araldo De Luca/Archivio White Star
Page 148 bottom left Araldo De Luca/Archivio White Star
Page 148 bottom right Araldo De Luca/Archivio White Star
Pages 148-149 Marcello Bertinetti/Archivio White Star
Page 149 bottom left Marcello Bertinetti/Archivio White Star
Page 149 bottom right Araldo De Luca/

Archivio White Star
Page 150 Araldo De Luca/Archivio White Star
Page 151 Araldo De Luca/Archivio White Star
Page 152 top Cristiano Luparia/Archivio White Star
Page 152 bottom Gianni and Tiziana Baldizzone/Archivio White Star
Pages 152-153 Gianni and Tiziana Baldizzone/Archivio White Star
Page 153 top left Gianni and Tiziana Baldizzone/Archivio White Star
Page 153 top right Gianni and Tiziana Baldizzone/Archivio White Star
Page 153 center Gianni and Tiziana Baldizzone/Archivio White Star
Page 153 bottom Gianni and Tiziana Baldizzone/Archivio White Star
Page 154 top left Gianni and Tiziana Baldizzone/Archivio White Star
Page 154 top right Gianni and Tiziana Baldizzone/Archivio White Star
Pages 154-155 Ann Conway
Page 155 top Gianni and Tiziana Baldizzone/Archivio White Star
Page 155 bottom Gianni and Tiziana Baldizzone/Archivio White Star
Page 156 top Araldo De Luca/Archivio White Star
Page 156 bottom Araldo De Luca/Archivio White Star
Pages 156-157 Araldo De Luca/Archivio White Star
Page 157 top left Cristiano Luparia/Archivio White Star
Page 157 top right Araldo De Luca/Archivio White Star
Page 157 bottom left Araldo De Luca/Archivio White Star
Page 157 bottom right Araldo De Luca/Archivio White Star
Page 158 top Marcello Bertinetti/Archivio White Star
Page 158 center Marcello Bertinetti/Archivio White Star
Page 158 bottom Araldo De Luca/Archivio White Star
Pages 158-159 Araldo De Luca/Archivio White Star
Page 159 top Araldo De Luca/Archivio White Star
Page 159 right Marcello Bertinetti/Archivio White Star
Page 160 bottom left Marcello Bertinetti/Archivio White Star
Page 160 bottom right Araldo De Luca/Archivio White Star
Pages 160-161 Araldo De Luca/Archivio White Star
Page 161 top Marcello Bertinetti/Archivio White Star
Page 161 left Araldo De Luca/Archivio White Star
Page 161 right Araldo De Luca/Archivio White Star

Egypt
Page 162 Marcello Bertinetti/Archivio White Star
Pages 162-163 Marcello Bertinetti/Archivio White Star
Page 163 top Marcello Bertinetti/Archivio White Star
Page 163 center top Marcello Bertinetti/Archivio White Star
Page 163 center bottom Marcello Bertinetti/Archivio White Star
Page 163 bottom Cristiano Luparia/Archivio White Star
Page 164 top left Araldo De Luca/Archivio White Star

Page 164 top right Araldo De Luca/Archivio White Star
Page 164 bottom Araldo De Luca/Archivio White Star
Page 165 Araldo De Luca/Archivio White Star
Page 166 top Araldo De Luca/Archivio White Star
Page 166 bottom Marcello Bertinetti/Archivio White Star
Pages 166-167 Giulio Veggi/Archivio White Star
Page 167 bottom left Araldo De Luca/Archivio White Star
Page 167 bottom right Araldo De Luca/Archivio White Star
Page 168 top Giulio Veggi/Archivio White Star
Page 168 bottom Marcello Bertinetti/Archivio White Star
Page 169 Marcello Bertinetti/Archivio White Star
Page 170 top Alfio Garozzo/Archivio White Star
Page 170 bottom Antonio Attini/Archivio White Star
Pages 170-171 Marcello Bertinetti/Archivio White Star
Page 171 left Marcello Bertinetti/Archivio White Star
Page 171 right Giulio Veggi/Archivio White Star
Page 171 center Cristiano Luparia/Archivio White Star
Page 172 top Alfio Garozzo/Archivio White Star
Page 172 bottom Marcello Bertinetti/Archivio White Star
Pages 172-173 Marcello Bertinetti/Archivio White Star
Page 173 top Giulio Veggi/Archivio White Star
Page 173 center Marcello Bertinetti/Archivio White Star
Page 173 bottom Alfio Garozzo/Archivio White Star
Page 174 left Araldo De Luca/Archivio White Star
Page 174 right Oxford Cartographers/Archvio White Star
Pages 174-175 Araldo De Luca/Archivio White Star
Page 175 top Araldo De Luca/Archivio White Star
Page 175 center Araldo De Luca/Archivio White Star
Page 175 bottom Araldo De Luca/Archivio White Star
Page 176 top Araldo De Luca/Archivio White Star
Page 176 bottom Araldo De Luca/Archivio White Star
Pages 176-177 Araldo De Luca/Archivio White Star
Page 177 top Marcello Bertinetti/Archivio White Star
Page 177 bottom Araldo De Luca/Archivio White Star
Page 178 top Araldo De Luca/Archivio White Star
Page 178 center left Araldo De Luca/Archivio White Star
Page 178 center right Marcello Bertinetti/Archivio White Star
Page 178 bottom left Araldo De Luca/Archivio White Star
Page 178 bottom right Araldo De Luca/Archivio White Star
Page 179 Araldo De Luca/Archivio White Star
Page 180 top Marcello Bertinetti/Archivio White Star
Page 180 bottom Antonio Attini/Archivio White Star
Pages 180-181 Marcello Bertinetti/Archivio White Star

Page 181 top left Cristiano Luparia/Archivio White Star
Page 181 top right Antonio Attini/Archivio White Star
Page 181 bottom Antonio Attini/Archivio White Star
Page 182 top Marcello Bertinetti/Archivio White Star
Page 182 bottom Giulio Veggi/Archivio White Star
Page 182-183 Antonio Attini/Archivio White Star
Pages 183 left Giulio Veggi/Archivio White Star
Page 183 right Araldo De Luca/Archivio White Star
Page 184 Araldo De Luca/Archivio White Star
Pages 184-185 Araldo De Luca/Archivio White Star
Page 185 top Araldo De Luca/Archivio White Star
Page 185 bottom Araldo De Luca/Archivio White Star

Ethiopia
Page 186 top Frances Linzee Gordon/Lonely Planet Images
Page 186 bottom left AISA
Page 186 bottom right Frances Linzee Gordon/Lonely Planet Images
Page 187 top Henri et Anne Stierlin
Page 187 bottom left David Else/ Lonely Planet Images
Page 187 bottom right Cristiano Luparia/Archivio White Star

Zimbabwe
Page 188 top Paul Almasy/Corbis/Contrasto
Page 188 bottom left Cristiano Luparia/Archivio White Star
Page 188 bottom right Denni Johnson/Lonely Planet Images
Pages 188-189 MIT Collection/Corbis/Contrasto
Page 189 top left Colin Hoskins; Cordaiy Photo Library Ltd./Corbis/Contrasto
Page 189 top right Colin Hoskins; Cordaiy Photo Library Ltd./Corbis/Contrasto
Page 189 bottom Robert Holmes/Corbis/Contrasto

ASIA
Page 190 Elisabetta Ferrero/Archivio White Star

Turkey
Pages 192-193 Massimo Borchi/Archivio White Star
Page 193 top Cristiano Luparia/Archivio White Star
Page 193 center Massimo Borchi/Archivio White Star
Page 193 bottom left Massimo Borchi/Archivio White Star
Page 193 bottom right Massimo Borchi/Archivio White Star
Page 194 top Massimo Borchi/Archivio White Star
Page 194 bottom Massimo Borchi/Archivio White Star
Pages 194-195 AISA
Page 195 top Cristiano Luparia/Archivio White Star
Page 195 center Massimo Borchi/Archivio White Star
Page 195 bottom Massimo Borchi/Archivio White Star

Syria
Page 196 top Henri et Anne Stierlin
Page 196 bottom John Elk III/Lonely Planet Images
Page 197 ICP/Double's
Page 197 bottom Cristiano Luparia/Archivio White Star

Page 198 left Cristiano Luparia/Archivio White Star
Page 198 right Henri et Anne Stierlin
Pages 198-199 AISA
Page 199 top Henri et Anne Stierlin
Page 199 center Henri et Anne Stierlin
Page 199 bottom AISA
Page 200 top Henri et Anne Stierlin
Page 200 bottom left Henri et Anne Stierlin
Page 200 bottom right Henri et Anne Stierlin
Pages 200-201 Henri et Anne Stierlin
Page 201 top Henri et Anne Stierlin
Page 201 bottom © STRINGER/AFP/Getty Images
Page 202 bottom left Henri et Anne Stierlin
Page 202 bottom right Henri et Anne Stierlin
Pages 202-203 Henri et Anne Stierlin
Page 203 top left Henri et Anne Stierlin
Page 203 top right Henri et Anne Stierlin
Page 203 bottom Henri et Anne Stierlin
Page 204 top John Elk III/Lonely Planet Images
Page 204 bottom left Cristiano Luparia/Archivio White Star
Page 204 bottom right Angelo Tondini/Focus Team
Pages 204-205 K.M. Westermann/Corbis/Contrasto
Page 205 top Alamy Images
Page 205 bottom Laura Ronchi

Lebanon
Page 206 left top Atlantide
Page 206 left bottom Cristiano Luparia/Archivio White Star
Page 206 right Roger Wood/Corbis/Contrasto
Page 207 Julian Wirker; Cordaiy Photo Library Ltd./Corbis/Contrasto
Page 208 top Carmen Redondo/Corbis/Contrasto
Page 208 bottom Atlantide
Pages 208-209 Carmen Redondo/Corbis/Contrasto
Page 209 Antonio Attini/Archivio White Star
Page 210 Roger Wood/Corbis/Contrasto
Pages 210-211 Carmen Redondo/Corbis/Contrasto
Page 211 left Paul Almasy/Corbis/Contrasto
Page 211 top right Cristiano Luparia/Archivio White Star
Page 211 bottom right Carmen Redondo/Corbis/Contrasto

Israel
Page 212 top Marcello Bertinetti/Archivio White Star
Page 212 bottom Cristiano Luparia/Archivio White Star
Pages 212-213 Itamar Grinberg/Archivio White Star
Page 213 top left Antonio Attini/Archivio White Star
Page 213 top right Antonio Attini/Archivio White Star
Page 213 bottom left Antonio Attini/Archivio White Star
Page 213 bottom left Antonio Attini/Archivio White Star
Page 214 top Marcello Bertinetti/Archivio White Star
Page 214 center left Antonio Attini/Archivio White Star
Page 214 center right Antonio Attini/Archivio White Star
Page 214 bottom Antonio Attini/Archivio White Star
Page 215 Antonio Attini/Archivio White Star

399

Jordan
Page 216 top Cristiano Luparia/Archivio White Star
Page 216 bottom left Henri et Anne Stierlin
Page 216 bottom right John Elk III/Lonely Planet Images
Pages 216-217 Yann Arthus-Bertrand/Corbis/Contrasto
Page 217 Robert Holmes/Corbis/Contrasto
Page 218 top Giulio Veggi/Archivio White Star
Page 218 bottom left Massimo Borchi/Archivio White Star
Page 218 bottom right Massimo Borchi/Archivio White Star
Page 219 Massimo Borchi/Archivio White Star
Page 219 bottom Cristiano Luparia/Archivio White Star
Page 220 left Giulio Veggi/Archivio White Star
Page 220 right Giulio Veggi/Archivio White Star
Pages 220-221 Giulio Veggi/Archivio White Star
Page 221 top Giulio Veggi/Archivio White Star
Page 221 bottom Giulio Veggi/Archivio White Star
Page 222 top Massimo Borchi/Archivio White Star
Page 222 bottom Giulio Veggi/Archivio White Star
Pages 222-223 Massimo Borchi/Archivio White Star
Page 223 left Giulio Veggi/Archivio White Star
Page 223 right Giulio Veggi/Archivio White Star

Iraq
Page 224 top Nik Wheeler/Corbis/Contrasto
Page 224 bottom Henri et Anne Stierlin
Pages 224-225 Nik Wheeler/Corbis/Contrasto
Page 225 top Cristiano Luparia/Archivio White Star
Page 225 left Jane Sweeney/Lonely Planet Images
Page 225 right Jane Sweeney/Lonely Planet Images
Page 226 Henri et Anne Stierlin
Pages 226-227 Henri et Anne Stierlin
Page 227 top Henri et Anne Stierlin
Page 227 left Henri et Anne Stierlin
Page 227 right Nik Wheeler/Corbis/Contrasto

Iran
Page 228 top Cristiano Luparia/Archivio White Star
Page 228 center Wojtek Buss
Page 228 bottom Laura Ronchi
Pages 228-229 AISA
Page 229 top AISA
Page 229 right Wojtek Buss
Page 230 left Wojtek Buss
Page 230 right AISA
Pages 230-231 AISA
Page 231 top Henri et Anne Stierlin
Page 231 center AISA
Page 231 bottom Henri et Anne Stierlin
Page 232 Wojtek Buss
Pages 232-233 Henri et Anne Stierlin
Page 233 top Henri et Anne Stierlin
Page 233 center top Henri et Anne Stierlin
Page 233 center bottom Henri et Anne Stierlin
Page 233 bottom Wojtek Buss
Page 234 top Wojtek Buss
Page 234 bottom Wojtek Buss
Page 235 top Wojtek Buss
Page 235 bottom left Wojtek Buss
Page 235 bottom right Wojtek Buss

Afghanistan
Page 236 left Cristiano Luparia/Archivio White Star
Page 236 right Kate Brooks/Corbis/Contrasto
Pages 236-237 Kate Brooks/Corbis/Contrasto
Page 237 top Kate Brooks/Corbis/Contrasto
Page 237 bottom Alamy Images

China
Page 238 left Royalty-Free/Corbis/Contrasto
Page 238 right Cristiano Luparia/Archivio White Star
Pages 238-239 Cultural Relics Publishing House
Page 239 right Pierre Colombel/Corbis/Contrasto
Page 240 top Pierre Colombel/Corbis/Contrasto
Page 240 bottom Pierre Colombel/Corbis/Contrasto
Pages 240-241 AISA
Page 241 right Pierre Colombel/Corbis/Contrasto
Page 241 bottom AISA
Page 242 Pierre Colombel/Corbis/Contrasto
Pages 242-243 Pierre Colombel/Corbis/Contrasto
Page 243 top Pierre Colombel/Corbis/Contrasto
Page 243 center Pierre Colombel/Corbis/Contrasto
Page 243 bottom Pierre Colombel/Corbis/Contrasto
Page 244 top Araldo De Luca/Archivio White Star
Page 244 bottom Cristiano Luparia/Archivio White Star
Pages 244-245 Araldo De Luca/Archivio White Star
Page 245 top Araldo De Luca/Archivio White Star
Page 245 center Araldo De Luca/Archivio White Star
Page 245 bottom Araldo De Luca/Archivio White Star
Page 246 Araldo De Luca/Archivio White Star
Page 247 Araldo De Luca/Archivio White Star
Page 248 left Araldo De Luca/Archivio White Star
Page 248 right Araldo De Luca/Archivio White Star
Page 249 left Araldo De Luca/Archivio White Star
Page 249 right Araldo De Luca/Archivio White Star
Page 250 top Panorama Stock
Page 250 bottom Bettmann/Corbis/Contrasto
Page 251 John Borthwick/Lonely Planet Images
Page 251 bottom Cristiano Luparia/Archivio White Star
Page 252 top Cristiano Luparia/Archivio White Star
Page 252 bottom Alamy Images
Pages 252-253 Brian A.Vikander/Corbis/Contrasto
Page 253 left Brian A.Vikander/Corbis/Contrasto
Page 253 right Brian A.Vikander/Corbis/Contrasto
Page 254 Keren Su/Corbis/Contrasto
Pages 254-255 Wolfgang Kaehler/Corbis/Contrasto
Page 255 top left Lowell Georgia/Corbis/Contrasto
Page 255 top right Wolfgang Kaehler/Corbis/Contrasto
Page 255 bottom Lowell Georgia/Corbis/Contrasto
Page 256 top Panorama Stock
Page 256 bottom left Wojtek Buss
Page 256 bottom right Pierre Colombel/Corbis/Contrasto
Page 257 left Dean Conger/Corbis/Contrasto
Page 257 right top Wolfgang Kaehler/Corbis/Contrasto
Page 257 right center Wojtek Buss
Page 257 bottom Cristiano Luparia/Archivio White Star
Page 258 left Wolfgang Kaehler/Corbis/Contrasto
Page 258 right Wolfgang Kaehler/Corbis/Contrasto
Pages 258-259 Dean Conger/Corbis/Contrasto
Page 259 top Panorama Stock
Page 259 bottom AISA

South Korea
Page 260 left AISA
Page 260 center AISA
Page 260 right Cristiano Luparia/Archivio White Star
Pages 260-261 AISA
Page 261 AISA

Japan
Page 262 left AISA
Page 262 right AISA
Pages 262-263 Michael Yamashita/Corbis/Contrasto
Page 263 top Cristiano Luparia/Archivio White Star
Page 263 left Frank Carter/Lonely Planet Images
Page 263 right Double's
Page 264 AISA
Pages 264-265 Artchivio Iconografico, S.A./Corbis/Contrasto
Page 265 top left Cristiano Luparia/Archivio White Star
Page 265 top right AISA
Page 265 center AISA
Page 265 bottom Sakamoto Photo Research Laboratory/Corbis/Contrasto

Pakistan
Page 266 left Cristiano Luparia/Archivio White Star
Page 266 center AISA
Page 266 right AISA
Pages 266-267 AISA
Page 267 top Diego Lezama Orezzoli/Corbis/Contrasto
Page 267 bottom AISA

Nepal
Page 268 top Alison Wright
Page 268 bottom Bennett Dean; Eye Ubiquitous/Corbis/Contrasto
Pages 268-269 Alison Wright/Corbis/Contrasto
Page 269 left Cristiano Luparia/Archivio White Star
Page 269 right Alison Wright

India
Page 270 top Cristiano Luparia/Archivio White Star
Page 270 left Massimo Borchi/Archivio White Star
Pages 270-271 Massimo Borchi/Archivio White Star
Page 271 top left Massimo Borchi/Archivio White Star
Page 271 top right Massimo Borchi/Archivio White Star
Page 271 bottom left Massimo Borchi/Archivio White Star
Page 271 bottom right Massimo Borchi/Archivio White Star
Page 272 left Massimo Borchi/Archivio White Star
Page 272 right Massimo Borchi/Archivio White Star
Pages 272-273 Massimo Borchi/Archivio White Star
Page 273 top Massimo Borchi/Archivio White Star
Page 273 center Massimo Borchi/Archivio White Star
Page 273 bottom Massimo Borchi/Archivio White Star
Page 274 Massimo Borchi/Archivio White Star
Page 275 top Massimo Borchi/Archivio White Star
Page 275 center left Massimo Borchi/Archivio White Star
Page 275 center right Massimo Borchi/Archivio White Star
Page 275 bottom left Massimo Borchi/Archivio White Star
Page 275 bottom right Massimo Borchi/Archivio White Star
Page 276 top left Cristiano Luparia/Archivio White Star
Page 276 top right Massimo Borchi/Archivio White Star
Page 276 bottom left Marcello Bertinetti/Archivio White Star
Page 276 bottom right Marcello Bertinetti/Archivio White Star
Pages 276-277 Massimo Borchi/Archivio White Star
Page 277 top Massimo Borchi/Archivio White Star
Page 277 bottom Massimo Borchi/Archivio White Star
Page 278 top Massimo Borchi/Archivio White Star
Page 278 center left Massimo Borchi/Archivio White Star
Page 278 center right Massimo Borchi/Archivio White Star
Page 278 bottom left Marcello Bertinetti/Archivio White Star
Page 278 bottom right Massimo Borchi/Archivio White Star
Page 279 top Massimo Borchi/Archivio White Star
Page 280 top Cristiano Luparia/Archivio White Star
Page 280 bottom Massimo Borchi/Archivio White Star
Pages 280-281 Massimo Borchi/Archivio White Star
Page 281 top left Massimo Borchi/Archivio White Star
Page 281 top right Massimo Borchi/Archivio White Star
Page 281 center Massimo Borchi/Archivio White Star
Page 281 bottom Massimo Borchi/Archivio White Star
Page 282 Massimo Borchi/Archivio White Star
Pages 282-283 Massimo Borchi/Archivio White Star
Page 283 top Massimo Borchi/Archivio White Star
Page 283 bottom Massimo Borchi/Archivio White Star
Page 284 top Massimo Borchi/Archivio White Star
Page 284 center Massimo Borchi/Archivio White Star
Page 284 bottom Massimo Borchi/Archivio White Star
Pages 284-285 Massimo Borchi/Archivio White Star
Page 285 Massimo Borchi/Archivio White Star
Page 286 top Cristiano Luparia/Archivio White Star
Page 286 Massimo Borchi/Archivio White Star
Page 287 top left Massimo Borchi/Archivio White Star
Page 287 top right Massimo Borchi/Archivio White Star

Page 287 bottom left Massimo Borchi/Archivio White Star
Page 287 bottom right Massimo Borchi/Archivio White Star
Page 288 left Massimo Borchi/Archivio White Star
Page 288 right Massimo Borchi/Archivio White Star
Pages 288-289 Massimo Borchi/Archivio White Star
Page 289 top Christophe Boisvieux
Page 289 center top Adam Woolfitt/Corbis/Contrasto
Page 289 center bottom Massimo Borchi/Archivio White Star
Page 289 bottom Massimo Borchi/Archivio White Star
Page 290 left Cristiano Luparia/Archivio White Star
Page 290 right Livio Bourbon/Archivio White Star
Pages 290-291 Livio Bourbon/Archivio White Star
Page 291 top Livio Bourbon/Archivio White Star
Page 291 center AISA
Page 291 bottom Livio Bourbon/Archivio White Star
Page 292 top Livio Bourbon/Archivio White Star
Page 292 center left Livio Bourbon/Archivio White Star
Page 292 center right Livio Bourbon/Archivio White Star
Page 292 bottom left Livio Bourbon/Archivio White Star
Page 292 bottom right Livio Bourbon/Archivio White Star
Page 293 Livio Bourbon/Archivio White Star
Page 294 top Antonio Attini/Archivio White Star
Page 294 bottom Antonio Attini/Archivio White Star
Pages 294-295 Antonio Attini/Archivio White Star
Page 295 top left Antonio Attini/Archivio White Star
Page 295 top right Cristiano Luparia/Archivio White Star
Page 295 bottom left Antonio Attini/Archivio White Star
Page 295 bottom left Antonio Attini/Archivio White Star
Page 296 top Antonio Attini/Archivio White Star
Page 296 left Marcello Bertinetti/Archivio White Star
Pages 296-297 Antonio Attini/Archivio White Star
Page 297 top Antonio Attini/Archivio White Star
Page 297 center Antonio Attini/Archivio White Star
Page 297 bottom Antonio Attini/Archivio White Star

Sri Lanka
Page 298 top AISA
Page 298 center Jeremy Horner/Corbis/Contrasto
Page 298 bottom Bill Wassman/Lonely Planet Images
Pages 298-299 AISA
Page 299 top Cristiano Luparia/Archivio White Star
Page 299 bottom Christine Osborne/Corbis/Contrasto
Page 300 Getty Images/Laura Ronchi
Pages 300-301 AISA
Page 301 top left Cristiano Luparia/Archivio White Star
Page 301 top right AISA
Page 301 center AISA
Page 301 bottom AISA

Page 302 left Cristiano Luparia/Archivio White Star
Page 302 right Antony V Giblin/Lonely Planet Images
Pages 302-303 Gustavo Tomsich/Corbis/Contrasto
Page 303 top AISA
Page 303 center Jeremy Horner/Corbis/Contrasto
Page 303 bottom Jeremy Horner/Corbis/Contrasto
Page 304 left AISA
Page 304 right Lindsay Hebberd/Corbis/Contrasto
Pages 304-305 AISA
Page 305 top Andres Blomqvist/Lonely Planet Images
Page 305 bottom Michael Freeman/Corbis/Contrasto

Thailand
Page 306 top Cristiano Luparia/Archivio White Star
Page 306 center left Livio Bourbon/Archivio White Star
Page 306 center right Livio Bourbon/Archivio White Star
Page 306 bottom left Livio Bourbon/Archivio White Star
Page 306 bottom right Livio Bourbon/Archivio White Star
Page 307 Livio Bourbon/Archivio White Star
Page 308 Livio Bourbon/Archivio White Star
Page 309 top left Livio Bourbon/Archivio White Star
Page 309 top right Livio Bourbon/Archivio White Star
Page 309 bottom left Livio Bourbon/Archivio White Star
Page 309 bottom right Livio Bourbon/Archivio White Star

Cambodia
Page 310 top Livio Bourbon/Archivio White Star
Page 310 center Livio Bourbon/Archivio White Star
Page 310 bottom Livio Bourbon/Archivio White Star
Pages 310-311 Livio Bourbon/Archivio White Star
Page 311 Cristiano Luparia/Archivio White Star
Page 312 top Livio Bourbon/Archivio White Star
Page 312 left Livio Bourbon/Archivio White Star
Page 312 right Livio Bourbon/Archivio White Star
Pages 312-313 Livio Bourbon/Archivio White Star
Page 313 Livio Bourbon/Archivio White Star
Page 314 top Livio Bourbon/Archivio White Star
Page 314 center Livio Bourbon/Archivio White Star
Page 314 bottom Livio Bourbon/Archivio White Star
Pages 314-315 Livio Bourbon/Archivio White Star
Page 315 top Livio Bourbon/Archivio White Star
Page 315 right Livio Bourbon/Archivio White Star
Page 316 Livio Bourbon/Archivio White Star
Pages 316-317 Livio Bourbon/Archivio White Star
Page 317 top Livio Bourbon/Archivio White Star
Page 317 center Livio Bourbon/Archivio White Star
Page 317 bottom Livio Bourbon/Archivio White Star

Vietnam
Page 318 top Michael Freeman/Corbis/Contrasto
Page 318 left Michael Freeman/Corbis/Contrasto
Pages 318-319 Michael Freeman/Corbis/Contrasto
Page 319 left Michael Freeman/Corbis/Contrasto
Page 319 right Cristiano Luparia/Archivio White Star

Indonesia
Page 320 top Roger Ressmeyer/Corbis/Contrasto
Page 320 center Lindsay Hebberd/Corbis/Contrasto
Page 320 bottom Bernard Napthine/Lonely Planet Images
Pages 320-321 Bernard Napthine/Lonely Planet Images
Page 321 left Cristiano Luparia/Archivio White Star
Page 321 right Stephanie Colasanti/Corbis/Contrasto
Page 322 top Lindsay Hebberd/Corbis/Contrasto
Page 322 center Bernard Napthine/Lonely Planet Images
Page 322 bottom left AISA
Page 322 bottom right Lindsay Hebberd/Corbis/Contrasto
Pages 322-323 AISA
Page 324 left Marcello Bertinetti/Archivio White Star
Page 324 right Cristiano Luparia/Archivio White Star
Pages 324-325 Marcello Bertinetti/Archivio White Star
Page 325 top Angelo Tondini/Focus Team
Page 325 bottom Angelo Tondini/Focus Team
Page 326 left Marcello Bertinetti/Archivio White Star
Page 326 bottom Marcello Bertinetti/Archivio White Star
Pages 326-327 Marcello Bertinetti/Archivio White Star
Page 327 right Marcello Bertinetti/Archivio White Star
Page 327 bottom Marcello Bertinetti/Archivio White Star

THE AMERICAS
Page 328 Elisabetta Ferrero/Archivio White Star

United States
Page 330 top Richard A. Cooke/Corbis/Contrasto
Page 330 center Antonio Attini/Archivio White Star
Page 330 bottom David Muench/Corbis/Contrasto
Pages 330-331 Kraig Lieb/Lonely Planet Images
Page 331 Cristiano Luparia/Archivio White Star

Mexico
Page 332 left Antonio Attini/Archivio White Star
Page 332 right Cristiano Luparia/Archivio White Star
Pages 332-333 Yann Arthus-Bertrand/Corbis/Contrasto
Page 333 top left Antonio Attini/Archivio White Star
Page 333 top right Antonio Attini/Archivio White Star
Page 333 bottom Antonio Attini/Archivio White Star
Page 334 top Antonio Attini/Archivio White Star

Page 334 center top Antonio Attini/Archivio White Star
Page 334 center bottom Antonio Attini/Archivio White Star
Page 334 bottom Antonio Attini/Archivio White Star
Pages 334-335 Antonio Attini/Archivio White Star
Page 335 left Antonio Attini/Archivio White Star
Page 335 right Antonio Attini/Archivio White Star
Page 336 top Cristiano Luparia/Archivio White Star
Page 336 left Antonio Attini/Archivio White Star
Page 336 right Antonio Attini/Archivio White Star
Pages 336-337 Antonio Attini/Archivio White Star
Page 337 top Antonio Attini/Archivio White Star
Page 337 bottom left Antonio Attini/Archivio White Star
Page 337 bottom right Antonio Attini/Archivio White Star
Page 338 Massimo Borchi/Archivio White Star
Pages 338-339 Antonio Attini/Archivio White Star
Page 339 left Antonio Attini/Archivio White Star
Page 339 top right Antonio Attini/Archivio White Star
Page 339 bottom Archivio Scala
Page 340 left Massimo Borchi/Archivio White Star
Page 340 right Giovanni Dagli Orti
Pages 340-341 Massimo Borchi/Archivio White Star
Page 341 left Massimo Borchi/Archivio White Star
Page 341 right Cristiano Luparia/Archivio White Star
Page 342 top Massimo Borchi/Archivio White Star
Page 342 bottom Massimo Borchi/Archivio White Star
Pages 342-343 Massimo Borchi/Archivio White Star
Page 343 left Massimo Borchi/Archivio White Star
Page 343 right Massimo Borchi/Archivio White Star
Page 344 Massimo Borchi/Archivio White Star
Page 345 top Massimo Borchi/Archivio White Star
Page 345 center left Massimo Borchi/Archivio White Star
Page 345 center right Massimo Borchi/Archivio White Star
Page 345 bottom Cristiano Luparia/Archivio White Star
Page 346 top Massimo Borchi/Archivio White Star
Page 346 left Massimo Borchi/Archivio White Star
Page 346 right Massimo Borchi/Archivio White Star
Pages 346-347 Massimo Borchi/Archivio White Star
Page 347 Massimo Borchi/Archivio White Star
Page 348 Massimo Borchi/Archivio White Star
Pages 348-349 Massimo Borchi/Archivio White Star
Page 349 top left Massimo Borchi/Archivio White Star
Page 349 top right Cristiano Luparia/Archivio White Star
Page 349 center Massimo Borchi/Archivio White Star
Page 349 bottom Massimo Borchi/Archivio White Star

Page 350 Massimo Borchi/Archivio White Star
Pages 350-351 Massimo Borchi/Archivio White Star
Page 351 top left Massimo Borchi/Archivio White Star
Page 351 top right Massimo Borchi/Archivio White Star
Page 351 center Massimo Borchi/Archivio White Star
Page 351 bottom Massimo Borchi/Archivio White Star
Page 352 Massimo Borchi/Archivio White Star
Pages 352-353 Massimo Borchi/Archivio White Star
Page 353 top Massimo Borchi/Archivio White Star
Page 353 bottom Massimo Borchi/Archivio White Star

Guatemala
Page 354 top Giovanni Dagli Orti
Page 354 bottom Cristiano Luparia/Archivio White Star
Pages 354-355 Massimo Borchi/Archivio White Star
Page 355 top Massimo Borchi/Archivio White Star
Page 355 center Massimo Borchi/Archivio White Star
Page 355 bottom Massimo Borchi/Archivio White Star
Page 356 top Massimo Borchi/Archivio White Star
Page 356 center Massimo Borchi/Archivio White Star
Page 356 bottom left Massimo Borchi/Archivio White Star
Page 356 bottom right Massimo Borchi/Archivio White Star
Pages 356-357 Massimo Borchi/Archivio White Star
Page 357 top left Massimo Borchi/Archivio White Star
Page 357 top right Massimo Borchi/Archivio White Star
Page 358 top Massimo Borchi/Archivio White Star
Page 358 bottom Massimo Borchi/Archivio White Star
Page 359 left Massimo Borchi/Archivio White Star
Page 359 right Massimo Borchi/Archivio White Star
Page 359 bottom Cristiano Luparia/Archivio White Star

Honduras
Page 360 top Cristiano Luparia/Archivio White Star
Page 360 right Massimo Borchi/Archivio White Star
Page 360 center Massimo Borchi/Archivio White Star
Page 360 bottom left Massimo Borchi/Archivio White Star
Page 360 bottom right Massimo Borchi/Archivio White Star
Page 361 Massimo Borchi/Archivio White Star
Page 362 top left Massimo Borchi/Archivio White Star
Page 362 bottom left Massimo Borchi/Archivio White Star
Page 362 right Massimo Borchi/Archivio White Star
Page 363 top left Massimo Borchi/Archivio White Star
Page 363 top right Massimo Borchi/Archivio White Star
Page 363 bottom left Massimo Borchi/Archivio White Star
Page 363 bottom right Massimo Borchi/Archivio White Star

Peru
Page 364 top left Massimo Borchi/Archivio White Star
Page 364 top right Cristiano Luparia/Archivio White Star
Page 364 center Massimo Borchi/Archivio White Star
Page 364 bottom Massimo Borchi/Archivio White Star
Pages 364-365 Massimo Borchi/Archivio White Star
Page 365 top Massimo Borchi/Archivio White Star
Page 365 center Massimo Borchi/Archivio White Star
Page 365 bottom Massimo Borchi/Archivio White Star
Page 366 Cristiano Luparia/Archivio White Star
Pages 366-367 Charles et Josette Lenars/Corbis/Contrasto
Page 367 top Dave G. Houser/Corbis/Contrasto
Page 367 center Massimo Borchi/Archivio White Star
Page 367 bottom Massimo Borchi/Archivio White Star
Page 368 top Massimo Borchi/Archivio White Star
Page 368 bottom Massimo Borchi/Archivio White Star
Pages 368-369 Dave G. Houser/Corbis/Contrasto
Page 370 top Cristiano Luparia/Archivio White Star
Page 370 left Antonio Attini/Archivio White Star
Pages 370-371 Antonio Attini/Archivio White Star
Page 371 left Antonio Attini/Archivio White Star
Page 371 right Antonio Attini/Archivio White Star
Page 372 Antonio Attini/Archivio White Star
Pages 372-373 Antonio Attini/Archivio White Star
Page 373 Antonio Attini/Archivio White Star
Page 374 Antonio Attini/Archivio White Star
Pages 374-375 Antonio Attini/Archivio White Star
Page 375 top left Cristiano Luparia/Archivio White Star
Page 375 top right Antonio Attini/Archivio White Star
Page 375 center Antonio Attini/Archivio White Star
Page 375 bottom Antonio Attini/Archivio White Star
Page 376 top Cristiano Luparia/Archivio White Star
Page 376 bottom left Antonio Attini/Archivio White Star
Page 376 bottom right Antonio Attini/Archivio White Star
Pages 376-377 Antonio Attini/Archivio White Star
Page 377 left Antonio Attini/Archivio White Star
Page 377 right Antonio Attini/Archivio White Star

Bolivia
Page 378 top Antonio Attini/Archivio White Star
Page 378 center Antonio Attini/Archivio White Star
Page 378 bottom Antonio Attini/Archivio White Star
Pages 378-379 Antonio Attini/Archivio White Star
Page 379 Antonio Attini/Archivio White Star

Brazil
Page 380 top Ricardo Azoury/Pulsar Imagens
Page 380 bottom Ricardo Azoury/Pulsar Imagens
Pages 380-381 Ricardo Azoury/Corbis/Contrasto
Page 381 top Cristiano Luparia/Archivio White Star
Page 381 center Ricardo Azoury/Pulsar Imagens
Page 381 bottom Ricardo Azoury/Pulsar Imagens

Chile
Page 382 top left Wojtek Buss
Page 382 top right Cristiano Luparia/Archivio White Star
Page 382 center Kevin Schafer/Corbis/Contrasto
Page 382 bottom Gustavo Di Pace/Fotoscopio
Page 383 Wolfgang Kaehler/Corbis/Contrasto

Argentina
Page 384 top Gustavo Di Pace/Fotoscopio
Page 384 bottom Hubert Stadler/Corbis/Contrasto
Pages 384-385 Hubert Stadler/Corbis/Contrasto
Page 385 Cristiano Luparia/Archivio White Star

OCEANIA
Page 386 Elisabetta Ferrero/Archivio White Star

Australia
Page 388 top Cristiano Luparia/Archivio White Star
Page 388 center Peter Ptschelinzew/Lonely Planet Images
Page 388 bottom Tom Boyden/Lonely Planet Images
Pages 388-389 AISA
Page 389 top John Van Hasselt/Corbis Sygma/Contrasto
Page 389 bottom Tom Boyden/Lonely Planet Images

Cover
Female Divinity (Angkor Wat, Cambodia).
© Livio Bonbon/Archivio White Star

Back cover
left
Machu Picchu (Peru).
© Antonio Attini/Archivio White Star

center
Nefertari's burial chamber (Valley of the Queens, Egypt).
© Araldo De Luca/Archivio White Star

right
The Colosseum (Rome).
© Giulio Veggi/Archivio White Star

作者

马可·卡特尼奥出生于1963年，毕业于米兰大学物理学专业，现任《科学》（Le Scienze）杂志［美国科普杂志《科学美国人》（Scientific American）的意大利语版本］的主编。马可·卡特尼奥著有多部著作，包括《海森堡与量子革命》（Heisenberg and the Quantum Revolution）（2000年）以及为白星出版社撰写的《世界大都市》（Great Cities of the World）（2005年）。他喜欢旅游和摄影，曾在《美国新闻与世界报道》（US News & World Report）和《聚焦英国》（Focus UK）等知名杂志上发表多篇文章。

贾斯米娜·特里福尼出生于1966年，毕业于帕多瓦大学政治学专业，目前是一名聚焦旅游领域的记者，任职于《子午线》（Mleridiani）杂志的编辑部。贾斯米娜·特里福尼视旅行为职业和使命，并积累了大量的民族和文化经验，特别是在印度、东南亚国家和中东地区。她还同时为多家全国性报纸撰稿。贾斯米娜·特里福尼和马可·卡特尼奥为白星出版社撰写了《世界大都市》（2005年）。

图书在版编目（CIP）数据

古代文明：联合国教科文组织世界遗产 /（意）马可·卡特尼奥，（意）贾斯米娜·特里福尼著；曹莉译 . —北京：中国科学技术出版社，2024.1

书名原文：The World Heritage Sites of UNESCO Ancient Civilizations

ISBN 978-7-5236-0389-5

Ⅰ.①古… Ⅱ.①马… ②贾… ③曹… Ⅲ.①世界史—古代史—文化史 ②文化遗产—世界 Ⅳ.① K12 ② K103

中国国家版本馆 CIP 数据核字（2023）第 239041 号

著作权登记号：01-2023-5292

审图号：GS 京（2023）2401 号

WS White Publishers® is a registered trademark property of White Star s.r.l
© 2019 White Star s.r.l.
Piazzale Luigi Cadorna 6,
20123 Milan, Italy
www.whitestar.it

本书中文简体版由意大利白星出版社通过中华版权代理有限公司授权中国科学技术出版社有限公司独家出版，未经出版者许可不得以任何方式抄袭、复制或节录任何部分

总 策 划	秦德继
策划编辑	徐世新 许 慧 单 亭
责任编辑	向仁军 单 亭 许 慧 邬梓桐
装帧设计	中文天地
责任校对	张晓莉
责任印制	李晓霖
其他参译人员	罗 正 侯相宜

出 版	中国科学技术出版社
发 行	中国科学技术出版社有限公司发行部
地 址	北京市海淀区中关村南大街 16 号
邮 编	100081
发行电话	010-62173865
传 真	010-62173081
网 址	http://www.cspbooks.com.cn

开 本	880mm×1230mm 1/16
字 数	650 千字
印 张	25.25
版 次	2024 年 1 月第 1 版
印 次	2024 年 1 月第 1 次印刷
印 刷	北京华联印刷有限公司
书 号	ISBN 978-7-5236-0389-5 / K·380
定 价	298.00 元

（凡购买本社图书，如有缺页、倒页、脱页者，本社发行部负责调换）